약천 남구만 문학세계에 대한 접근의 일단

이 길을 함께 걸어가는 여러분이 있어 행복합니다.

There is no stars in the sky that invisible.
If you look up, stars will always shine on us.

한국고전문학
텍스트연구소
기획연구총서 7

약천 남구만 문학세계에 대한 접근의 일단

윤재환 외 7인 지음
한국고전문학텍스트연구소

학자원

이 책은 단국대학교 부설 한국고전문학텍스트연구소의 기획연구 결과물로 간행된 도서임.

기획연구총서 간행사

한국 고전문학 텍스트 연구소는 창조와 혁신이라는 인문학의 정신을 바탕으로 대중들의 관심에서 버려져 있는 우리 고전의 가치를 새롭게 밝혀, 현대를 살아가는 사람들에게 삶의 지표와 미래의 희망을 제시하기 위해 설립되었습니다.

현대 사회를 인문학의 종말기라고 할 만큼 우리 주변에서 고전에 대한 관심은 찾아보기 어렵고, 인문학에 대한 흥미는 점점 옅어져 가고 있습니다. 그러나 현대 사회에 팽배한 인문학에 대한 폄하나 고전에 대한 그릇된 인식은 그 연원이 오래되었습니다. 인류의 역사를 되돌아보면 고전이 그 자체로 가치와 의미를 인정받았던 시기를 찾기 어렵고, 인문학이 위기가 아니었던 시대가 없었습니다. 하지만, 만약 그와 같은 인식이 진실한 것이라면 우리 사회에서 고전과 인문학은 이미 자취를 감추었어야 하지만 사회가 첨예해지고 기술 문명이 발달할수록 고전과 인문학에 대한 대중들의 갈망은 커지기만 합니다. 이와 같은 모습은 고전과 인문학이 우리 사회에서 결코 소외될 수 없는 본질적이고 중차대한 것임을 보여주는 것입니다.

한국 고전문학 텍스트 연구소는 고전에 대한 왜곡된 인식과 인문학에 대한 그릇된 편견을 교정하는 마중물이 되고자 설립된 연구소입니다. 본 연구소에서는 인문학 고전을 다양한 사회의 변화에 부응

할 수 있도록 새롭게 가공하여 현대인들에게 고전과 인문학의 가치를 일깨우고 흥미를 부여하고자 합니다. 이를 위해 본 연구소에서는 번역 가공과 개인 학술 연구, 연구소 기획 연구라는 세 방향에서 우리 고전과 인문학에 접근하고자 합니다.

이번에 간행하는 기획연구총서 제1권은 이와 같은 본 연구소의 운영 방향에 의해 발간되는 책입니다. 학계와 대중에게 그다지 알려지지 않은 남구만이라는 인물을 선택하여 1년에 걸친 공동 연구와 기획 발표를 진행한 뒤 그 결과를 묶은 것으로, 학계와 대중에게 남구만을 알리고 그에 대한 관심을 이끌고자 한 것입니다.

다양한 가치에 대한 고려를 바탕으로 한 연구 대상의 선정과 집단 연구를 통해 이루어지는 엄밀하고 정치한 연구 진행 과정은 개인 학술연구와는 또 다른 의미를 지닐 것이라 생각합니다. 그런 만큼 이와 같은 방법에 따라 산출된 연구 결과물로 이루어지는 기획연구총서는 인문학 관련 전문 연구자뿐만 아니라 일반 대중들에게도 우리 고전과 인문학의 가치와 의미를 알려 고전에 대한 왜곡된 인식과 인문학에 대한 그릇된 편견을 교정하는 일에 적지 않은 도움이 될 것이라 생각합니다.

이후로도 이와 같은 기획 연구 활동이 충실하게 이루어지기를 기대하며, 기획연구총서의 간행에 물심양면으로 도움을 주신 도서출판 학자원의 김병환 사장님께 다시 한 번 깊은 감사의 마음을 전합니다.

2019년 12월

단국대학교 부설 한국 고전문학 텍스트 연구소장

책을 펴내면서

약천藥泉 남구만南九萬(1629~1711, 인조 7~숙종 37)은 17~8세기 조선의 대표적인 관료 문인으로, 효종부터 숙종까지 관직에 종사하면서 당시 소론少論 계열의 영수로 활동했던 인물이다. 83년이라는 적지 않은 시간을 살면서 중앙 관직의 대부분을 거쳤고, 숙종의 두터운 신임을 받으며 국정 전반에 자신의 경륜經綸을 펼쳤다.

그래서인지 현재까지 남구만에 대한 연구는 역사와 정치 분야를 중심으로 상당히 이루어졌다. 또 논의의 중심은 아니었지만, 문학 부분 역시 적지 않은 성과를 이루었다. 김영주에 의해 시작된 뒤 성당제에 의해 대략적으로 정리되었고, 현재에 와서는 논의의 범주가 점차 확대되고 있다.

이와 같은 상황에서 한국 고전문학 텍스트 연구소 기획 연구의 첫 번째 대상으로 남구만을 선정한 것은 다음 몇 가지 이유에서이다. 첫 번째는 아직까지 남구만에 대한 문학 방면의 종합적인 연구가 이루어지지 않았다는 것이다. 문학 내의 세부 영역에서 개별적으로 진행된 남구만에 대한 접근은 상당수 이루어졌고 또 현재까지 진행되고 있지만, 각각의 세부 영역을 포괄하는 공동의 종합적인 연구는 아직 이루어지지 않았다. 두 번째는 남구만이 지닌 확장성이다. 남구만은 17~8세기 소론 계열의 영수로 있으며 당파를 지키고 후학을 양성하여, 이후 소론 계열이 지속되는 데 결정적인 역할을 하였다. 남구만 이후 소론 계열의 중심에 놓여 있었던 인물 대부분이 일정 정도 그의 영향 아래 있었다는 점이 이런 사실을 방증한다.

한국 고전문학 텍스트 연구소에서는 기획 연구를 통해 그간 학계의 중심에서 한 발 빗겨나 있었던 대상에 대한 집단 공동 연구를 진행해 보고자 하였다. 2015년 9월 문을 연 이후, 연구소의 활동이 우리 학계에 조금이라도 실질적인 기여를 하기 위해서는 연구소 나름의 체계적인 연속 연구가 이루어져야 하고, 연구의 대상은 다양한 이유에 의해 학계의 중심에서 빗겨난 인물이나 집단이 되어야 한다고 의견을 모았다. 이에 따라 선정한 집단이 조선 후기 소론 계열 문인 집단이고, 그 첫 번째 인물이 남구만이다.

남구만에 대한 접근으로는 처음 이루어진 기획 연구이자 집단 연구인 이 연구는 1년여의 연구 기간 동안 다양한 논쟁을 통해 수많은 시선의 교정을 이끌었다. 연구소의 지원이라고는 하나도 있을 수 없는 상황이었지만, 매달 이어진 소규모 발표회와 분기별로 진행된 연구 발표회, 그리고 학술 대회에서 행해진 치열한 비판과 토론은 개별 연구를 넘어선 집단 기획 연구의 필요성과 존재 이유를 선명하게 각인시키는 것이었다. 하나의 대상에 대한 공동의 문제의식은 토론과 비판의 날을 예리하게 세우는 숫돌이 되었고, 지속적인 발표는 논지와 서술을 가다듬는 호흡이 되었다.

하지만, 이와 같은 과정과 그 과정을 위해 투자한 노력에 비해 볼 때 지금 이 책은 그 과정과 노력을 오롯이 수렴하지 못한다. 그것은 이 책이 처음부터 책을 만들기 위해 기획된 결과가 아니라 2016년 남구만에서 시작하여 2017년 최석정, 2018년 최창대, 2019년 조태억까지, 그간의 연구 결과물이 쌓이게 되자 이 결과물들을 우리끼리 묻

어버리기보다는 부족하더라도 학계와 대중에 알리자는 취지로 뒤늦게 수습하여 간행하는 것이기 때문이다.

하지만 그렇다고 하더라도 남구만이라는 한 인물을 대상으로 우리 연구소에서 1년여 동안 행한 기획 공동 연구의 결과물이자, 남구만에 대한 최초의 기획 공동 연구라는 이 책의 기본 가치는 사라지지 않을 것이다. 계획된 책이 아니어서 체제와 구성에서 적지 않은 문제가 보이기도 하고, 연구 결과에서 설익은 모습을 보이기도 한다. 그러나 이 책은 지난 2016년 우리 연구소의 구성원들이 흘린 땀과 노력이 그대로 녹아있는 책이자 아무 것도 몰랐던 상태에서 시작하여 이만큼 배웠다는 것을 보여주는 노력의 결정체이다.

이 책을 출간하면서 다음 책의 출판을 준비하고 있다. 그 책은 이 책보다 조금은 더 나은 책이 되지 않을까 생각한다. 이 책을 출간하기까지 연구소 구성원들이 바쳤던 노력을 되돌아보면서, 이 책을 접하는 모든 분들에게 이 책이 소소하더라도 값어치가 있는 책이 되기를 바란다. 이 책이 출간되기까지 최선을 다해준 연구소 구성원들과 도서출판 학자원의 김병환 사장님께 감사의 마음을 전한다.

2019년 12월
죽전 연구실에서
저자들을 대표하여 쓰다

윤재환

차례

제3부

약천藥泉 남구만南九萬 시세계詩世界의 탐색探索

제1부

약천藥泉 남구만南九萬 연구硏究 논의論議의 전제前提

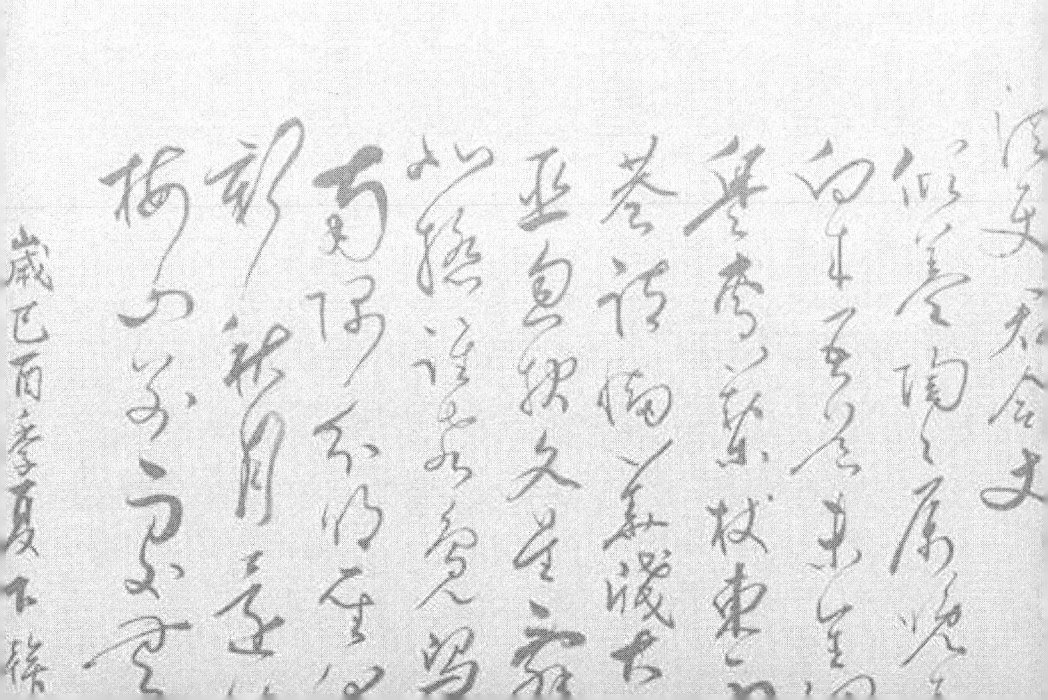

Ⅰ. 약천 남구만의 삶과 문집 검토

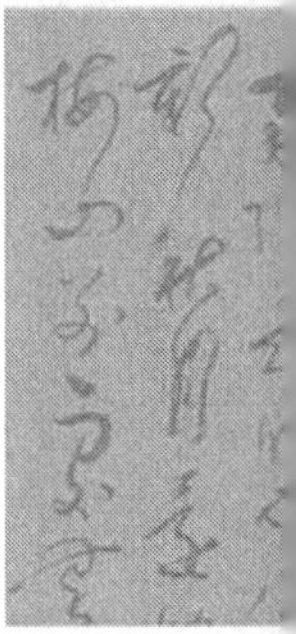

박난아

1. 남구만의 삶

남구만南九萬은 1629년(인조7)에 태어나 1711년(숙종37)에 운명한 조선후기의 관료 문인이다. 호는 약천藥泉 또는 미재美齋이며 본관은 의령宜寧이다. 개국공신 남재南在(1351~1419)와 세종조에 좌의정을 지낸 남지南智(?~1453)의 후손이다. 남구만의 조부인 남식南烒(?~1649)은 평강현감, 부친인 남일성南一星(1611~1665)은 금성 현령을 지내는 데 그쳐 남구만이 태어날 당시 그의 가문은 당대 유력한 가문은 아니었다. 남구만의 숙부 남이성南二星(1625~1683)은 왕명을 받들어 어록語錄을 교정해 『어록해語錄解』을 찬하여 현종玄宗에게 진정陳情할 정도로 문장에 능했던 문신이다. 남구만 일가는 충청도 결성結城에서 살다가 1629년 12월 3일 그가 10세일 때 서울로 이주하였는데, 서울의 여러 명사들이 그의 학문의 식견에 감탄하여 이때부터 그의 이름이 널리 알려지기 시작했다.[1]

남구만은 1651년(효종2) 7월 사마시司馬試에 합격한 후 1656년(효종

7) 별시別試로 등제하였으며 효종孝宗에 눈에 들어 11월 가주서로 뽑힌 뒤 6품에 승진되었고,[2] 동궁을 출입할 때 찬선贊善 송준길宋浚吉(1606~1672)과 진선進善 권시權諰(1604~1672)가 그를 매번 "참 강관講官[3]이구나."라고 하며 칭찬했다고 한다.[4]

남구만이 출사한 후로 조정은 학문, 사상, 정치적인 입장의 차이로 남인과 서인이 번갈아 정권을 다투며 갈등이 고조되는 혼란스러운 정국이었다. 이에 더하여 서인 내부에서도 예송논쟁, 대동법과 같은 제도에 대하여 노론과 소론의 분기가 심했던 시기로 역시 불안한 정국이 이어졌다.[5] 또한 공사公私 도리道理에 대한 논쟁으로 현종과 송시열宋時烈(1607~1689)이 대립함으로써 조정이 하루도 편한 날이 없을 정도였다. 남구만도 서인에 속했기 때문에 이런 내분에서 자유로울 수 없었다. 이런 정세 속에서 남구만은 두려운 자신의 마음을 시로써 나타내기도 하였다.[6] 이후로 남구만은 7년간 사직과 복직을 반복하는 등 정치적 부침이 심했다. 1675년(숙종 원년) 남구만은 권력 농단의 항목으로 상소문을 지어 올렸는데 이에 대해 숙종은 남구만을 크게 책망하여 모든 관직을 해임시켰다. 이에 남구만은 결성으로 귀향했으며, 이 때 광진廣津 아차산峨嵯山 약천 동쪽에 세몽재洗夢齋를

1 崔昌大, 「領議政藥泉南公墓誌銘」, 『昆侖集』 권17, "公少家湖西之結城, 年十餘來京師, 京師諸名士, 咸服公文識, 聲聞日廣."
2 『孝宗實錄』, 효종 7년 12월 27일,"假注書吳始壽, 南九萬, 特命陞六品, 政畢, 命宣醞政官."
3 講演 때의 進講하던 官員을 講官이라고 한다.
4 崔奎瑞, 「致仕奉朝賀藥泉南公墓表」, 『艮齋集』 권11, "入春坊, 與贊善宋公浚吉, 權進善諰同周旋, 二公每稱眞講官."
5 강신엽, 『조선후기 소론 연구』, 봉명출판사, 1995, 7면.
6 박영민, 「藥泉 南九萬 한시의 연구」, 『한국인물사연구회』 3, 2005, 12~13면.

짓고 '약천藥泉'이라고 자호自號하였다.[7]

1678년(숙종 4)에 한성부 좌윤에 제수된 후 1679년 2월, 윤휴尹鑴(1617~1680)와 허견許堅(생몰년 미상)의 죄를 조사할 것을 청하다가[8] 도리어 공격을 받아 거제로 유배되었고,[9] 남해로 이배 되었다가 6개월 후에 해배되었다. 1680년(숙종 6)에 일어난 경신환국庚申換局으로 남인이 물러가고 서인이 다시 등용되자 남구만은 도승지에 제수되었다. 이 시기 서인은 노론과 소론의 갈등으로 인해 혼란을 겪고 있었지만 남구만은 중요한 관직을 도맡아 혼란스러운 시기에도 굳건히 자리를 지키고 있었다.

1688년(숙종 14) 남구만은 이조판서 박세채朴世采(1631~1695)가 부름을 받고 인견할 때에 상소를 숙종에게 올렸다가 노여움을 사 경흥으로 유배를 갔다가 1년 만에 해배되었다. 이후 기사환국(1689년)으로 인해 유배를 갔다가 1년 만에 풀려났으나 이후 정계 진출을 하지 못한 채 용인龍仁 비파담琵琶潭에서 지냈다. 남구만은 조정에 있으면서 상대 당으로부터 많은 공격을 받았지만 조정에서의 갈등을 시로 표현하지 않았다. 조정에서의 갈등을 직접적으로 나타낸 시보다는 만시를 짓거나, 벗과의 만남을 기뻐하거나, 자신의 제자들에 대한 애정을 드러내는 시를 많이 지었다. 남구만은 1696년(숙종 22)까지 사직

7 南九萬, 〈名廣津新齋曰洗夢〉, 『藥泉集』 권1, "藥泉東畔屋新成, 石上寒流繞枕鳴, 莫道古人誇洗耳, 何如洗得夢魂淸."

8 『肅宗實錄』, 숙종 5년 2월 10일, "左尹南九萬上疏曰, 臣所叨之職, 卽西漢左右內史 …… 國禁之難犯, 雖無鞭扑之施, 自有斧鉞之威矣."

9 『肅宗實錄』, 숙종 5년 3월 19일, "仍敎曰, 南九萬曾於乙卯年間, 陳疏誣上, 語意不美, 而滌瑕收用, 欲其革心改圖, 及除左尹, 以親病下去, 而仍上此疏, 用意傾陷, 心膽已露, 左尹南九萬遠竄."

과 상소를 반복하다 결국 사직하고 고향으로 내려갔으며 이후 재상직을 맡지 않았고, 1699년 복귀를 원하지 않는 상소를 올렸으나 임금이 불허하였다.[10] 1707년(숙종 33) 치사致仕를 허락받아 봉조하奉朝賀가 되었으며[11] 강교江郊에 머물다가 용인龍仁 비파담琵琶潭으로 돌아갔다.

1711년 3월 17일 남구만이 운명하자[12] 임금이 애통해 하는 교서敎書를 내려 관재棺材를 하사하고 3년 동안 녹祿을 주도록 명했으며 5월에 양주楊州 화접동花蝶洞에 장사를 지냈다. 1722년 8월 경종은 남구만에게 '문충文忠'의 시호를 내리고,[13] 윤지완尹趾完(1635~1718), 최석정崔錫鼎(1646~1715) 등과 함께 숙종肅宗 묘정廟庭에 제1위로 배향시켰다. 1년 후인 1723년 손자 남처관南處寬(생몰년 미상)이 남구만의 문집 『약천집藥泉集』을 활자로 간행하였다.[14]

최창대崔昌大(1669~1720)는 남구만의 묘지명에 "남구만은 굳세고 바른 성품을 지니고 있어 의義를 좋아하고 리理를 명확히 보았다. 소관小官이 되었을 때부터 굳세게 말하는 것으로 유명했고, 재상으로 지내고 있을 때는 더욱 임금 앞에서 정사를 논의하였다."[15]라고 하였다. 이를 통해 그의 성격이 매우 강직했음을 알 수 있다. 또한 "집에

10 『肅宗實錄』, 숙종 25년 1월 10일, "領中樞府事南九萬, 在鄕上辭疏, 仍陳致仕之請, 上賜批寵諭之, 不許休致."

11 『肅宗實錄』, 숙종 33년 7월 14일, "都目政, 以李肇爲副應教, 金始煥爲持平, 趙泰億爲吏曹佐郎, 權詹爲副修撰, 南九萬爲奉朝賀."

12 『肅宗實錄』, 숙종 37년 3월 17일, "丙午/致仕奉朝賀南九萬卒, 年八十三."

13 『景宗實錄』, 경종 2년 7월 30일, "贈領議政南九萬謚曰文忠."

14 「藥泉年譜」, 『藥泉集』 권8.

15 崔昌大, 「領議政藥泉南公墓誌銘」, 『昆侖集』 권17, "名爲敢言, 及居相位, 益犯顔論事."

거처 하면서 청렴하고 검소했으며, 성격이 학문을 좋아하는지라 나이가 들 때까지 손에서 책을 떨어뜨리지 않았으며 경서經書와 사기史記를 관통하여서 실용적인 부분에 힘썼다."[16]라는 기록을 통해 행실에 있어 과하지 않고 허례허식에 신경 쓰지 않았음을 알 수 있다.

남구만의 사승관계는 명확하게 드러나지 않는다. 부친 남일성과 숙부 남이성에게 학문을 배웠으며,[17] 그의 제문에서 윤선거尹宣擧(1610~1669)에게 배웠다는 기록[18]이 있다. 또한 그의 제자들은 최석정崔錫鼎(1646~1715), 최규서崔奎瑞(1650~1735), 박태보朴泰輔(1654~1689) 등 약 100여 명에 이른다.[19]

남구만의 교유관계는 주로 인척을 중심으로 구성되어 있다. 남구만은 자형 박세당朴世堂(1629~1703)과 한 집에서 20년을 살며 책을 얻고 글을 지으며 서로 즐길 만큼 막역한 사이였다.[20] 그와 교유했던 대표적인 인물로는 박세당의 족제族弟인 박세채朴世采(1631~1695), 유년시절의 친한 벗이자 아들 남학명南鶴鳴의 장인인 이민서李敏敍(1633~1688)와 그의 형 이민적李敏迪(1625~1673), 그리고 이세화李世

16 崔昌大, 「領議政藥泉南公墓誌銘」, 『昆侖集』 권1, "公家居廉儉, 性好學, 至耋老, 手不去書, 貫通經史, 而務致於實用."

17 南九萬, 「先考通訓大夫行金城縣令淮陽鎭管兵馬節制都尉府君行狀」, 「家乘」, 『藥泉集』 권25, "弟吏部公, 少與不肖孤同學於公."

18 南九萬, 「魯岡書院, 八松, 魯西,兩先生奉安祭文,」, 「祭文」, 『藥泉集』 권27, "逮于魯西, 奕世載德, 旣傳詩禮, 且從問學."

19 崔昌大, 「領議政藥泉南公墓誌銘」, 『昆侖集』 권17. "及門之士百餘人, 昌大先公及崔公奎瑞, 朴公泰輔, 旣顯名當世, 其餘成業者衆."

20 南九萬, 「題林淸道 所藏西溪朴兄手寫詩卷後」, 「題跋」, 『藥泉集』 권27, "西溪朴先生, 余之姊兄也, 少時居同家食同爨者二十餘年, 每得一卷書作一篇文, 未嘗不反復質難, 砭剌改定, 以相樂也."

華(1630～1701), 이시현李時顯(1622～1678), 윤증尹拯(1629～1714) 등을 들 수 있다. 또한 오도일吳道一(1645～1703)과 유상운柳尙運(1636～1707)은 장희빈에 대한 처벌을 논한 그와 입장을 함께 한 벗이었다.[21]

남구만은 인조 7년 1629년에 출생하여 28살 때 별시 문과 을과에 합격한 이후 효종·현종·숙종조에서 굵직한 관직을 연이어 맡았다. 그는 소론의 영수로 1687년(숙종 13) 영의정의 자리에 올라 조정의 한 축을 담당하며 활발히 활동하였다. 또한 당대 최고의 문장가로 수차례 대제학을 겸임하면서, 많은 관각문자館閣文字을 지었고, 당대의 문풍을 주도하였을 뿐만 아니라 경종과 영조대의 핵심인사라고 할 수 있는 최석정, 최석항 등 소론계의 주요 인물들을 양성하는 등 역사에 큰 획을 그은 중심인물로서 자리하고 있다.

2. 남구만의 문집[22]

남구만의 문집 『약천집藥泉集』은 1723년(경종 3)에 교서감校書監 철활자鐵活字로 간행되어 34권 17책으로 출간된 것이 유일한 간행본이다. 남구만의 유문遺文은 아들 남학명과 손자 남극관南克寬이 정리하여 펴냈는데, 본집 「총목總目」에서 "초고의 시 900여 수에서 276수를 뽑고, 문 1,400여 편에서 726편을 추려내었다."[23]고 하였다. 하지만

21 南晦隱, 「先考遺事」, 『晦隱集』 권4, "甲戌事, 擧世譁然攻之, 當時知之者, 惟西溪朴公及尹相國趾完, 柳相國尙運, 吳判書道一而已."

22 남구만의 문집에 대한 상세한 사항이 성백효의 『국역 약천집』, 「국역 약천집 해제」에 나온다. 따라서 이 부분은 이 두 책을 참고하여 서술하였음을 미리 밝힌다.

실질적으로 권1에 90제 127수의 시, 권2에 109제 150수의 시 총 277수의 시가 수록되어 있다. 권1 〈성진감정동명城津感鄭東溟 두경시병斗卿詩屛 병서幷序〉의 서문에 1671년에 지은 시가 1수 삽입되어 있으며, 권2의 〈증주생贈朱生 병서幷序〉의 서문에 1674년에 지은 시 1수가 삽입되어 있다. 그리고 권27의 〈증영암贈靈巖 권적權迪 강진이복康津李馥 해海 남한익주南韓翊周 삼태수시서三太守詩序〉에 1수, 권30의 〈답서계答西溪 병자구월팔일丙子九月八日〉에 1수가 들어있다. 따라서 『약천집藥泉集』에 수록되어 있는 남구만의 시는 총 281수가 된다.[24]

1714년(숙종40) 숙종이 어필로 직접 '약천집藥泉集'이란 세 글자를 써서 제명을 내리면서[25] 김주신金柱臣(1661~1721)에게 남구만의 문집을 찾아 올리라고 하였는데, 문집의 자구字句가 정리되거나 다듬어지지 않았고 문집 속에 잘못된 사항도 수정되지 못한 상태여서 결국 올리지 못하였다. 여기에 1716년(숙종 42) 병신처분丙申處分 등으로 소론의 세력이 위축되어 문집의 을람乙覽과 간행이 어려운 상황이 되

---

23 南九萬, 「總目」, 『藥泉集』, "草藁詩凡九百餘首, 選二百七十六首, 文凡一千四百餘 首, 選七百二十餘首, 爲一千三百九十一板."

24 이황진, 「남구만의 『약천집』 「시」의 편집상의 특징 고찰」, 『국학연구』 33, 한국국학진흥원, 2017, 226~227면, 또한 성당제(『약천 남구만 문학 연구』, 한국학술정보, 2007, 57면.)는 "실제로 문집에 실려 있는 시는 279수(『藥泉集』 권30, 〈答西溪〉 말미의 1수 포함)이고, 또 鄭文孚의 문집인 『農圃集』 권2에 〈彰烈祠〉 1수와 申翊全의 『東江遺集』 권19 附錄 3에 〈輓詞〉 1수가 실려 있다. 이들을 합산하면 모두 281수이다."라고 하였다.

25 崔奎瑞, 「藥泉集序」, 『艮齋集』 권7, "惟我藥泉先生南公, 以肅宗三十七年辛卯下世, 後三年甲午, 上手書藥泉集三字, 使之覓入, 時抄繕未完不克進, 後九年景宗癸卯, 集始成, 嗚呼, 聖考賓天已四年矣, 先生孫處寬, 實幹其事, 乃摹出御筆, 奉刊于卷首."

었다. 이후 1722년(경종 2) 신임옥사辛壬獄事로 소론 정권이 들어서게 되자 남구만에게 '문충文忠'이라는 시호가 내려지고, 문집 간행이 가능하게 되었다. 문집의 간행 당시 최규서는 남처관의 부탁을 받아 서문을 쓰면서 문집을 간행 하게 된 과정과 남구만에 대한 숙종의 애정을 강조하였다. 현재 『약천집』은 규장각, 국립중앙도서관, 고려대학교 중앙도서관, 연세대학교 중앙도서관 등에 소장되어 있다. 규장각과 장서각에는 활자본을 필사한 사본寫本이 전해지고 있다.

『약천집』 권1에는 서문에서의 시 1편과 91제 128수의 시, 권2에 서문에서의 시 1편과 110제 151수의 시 총 281수의 시가 수록되어 있다. 남구만의 시에는 백성들의 고된 생활에 대한 그의 생각[26]과 스스로가 느낀 바를 담은 시들이 다수 있다. 또한 1662년 저자가 경상도 진휼어사賑恤御史였을 때, 鎭川 객사에서 퇴계의 시에 차운한 시, 선산, 진주, 밀양, 양산, 경주, 장기, 안동 일대의 명사들을 방문하고 지은 시 등이 있으며, 특히 〈경원용당慶源龍堂〉, 〈경흥무이보慶興撫夷堡〉, 〈회령황제묘會寧皇帝墓〉 등 북관北關의 여러 지역을 순찰하며 지은 시가 많다. 이 외에 송별시[27]나 만시,[28] 차운시[29] 등 교유를 통해

---

26 南九萬, 〈金山直指寺僧性沆, 以私聚穀設粥賑飢, 聚文書以來, 余召與語, 贈以一律.〉, 『藥泉集』, "皓首厖眉一老師, 深悲飢火惱蚩蚩, 慈心自有交梨供, 法力還將寶筏隨, 皆道澄觀才合吏, 豈如靈澈性耽詩, 可知愛物終能濟, 吾輩爲官反愧伊."

27 남구만의 송별시는 〈送洪端川 之郡任〉·〈送修上人歸金剛, 次軸中韻〉·〈送別李寧叔, 至白鷺洲〉·〈送至妓潭〉·〈送族叔北靑判官〉·〈送皓卿〉·〈送洪靈光 之郡任〉등이 있다.

28 남구만의 만시는 〈金參判伯玉 輓〉·〈宋監司 輓〉·〈李進士 輓〉·〈徐司評 輓〉·〈李大司諫 輓〉·〈金判官 輓〉·〈徐領相 輓〉·〈南判書壺谷夫人輓〉 외 38제 54수가 『藥泉集』에 수록되어 있다.

지은 시들이 많다. 남구만과 함께 시를 수창한 이들을 살펴보면 이민서李敏敍, 남용익南龍翼, 박세당朴世堂, 최석정崔錫鼎, 하홍도河弘道, 홍석귀洪錫龜, 매형인 이관성李觀成과 이한익李漢翼, 오도일吳道一, 여성제呂聖齊, 최규서崔奎瑞 등 주로 소론이나 남인 계열의 학자이며 말엽으로 갈수록 지인에 대한 만시가 늘어나는 경향[30]이 있다.

남구만은 소차疏箚를 상당히 많이 지었다. 『약천집藥泉集』 3권부터 11권까지가 전부 소차로 구성되어 있으며 총 186편이 수록되어 있다. 남구만의 문인인 최규서는 「약천집서藥泉集序」에서 남구만의 소차를 육지陸贄와 구양수歐陽脩로 비유하였고,[31] 정조는 "약천의 소차의 명백하고 절절함은 관각의 나침반이자 나루를 건너는 뗏목으로 삼기에 마땅하다."[32]라고 말하기도 하였다. 남구만은 최명길崔鳴吉(1586~1647), 김창협金昌協(1651~1708), 김석주金錫胄(1634~1684) 등과 함께 사대소차가四大疏箚家라고 일컬어졌다.

권3은 1658년~1662년 사이에 올린 16편의 소차가 수록되어 있는

29 남구만의 차운시는 〈次韻丁縣令詩〉·〈次韻白軒李相國賜几杖榮恩詩〉, 〈廣津別墅, 次西溪朴兄季肯 世堂 韻〉·〈次李承旨季周韻〉·〈次李評事樂甫 寄示之作,兼奉都事判官〉·〈次韻答李燕岐景略〉·〈次金生德恒示詩韻〉·〈次李景略韻〉 등 『藥泉集』에 62제 82수가 있다. 박영민, 「藥泉 南九萬 한시의 연구」, 『한국인물사연구』 3, 한국인물사연구회, 2005, 17~18면 참고.

30 하정승, 「藥泉 南九萬의 한시에 나타난 죽음의 형상화와 미적 특질 - 挽詩를 중심으로-」, 『동양한문학연구』, 동양한문학회, 2017, 126~128면.

31 崔奎瑞, 「藥泉集序」, 『艮齋集』 권7, "若先生文章之盛, 有集存焉, 人皆可見, 非小子所 敢容喙, 而若言其大體, 雄博而精深, 紆餘而切實, 實爲經世之文, 我東名家尠有倫比, 求之於古, 唐之陸宣公、宋之歐陽子, 其近之耳."

32 正祖, 「日得錄」 3, 『弘齋全書』, 권163, "藥泉疏箚之明白剴切, 當作館閣之指南津筏."

데, 삼사에 재직 중 연명으로 올린 것이거나 사직소辭職疏가 대부분이다. 관리를 중요한 자리에 임용하는 것에 대한 내용, 회령會寧 개시開市의 폐단에서 자신을 체차遞差해 달라는 내용, 부교리副校理를 사양하면서 겸하여 내수사內需司의 일을 논한 내용 등 다양한 내용의 상소가 들어있다.

권4는 1663년~1673년 사이에 올린 9편의 소차가 수록되어 있는데, 옥당과 대사성으로 재임 시에 올린 진계차陳戒箚와 사직소辭職疏, 청주목사淸州牧使로 부임해 있을 때 올린 「청주진폐소淸州陳弊疏」가 있다. 또 함경도 관찰사 시절 올린 「진북변삼사잉진지도소陳北邊三事仍進地圖疏」는 뒤에 제시할 기문記文과 잡저雜著들과 함께 북방 영토에 대한 인식이 잘 드러나 있는 글로 꼽힌다. 남구만은 이 소차들을 통해 명분만 있는 북벌을 주장할 것이 아니라 실질적으로 도움이 되는 정책을 주장하였다.

권5에는 1674년~1683년 사이에 올린 20편의 소차가 수록되어 있는데, 갑인환국甲寅換局과 경신환국庚申換局 등 정치적 격변기 당시 남구만의 입장을 살펴볼 수 있다. 권6에는 1684년~1685년 사이에 올린 14편의 소차가 수록되어 있는데, 상전賞典을 사양하거나 우의정과 좌의정을 사직하는 내용 등이 담겨있다. 권7은 1686년~1689년 사이에 올린 소차 16편으로 구성되어있고 다양한 사건으로 인해 면직을 청한 차자 등의 내용이 수록되어있다. 1689년의 기사환국己巳換局 이후부터 1694년 이전까지는 상소가 없다.

권8에는 1694년에 올린 28편의 소차가 수록되어 있다. 특히 「진장희재사연주陳張希載事筵奏」는 장희빈의 오빠인 장희재에 대한 처벌을 주장한 글로 노론인 정호鄭澔(1648~1736), 김진규金鎭圭(1658~1716), 이세기李世耆(생몰년 미상) 등의 집중적인 공격을 받았다. 또한 지인知

人들로부터도 남구만이 기존의 정치 기조를 잃게 되었다는 의혹을 받았다. 권9~권11에는 대표적인 소차는 없지만 그 양은 적지 않다. 권9에는 1695년에 올린 소차 26편, 권10에는 1696년~1697년 사이에 올린 소차 24편이 수록되어 있고, 권11에는 1698년~1701년 사이에 쓴 33편의 소차가 수록되어있다.

권12는 1705년~1710년 사이에 올린 상소 24편이 수록되어 있다. 대부분 치사致仕를 청하고 월름月廩을 사양하는 내용이다. 또한 다수의 상소에 임금의 비답批答이 극행極行으로 부기되어 있다.

권13은 계사啓事 20편과 헌의獻議 35편이 각각 연도순으로 수록되어 있다. 계사는 주로 1658년~1684년 사이에 삼사와 승정원에 재직하면서 올린 것으로 주로 부정한 제도를 금지하거나, 폐단을 처리해 달라는 의견이 많이 있으며 이를 통해 당시 관직 사회의 풍속과 악습의 유형을 알 수 있다. 계사와 헌의에도 임금의 답과 전교가 실려 있는 것이 다수 있다.

권14에는 응제록應製錄 10편이 수록되어있으며, 저자가 대제학大提學을 맡으면서 지었던 왕실의 책문冊文과 현종顯宗의 행장行狀, 창빈昌嬪의 묘지명, 태조太祖와 단종端宗의 시책문諡冊文 그리고 반교문頒教文, 교서教書 등이 실려 있다.

권15~23은 묘지명墓誌銘 20편, 신도비명神道碑銘18편, 비문卑門5편, 묘갈명墓碣銘37편, 묘표12편, 행장行狀11편, 언행록言行錄1편, 가승家乘58편으로 각기 문체에 따라 연도순으로 실려 있다. 대상은 당대의 유명 인사가 거의 포함되어있다. 명장 이순신李舜臣(1545~1598)의 유적에 대한 비문 3편, 1704년 박세당에 대한 유명한 기록 「서계박공언행록西溪朴公言行錄」등이 있다.

권24~26은 가승家乘으로 대체로 1686년~1710년 사이 저자의 14

대조인 남군보로부터 선고비의 묘지, 외고조와 외증조, 장인 정수와 장모의 묘표까지, 집안 선대의 묘도문자를 모두 정리한 것이다. 권두에 가보서家譜序와 세승서世乘序를 두어 그 의의를 밝히고 있다. 권26의 절순헌기折筍軒記는 아들 학명이 부친에 대한 회상과 귀향에의 의지를 담아서 고향 결성에 지은 집에 붙인 기문으로 이름나 있다. 묘도문자는 아니지만 선친과 조부, 선비에 대한 추억을 회상한 내용이고 아들에게 준 글이라서 가승에 분류한듯하다.

권27은 제문祭文16편과 서문序文13편, 제발題跋12편이다. 스승으로 섬겼던 동춘 송준길에 대한 제문 2편, 조카 박태유朴泰維, 자형 박세당, 사돈 이민서 등에 대한 글이 있고, 박세채, 유상운柳尙運(1636~1707), 신익상申翼相(1634~1697)에 대한 제문이 실려 있다. 서발序跋로는 송서送序와 시서詩序, 시첩試帖이나 서적書蹟에 대한 글 외에 홍만종洪萬宗(1643~1725)의 부친 홍세주洪世柱(1612~1661)의 『정허당집靜虛堂集』, 정충신鄭忠信이 기록한 「백사북천록白沙北遷錄」, 이지걸李志傑(1632~1702)의 『금호유고琴湖遺稿』, 김일경金一鏡(1662~1724)의 금강산 기행록인 『포승록飽勝錄』, 임영林泳(1649~1696)의 『창계집滄溪集』, 김덕함金德諴(1562~1636)의 『취옹집醉翁集』 등에 대한 서문이 있고, 함경도 관찰사 시절 지은 「북관각청절목서北關各廳節目序」가 있다. 「백사헌의수초발白沙獻議手草跋」과 「백사유사첩발白沙遺事帖跋」은 이항복李恒福(1556~1618)이 1612년(광해군4) 폐비론에 반대한 헌의에 대해 쓴 글이다.

권28~29에는 기문記文 8편과 잡저雜著 18편이 수록되어 있다. 우선 남구만은 총 8편의 기문을 남겼는데 각각의 기문 성격이 다르다. 건물과 산수를 중심으로 서술한 기문들을 살펴보자면, 「온양온천북탕기溫陽溫泉北湯記」는 1660년 가을 모친을 모시고 온양군의 온탕에 갔을 때 황폐해진 북탕北湯을 보수하고 지은 작품이다. 「망운정기望雲亭記」는 1685년 생질인 박태유朴泰維(1648~1686)가 고산도高山道 찰방察訪 시절 조성한 망운정에 대한 기문이고, 「용암정기龍巖亭記」는 1698년 제자인 서숙徐塾(생몰년 미상)이 가평의 비렴산蜚廉山에 조성한 용암정에 대한 기문이다. 「명고서원중수기明皐書院重修記」는 1709년 조익趙翼(1579~1655)을 제향하고 있는 명고서원을 중수할 때 쓴 기문이다. 이어서 「함흥십경도기咸興十景圖記」와 「북관십경도기北關十景圖記」는 1674년 함경도 관찰사 시절 함흥과 함경북도 변방에 위치한 산수의 승경을 기록한 작품인데, 10개의 승경을 방문한 후에 그림으로 그리고 이에 대한 기문을 지은 것이다. 앞의 기문들의 성격과는 달리 다음 제시할 기문은 지도를 제작한 다음에 이에 대한 관련 내용들을 서술하였다. 건물이나 산수에 대해서 서술한 것이 아니라 지도를 대상으로 한 것이다. 가령, 「함경도지도기咸鏡道地圖記」는 1673년 함경도의 지도를 제작하여 임금에게 올리려고 할 때 함경도 지역의 특성과 유의점을 밝혀 놓은 것이고, 「성경여지도기盛京輿地圖記」는 1697년 중국 심양瀋陽의 지도를 제작하여 임금에게 바치며 쓴 기문이다.[33]

잡저 18편중에 눈여겨볼 몇 편의 잡저는 우선 「영남잡록嶺南雜錄」이다. 이는 1662년 경상도 암행어사 때 현풍玄風의 곽태재郭泰載(생몰년미상), 진주晉州의 하홍도河弘道(생몰년미상) 등 지방의 인물을 방문한 기록과 안동安東, 영천榮川, 의성義城의 지리와 유적을 기록한 글이다. 「북순잡록北巡雜錄」은 남구만이 1672년 함경도 관찰사로 있을 때

33 권진옥, 「약천(藥泉) 남구만(南九萬)의 기문(記文) 연구」, 『韓民族語文學』 75, 한민족어문학회, 2017, 175면.

지은 것이며, 두 편의 「연행잡록燕行雜錄」은 각각 1684년과 1686년의 사행使行을 기록한 글이다. 「동사변증東史辨證」은 저자의 잡저 중 가장 주목할 만한 글로 단군檀君·기자箕子·패수浿水·진번眞番·수양산首陽山이라는 다섯 항목을 세부적으로 다루며 우리나라 정사와 『삼국유사三國遺事』·『필원잡기筆苑雜記』·『동국통감東國通鑑』·『구암유고久菴遺稿』·『동국여지승람東國輿地勝覽』 등의 국내 서적뿐만 아니라 중국의 역사서 『황극경세서皇極經世書』·『천운소통天運紹統』·『괄지지括地志』·『대명일통지大明一統志』·『서정기西征記』·『수경水經』 등 중국 서적을 치밀하게 검토하여 고증하고 분석한 것으로 알려져 있다.

권30~권34는 서書 203편으로 이뤄져 있으며, 각 대상별로 구분한 후에 시대 순으로 배열되어 있다. 송준길을 비롯하여 박세당, 이민서, 이단상李端相, 민정중閔鼎重 등에게 보낸 서가 권30에 배열되어 있고, 권31에는 조부양趙復陽(1609~1671), 송시열宋時烈, 박세채, 윤지완, 유상운, 신익상, 서문중徐文重 등 20여 명에게 보낸 편지가 실려 있다. 특히 박세당은 생애에서도 언급했듯이 남구만과 매우 각별한 사이였으며, 박세당이 남구만을 대상으로 쓴 교유시만 해도 무려 20제 44수일정도로 돈독한 사이였음을 알 수 있다.[34] 윤지완과 유상운은 1694년(숙종20) 장희재의 일로 저자가 비난을 받을 때 저자의 처지를 이해해 주고 정치적 입장을 함께한 당인이자 벗이었다. 권32와 권33은 대부분 최석정에게 보낸 편지로, 그와 자주 교류했다는 것을 알 수 있다. 권34는 숙부 남이성과 아들 학명, 조카 박태유 등에게 보낸 편지 등

34 최윤정, 「서간을 통해 본 박세당과 남구만의 교유 양상」, 『한국고전연구』 24, 한국고전연구학회, 2011, 230면.

이 수록되어 있다.

이처럼 『약천집』에는 다양한 종류의 글들이 수록되어 있으며, 시詩뿐만 아니라 소차疏箚와 서書는 상당한 양을 차지하고 있어 남구만의 생각을 엿볼 수 있다. 이 부분에 대한 자세한 사항은 다음 장 '약천藥泉 남구만南九萬 연구硏究의 현황現況과 과제課題'에서 살펴보기로 한다.

II. 약천 남구만 연구의 현황과 과제

유진희

1. 약천 남구만 연구 현황

1) 문학에 대한 연구

약천 남구만에 대한 연구는 문학에 관한 연구, 특히 한시에 관한 연구와 소차에 관한 연구가 주조를 이룬다. 이 외에도 약천의 문학론, 시조, 기문 및 사상 등 다양한 연구가 이루어졌다. 이 글에서는 약천 연구에 대한 현황을 파악하고 미진한 부분을 찾아 약천 연구의 발전적인 방향을 모색하고자 한다.

약천의 문학에 대한 연구 중 먼저 이루어진 것은 문학론에 관한 연구로, 대체로 김영주에 의해 연구되었다. 김영주의 「약천藥泉 남구만南九萬의 문학론文學論 연구硏究」[35]는 약천의 문학과 관련된 연구

35 김영주, 「藥泉 南九萬의 文學論 硏究」, 『퇴계학과 한국문화』 33, 경북대학교

중 가장 이른 것으로, 이 논문에서는 약천의 가계와 생애, 학문 태도, 그리고 그의 문학론을 문론文論과 시론詩論으로 나누어 살폈다. 이 글에서는 약천이 양명학陽明學을 수용한 가학家學의 영향으로 실증적이고 절충적인 학문 태도를 가지게 되었음을 밝혔다. 약천의 문론을 내외교양內外交養을 위한 도문상수론道文相須論의 제시提示와 창작創作에서의 자득지묘自得之妙의 체득體得 강조强調로 나누어 살폈으며, 시론을 시교詩敎의 재인식再認識과 의경일치意景一致와 물어상칭物語相稱의 추구追求, 한역漢譯을 통한 민요民謠와 시조時調의 가치 긍정 셋으로 나누어 살폈다.

김영주는 이 논문을 발전시켜 「조선후기朝鮮後期 소론계小論系 문인文人의 문학론文學論 연구硏究」를 작성하였다.[36] 약천의 문장 인식은 국정 운영의 효율성 제고, 독창적인 학설의 전개, 모의적 창작 습성에 대한 비판 등 주로 실용적이고 현실적이며 심미적인 차원에서 시작하여 도학적인 문인들과는 일정한 간격을 보인다고 하였다. 자득自得을 강조한 소론계 문인들 가운데 약천이 주장한 자득 논리는 '수법묘오守法妙悟'인데, 창작의 묘오妙悟를 터득하는 과정을 '작문 모범의 준수를 전제한 부단한 연습練習, 오랫동안의 정신집중, 그리고 반복적인 창작 학습'으로 요약하였다.

이후 맹영일의 「약천藥泉 남구만南九萬의 문학론文學論」[37]에서 약천 문학론에 대한 연구가 다시 이루어졌다. 이 연구에서는 약천 문학론

퇴계연구소, 2003.

36 김영주, 「朝鮮後期 小論系 文人의 文學論 硏究」, 경북대학교 박사학위논문, 2005.

37 맹영일, 「藥泉 南九萬의 文學論」, 『國文學論集』 23, 단국대학교 국어국문학과, 2017.

을 세 가지로 나누어 약천의 문학론이 효용론적 측면을 중시하였음을 확인하였다. 먼저 가장 큰 특징은 문학의 가치를 작품 자체가 아닌 사람을 통해 파악한 것이라고 하였다. 약천은 이러한 인식을 바탕으로 경술에 도움이 되는 인격적 · 학문적 바탕을 중시한 도문일치의 문학관을 주장하였다. 다음으로 도의 실질을 갖추기 위하여 글의 목적인 말의 기록이라는 측면에서 멀어지는 모의나 수식을 반대한다고 하였다. 마지막으로 온유돈후溫柔敦厚라는 실질을 갖추어 사람을 소중하게 만들 수 있는 문장을 하고자 하였음을 밝혔다.

약천의 문학을 전체적으로 살핀 첫 논문은 성당제의 「약천藥泉 남구만南九萬 문학文學의 연구硏究」이다.[38] 이 논문은 약천의 생애와 교유, 시세계와 산문세계, 그의 문학이 문단에 끼친 영향을 아울러 살핀 논문이다. 생애와 교유를 가계와 수학, 경륜과 숙종의 지우, 교유 인물과 문도로 나누어 살폈으며, 시세계를 일상적 삶의 음영, 산수시의 회화적 추구, 영유詠柚를 통한 우의, 고토의 회고와 애착, 서예에 대한 조예와 비평, 가곡의 한시화, 약천시의 품격과 미의식으로 나누어 살폈다. 산문세계는 함흥 · 관북 지역 승경의 형상, 사회상과 현실 대응, 상고사上古史에 대한 견해로 나누어 살폈다. 약천이 북방 고토에 대한 애착을 바탕으로 시를 짓거나 기문으로 묘사한 뒤로 소론계 문인들이 북새문학을 발전시킨 점이나, 가곡의 한시화의 선구적인 입지를 가지는 점, 약천이 관각문학에서도 중요한 위치에 있다는 점 등을 들어 약천이 문단에 끼친 영향을 설명하였다.

양언석은 「남구만南九萬의 문학세계問學世界 연구硏究」[39]에서 약천

38 성당제, 「藥泉 南九萬 文學의 硏究」, 성균관대학교 박사학위논문, 2004.

문학에 대한 전반적인 사항들을 설명하였다. 남구만의 문집인 『약천집藥泉集』을 간략하게 개관한 후, 그의 생애를 성장기成長期·수학기修學期·언관기言官期·영달기榮達期·망상기望祥期·영욕기榮辱期로 나누어 살폈다. 약천의 시론詩論과 시작법詩作法을 살피고 망상 유배기에 백성들의 문화에 관심을 이를 바탕으로 시조와 민요에 관심을 가지게 되었음을 밝혔다. 약천의 산문에 대해서는 수행修行과 경술經術 뿐만 아니라 문예성을 중시한 그의 문장관을 살핀 뒤, 「조설釣說」을 통해 그의 문장의식을 이해하고자 하였다.

이 뒤로 약천의 시세계와 산문세계를 조망하는 개별 연구들이 이루어졌다. 먼저 시세계에 대한 개별 연구는 11편 가량의 논문이 소개되었다.

성당제는 「약천藥泉 남구만南九萬의 고토古土 회복의지回復意志 - 변방邊方 음영시吟詠詩를 중심中心으로 -」[40]에서 약천이 가지고 있었던 북관北關 고토古土에 대한 회복 의지를 밝혔다. 약천은 함경감사로 나갔을 때에 오랑캐와 대치한 것을 직접 목도하고 북관에 대한 관심이 생겼다. 아울러 약천의 여러 시를 통해 북관 고토에 대한 회복 의지, 북관 변경 방어책 및 합리적이고 고증적인 역사 인식 태도를 살핀 뒤, 그것이 소론계 문인에게 끼친 영향까지 밝혔다.

성당제는 시문에 나타나는 품격을 고찰하여야 작가의 미의식과 작품의 미학적 특징을 온전히 파악할 수 있다는 문제의식에서 약천 시

39 양언석, 「南九萬의 文學世界 硏究」, 『한국문예비평연구』 15, 한국현대문예비평학회, 2004.

40 성당제, 「藥泉 南九萬의 古土 回復意志 - 邊方 吟詠詩를 中心으로 -」, 『漢文學報』 10, 우리한문학회, 2004.

의 품격을 연구하였다. 「약천藥泉 남구만南九萬 시詩의 품격品格」[41]에서 약천 시문의 품격을 '전아典雅 · 호방豪放 · 웅혼雄渾 · 청려淸麗'로 나누어 살폈다. 약천의 시문 가운데 유가 지향적인 작풍을 띠는 작품이 전아의 품격을 가지며 관각 문학의 품격 가운데 하나가 전아임을 지적하였다. 호방의 품격은 대체로 그의 변새시에서 나타나며 그의 서예 품격과도 밀접한 관련이 있다고 하였다. 웅혼의 품격은 약천의 작품 가운데 규모가 크고 호기가 느껴지는 작품에서 나타난다고 하였으며, 청려의 품격은 시각 · 청각 · 촉각이 어우러진 그림 같은 시로, 맑고 고운 느낌을 주는 시라고 설명하였다.

박영민의 「약천藥泉 남구만南九萬 한시의 연구」[42]는 약천의 관료로서의 면모를 고증하기 위해 그의 일상이 드러나는 한시를 고찰한 논문이다. 약천의 한시를 통해 그의 생애와 내면 의식을 고찰하여 관료로서의 면모를 고증하고자 하였다. 약천이 평정한 성품으로 소신을 지키는 유능한 관료였던 점과 관직을 맡으면 일을 처리하는 데 강직하고 능숙하였다는 데에 초점을 맞추어 약천의 한시를 온화와 중용의 정신경계와 청경淸勁한 지조와 실천으로 나누어 살폈다.

최재남은 「유배체험의 내면화와 시적 변용」[43]에서 이행과 김구, 남구만과 김진규의 유배시를 검토하였다. 이 논문에서는 유배 체험의 내면화 양상을 세 가지 층위로 나누어 범주화하고 유배시의 현실적

41 성당제, 「藥泉 南九萬 詩의 品格」, 『한국한문학연구』 35, 한국한문학회, 2005.
42 박영민, 「藥泉 南九萬 한시의 연구」, 『한국인물사연구』 3, 한국인물사연구소, 2005.
43 최재남, 「유배체험의 내면화와 시적 변용」, 『韓國漢詩硏究』 13, 한국한시학회, 2005.

기반과 시적 변용에서 남구만의 유배시를 유배의 현실을 수긍하면서 유배와 관련된 내면을 표출하지 않는 경우로 소개하였다.

김성언의 「남구만의 시세계」[44]는 약천의 시세계를 통해 약천이 지녔던 고뇌와 지식인으로서의 풍류를 고찰하기 위해 기획된 논문이다. 남구만의 시 가운데 어지러운 정치현실과 그의 이념적 지향을 엿볼 수 있는 시들을 시대와 이념의 표백이라는 제목에서 다루었으며, 유배지에서의 감상에서는 몇 차례의 유배기에 지은 시들을 다루었다. 또 〈영유시詠柚詩 이십수二十首〉를 통해 영물시를 살폈으며 약천이 당대 최고의 관각 문신이었다는 점에 주목하여 그의 관각 문학까지 아울러 살폈다.

약천의 유배시는 이황진의 「약천 남구만의 유배시 연구」[45]에서 다시금 주목되었다. 약천은 총 네 차례 유배를 가는데, 유배지에서 지은 시 뿐만 아니라 유배지로 가는 과정에서 지은 시와 사면을 받고 그 감회를 읊은 시까지 총 61시수의 시를 유배시로 분류하였다. 약천은 유배를 극형으로 받아들이지 않고 한 순간의 격리로 인식하는 듯한 모습을 보이는데, 이 때문에 유배 문학에서 보편적으로 나타나는 정서가 두드러지게 나타나지 않는다고 하였다.

김묘정의 「약천藥泉 남구만南九萬의 연작영물시連作詠物詩 고찰 - 「영유시詠柚詩」 20수를 중심으로」[46]는 약천의 영물시 중 한 편인 〈영유시詠柚詩 이십수二十首〉를 집중적으로 조망한 것이다. 약천의 연작영

44 김성언, 「남구만의 시세계」, 『한국한시작가연구』 11, 한국한시학회, 2007.

45 이황진, 「약천 남구만의 유배시 연구」, 『한민족어문학』 75, 한민족어문학회, 2017.

46 김묘정, 「藥泉 南九萬의 連作詠物詩 고찰 - 「詠柚詩」 20수를 중심으로」, 『고전과 해석』 22, 고전문학한문학연구학회, 2017.

물시를 '변형된 일체형'의 구조로 규정하고 시 배치와 구성을 살핀 뒤, 형상화 양상을 '영물 외적 이미지의 입체적 묘사', '영물 내적 이미지의 독창적 기술', '영물에 기탁한 개인적 감정 술회', '영물에 의해 촉발된 사회적 의식 표출'의 네 가지로 나누어 고찰하였다.

하정승의 「약천藥泉 남구만南九萬의 한시에 나타난 죽음의 형상화와 미적 특질 - 만시挽詩를 중심으로」[47]는 약천 만시 작품의 특징과 표현기법 및 문학성에 대해 논한 것이다. 약천의 만시는 54수로 전체 시의 1/5 정도의 분량이며, 그 대상은 대체로 친구 또는 선·후배 문인들임을 밝혔다. 표현 기법 상의 특징으로 서정적인 만시에 사경寫景 위주의 비유적 표현을 삽입하는 경우가 있고, 묘지명이나 행장처럼 실용적인 성격의 만시가 포착된다고 하였다. 아울러 실용적인 표현 기법은 약천의 성격과 기질을 대변하는 것이라고 하였다.

김효정은 「약천 남구만의 차운시 연구」[48]에서 약천의 시에서 가장 많은 분량을 차지하는 차운시에 대해 연구하였다. 『약천집』 소재 차운시를 개관한 후, 그 대상을 당대의 인문과 고인古人의 시에 차운한 경우와, 본인의 자작시에 첩운한 경우로 나누어 살피고, 그 형상화 양상을 사적 기억의 공유를 통한 공감의 극대화, 서술적 표현에 의한 감정의 직접적 표출, 시제詩題와 병서竝序를 통한 차운 대상 소개와 시작詩作 배경의 노출의 셋으로 나누어 분석하였다.

이황진의 「남구만의 『약천집』 「시」의 편집상의 특징 고찰」,[49] 「남

47 하정승, 「藥泉 南九萬의 한시에 나타난 죽음의 형상화와 미적 특질 - 挽詩를 중심으로」, 『동양한문학연구』 47, 동양한문학회, 2017.

48 김효정 「藥泉 南九萬의 次韻詩 硏究」, 『인문논총』 76-4, 서울대학교 인문학연구원, 2019.

49 이황진, 「남구만의 『약천집』 「시」의 편집상의 특징 고찰」, 『국학연구』 33,

구만의 『약천집』 「시」의 편집상의 특징 고찰 (2)」,[50] 「남구만의 교유 인물과 『약천집』 「시」의 편집성향」은 『약천집』 소재 시의 편집상의 특징을 살피고자 한 것이다.

「남구만의 『약천집』 「시」의 편집상의 특징 고찰」에서는 『약천집』의 간행 배경 및 경과와 편집상의 특징을 살폈다. 『약천집』의 간행 배경 및 경과에서는 정치적인 상황 때문에 『약천집』의 간행이 지체되다가 경종 즉위 이후 소론이 정권을 잡게 되면서 손자 남처관에 의해 간행되었음을 밝혔다. 『약천집』 소재 시는 자편문집의 특징을 가진 일반 문집이며, 남극관보다는 남학명의 시세계가 많이 반영되어 편집되었고 '충'과 '효'가 부각 되도록 편집되었다는 점을 편집상의 특징으로 보았다.

「남구만의 『약천집』 「시」의 편집상의 특징 고찰 (2)」은 약천의 현존시와 『약천집』 소재 시의 편집의도와 편집성향을 살핀 것이다. 『약천집』에 수록되어 있지 않은 약천의 시와 『약천집』에 수록되어 있지 않은 기타 문인들의 시들을 아울러 검토한 후, 남구만의 현존시가 총 294수임을 밝혔다. 또 약천의 시가 수록된 『약천집』 권1과 권2의 구분 시점에는 약천 정치인생의 전환점을 명시하고자하는 의도가 있으며, '부원운附元韻'과 '부차附次'가 14회, 1회의 차이가 나는데 이것은 남구만의 애국심과 문학적 성취 등을 밝히려는 의도가 담긴 것이라고 하였다. 또 시의 선별 기준과 산삭된 시의 종류를 유추하여 『약천집』 소재 시의 편집경향을 살폈다. 31세 이전의 시는 모두 산삭하

한국국학진흥원, 2017.

50 이황진, 「남구만의 『약천집』 「시」의 편집상의 특징 고찰 (2)」, 『국학연구』 35, 한국국학진흥원, 2018.

였으면 윤증과 관련된 시는 모두 배제하였고, 시의 균형있는 배분을 위해 만시의 비율을 조절하였을 것으로 추정하였다.

「남구만의 교유인물과 『약천집』「시」의 편집성향」[51]에서는 『약천집』 소재 시 속의 교유인물을 전배前輩와 동배同輩로 분류하여 그들과의 교분을 살폈다. 약천이 소론의 영수로 지목된 만큼 전배는 서인계열, 동배는 소론계열이 많지만, 이는 당파가 우선된 것이 아니라 실제로 교분이 깊었던 인물들을 우선순위로 하여 편집된 것임을 밝혔다.

현재까지 이루어진 약천의 한시 관련 연구는 시세계를 전체적으로 조망한 연구, 북관 고토에 대한 애정이 드러난 시, 약천 시의 품격, 유배시, 영물시, 만시, 차운시 그리고 『약천집』에 수록된 시의 편집상의 여러 특징에 관한 연구 등이 이루어졌다.

약천의 한시 다음으로 많이 연구된 것은 약천의 소차연구로 현재까지 6편의 논문이 발표된 것으로 확인된다. 약천의 시세계 연구에서 그랬던 것과 마찬가지로 약천의 소차 관련 연구 역시 성당제에 의해 처음 이루어졌다. 성당제의 「약천藥泉 상소문上疏文의 문예미文藝美와 현실대응」[52]이 그것이다. 이 논문에서는 약천 상소문의 위상과 품격을 살피고, 「진북로사정소陳北路事情疏」에서 함경도의 인재를 등용할 것을 주장한 것과 「사직겸진삼사소辭職兼陳三事疏」에서 권신가의 횡포를 고발하고 기강을 바로잡을 것을 주장한 내용을 살폈다.

---

51 이황진, 「남구만의 교유인물과 『약천집』「시」의 편집성향」, 『우리문학연구』 59, 우리문학회, 2018.

52 성당제, 「藥泉 上疏文의 文藝美와 현실대응」, 『인문과학』 36, 성균관대학교 인문과학연구소, 2005.

송혁기는 「소차류疏箚類 산문의 입의立意와 수사修辭 양상 일고 - 허적許積 논척과 관련한 소차들의 비교를 중심으로」[53]에서 허적의 논척과 관련한 소차 가운데 이상李翔, 남구만, 허목許穆 세 사람의 작품을 비교하였다. 여러 작가 가운데 남구만을 선정한 이유는 탄탄한 작품성을 보여주며 허적 논척으로 인한 그의 유배와 복귀가 서인 복권의 상징적인 사건이기 때문이라고 밝혔다. 허적을 논척한 소차는 허적을 직접 지목하지 않으면서 충격적인 사건 고발과 진상 규명을 요구하였으며 서사와 의론의 착종 구성을 통하여 신뢰도와 설득력을 높였다고 보았다.

김지웅은 「약천藥泉 남구만南九萬 소차疏箚 연구硏究」[54]에서 남구만 소차의 정치사적 배경을 숙종 초기, 중기, 후기로 나누어 살핀 뒤, 소차의 주요 전략과 약천 소차의 운용 양상을 정리하고 약천의 소차 세 편을 분석하였다. 소차의 주요 전략을 사직의 승부수를 활용한 결단의 강요, 원론에 입각한 경계를 통한 현안의 환기, 청원의 형식에 담은 의중타진과 압박의 셋으로 나누어 약천의 소차에서 이것들이 어떻게 사용되었는지를 밝혔다. 「인혐사직겸진소회소引嫌辭職兼陳所懷疏」, 「사직겸진삼사소辭職兼陳三事疏」, 「사직겸청돈소우상차辭職兼請敦召右相箚」의 세 소차 분석을 통해 각각의 특징을 원론적인 경계의 이면에서 터뜨리는 정적의 고발, '권력자의 전횡' 프레임을 통한 불안감의 조장, 과도한 청원으로 묻는 신임新任 정권에 대한 신임信任으로

53 송혁기, 「소차류(疏箚類) 산문의 입의(立意)와 수사(修辭) 양상 일고 - 허적(許積) 논척과 관련한 소차들의 비교를 중심으로」, 『민족문학사연구』 36, 민족문학사학회, 2008.

54 김지웅, 「藥泉 南九萬 疏箚 硏究」, 고려대학교 석사학위논문, 2015.

분석하였다.

이규철은 「약천藥泉 남구만南九萬의 북변北邊 상소上疏와 폐사군廢四郡 후주진厚州鎭 설치 논의」[55]에서 약천의 상소문이 숙종대는 물론 18세기까지 폐사군 복설과 후주진 재설치와 관련된 논의 속에서 항상 언급되었던 사실에 주목하였다. 당시 남구만의 주장은 받아들여지지 않았으나 그의 상소는 조선의 변경 지역 운영과 폐사군·후주진 복설 문제에 큰 영향을 주었다는 점에서 의미가 크다고 하였다. 또 약천의 태도에서 약천이 가지고 있던 북방 의식과 영토 의식을 파악할 수 있다고 하였다.

윤재환의 「약천藥泉 남구만南九萬 상소문上疏文의 구성構成 원리原理와 전개展開 양상樣相 -『장소휘고章疏彙攷』와 『소차가칙疏箚可則』 소재所在 사직상소문辭職上疏文을 중심中心으로-」[56]은 약천의 문장관을 살피고, 『장소휘고』와 『소차가칙』에 수록된 약천의 상소문 13편 가운데 10편의 사직상소문을 중심으로 그 전개 양상과 그 실재를 분석한 논문이다. 이 글에서는 약천 상소문의 특징을 단순하고 평이하면서도 단도직입적이고 간결하지만 상소의 내용이 구체적이고도 선명하다는 점을 꼽았다. 또 약천 상소문의 구성과 전개를 볼 때 그의 문장관과 상소문은 일치함을 밝혔다.

신두환은 「약천藥泉 남구만南九萬의 상소문上疏文에 나타난 선비의식 연구」[57]에서 상소문의 위상과 약천 상소문에 나타난 선비의식을

---

55 이규철, 「藥泉 南九萬의 北邊 上疏와 廢四郡 厚州鎭 설치 논의」, 『한국인물사연구』 26, 한국인물사연구회, 2016.

56 윤재환, 「藥泉 南九萬 上疏文의 構成 原理와 展開 樣相 -『章疏彙攷』와 『疏箚可則』 所在 辭職上疏文을 中心으로」, 『한민족어문학』 74, 한민족어문학회, 2016.

검토하였다. 상소문은 동양 최초의 문체로 다양한 문헌에 나타나고 그 성격이나 예술적인 차원에서 볼 때 그 내용과 형식은 대단한 경지에 이르고 있다고 하여 상소문의 위상을 살폈다. 또한 약천의 상소문에는 막힌 언로를 열고 임금의 어긋난 행동을 바로잡고 임금과 소통하려는 선비의식이 들어있다고 하였다.

약천의 상소 연구는 개별 상소문을 통하여 문예미 혹은 수사 양식을 검토하였고, 소차의 전략과 운용 양상을 검토하여 그 특징을 추출하였다. 또 그 구성과 전개 양상을 검토하였고, 상소문 속에 드러난 선비의식을 살핀 연구들이 이루어졌다.

약천의 산문은 소차 이외에 기문에 대해서도 연구되었다. 기문에 대한 연구는 성당제와 권진옥에 의해 이루어졌다. 성당제는 「약천藥泉 기문記文의 산수미山水美 형상形象과 서술적敍述的 특징 - 「함흥십경도기咸興十景圖記」와 「북관십경도기北關十景圖記」를 중심으로」[58]에서 「함흥십경도기」와 「북관십경도기」에서 살펴볼 수 있는 약천 기문의 서술적 특징을 정리하였다. 「함흥십경도기」에 나타나는 특징으로 국토애國土愛를 바탕으로 산수미山水美를 형상하였으며, 승경을 사실적으로 상세하고도 생동감있게 서술하고 있는 그대로의 산수미를 묘사했다는 점을 꼽았다. 「북관십경도기」에서는 승경의 묘사를 통해 충렬忠烈을 기리고 설화를 수용하여 안배한 것과 강개慷慨한 의론을 표출하여 실지失地에 대한 애착을 드러냈다는 점을 특징으로 꼽았다.

57 신두환, 「藥泉 南九萬의 上疏文에 나타난 선비의식 연구」, 『열상고전연구』 60, 열상고전연구회, 2017.

58 성당제, 「藥泉 記文의 山水美 形象과 敍述的 특징 - 「咸興十景圖記」와 「北關十景圖記」를 중심으로」, 『어문연구』 33, 한국어문교육연구회, 2005.

또 두 작품에서 공통적으로 산수에 대한 시각을 살펴볼 수 있다고 하였다.

권진옥은 「약천藥泉 남구만南九萬의 기문記文 연구」[59]에서 약천의 8편의 기문 가운데 「망운정기望雲亭記」, 「북관십경도기北關十景圖記」, 「온양온천북탕기溫陽溫泉北湯記」 세 편의 기문을 분석했다. 「망운정기」의 특징을 참신한 의론을 개진하고 편장자구의 안배가 돋보인다는 데에서 찾았으며, 「북관십경도기」의 특징을 여러 산문 체재를 혼합하고 주제면에서 철리적 산수관이 잘 들어난다는 점을 들었고, 「온양온청북탕기」의 특징은 선왕의 유풍 회복과 애민의식이 두드러지는 것이라고 밝혔다. 이를 토대로 약천의 기문이 가지는 문예미학적 특징까지 아울러 실핀 논문이다.

소차와 기문 이외에 서간문을 통한 교유 양상도 연구되었다. 최윤정은 「서간을 통해 본 박세당과 남구만의 교유 양상」[60]에서 박세당과 약천의 교유 양상을 서간을 통해 고찰하였다. 박세당과 약천의 문집에 수록되어 있는 서로에게 보낸 편지 목록을 정리하고 서간에 나타난 교유 양상을 어지러운 정국 속 거취去就 논의, 시사時事와 학문에 관한 의견 조율, 시변에 대한 염려와 우의友誼 표출 셋으로 나누어 살폈다.

남구만의 시와 산문 이외에 남구만의 시조에 대해서도 연구가 이

59 권진옥, 「약천(藥泉) 남구만(南九萬)의 기문(記文) 연구」, 『한민족어문학』 75, 한민족어문학회, 2017.

60 최윤정, 「서간을 통해 본 박세당과 남구만의 교유 양상」, 『한국고전연구』 24, 한국고전연구학회, 2011.

루어졌다. 장정룡의 「동해시東海市 망상동望祥洞 유적과 약천藥泉 남구만南九萬 시조작품」[61]은 1995년에 이루어진 것으로 문학 연구가운데 가장 먼저 이루어진 논문이다. 이 논문에서는 약천의 생애와 약천문학의 시대적 배경을 살핀 후, 약천의 시조와 지명 유래를 검토하였다. 약천 시조의 작품 형성과 그 배경이 언급되어 있지 않은데 이 연구에서는 유배당시 정치적 상황을 이해하고 작품에 나타나는 지명을 실증적으로 답사하여 얻은 결과를 정리하였다.

이승철은 「동해 약천마을과 약천 남구만의 〈시조〉 엿보기」[62]에서 지명 약천과 인물 약천에 대해 살핀 후, 약천의 시조를 둘러싼 쟁점들을 검토하고 약천의 시조를 분석하였다. 시조의 해석을 위해 시조의 형태, 계절과 장소를 분석하였고, 주제와 소재, 표현의 특색과 창작 연대, 시조의 상징성을 분석하였다. 이러한 사항들을 바탕으로 시조의 초·중·종장을 종합적으로 분석하였다.

송혁기는 「노老·소少 분기기分岐期의 학적學的 지형地形과 남구만南九萬 계열 소론계의 문학비평」[63]에서 노·소론이 분기되는 시기에 남구만을 중심으로 한 소론계의 학문 성향과 문학비평 특징을 검토하였다. 남구만 계열 소론계 문인들은 학문태도 및 관심 영역에서 주자학의 구심에서 상대적으로 유연하였다고 하였으며 이들의 문학비

61 장정룡, 「東海市 望祥洞 유적과 藥泉 南九萬 시조작품」, 『강원민속학』 11, 아시아강원도민속학회, 1995.

62 이승철, 「동해 약천마을과 약천 남구만의 〈시조〉 엿보기」, 『강원민속학』 20, 아시아강원도민속학회, 2006.

63 송혁기, 「老·少 分岐期의 學的 地形과 南九萬 계열 소론계의 문학비평」, 『고전과 해석』 10, 고전문학한문학연구학회, 2011.

평이 지니는 일차적 의의를 정론화定論化되어 간 노론계의 시각과는 다른 작가평을 제출한 것에서 찾았다.

2) 정치·사상을 비롯한 기타 연구

약천에 대한 연구는 문학 이외에도 정치, 사상을 비롯한 다양한 방면에서 이루어진 바 있다. 약천에 대한 연구로 가장 먼저 이루어진 것은 강신엽의 「남구만南九萬의 국방사상國防思想」[64]이다. 이 논문에서 약천의 국방 사상은 자강사상自强思想과 표리를 이루면서 전개 되었으며, 약천은 당시의 국방 정책을 일대위기로 인식하고 있었음을 밝혔다. 약천의 국방 사상의 이해를 위해 그 배경을 약천의 생애와 시대 배경을 중심으로 살폈으며, 국방 사상의 이론적 배경을 군제혁신론軍制革新論, 서북방어론西北防禦論, 해안경비론海岸警備論의 셋으로 나누어 분석하였다.

박인호는 「남구만南九萬과 이세구李世龜의 역사지리歷史地理 연구研究 - 남구만南九萬의 〈동사변증東史辨證〉·이세구李世龜의 〈동국삼한가준고금강역설東國三韓四郡古今疆域說〉을 중심으로」[65]에서 약천과 이세구는 성리학을 기본 이념으로 한 주자학자들임에도 불구하고, 당시 포폄위주의 도덕론적인 사론과는 달리 역사 지리의 고증을 통한 역사 사실의 파악에 치중하고 있는데, 이것이 약천과 이세구의 역사 지리 연구의 사학사적인 의의라고 하였다.

---

64 강신엽, 「南九萬의 國防思想」, 『민족문화』 14, 한국고전번역원, 1991.
65 박인호, 「南九萬과 李世龜의 歷史地理 硏究 - 南九萬의 〈東史辨證〉·李世龜의 〈東國三韓四郡古今疆域說〉을 중심으로」, 『역사학보』 138, 역사학회, 1993.

이재철은 「사림정치기士林政治期 남구만南九萬의 현실의식現實意識과 정국운영론 政局運營論」에서 약천의 정국 운영론의 기저가 되었던 현실 인식을 원칙론의 견지와 현실 상황의 중시 관점에서 살피고, 이어서 법치주의의 중시와 당론의 억제를 통해서 약천의 정국 운영론을 살폈다. 약천은 현실 인식에서 직재直裁한 원칙론을 견지하였으며, 형식적인 명분보다는 현실적으로 굳어진 명분을 중시하였음을 밝혔다. 이러한 현실 인식을 바탕으로 국정 운영의 기본 원칙을 법의 엄격하고 공정한 집행에 두었으며, 법을 엄격하게 집행하기 위해서는 왕권을 강력하게 행사해야 한다고 주장하였음을 밝혔다.

송양섭은 「약천藥泉 남구만南九萬의 왕실재정개혁론王室財政改革論」[66]에서 약천의 왕실재정개혁론은 현실에 기초한 구체적인 정책 과정에서 표명되었다는 점에서 정치권의 외곽이나 재야의 지식인들에 의해 제시된 개혁안과는 뚜렷하게 구분된다고 하였다.

유권종의 「약천藥泉 남구만南九萬의 유학사상儒學思想」[67]은 약천 유학 사상의 편린을 추려내어 약천의 유학적 삶과 정치의 원리를 밝히고자 한 논문이다. 이 논문에서는 약천 유학 사상의 특징과 의의를 송준길을 사사하면서 기호 예학을 계승하였고, 예제에 관한 논의에 고증과 변석이 뛰어난 점, 의리를 중시하는 사고, 예악에 관한 논의를 치밀하게 하더라도 거기에 경세가적 의식이 깊이 작용하고 있다는 점의 세 가지로 정리하였다.

66 송양섭, 「藥泉 南九萬의 王室財政改革論」, 『한국인물사연구』 3, 한국인물사연구소, 2005.

67 유권종, 「藥泉 南九萬의 儒學思想」, 『한국인물사연구』 3, 한국인물사연구소, 2005.

김동준의 「소론계 학자들의 자국어문 연구활동과 양상」[68]은 국어학사의 영역을 통해 조선 후기 소론계 학풍의 한 갈래 특징을 조망하고자 한 논문이다. 이 논문에서 조선 후기 국어학사 자료에서 최석정을 그 처음으로 거론하였고, 그의 스승인 약천에게서 볼 수 있는 문자학과 성운학에 대한 자료를 검토하였다. 약천은 중국의 한자음과 조선의 한자음을 한 시야에서 대비하였고 이러한 관심은 성운학과 동떨어질 수 없는 것이라고 하였다.

권오엽은 「남구만南九萬의 밀사密使 안용복安龍福」에서 조선과 일본에 남아있는 약천과 남구만의 관계를 확인할 수 있는 자료들을 바탕으로 안용복이 제공한 정보를 통해 남구만의 영토 인식이 바뀌었으며, 대마번對馬藩이 사실을 왜곡한다는 것을 알고 신의교노선을 구축하였고, 부산첨사와 같은 공적 권력을 통해서 안용복에게 그 정책을 실현하게 하였다고 하였다.

윤재환은 「약천藥泉 남구만南九萬이 바라본 안용복安龍福의 의미意味」[69]에서 약천과 안용복의 의식이 보여주는 착종 지점 확인은 남구만이 바라본 안용복에 대한 이해를 넘어 당대 조선의 영토와 국경에 대한 다양한 계층의 다기한 인식을 확인할 수 있는 계기가 될 것이라고 보았다.

약천에 대한 연구는 문학 이외의 측면에서도 다양하게 연구되었다. 정치와 사상은 물론 어문 연구나 안용복과의 관계를 밝히는 데까

---

68 김동준, 「소론계 학자들의 자국어문 연구활동과 양상」, 『민족문학사연구』 35, 민족문학사학회, 2007.

69 윤재환, 「藥泉 南九萬이 바라본 安龍福의 意味」, 『동방한문학』 69, 동방한문학회, 2016.

지 이루어져 상당한 성과를 거두었다. 그럼에도 아직 미비한 부분이 있어 그러한 부분까지 채워진다면 약천에 대한 이해가 더욱 깊어질 것이다.

2. 약천 남구만 연구의 전망

성당제는 그의 논문에서 상소문의 문학적 성과에 대한 더 깊은 논의가 이루어져야 하며 제문祭文 · 묘지명墓誌銘 · 서발문序跋文 등 여러 문체의 작품도 연구되어야 할 것이라고 보았다. 그의 논문이 제출되고 시간이 꽤 흘렀으나 일부에 대해서는 연구가 이루어졌으나 아직 연구가 미비한 부분도 많다.

현재까지 약천의 문학론, 한시, 상소문에 대해서는 연구가 상당히 진척되었다. 문학론에 대한 연구는 3편 가량 이루어졌으며, 한시는 시세계 · 유배시 · 영물시 · 만시를 비롯한 연구들이 제출된 바 있다. 상소문에 관한 연구도 6편의 논문에서 다양한 방향으로 연구되었다. 이 외에 약천의 기문, 서간문, 시조, 문학비평 등의 연구가 이루어져 약천의 문학을 풍성하게 이해할 수 있게 되었다.

약천의 문학에 대한 연구 이외에 어문 연구, 사상 등에 대한 연구가 축적되었다. 그러나 아직 연구가 더 이루어져야 할 부분들을 발견할 수 있다. 성당제가 말했던 제문 · 묘지명 · 신도비명 등의 망자를 위한 글에 대한 연구는 전혀 이루어지지 않았다. 이 외에도 약천의 서발류, 증서류에 대한 연구도 미비한 상태이며, 그의 서간문에 대한 연구도 더 나아갈 방향이 있을 것으로 보인다.

『약천집』에는 제문 16편, 묘지명 20편 · 신도비명 18편 등이 있으나 이에 대한 연구는 전혀 이루어지지 않았다. 이황진은 그의 논문에서 『약천집』의 편집 경향을 살피면서 만시의 비율 조정을 들었는데, 약천과 상당한 친분을 가진 인물들에 대한 만시가 없는데 그 이유로 그 인물들에 대한 제문, 묘지명, 신도비명과 같은 글이 수록되어 있어서 만시를 산삭했을 가능성이 있다고 하였다. 이와 같다면 만시와 망자를 위한 여러 글을 연관하여 연구한다면 약천의 문학을 더 깊이 있게 이해할 수 있을 것으로 보인다.

약천의 서문, 발문은 각각 13편, 12편으로 총 25편이 있다. 이를 바탕으로 약천의 서발문에 대한 연구도 이루어질 수 있을 것이다. 또 약천의 서간문을 통한 박세채와의 교유에 대한 연구가 있기는 하나 서간문에 대한 더 많은 연구가 필요할 것으로 보인다. 그의 제자인 최석정과 주고받은 편지도 많이 있어 그 편지들을 확인한다면 그와 교유했던 구체적인 양상을 확인할 수 있을 것이다.

권진옥은 그의 논문에서 기문을 검토하면서 약천의 산문 연구 가운데 소차를 제외한 기타 장르에 대한 연구의 일환이라고 하며, 연구의 범위를 다른 장르까지 확대하여 약천의 산문을 종합적으로 검토할 수 있을 것이라고 하였다. 산문뿐만 아니라 다양한 측면에서 약천을 바라보고 이해하는 논문들이 많이 제출되어 약천이라는 인물을 좀 더 넓고 깊게 이해할 수 있기를 기대한다.

Ⅲ. 약천 남구만이 바라본 안용복

윤재환

1. 서론序論

안용복安龍福은 1600년대 중반부터 1700년대 초반 정도까지 조선에서 살았던 인물로 추정된다.[70] 동래부東萊府의 전선戰船에 예속된 노군櫓軍으로, 왜관倭館에 출입하여 왜어倭語에 능숙하였다고 하지만, 이 기록의 근거가 어디에 있는 것인지 확인하기 어렵다. 이 기록의 작성자인 이익李瀷이 1681년부터 1763년까지 생존했던 인물이라는 점에서 그가 동 시대의 인물에 대해 서술한 것이라고 할 때 비교적 사실에 가까울 것이라고는 추정할 수 있겠지만, 더 이상 안용복에 관한 기록들의 사실을 확인하기 어렵다.

70 권오엽은 「通政大夫 安龍福 - 한일 기록이 전하는 안용복의 관직(『일본어교육』 50, 한국일본어교육학회, 2009. 247면.)」에서 『元祿九丙子年朝鮮舟着岸一卷之覺書』의 내용을 근거로 안용복이 1654년 갑오년에 태어났고, 1696년에 43세라고 하였다.

안용복에 대한 이익의 기록에 따르면 안용복은 숙종肅宗 19년(1693) 여름과 숙종 21년(1695) 여름[71]에 일본으로 갔는데, 이 두 번의 도일渡日 과정에서 일본으로부터 울릉도와 독도에 대한 조선의 주권을 인정받고 일본인들의 월경越境과 어로漁撈 활동의 금지를 확약 받았다고 한다.[72] 그런데 안용복이라는 인물에 대한 구체적인 사항들을 확인하기 어려운 만큼 그의 행적 역시 정확하게 재구再構하기 어려운 점이 많다. 특히 첫 번째 도일渡日의 경우 그 자신의 주체적인 선택이 아니었다는 점에서 논외로 하더라도 두 번째 도일의 경

---

71 우리나라의 기록에는 대부분 安龍福이 숙종 21년 봄 또는 여름 울릉도를 거쳐 일본으로 갔다고 기록되어 있는데, 일본의 기록 특히 『元祿九丙子年朝鮮舟着岸一卷之覺書』에는 元祿 9년(1696) 3월 18일 조선에서 아침을 먹고 그날 저녁 竹島에 도착했으며, 5월 15일 竹島를 출발하여 松嶋를 거쳐 18일 隱岐島, 20일 大久村에 입항하였다고 되어 있다. 한국과 일본 두 나라의 기록이 지니는 차이에 어떤 의미가 있는 것인지, 또 그 차이가 어디에서 발생한 것인지에 대해서는 확인하기 어렵다.

72 李瀷, 〈鬱陵島〉, 「天地門」, 『星湖僿說』 권3, "安龍福者, 東萊府戰船櫓軍也, 出入倭舘, 善倭語. 我肅廟十九年癸酉夏, 漂泊鬱陵島, 倭船七艘先到, 時倭已惹爭島之端. 龍福與倭辨詰, 倭怒執以歸, 拘五浪島. 龍福謂其島主曰, 鬱陵芋山本屬朝鮮, 朝鮮近而日本遠, 何故拘執我不歸. 島主送諸伯耆州, 伯耆島主待以賓禮, 賚銀許多, 辭不受. 島主問汝欲何爲. 龍福又言其故曰, 禁止侵擾以厚交隣, 是吾願也. 島主許之, 稟于江戶, 成契券與之, 遂遣還. 行到長碕島, 島主黨馬島, 奪其劵送之馬島, 馬島主囚之, 聞于江戶, 江戶復爲書契, 令勿侵兩島, 且令護送. 馬島主復奪其書契, 囚五十日, 押送東萊倭舘, 又留之四十日, 送之東萊府. 龍福悉訴之, 府使不以聞, 以犯越刑之二年. 乙亥夏, 龍福憤鬱不已, 誘販僧五人及掉工四人, 復至鬱陵, 我國三商船先泊, 漁採斫竹, 有倭船適至. 龍福令諸人縛執, 諸人懼不從. 倭云我等漁採松島, 偶至此, 卽去. 龍福曰, 松島本我芋山島, 明日追至芋山島, 倭擧帆走, 龍福追之漂泊于玉岐島, 轉至伯耆州. 島主款迎, 龍福自稱鬱陵搜捕將, 乘轎入與島主, 抗禮言前後事甚詳."

우 비교적 치밀한 계산 아래 이루어진 의도적인 행동으로 이야기되고 있다는 점에서 그의 행적이 지니는 모호함에 대한 의구심을 버리기 어렵게 한다.

조선 당대의 상황에서, 안용복이라는 인물의 신분으로 볼 때 현재 이야기되고 있는 것과 같은 안용복의 행적이 가능한 것이었을까 하는 의문은 당대 안용복의 도해渡海에 배후가 존재할 것이라는 의구심을 가지게 만들기도 한다.[73] 안용복의 두 번째 도일에 어떤 배후가 있었을 것이라는 유추의 확실한 근거가 보이지는 않지만[74], 당대의 상황과 안용복의 귀국 이후 있었던 조정의 논의를 살펴보면 안용복의 사형을 청하는 좌의정左議政 윤지선尹趾善, 판부사判府事 신익상申翼相, 장령掌令 유중무柳重茂・이동암李東馣 등과 감사정배減死定配를 청하는 영의정領議政 유상운柳尙運, 영부사領府事 남구만南九萬, 영돈녕領敦寧 윤지완尹趾完, 지사知事 신여철申汝哲의 대립이 있었음을 확인할 수 있다.[75] 당대 있었던 조정 대신들의 대립으로 볼 때 안용복의

73 권정, 「안용복의 울릉도 도해의 배후 - 동래부사와 부산첨사 -」, 『日本語文學』 55, 일본어문학회, 2011 ; 權五曄, 「南九萬의 密使 安龍福」, 『日本語文學』 65, 일본어문학회, 2014.

74 숙종 22년 10월 13일 조회 때 좌의정 윤지선이 "안용복을 죄주지 않고 대마도만을 꾸짖으면, 마치 국가에서 시킨 것인 듯 할 것이니, 안용복・李仁成은 우선 그대로 가두어 두었다가 首相이 出仕하기를 기다린 뒤에 처치하자(『肅宗實錄』, 숙종 22년 10월 13일, "不罪龍福而專責馬島, 則有若自朝家使爲者然矣. 安龍福李仁成姑爲仍囚, 待首相出仕後處之.")"고 한 것으로 보아 당대 조정 대신들 중에서 일본이 안용복의 渡日을 조선 조정에서 사주한 것으로 판단하지 않을까 걱정한 신하들이 있었던 것으로 보인다. 그런 점에서 안용복의 배후나 사주에 대한 주장은 조금 더 신중할 필요가 있으리라 생각된다.

75 안용복의 처벌에 관한 조정 대신들의 논란은 『肅宗實錄』, 숙종 22년 9월

도일 배후에 대한 논의에 일정 정도의 가능성이 부여될 수도 있을 것이라 생각된다.

그런데 안용복의 두 번째 도일 이후 조정에서 줄기차게 제기되었던 논의가 안용복의 처벌에 대한 주장이라는 점에서 그의 처벌에 관용을 베풀어야 한다는 주장은 보편적 논의에서 조금 빗겨난 것이라고 할 수 있다. 당대 조선에서 울릉도와 독도에 대해 취한 정책이 공도空島 정책이었고, 조선이 주변국과의 국경 분쟁을 극도로 꺼렸다는 점에서 월경越境의 금법禁法을 저지른 안용복에게 관용을 주장하기는 쉽지 않았을 것이 당연하다. 특히 숙종 22년 당시 68세의 나이로 김춘택金春澤 등 노론老論에 맞서 동궁의 보호를 위해 노력하다가 중외中外의 비난이 거세지자 사직하고 고향으로 내려가 있었던 남구만의 경우 안용복의 보호를 위해 영의정 유상운과 최여화崔汝和에게 답하는 두 편의 편지를 쓰기도 하는데, 이와 같은 경우는 극히 이례적인 일이라고 할 수 있다.

이 글은 이와 같은 이례적인 상황에 대한 관심에서 기획되었다. 이 글은 안용복의 두 번째 도일이 어떤 누구를 배후에 두고 누구의 사주에 의해 이루어진 것인가에 대해 밝히고자 하는 것이 아니다. 그것은 설령 안용복의 두 번째 도일이 누군가의 사주에 의해 이루어졌다고 하더라도 그것에 의해 안용복의 도일이 가지는 의미가 사라지는 것이 아니기 때문이다. 누가 배후에 있었던, 누구의 사주에 의한 것이었던 그의 도일 행위는 결국 그 자신의 주체적 결정에 의해 이루어진 것이라 보아야 할 것이다. 그런 점에서 이 글에서 관심을 두는

27일 기록부터 동년 10월 23일까지, 『承政院日記』 숙종 22년 9월 27일부터 23년 4월 16일까지의 기사에서 확인할 수 있다.

것은 안용복의 도일 배후나 사주의 주체를 추정하는 것이 아니다. 그것보다는 당대의 일반적인 인식에서 한 걸음 물러나 월경의 금법 행위를 저지른 안용복에 대해 관용을 주장한 남구만의 의식과 안용복의 의식에서 찾을 수 있는 착종의 지점에 대한 관심이다.

이 글에서 이 지점에 대해 관심을 가지는 것은 남구만이 안용복의 행위에 대해 가치를 부여하고 그에 대해 관용을 주장했다고 하더라도 그의 의식세계 전반을 안용복과 같이 보기 어렵다고 생각해서이다. 남구만이 안용복의 감형을 위해 상당한 노력을 했고, 안용복의 행위가 남구만의 의식과 일정 정도 일치하는 부분을 보이지만, 그 부분은 이 두 사람의 의식이 가지는 동질성이라기보다 의식의 흐름이 만나는 하나의 접점을 의미하는 것이라 보인다. 그것은 당대 남구만과 안용복 사이에 다양한 간극이 존재했기 때문이다. 그런 점에서 남구만과 안용복의 의식이 보여주는 착종의 지점 확인은 남구만이 바라본 안용복에 대한 이해를 넘어 당대 조선의 영토와 국경에 대한 다양한 계층의 다기한 인식을 확인할 수 있는 하나의 계기가 될 수 있을 것이라고 생각한다.

2. 안용복安龍福의 행적行蹟과 인식認識

현재 안용복의 생애나 행적에 관해 정확한 내용을 확인할 수 있는 자료가 전하지 않는데, 생애나 행적의 일부를 전하는 몇 안 되는 자료 사이에서도 다소간의 차이가 있다. 이 차이는 한국의 문헌들을 비교해 볼 때보다 한국의 문헌과 일본의 문헌을 비교할 때 더 커진다.

이와 같은 차이의 이유를 분명하게 밝히기는 어렵지만, 이 차이로 인해 한국과 일본 두 나라에서 안용복에 대한 평가가 달라진다고 보인다. 따라서 이 글에서는 논지의 전개를 위해 우선 한국과 일본의 문헌 속에 나오는 안용복의 행적을 간단하게 정리해 보도록 한다. 서술의 객관성을 담보하기 위해 안용복의 행적 정리는 문헌에 기재된 객관적 서술만을 추려 행적에 대한 평가나 감정적 서술은 최대한 배제하도록 한다.

1693년(숙종 19) 봄(『조선왕조실록』), 여름(『성호사설』)
- 풍랑으로 울릉도에 표류하다.
- 왜선과 섬을 다투는 분쟁이 일어나 왜인들과 논란하자, 왜인들이 잡아가 五浪島로 돌아가 구금하다.
- 島主에게 항의하자 島主가 伯耆州로 돌려보내다.
- 伯耆島主가 賓禮로 대우하고 銀子를 주었으나 모두 사양하다.
- 도주에게 전후 사실을 말하고 이어 침략을 금지하고 이웃 나라끼리 친선을 도모하고자 한다고 하자 도주가 이를 승낙하고 江戶幕府에 품하여 契券을 出給하고 돌아가게 하다.
- 江戶까지 가다(『조선왕조실록』)
- 長碕島에 오자 장기도주가 대마도와 합해 계권을 빼앗고 대마도로 압송하다.
- 대마도주가 구금한 뒤 강호 막부로 보고하자 강호에서 다시 서계를 보내 울릉 우산 두 섬을 침략하지 못하게 하였으며, 본국으로 호송하라고 지령하다.
- 대마도주가 다시 서계를 빼앗고 50일을 구금한 뒤 동래부 왜관으로 보내다.
- 왜관에서 다시 40일을 머물러 둔 뒤 동래부로 돌려보내다.
- 전후 사실을 동래부사에게 호소하자 부사가 상부에 보고하지 않고

越境한 일로 2년의 형벌을 내리다.
- 接慰官이 동래에 왔을 때 이 사실을 호소하였으나 조정에서 믿어주지 않다.

1693년(숙종 19) 11월
- 대마도 태수 平義信이 표류민 2명(安龍福, 朴於屯)을 押還하고 예조에 글을 보내다.

1695년(숙종 21) 여름
- 다시 울릉도에 가서 왜선을 만나다.
- 다음날 우산도로 가자 왜인들이 달아나 뒤쫓아 玉岐島로 갔다가 백기주까지 이르다.
- 도주가 환영하자 울릉도 搜捕將(鬱陵子山兩島監稅)이라 자칭하고 도주와 대등한 예로 전후의 일을 말하다.
- 대마도의 농간을 關白에게 전달하기 위해 소장을 지어 도주에게 보이다.
- 대마도주의 부친이 백기주에 달려와 용서를 청해 결말을 짓다.
- 과거의 일에 대해 사과를 받고 앞으로 약속을 어기는 자는 중벌에 처하겠다는 약속을 받다.

1696년 (숙종 22) 가을 8월
- 양양으로 돌아오다. 方伯(江原監司)이 장계로 보고하고 서울로 압송하다.
- 襄陽에 돌아와서 관에 보고하고 伯耆州에 있을 때 태수에게 보낸 서장을 바쳐 자신의 일을 증명하다.
- 왜인이 서한을 동래부에 보내 사과하다.

한국 문헌 속에 기록되어 있는 안용복의 행적과 일본 문헌 속에 기록되어 있는 안용복의 행적을 비교해 보기 위해 일본 문헌 속에 기재되어 있는 안용복의 행적을 『죽도고竹島考』와 『죽도기사竹嶋記事』 그리고 『원록구 병오년 조선주착안일권지각서元祿九丙午年朝鮮舟着岸一卷之覺書』를 중심으로 정리해 보면 다음과 같다.

1693년

3월 - 왜인에게 잡히다.

3월 20일 - 隱岐의 島後 福浦에 도착, 松江 재번 역인의 취조를 받다.

3월 27일 - 福浦를 거쳐 米子로 끌려와 大谷의 선주 오오야 큐우에몬의 집에 구치되다.

5월 10일 - 鳥取藩 江戶藩邸에서 幕府에 보고하다.

5월 22일 - 막부에서 鳥取藩에 竹島에 관한 1차 회답을 보내다.

5월 26일 - 막부의 지시가 내려와 육로로 長崎로 가다.

5월 29일 - 米子를 출발하다.

6월 1일 - 鳥取 藩廳에서 長崎로 보내기 전에 데려오도록 하다. 아라오 히로카즈의 집에 도착하다. 長崎 성하의 町會所에서 머물다.

6월 3일 - 막부의 회답이 對馬 藩領에 도착하다.

6월 7일 - 長崎를 향해 출발하다.

6월 30일 - 長崎에 도착하다.

7월 1일 - 長崎에서 사정을 설명하다.

9월 4일 - 對馬 府內에서 사정을 설명하다.

10월 10일 - 조선 정부의 검토 결과가 왜관에 도착하다.

11월 2일 - 교섭을 위해 對馬藩 대표 타다 요자에몬이 왜관에 도착하다.

12월 7일 - 교섭을 위해 조선 정부 대표 접위관 홍중하가 동래부에 도착하다.

12월 10일 - 조선 정부에 인계되다.

1696년

3월 18일 - 조선에서 아침을 먹은 후 출발해서 같은 날 울릉도에 도착해 저녁을 먹다.

5월 15일 - 울릉도를 출발해서 같은 날 자산도에 닿다.

5월 16일 - 伯耆를 목적지로 정하고 松島를 떠나다.

5월 18일 - 아침에 隱岐의 西村에 도착하다. 이후 中村으로 가다.

5월 19일 - 밤에 大久村으로 들어가 자진 신고하다.

5월 20일 - 西鄕에서 온 재번 역인이 취조하다.

5월 22일 - 조사를 마치고, 石州의 役所에 보내는 조서를 작성하다. 西鄕으로 배를 돌리려 했으나, 비바람이 거세 大久村에 머물다.

5월 20일 - 隱岐에 도착하다.

6월 2일 - 鳥取 성하에 전해지다

6월 4일 - 隱岐 赤崎에 도착하다. 말이 통하지 않아 통역을 부르다.

6월 5일 - 青谷에 계류되다. 유학자 辻晩庵와 千念寺에서 필담하다.

6월 12일 - 賀露로 회항하여 東禪寺에 머물다.

6월 21일 - 鳥取 성하로 옮기다.

6월 22일 - 성하에 들어가다.

6월말~7월초 - 湖山 연못 青島로 옮기다.

7월 19일 - 鳥取 번주 池田綱清가 귀국하여 鳥取 성하로 들어가다.

7월 24일 - 막부에서 鳥取藩으로 즉시 귀국시키도록 명하다.

8월 4일 - 막부의 방침이 鳥取에 시달되다.

8월 6일 - 鳥取藩의 賀露港을 출발하다.

8월 29일 - 양양에서 강원감사에 의해 포박되다.

정리한 내용을 살펴보면 일본의 문헌 속에 기록되어 있는 안용복의 행적이 보다 자세하다는 것을 알 수 있다. 그러나 이와 같은 기록의 상세함이 기록의 신뢰성을 보장해 주는 것이 아니라는 점에서 일본의 기록을 그대로 믿을 수 있는가에 대해서는 더 많은 검토가 필요해 보인다. 특히 위에서 인용한 강도정의岡嶋正義의 『죽도고竹島考』와 같은 경우 안용복의 도일이 있은 지 132년 뒤인 1828년에 쓰여졌을 뿐만 아니라 안용복이나 조선의 인물들에 대한 감정적인 서술이 많다는 점에서 그 자체를 그대로 믿어주기 쉽지 않다. 그런 점에서 2005년 3월 은기도隱岐島에서 발견된 『원록구 병자년 조선주착안일권지각서』가 중요한 의미를 지니지만, 이 문서에는 안용복의 일본 행적 전체가 들어있는 것이 아니어서 안용복의 일본 행적 전체를 재구하는 데에는 부족한 부분이 적지 않다.

그런데, 이렇게 비교해 보면 한국과 일본의 문헌에 기록된 안용복의 행적에 적지 않은 차이가 있음을 알 수 있다. 일본 내의 행적을 논외로 하더라도 2차 도일의 시기와 1차 도일 이후의 귀국 시점 차이에 대해 어떻게 보아야 할 것인지 문제가 적지 않다. 그러나 현재 필자의 역량으로는 이 차이에 대해 어떤 답을 내리기 어렵고, 차이점의 해명이 이 글의 논지 전개에 반드시 필요한 것이 아니라 생각하여 우선 이 부분은 논외로 한다.

안용복의 행적 정리를 위해 참고한 한국의 문헌은 『조선왕조실록朝鮮王朝實錄』, 『승정원일기承政院日記』, 『비변사등록備邊司謄錄』, 『만기요람萬機要覽(〈해방海防〉)』, 『춘관지春官志(권 3, 〈울릉도쟁계鬱陵島爭界〉)』, 『증보문헌비고增補文獻備考』 등의 관찬서官撰書와 『성호사설星湖僿說(권 3, 〈울릉도鬱陵島〉)』, 『오주연문장전산고五洲衍文長箋散稿(〈울릉도사실변증설鬱陵島事實辨證說〉)』, 『화국지和國志』, 『약천집藥泉集(권 31, 〈답유상국 병자 10월 5일答柳相國 丙子十月五日〉)』 등의 사찬서私撰書인데, 이 기록들 사이에도 차이가 적지 않다. 우선 인적사항에서 차이를 살펴보면 다음과 같다.

- 본래 동래에서 살았다.(本居東萊. 『朝鮮王朝實錄』)
- 東萊府의 戰船에 예속된 櫓軍으로, 倭館에 출입하여 倭語에 능숙하였다.(安龍福者, 東萊府戰船櫓軍也, 出入倭舘, 善倭語. 『성호사설』)
- 東萊 사람으로 戰船櫓軍으로 예속되었으며 어려서부터 倭語에 능숙하였다.(安龍福者, 東萊人也. 隸戰舡櫓軍, 自幼善倭語. 『춘관지』)
- 안용복은 동래 어부집안의 아들로 장성한 후에 전선의 능로군에 속하였다. 성품이 굳세고 사나우며 기지와 식견이 있었고 한문을 읽고 쓸 줄 알며 倭語에 익숙하였다. 어업에 부지런히 종사하여 衣食도 넉넉하였다.(安龍福者, 東萊漁戶子也. 長隸戰船能櫓軍, 性勁悍有機識, 解文字習倭語. 勤於漁業, 衣食亦裕. 『화국지』)
- 東萊 사람 安龍福은 櫓軍에 속하여 일본 말에 능통하였다.(東萊安龍福, 隸櫓軍, 善倭語. 『만기요람』)
- 옛날 동래 수군 안용복이 있었다(昔有東萊水軍安龍福者. 『홍재전서』)

공적인 사서史書라 볼 수 있는 『조선왕조실록』, 『승정원일기』, 『비변사등록』에는 안용복에 대해 동래사람, 혹은 동래에 살았다고만 했으나 1740년경 편찬된 『성호사설』, 1744년 간행 뒤 1781년 증보된 『춘관지』, 1763년 저술된 『화국지』, 1808년 편찬된 『만기요람』에는 각기 조금씩 다르게 나와 있다. 19세기의 이규경李圭景이 지은 『오주연문장전산고』에는 동래東萊 노군艣軍 안용복安龍福으로, 1799년 엮은 『홍재전서弘齋全書』에는 동래東萊 수군水軍이라고 되어 있다. 각각의 기록 차이에 대해 어떤 설명을 할 수 있을지 고민해 볼 필요가 있지만, 공통되는 것만 묶으면 안용복은 동래東萊에서 거주하고 있었으며, 수군水軍에 소속되어 있었고, 왜어倭語를 잘했다는 것이다.

이와 같은 기록상의 차이는 행적에서도 확인이 가능한데, 안용복의 첫 번째 도일 시기에 대해 『조선왕조실록』에서는 "계유년 봄에 울산蔚山의 고기잡이 40여 명이 울릉도에 배를 대었는데, 왜인의 배가 마침 이르러, 박어둔朴於屯·안용복 2인을 꾀어내 잡아서 가버렸다."[76]고 했지만, 그 외의 다른 대부분의 기록에는 "숙종 19년 계유 여름"으로 기록하고 있고, "왜선 7척이 먼저 와서"라고 기록[77]하고 있다. 『조선왕조실록』의 기록과 기타 기록의 차이는 2차 도일의 인원 문제[78]나 안용복이 일본에서 가칭假稱한 벼슬에서도 확인되고[79], 안용복의 1차 도일 최대의 성과라고 이야기되는 강호江戶에 가서 계권契券을 받았느냐는 문제에 까지 이어진다.[80] 이런 차이가 없는 것은 아니지만 한국의 문헌에 기록된 안용복의 행적은 그래도 비교적 유사하다고 할 수 있다. 비록 완전하게 동일한 기록을 찾기는 어렵다고 하더라도 대부분 대동소이大同小異한 편이다. 다만 『조선왕조실록』의 숙종 22년 8월 29일[81]과 9월 2일[82]의 기록에서 안용복을 강원감사의

76 『肅宗實錄』, 숙종 20년 2월 23일, "癸酉春, 蔚山漁採人四十餘口, 泊船於鬱陵島. 倭船適到, 誘執朴於屯安龍福二人而去."

77 李瀷, 『星湖僿說』, "我肅廟十九年癸酉夏, 漂泊鬱陵島, 倭船七艘先到, 時倭已惹爭島之端."

78 『조선왕조실록』에서는 "東萊人安龍福·興海人劉日夫·寧海人劉奉石·平山浦人李仁成·樂安人金成吉·順天僧雷憲·勝淡·連習·靈律·丹責·延安人金順立."이라고 11명의 이름을 명기했지만, 기타 기록에서는 "僧五人及掉工四人"과 같이 기록하여 구체적인 이름을 밝히지 않았다.

79 『星湖僿說』에는 '鬱陵島搜捕將'이라고 되어 있지만, 『조선왕조실록』에는 '鬱陵子山兩島監稅'라고 하였다.

80 『朝鮮王朝實錄』 숙종 20년 8월 14일의 기록에서 '轉到江戶'라고 하여 江戶에 갔다고 기록했지만, 나머지 기록에는 대부분 강호에 갔다기보다 "稟于江戶, 成契券與之"라고 하여 江戶에 보고하여 契券을 받았다고 되어 있다.

장계狀啓에 따라 경옥京獄에 나치하라고 했는데, 이후 9월 22일에 안용복이 변정邊情에 관계되는 일로 동래東萊에서 잡혀왔다는 기록[83]이 있는 것은 그 연유를 확인하기 어렵다.[84]

안정복의 행적을 이렇게 정리했을 때 그가 두 차례 도일을 했었고, 그 중 두 번째 도일은 자의에 의한 것이 아니었을까 하고 추정할 수도 있다. 『조선왕조실록』이나 기타 문헌에 기록된 내용에 따르면 안용복은 예기치 않은 1차 도일에서 관백關伯으로부터 울릉도와 자산도를 조선의 영토로 인정받고 왜인들의 어로 활동을 금지하겠다는 서

---

81 『肅宗實錄』, 숙종 22년 8월 29일, "東萊人安龍福 · 興海人劉日夫 · 寧海人劉奉石 · 平山浦人李仁成 · 樂安人金成吉 · 順天僧雷憲 · 勝淡 · 連習 · 靈律 · 丹責 · 延安人金順立等, 乘船往鬱陵島, 轉入日本國 伯耆州, 與倭人相訟後, 還到襄陽縣界, 江原監司沈枰, 捉囚其人等馳啓, 下備邊司."

82 『肅宗實錄』, 숙종 22년 9월 2일, "以江原監司沈枰狀啓, 備邊司請安龍福等十一人, 拿致京獄, 明覈以處, 允之."

83 『肅宗實錄』, 숙종 22년 9월 22일, "時, 安龍福自東萊拿來, 命備局堂上刑曹堂上各一員, 齊會備局, 究覈稟處. 以其事關邊情也."

84 이 기록의 의문에 대해 "안용복이 양양에서 구금되었다가 동래부로 옮겼다."고 하거나 "양양에서 구금된 뒤 안용복과 1인이 동래로 도망했다가 잡혔다."고도 하는데, 그 이야기의 출처를 찾을 수 없었다. 앞서 살펴본 8월 29일의 기록에 "江原監司 沈枰이 그 사람들을 잡아가두고 馳啓하였다."고 했고, 9월 2일에 "京獄에 拿致하여 분명히 査覈하여 처치하기를 청하니, 윤허하였다."고 했으니 그렇다면 이 시기 안용복은 강원감사에 의해 구속되어 있는 상황이었다고 보아야 할 듯하다. 만약 안용복이 도망쳤다면 탈옥이 되는데 당시 그와 같은 일이 쉽지 않았을 것은 물론이고, 탈옥했다면 안용복의 공초에 그 사실이 분명히 나와야 하는데 나오지 않는다. 안용복의 사형을 주장하는 대신들이 그 사실을 놓쳤을 리 없어 보인다. 그리고 동래부로 도망쳤다가 잡혀왔다고 보기에는 9월 2일의 장계와 22일의 기록 사이에 시간이 너무 짧다. 당시 양양에서 동래까지, 다시 동래에서 서울까지의 거리와 안용복의 이동 방법을 고려해 봤을 때 20일로 가능했을지는 의문이다.

계를 얻는 상당한 성과를 얻지만[85], 조선에 돌아와 그 일로 인해 귀양을 갔다.[86] 그런 점에서 볼 때 안용복의 2차 도일은 그 자신의 의도적인 행위라고 볼 수 있는 상당한 가능성을 지닌 사건이라고 할 수 있으며, 도일 이후 국법國法에 의한 처벌의 가능성이 있음을 충분히 알고 있었다고 보아야 할 것이다. 그렇다면 안용복이 처벌의 가능성까지 감수하면서 두 번째 도일을 감행하였던 것은 무엇 때문이라고 보아야 할까.

한국의 문헌에 있는 안용복에 관한 여러 기록 중 안용복 자신의 이야기를 옮겨 놓은 것은 현재 『조선왕조실록』 밖에 없어 보인다. 『조선왕조실록』에서 안용복이 자신의 도일에 대해 밝힌 대목을 살펴보면 다음과 같다.

> 저는 본디 東萊에 사는데, 어미를 보러 蔚山에 갔다가 마침 중 雷憲 등을 만나서 ① <u>근년에 鬱陵島에 왕래한 일을 자세히 말하고, 또 그 섬에 海物이 많다는 것을 말하였더니, 뇌헌 등이 이롭게 여겼습니다</u>. 드디어 같이 배를 타고 寧海 사는 뱃사공 劉日夫 등과 함께 떠나 그 섬에 이르렀는데, 主山인 三峯은 三角山보다 높았고, 남에서 북까지는 이틀길이고 동에서 서까지도 그러하였습니다. 산에는 雜木 · 매 · 까마귀 · 고양이가 많았고, 倭船도 많이 와서 정박하여 있으므로 뱃사람들이 다 두려워하였습니다. ② <u>제가 앞장서서 말하기를, '울릉도는 본디 우리 지경인데, 왜인이 어찌하여 감히 지경을 넘어 침범하였는</u>

85 『肅宗實錄』, 숙종 22년 9월 25일, "頃年吾入來此處, 以鬱陵子山等島, 定以朝鮮地界, 至有關白書契, 而本國不有定式, 今又侵犯我境, 是何道理."

86 『肅宗實錄』, 숙종 20년 2월 23일, "治泊船鬱陵島人, 或刑訊或編配. …… 向者漁採人之謫配, 恐爲過也."; 李瀷, 〈鬱陵島〉, 「天地門」, 『星湖僿說』 권3, "龍福悉訴之, 府使不以聞, 以犯越刑之二年."

가? 너희들을 모두 포박하여야 하겠다.' 하고, 이어서 뱃머리에 나아가 큰소리로 꾸짖었더니, 왜인이 말하기를, '우리들은 본래 松島에 사는데 우연히 고기잡이 하러 나왔다. 이제 本所로 돌아갈 것이다.' 하므로, '송도는 子山島로서, 그것도 우리나라 땅인데 너희들이 감히 거기에 사는가?' 하였습니다. 드디어 ③ 이튿날 새벽에 배를 몰아 자산도에 갔는데, 왜인들이 막 가마솥을 벌여 놓고 고기 기름을 다리고 있었습니다. ④ 제가 막대기로 쳐서 깨뜨리고 큰 소리로 꾸짖었더니, 왜인들이 거두어 배에 싣고서 돛을 올리고 돌아가므로, 제가 곧 배를 타고 뒤쫓았습니다. 그런데 갑자기 광풍을 만나 표류하여 玉岐島에 이르렀는데, 島主가 들어온 까닭을 물으므로, 제가 말하기를, ⑤ '근년에 내가 이곳에 들어와서 울릉도·자산도 등을 朝鮮의 지경으로 정하고, 關白의 書契까지 있는데, 이 나라에서는 定式이 없어서 이제 또 우리 지경을 침범하였으니, 이것이 무슨 도리인가?' 하자, 伯耆州에 轉報하겠다고 하였으나, 오랫동안 소식이 없었습니다.

제가 憤惋을 금하지 못하여 배를 타고 곧장 백기주로 가서 鬱陵子山兩島監稅라 가칭하고 사람을 시켜 본도에 통고하려 하는데, 그 섬에서 사람과 말을 보내어 맞이하므로, 저는 푸른 철릭을 입고 검은 布笠을 쓰고 가죽신을 신고 轎子를 타고 다른 사람들도 모두 말을 타고서 그 고을로 갔습니다. 저는 도주와 廳 위에 마주 앉고 다른 사람들은 모두 中階에 앉았는데, 도주가 묻기를, '어찌하여 들어왔는가?' 하므로, 답하기를 ⑥ '전일 두 섬의 일로 서계를 받아낸 것이 명백할 뿐만이 아닌데, 對馬島主가 서계를 빼앗고는 중간에서 위조하여 두세 번 差倭를 보내 법을 어겨 함부로 침범하였으니, 내가 장차 관백에게 상소하여 죄상을 두루 말하려 한다.' 하였더니, 도주가 허락하였습니다. 드디어 李仁成에게 疏를 지어 바치게 하자, 도주의 아비가 백기주에 간청하여 오기를, '이 소를 올리면 내 아들이 반드시 중한 죄를 얻어 죽게 될 것이니 바치지 말기 바란다.' 하였으므로, 관백에게 稟定하지는 못하였으나, 전일 지경을 침범한 왜인 15인을 적발하

> 여 처벌하였습니다. 이어서 저에게 말하기를, '두 섬은 이미 너희 나라에 속하였으니, 뒤에 혹 다시 침범하여 넘어가는 자가 있거나 도주가 혹 함부로 침범하거든, 모두 國書를 만들어 譯官을 정하여 들여보내면 엄중히 처벌할 것이다.' 하고, 이어서 양식을 주고 차왜를 정하여 호송하려 하였으나, 제가 데려가는 것은 폐단이 있다고 사양하였습니다.[87]

이 기록은 2차 도일 이후 비변사備邊司에서 심문한 안용복의 공초供招를 정리한 것이다. 이 외의 기록은 모두 이 공초를 바탕으로 정리하거나 추가한 것이라 보인다. 따라서 이 기록이 안용복의 육성을 기록한 유일한 한국의 자료라고 생각하여 이 기록을 바탕으로 안용복

---

87 『肅宗實錄』, 숙종 22년 9월 25일, "渠本居東萊, 爲省母至蔚山, 適逢僧雷憲等, 備說頃年往來鬱陵島事, 且言本島海物之豐富, 雷憲等心利之. 遂同乘船, 與寧海篙工劉日夫等, 俱發到本島, 主山三峰, 高於三角, 自南至北, 爲二日程, 自東至西亦然. 山多雜木鷹鳥猫, 倭船亦多來泊, 船人皆恐. 渠倡言, 鬱島本我境, 倭人何敢越境侵犯. 汝等可共縛之. 仍進船頭大喝, 倭言吾等本住松島, 偶因漁採出來. 今當還往本所. 松島卽子山島, 此亦我國地, 汝敢住此耶. 遂以翌曉, 拕舟入子山島, 倭等方列釜鬻煮魚膏. 渠以杖撞破, 大言叱之, 倭等收聚載船, 擧帆回去, 渠仍乘船追趁, 猝遇狂飆, 漂到玉岐島. 島主問入來之故, 渠言, 頃年吾入來此處, 以鬱陵子山等島, 定以朝鮮地界, 至有關白書契, 而本國不有定式, 今又侵犯我境, 是何道理云爾, 則謂當轉報伯耆州, 而久不聞消息. 渠不勝憤惋, 乘船直向伯耆州, 假稱鬱陵子山兩島監稅, 將使人通告本島, 送人馬迎之. 渠服靑帖裏, 着黑布笠, 穿皮鞋乘轎, 諸人竝乘馬, 進往本州. 渠與島主, 對坐廳上, 諸人竝下坐中階, 島主問何以入來. 答曰前日以兩島事, 受出書契, 不啻明白, 而對馬島主奪取書契, 中間僞造, 數遣差倭, 非法橫侵, 吾將上疏關白, 歷陳罪狀. 島主許之. 遂使李仁成, 構疏呈納, 島主之父來懇伯耆州曰, 若登此疏, 吾子必重得罪死, 請勿捧入. 故不得稟定於關伯, 而前日犯境倭十五人, 摘發行罰. 仍謂渠曰, 兩島旣屬爾國之後, 或有更爲犯越者, 島主如或橫侵, 竝作國書, 定譯官入送, 則當爲重處. 仍給糧, 定差倭護送, 渠以帶去有弊, 辭之."

의 도일 이유를 추정해 보도록 한다.

밑줄 친 ①은 안용복이 스스로 울릉도에 가게 된 이유를 밝힌 것이다. 울릉도에 해물海物이 많다는 것이 안용복의 울릉도행을 결정하게 만든 것이고, 뇌헌과 유일부 등 그와 동행했던 인물들의 출항 이유이다. 밑줄 친 ③은 안용복이 울릉도를 떠나 자산도로 간 것을 말하는데, 그가 자산도로 가게 된 이유가 밑줄 친 ②에 나온다. ②를 통해 안용복의 자산도행이 국경을 넘어와 어로의 이익을 취하는 왜인들에 대한 그의 감정에 의한 것임을 알 수 있다. 즉, 자산도에 갈 때까지 안용복의 행위는 모두 개인적인 이익에 기반한 것이다. 밑줄 친 ④는 안용복이 일본에 가게 된 이유를 말하는데, 이 말을 액면 그대로 믿는다면 안용복의 2차 도일 역시 애초부터 계획된 것이 아니다. 이와 같은 내용은 『승정원일기』에도 나오는데, "지금 안용복이 두 번째로 가서 백기주에 올린 글을 보면 앞에서 한 말이 사실인 듯하다. 안용복이 법을 어기면서 거듭 울릉도에 가고, 표류하여 다른 나라에 가서 감세를 가칭하고 상소하여 정문을 올리는 지경에까지 이르러 사단을 만든 죄는 진실로 주벌을 면할 수 없지만 ……."[88] 이라고 한 것으로 보아 우리나라의 공식 문서에 기록된 안용복의 2차 도일은 표류에 의한 불가항력적인 것이었다.[89] 이렇게 보면 안용복은 개인의 이익에

88 『承政院日記』, 숙종 22년 10월 13일, "今見龍福, 再往伯耆州呈文, 則前言似是實狀, 龍福之冒禁再往鬱島, 及漂到他國, 假稱監稅, 將至於上疏呈文, 挑出事端之罪, 固不容誅矣."

89 『竹嶋紀事』와 『元祿九丙子年朝鮮舟着岸一卷之覺書』 등 일본의 자료에는 안용복이 2차 渡 때 朝鬱兩島監稅長臣安同知騎(表)·朝鮮国安同知乘舟(裏)라는 船旗를 걸고 있었고, 조선팔도의 지도와 구상서, 물품, 서류 등을 가지고 있었다고 했다. 이에 따라 그의 2차 渡日이 의도적인 것이라고 보고

의해 행동하다가 표류라는 불가피한 상황에 의해 일본으로 가게 되었다고 할 수 있다.

그렇다면 다시 생각해 볼 것은 위의 진술에 나오는 안용복의 행위를 전적으로 개인의 이익에 의한 것으로 볼 수 있는가이다. 위의 밑줄 친 ②와 ④를 통해 안용복이 국경을 넘어와 어로의 이익을 취하는 왜인에 대해 상당한 적개심을 가지고 있었음을 알 수 있다. 이 ②와 ④에서 나타나는 적대감의 원인이 어디에 있는 것인지에 대해서는 다양한 논의가 가능하지만, 일단 위의 공초에서는 다음 밑줄 친 ⑤와 ⑥에서 이유를 찾을 수 있다. “울릉도 · 자산도 등을 조선의 지경으로 정하고 관백關白의 서계書契까지 받았는데 그 약속을 어겼다.”는 것, “대마도주가 이전의 서계를 빼앗고 중간에서 위조하여 범법을 저지른다.”는 것이 안용복에게 국경을 넘어 온 왜인에 대한 적개심을 키운 것이고, 뒤쫓아 자산도에 들게 하고 표류하기 전까지 왜선을 쫓게 한 것이며, 분완憤惋을 금치 못하게 한 것이다. 물론 그 이면에는 첫 번째 도일 이후 관백에게서 받은 서계를 대마도주에게 빼앗겨 귀국 후 귀양살이를 해야 했던 그의 개인적인 울분이 들어있었을 것임이 분명하다.

그런 점에서 안용복의 도일 행위나 의식을 오로지 국가를 위한 애국적 차원의 것으로만 볼 수도 없지만, 개인적인 이익의 획득을 위한 것만으로도 볼 수 없다. 그의 두 번째 도일이 예기치 않았던 첫 번째 도일의 결과로 2년여의 유배형을 받고난 뒤 있었던 일이며, 이 당시 그가 이 일에 대한 적지 않은 울분을 품고 있었으리라 추정해 본다면[90] 그의 두 번째 도일은 기본적으로 국경을 넘어 들어온 왜인

있는데, 한국의 문헌에는 이와 같은 내용이 나오지 않는다.

에 대한 강한 적개심을 바탕에 둔 것이라고 할 수 있다. 그런 점에서 안용복의 두 번째 도일은 이 공초에서 밝힌 것과 달리 계획적이고 의도적인 행위일 가능성이 충분하다. 일본의 문헌 자료를 고려하지 않더라도 그가 "푸른 철릭을 입고 검은 포립布笠을 쓰고 가죽신을 신었다."고 한 것이나 "울릉자산양도감세鬱陵子山兩島監稅"라고 가칭할 수 있었던 것이 배후나 사주使嗾의 존재를 확정하는 것이라거나 그의 도일이 의도적이고 계획적인 것이라고 단정하게 만들기는 어렵다고 하더라도 단순한 임기응변이나 변통으로만 보기에도 무리가 있기 때문이다.

안용복의 2차 도일이 개인적 차원의 울분 해소나 원한 풀이에 그치지 않는 것은 2차 도일의 행적 때문이다. 그가 2차 도일을 통해 최종적으로 지경을 침범한 왜인 15인을 적발하여 처벌하고 이어 "울릉·자산 두 섬이 조선에 속하였으니, 뒤에 다시 침범하는 자가 있으면 국서國書를 만들어 역관譯官을 들여보내면 엄중히 처벌할 것"이라는 약속을 받고 돌아왔다는 것이다. 그의 행위가 만약 자신의 이익 추구만을 위한 것이었다면 표류였든 의도적이었든 두 번의 국경 침범이라는 엄중한 금법 행위를 저지른 상황에서 그 문제를 확대할 이유가 없었을 것이다. 조용히 자신의 이익을 충족할 수 있는 방법을 찾아 이익을 취하고 원한을 해결하면 그만이었다.

안용복의 행위는 이 상황을 넘어서는 것이다. 그의 이야기가 비변사에서 심문을 받는 과정에서 나온 것이기 때문에 자신의 행위에 정

90 李圭景, 〈鬱陵島事實辨證說〉, 「經史篇, 論史類, 論史」, 『五洲衍文長箋散稿』, "二十一年乙亥夏, 龍福憤鬱不已, 誘販僧復入倭中, 爭詰竹島, 以更不相爭爲約, 而還泊襄陽. 方伯狀聞以犯越罪當斬, 用相臣議, 原恕刑配."

당성을 부여하기 위한 변명이었다고도 볼 수 있지만, 안용복이 이 같은 말을 할 수 있었던 것은 그에게 이런 생각이 분명히 있었고 그가 자신의 행위에 부여한 가치가 그것에 있었다고 생각했기 때문일 것이다. 그와 같은 점에서 안용복의 행위나 의식을 개인적인 차원의 울분을 풀고자하는 것으로만 보기는 어렵다. 이렇게 볼 때 안용복의 행위나 의식을 국가를 위한 애국적 차원의 것으로만 보기는 어렵다고 할 수 있지만, 순전히 개인적인 이익의 달성을 위한 것으로만 보기도 어렵다. 그런 점에서 안용복의 행위와 의식은 자신의 이익에 대한 기대와 함께 일본에 대한 개인적인 울분과 적개심이 국가적 차원으로 확대된 경우라고 보아야 할 것이다.

3. 남구만南九萬이 바라본 안용복安龍福

안용복의 도일은 당대 조선 조정을 적지 않게 동요시켰다. 그간 유지해 오던 해방海防의 공도정책空島政策에 영향을 미쳤을 뿐만 아니라 대마도주對馬島主에 의한 국경문제國境問題를 야기하여 상당한 분란紛亂을 일으켰다. 안용복의 행위에 대한 당대 조선 대신들의 대체적인 의견이 "죄를 결코 용서할 수 없다."는 것이었다. 좌의정 윤지선, 판부사 신익상, 장령 유중무 · 이동암 등의 경우 안용복의 사형을 청하였는데, 좌의정 윤지선은 "안용복을 죽이지 않으면 말세의 간사한 백성 중에 반드시 다른 나라에서 일을 일으키는 자가 많아질 것이니 어찌 죽이지 않을 수 있겠는가."[91]라는 극언을 서슴지 않았다. 이와 달리 영의정 유상운, 영부사 남구만, 영돈녕 윤지완, 지사 신여철의 경우 안용복이 금령을 무릅쓰고 다시 가서 사단을 일으킨 죄는 진실로 죽이지 않을 수 없다는 것은 인정하지만 공로와 죄과가 서로 덮을 만하니, 사형으로 결단할 수 없다[92]는 감사정배減死定配의 주장을 폈다.

안용복의 처분에 대한 관용을 주장한 대표적인 인물이 남구만이다. 그렇지만 그렇다고 해서 남구만이 안용복의 행위 모두에 대해 타당하다거나 옳았다고 판단했다고 보기는 어렵다. 그것은 아래에서 인용한 글의 밑줄 친 ①에서 볼 수 있듯이 남구만이 안용복을 변론하면서도 안용복이 금령을 범하고 두 번이나 울릉도에 가서 표류하여 다른 나라에 이르러 감세장監稅將이라고 사칭하며 심지어는 상소하고 정문하여 사단을 야기한 죄는 진실로 죽임을 당해도 용서받지 못할 것이라고 전제하고 있기 때문이다. 물론 이와 같은 표현이 중외의 비난으로 사직한 뒤 고향에 내려가 있던 남구만이 시의時議에 벗어나지 않으려고 했기 때문이라거나 시의에 어긋나는 주장을 하게 되면 안용복에 대한 관용의 요구가 더 어려워질 수 있다는 정치적 판단에 의한 것이라고 볼 수도 있다. 하지만 남구만이 유상운에게 보낸 편지를 보면 그가 생각하고 있었던 안용복과 안용복에 대한 관용을 청한 이유가 안용복의 행위 전체를 인정했기 때문만은 아니라는 것을 알 수 있다. 안용복에 대한 남구만의 인식을 살펴볼 수 있는 가장 중요한 글이 유상운에게 보낸 편지라 생각하여 이 글에서 인용해 본다.

91 『肅宗實錄』, 숙종 22년 10월 13일, "趾善曰, 不殺龍福, 則末世奸民, 必多生事於他國者, 何可不殺也."

92 『肅宗實錄』, 숙종 22년 10월 13일, "龍福之冒禁再往, 挑出事端之罪, 固不容誅矣. …… 功過足以相掩, 不可斷以一罪也."

지금 龍福을 처리하는 데에는 상책, 중책, 하책의 세 가지 방책이 있습니다. 갑술년에 接慰官 兪集一이 東萊에 내려갔을 때에 안용복이 所志를 올려 말하기를 "계유년에 울릉도에 갔다가 왜인들에게 사로잡혀 伯耆州로 들어갔는데, 本州에서는 울릉도가 영원히 조선에 속한다는 공문을 만들어 주고 또 많은 선물을 주었습니다. 나올 때에 대마도를 경유하게 되었는데, 공문과 선물을 대마도 사람들에게 모두 빼앗겼습니다." 하였습니다. 그러나 저는 그 말을 꼭 믿을 만하다고는 여기지 않았는데, 이제 안용복이 다시 백기주에 가서 呈文한 것을 보니, 예전의 말이 사실인 듯합니다.

① 안용복이 금령을 범하고 두 번이나 울릉도에 가고 표류하여 다른 나라에 이르러서 監稅將이라고 사칭하며 심지어는 상소하고 정문하여 사단을 야기한 죄로 말하면 진실로 죽임을 당해도 용서받지 못할 것입니다. 그러나 ② 대마도의 왜인들이 울릉도를 竹島라고 거짓으로 칭하고 江戶의 명령이라고 허위로 핑계 대어 우리나라 사람들이 울릉도에 오가는 것을 금지하고자 중간에 속이고 농간한 실상이 이제 안용복을 통하여 모두 탄로 났으니, 이는 또한 통쾌한 일입니다.

③ 안용복이 죄가 있는가 없는가와 마땅히 죽여야 하는가 죽이지 말아야 하는가는 우리나라에서 천천히 의논하여 처리해야 할 것이요, 대마도의 쌀과 목면과 종이 등을 減分하는 세세한 일은 모두 거론해서는 안 됩니다. 그러나 울릉도에 관계된 일로 이리저리 변경하여 속인 간사한 실상으로 말하면 이번 기회를 통해 동래 부사로 하여금 대마도에 글을 보내어 조목조목 힐문해서 분명히 분별하고 통렬히 배척하게 하지 않아서는 안 됩니다.

저들이 만약 다시 교묘하게 꾸미고 승복하지 않는 말을 할 경우 우리나라에서 또다시 글을 보내어 따지기를 "너희가 우리와 왜 양국 사이에 있으면서 매사에 신실하지 못함이 이와 같다. 안용복이 풍랑에 표류한 천한 백성으로서 國書 없이 제 스스로 정문하였으니, 일본에서 믿어 주지 않은 것이 당연하다. 조정에서 별도로 사신을 일본에 보내어 그 허실을 살피고자 하니, 너희들은 장차 어떻게 대처하겠는가?"라고 하면 대마도의 왜인들은 반드시 크게 두려워하고 겁을 먹어서 죄를 인정하고 애걸할 것입니다. 그런 다음 안용복의 죄는 우리나라에서 그 경중을 의논하여 처리하고, 울릉도의 일에 대해 왜인들로 하여금 감히 다시는 입을 벌려 말하지 못하게 한다면 우리의 뜻을 떠보려던 교활한 왜인들의 계책이 위축될 것입니다. 그리하여 操縱하는 권한을 우리가 잡게 되어 후일의 환난을 막을 수 있을 것이니, 이는 실로 놓칠 수 없는 기회인바 이것이 바로 상책입니다.

만일 이렇게 하지 못한다면, 동래부로 하여금 대마도주에게 글을 보내어 먼저 안용복이 제멋대로 정문한 죄를 말하고, 다음은 本島에서 안용복의 공문을 빼앗아 간 내용을 말하고, 또 본도에서 울릉도를 죽도라고 거짓으로 칭한 잘못을 말하여, 안건을 나누어 조목조목 간곡히 글을 만들어 보내고 회답하기를 기다린 뒤에 처리해야 할 것이요, 안용복을 단죄하려는 뜻은 결코 書契 안에 먼저 언급해서는 안 되니, 이것이 중책입니다.

만약 ④ 대마도에서 간사한 꾀를 써서 우리를 속인 실상은 따지지 않고 그대로 내버려 두고, 안용복이 정문하여 시비를 분별해서 바로잡은 죄를 먼저 논하여 그를 죽여서 오직 대마도주의 유감을 풀어주려고만 한다면 나약함을 보임이 심합니다. 또 ⑤ 대마도주의 뜻이 속으로는 통쾌하게 원수를 갚아 준 것을 다행으로 여기더라도 겉으로는 반드시 석연히 우리에게 감사해하지 않을 것입니다. 그리하여 이다음부터는 모든 일이 조금이라도 자기들 뜻대로 되지 않는 것이 있으면 도리어 반드시 안용복을 구실로 삼아서 우리나라를 업신여기고 위협하는 話頭로 삼고, 오래지 않아 또다시 울릉도를 가지고 트집잡아 연달아 사신을 보낸다면 우리가 어떻게 감당하겠습니까. 이것이 하책일 듯합니다.

또 외방의 오랑캐를 대하는 방도는 비록 분쟁의 단서를 줄이고 정성을 미루는 것이라고 하나 공공연히 속이고 농간하는 일에 대해서 끝내 감히 한마디 말도 따지지 못한다면 어찌 이러한 이치가 있으며, 또한 어찌 끝내 무사함을 보장할 수 있겠습니까. 또 ⑥안용복의 상소문이 이미 일본에 들어갔으면 비록 關伯에게 글을 바치지는 않았다 해도 조만간 혹 이로 인하여 사단이 생겨날 것이니, 사단이 생긴 뒤에는 반드시 안용복을 대질시켜 분별하여야만 일을 끝마칠 수 있을 것입니다. 그러므로 결코 안용복을 먼저 처단해서는 안 되니, 우선 구류하고 기다리는 것이 어떻겠습니까. 또 이것은 바로 피차간에 다투고 힐난하는 단서이니, 조정에서는 먼저 손을 대지 말아야 합니다. 어떤 계책이든 막론하고 모두 동래 부사가 서계로 시행하는 것이 좋을 듯합니다.

⑦안용복이 비록 외람되이 사단을 만들었다고 하나 사람됨이 녹록하지 않은 듯하니, 위급할 때에 혹 쓸 만할 것입니다. 張俊의 花園에 있던 늙은 병졸도 해외의 여러 나라에 大宋回易使라고 칭하였으니, ⑧진실로 그 일이 국가에 해로움이 없다면 하필 죽이기까지 할 것이 있겠습니까. 또 ⑨이 사람이 울릉도는 우리나라에 속한다는 사실을 두 번이나 일본에 가서 분변하여 밝혔는데, 우리나라에서 그를 죽인다면 이는 대마도 왜인들의 마음을 통쾌하게 해 주는 것이요, 대마도의 기세를 등등하게 하여 간악함을 더 자라나게 하는 것입니다. 그리고 우리 측에서 울릉도가 반드시 우리 땅이라는 뜻을 발명하고자 한다면 그 형세가 이로 인하여 꺾이고 굽히는 바가 생길 것이니, 어떻겠습니까. 이곳에 온 비변사 낭관을 통하여 들으니, 비변사 宰臣들의 뜻도 굳이 안용복을 죽일 필요가 없다고 말하는 자가 있다 하니, 바라건대 다시 물어서 조처하시는 것이 어떻겠습니까.[93]

93 南九萬, 〈答柳相國 丙子十月五日〉, 『藥泉集』 권31, "今處置龍福, 有上中下三策. 甲戌年接慰官兪集一之下去東萊也, 龍福呈所志, 以爲癸酉年往鬱島被虜於倭人, 入去伯耆州, 則本州成給鬱島永屬朝鮮公文, 且多有贈物. 出來則路由馬島, 公文贈物, 盡爲馬島人所奪云. 而不以其言爲必可信矣, 今見龍福再往

위에서 인용한 글에서 남구만이 평가한 안용복은 단 한 줄로 정리할 수 있다. 밑줄 친 ⑦의"안용복이 비록 외람되이 사단을 만들었다고 하나 사람됨이 녹록하지 않은 듯하니, 위급할 때에 혹 쓸 만할 것"이다. 남구만의 평가는 안용복이 국가의 위급한 일에 쓸 만한 효

伯耆州呈文, 則前言似是實狀. 龍福之冒禁再往鬱島及漂到他國, 假稱監稅將, 至於上疏呈文, 挑出事端之罪, 固不容誅矣. 然而對馬倭之假稱鬱陵以竹島, 虛託江戶之命, 欲使我國禁人往來於鬱島, 其中間欺誑操弄之狀, 今因龍福而畢露, 此則亦快事也. 龍福之有罪無罪. 當殺不當殺. 自我國徐當議處. 馬島之米木紙等減分細瑣之事, 皆不當擧論矣. 至於事係鬱島, 變幻欺謾之奸狀, 不可不因此機會使萊府送書馬島, 條列詰問, 明辨而痛斥之矣. 彼若更有巧飾不服之言, 自我又送書以問曰, 汝居兩國間, 凡事之無信如此. 龍福以漂風賤氓, 無國書而自爲呈文, 日本之不取信固也. 自朝廷將欲別遣使臣於日本, 以審其虛實, 汝將何以處之云爾. 則馬島倭必大生恐怯, 服罪哀乞. 夫然後龍福之罪, 自我議其輕重而處, 鬱島之事, 使倭人不敢更有所開口, 則狡倭嘗試之計, 庶幾小縮矣. 操縱之權在我, 而日後之患可塞, 此實不可失之幾, 乃是上策也. 如不能然, 亦宜使東萊府送書於島主, 先陳龍福擅自呈文之罪, 更陳本島奪取龍福公文之狀, 且陳本島虛稱竹島之失, 分段開說, 委曲措辭, 待其回答, 然後處之可也, 龍福斷罪之意則決不可徑先語及於書契中, 此爲中策也. 至若馬島用奸欺我之狀則不問而置之, 龍福之呈文辨正之罪則先論而殺之, 惟求得免於島主之憾恨, 其示弱甚矣. 且島主之意, 雖內以快其讎爲幸, 外必不肯釋然感謝於我. 今後凡事少有不如其意者, 則反必以龍福藉口, 爲侮脅我國之話柄, 不久又將以鬱島執言, 而連續送差, 我何以堪之乎. 此似是下策耳. 且待外夷之道, 雖曰略釁而推誠, 至於公然欺弄之事, 終不敢一言以辨之, 寧有是理, 亦豈可終保其無事乎. 且龍福疏文旣入於日本, 則雖不呈納於關伯, 早晩或不無因此發爲事端者, 有事端然後必以龍福對辨, 可以了當, 決不可徑先處斷, 姑爲拘囚以待之如何. 且此乃彼此爭詰之端, 朝廷不可先犯手. 勿論某策, 皆以東萊府使書契行之似可矣. 龍福雖曰汎濫生事, 然其爲人似非庸碌, 緩急或不無可用. 張俊花園老卒, 亦稱大宋回易使於海外諸國, 苟其事於國家無害. 何必至於殺之乎. 必欲發明鬱島之爲我地之意, 則其勢不能不因此而有所摧屈矣, 如何如何. 因此來備郎聞之, 備局諸宰之意亦有以爲不必殺者云, 幸望更詢而處之如何."

용이 있는 인물이라는 것이다. 남구만이 보기에 안용복의 공적은 밑줄 친 ②와 같이"대마도의 왜인들이 울릉도를 죽도竹島라고 거짓으로 칭하고 강호江戶의 명령이라고 허위로 핑계 대어 우리나라 사람들이 울릉도에 오가는 것을 금지하고자 중간에 속이고 농간한 실상을 드러낸 것"이다. 그러나 오로지 이 공적 때문에 남구만이 안용복의 감형을 주장한 것은 아니라 보인다. 남구만이 안용복에 대한 관용과 감형을 주장한 것은 그보다 더 깊이 있는 정치적 이유 때문이었다고 할 수 있다.

남구만이 안용복의 감형을 주장한 이유는 크게 세 가지로 정리가 가능하다. 첫 번째는 일본과의 국가적인 분쟁을 해결하기 위해서이다. 밑줄 친 ⑥에서 남구만은 "안용복의 상소문이 이미 일본에 들어갔으면 비록 관백關伯에게 글을 바치지 않았다 해도 조만간 혹 이로 인하여 사단이 생겨날 것이니, 사단이 생긴 뒤에는 반드시 안용복을 대질시켜 분별하여야만 일을 끝마칠 수 있을 것입니다. 그러므로 결코 안용복을 먼저 처단해서는 안 되니, 우선 구류하고 기다리는 것이 어떻겠습니까."라고 했다. 이 말은 혹시라도 일어날지 모르는 일본과의 분쟁을 해결하기 위해서는 사건의 당사자인 안용복이 필요하고, 그렇기 때문에 안용복의 처리는 상황의 추이를 지켜본 뒤 천천히 해야 한다는 것이다. 안용복을 그가 행한 일들로 인해 일어날 수 있는 일본과의 분쟁을 해결하기 위한 방편의 하나로 간주한 것이다.

두 번째는 국가의 나약함을 감추고 왜인의 기세를 꺾기 위해서이다. 밑줄 친 ④에서 남구만은 "대마도에서 간사한 꾀를 써서 우리를 속인 실상은 따지지 않고 그대로 내버려 두고, 안용복이 정문하여 시비를 분별해서 바로잡은 죄를 먼저 논하여 그를 죽여서 대마도주의 유감을 풀어 주려고만 한다면 나약함을 보임이 심하다."고 하고 이어 밑줄 친 ⑨에서 다시 "이 사람이 울릉도는 우리나라에 속한다는 사실을 두 번이나 일본에 가서 분변하여 밝혔는데, 우리나라에서 그를 죽인다면 이는 대마도 왜인들의 마음을 통쾌하게 해 주는 것이요, 대마도의 기세를 등등하게 하여 간악함을 더 자라나게 하는 것"이라고 했다. 이 말은 안용복의 감형과 안용복에 대한 관대한 처분이 안용복을 위해서가 아니라 왜인의 간사한 마음을 막아 나라의 안정을 도모하기 위해서라는 것이다. 따라서 남구만이 보기에 안용복의 처벌은 최대한 천천히 결정해야 하고, 그런 만큼 안용복을 죽이기보다는 살려두는 것이 조선에 더 유리하다는 것이다.

세 번째는 앞으로 있을 왜인들의 트집을 막기 위해서이다. 밑줄 친 ⑤에서 남구만은 안용복을 죽일 경우 "대마도주의 뜻이 속으로는 통쾌하게 원수를 갚아 준 것을 다행으로 여기더라도 겉으로는 반드시 시원스럽게 우리에게 감사해하지 않을 것입니다. 그리하여 이다음부터는 모든 일이 조금이라도 자기들 뜻대로 되지 않는 것이 있으면 도리어 반드시 안용복을 구실로 삼아서 우리나라를 업신여기고 위협하는 화두話頭로 삼고, 오래지 않아 또다시 울릉도를 가지고 트집 잡아 연달아 사신을 보낸다면 우리가 어떻게 감당하겠습니까."라고 했다. 이 세 번째 이유는 두 번째 이유와 같은 측면에 놓여 있는 것으로, 안용복을 사형에 처할 경우 왜인들은 자신들의 행동과 주장이 받아들여진다고 생각하여 앞으로 더 많은 요구를 해오게 될 것이니 이를 막기 위해서라도 안용복을 살려두고 처벌하지 않아 왜인들에게 그들의 행위가 잘못되었고, 그들의 무례하고 경우 없는 행위가 조선에 결코 통하지 않는다는 것을 보여주어야 한다는 것이다.

그렇기 때문에 남구만은 안용복의 처리에 대해 밑줄 친 ③과 같이 "안용복이 죄가 있는가 없는가와 죽여야 하는가 죽이지 말아야 하는

가는 우리나라에서 천천히 의논하여 처리해야 할 것"이라고 하고 이어 다시 밑줄 친 ⑧에서 "진실로 그 일이 국가에 해로움이 없다면 반드시 죽이기까지 할 것이 있겠는가."라고 했다. 남구만에게 안용복은 울릉도에 대한 대마도 왜인들의 농간을 밝혀 울릉도가 조선의 영토임을 확실하게 드러낸 인물이자 앞으로 울릉도에 얽혀 일어날 여러 문제들을 해결하고 책임질 수 있는 가장 확실한 인물로 인식되었다고 할 수 있다. 그렇기 때문에 남구만은 안용복의 감사減死를 주장하고 형벌의 처리를 늦추어야 한다고 청했던 것이라고 보인다.

4. 남구만南九萬과 안용복安龍福, 그 착종錯綜의 의미意味

남구만과 안용복의 행위와 인식을 살펴보면 여러 가지 착종의 지점이 나타난다. 교착점交着點은 울릉도와 자산도가 조선의 영토이고 그렇기 때문에 왜인들의 월경과 어로활동이 울릉도와 자산도에서 금지되어야 한다는 것과 조선과 일본 사이에서 교역을 주도하며 막대한 이익을 편취騙取하는 대마도의 농간을 밝혀야 한다는 것이다. 이 교착점은 안용복의 개인적 이익과 울분의 해소라고 하는 사적인 의식을 바탕으로 하고 있고, 남구만의 영토의식, 국방의식과 맥을 같이 하고 있다. 안용복에게는 개인적 차원의 의식이 국가적 차원의 행위로 확대 전환되어 이루어진 것이고, 남구만에게는 가지고 있었던 평소의 신념이 구현된 것이다.

반면 괴리의 지점 역시 분명하다. 이 괴리의 지점은 안용복과 남구만의 현실적 간극에 의해 나타날 수밖에 없는 것이다. 안용복의 경우 개인적 차원의 이익과 울분의 해소라는 의식을 바탕으로 행동하여 자신의 목적을 달성하고 이를 통해 국가적 차원의 이익을 구현했다. 안용복에게 있어서 이러한 행동의 목적은 단순하고도 직선적이다. 의도하지 않은 두 번의 도일이었든 치밀하게 계산된 도일이었든 관계없이 그의 목적은 단순했고, 그 목적을 달성한 순간 그의 행동은 그 자체로 의미를 지니는 것이었다. 어쩌면 그 자신의 행동이 가지고 올 수 있는 결과가 어느 정도인지 그 스스로도 완벽하게 이해하지 못했었다고도 생각할 수도 있다. 그런 만큼 안용복은 그 자신의 행동으로 인해 야기될 수도 있는 더 이상의 다른 문제에 대해 전혀 생각하지 못했었고 관심을 가지지도 않았었다고도 추정된다.

남구만의 경우 안용복의 행동이 이루어 낸 결과를 완벽하게 이해했고 충분하게 인정했다고 보인다. 울릉도와 자산도가 조선의 영토라는 사실을 밝혀 왜인들의 월경과 어로활동을 막고 대마도의 농간을 밝혔다는 것은 남구만이 안용복의 행동이 이루어낸 결과에 대해 충분한 가치를 부여해 줄 수 있을 만한 의미 있는 것이었다. 하지만 남구만의 의식은 여기에서 머물지 않았다. 그는 안용복의 행동이 지니는 가치는 가치대로, 그 행동으로 인해 야기될 수도 있는 문제는 문제대로 인식했다. 남구만에게 안용복이 국가의 위급한 일에 쓸 만한 효용이 있는 사람으로 인식된 것은 안용복의 행동이 누구나 할 수 있는 손쉬운 것이 아니라는 판단에 따른 것만이 아니다. 그것보다는 오히려 남구만에게 안용복이 그 자신의 행동으로 인해 일어날지도 모르는 다양한 앞으로의 문제에 대해 책임을 질 수 있는 사람으로 인식되었다고 보는 것이 옳을 것이다. 남구만은 안용복을 녹록치 않은 사람이라고 했는데, 이는 다른 한 편으로 안용복이 강단剛斷있는 사람이며 그만큼 자신에게 닥쳐올 일을 감당할 수 있는 사람으로 간주되었다는 것이다.

그런 점에서 남구만과 안용복의 괴리는 행위의 결과가 도출된 이후 본격적으로 나타난다. 남구만이 안용복을 지키고자 했던 것 역시 그 지점에서 설명이 가능하다. 남구만은 안용복이 금령을 범하고 두 번이나 울릉도에 가서 표류하여 다른 나라에 이르러 감세장監稅將이라고 사칭하며 심지어는 상소하고 정문하여 사단을 야기한 죄는 진실로 죽임을 당해도 용서받지 못할 것이라고 했지만, 안용복의 행동이 대마도의 왜인들이 울릉도를 죽도竹島라고 거짓으로 칭하고 강호江戶의 명령이라고 허위로 핑계 대어 우리나라 사람들이 울릉도에 오가는 것을 금지하고자 중간에 속이고 농간한 실상을 드러냈다는 점에서 그의 행동이 국가의 강역疆域을 지키는 막대한 것이었기에 그를 사형에 처하는 것이 옳지 않다고 보았다. 남구만의 이와 같은 의식은 안용복을 죽이는 것이 법으로는 옳지만 계책으로는 그릇된 것이며, 그를 죽이는 것이 교활한 왜인의 마음을 시원하게 하는 것이라는 영돈녕 윤지완의 주장[94]이나 국가에서 못하는 일을 그가 하였으므로 공로와 죄과가 서로 덮을 만하니 사형으로 결단할 수 없다는 지사 신여철의 주장[95]보다 구체적이고 적극적이다.

그렇지만 만약 여기에서 그쳤다면 남구만의 의식과 안용복의 의식은 착종錯綜이라기보다 교착交着으로 설명이 가능하다. 하지만 남구만의 의식은 여기에서 한 걸음 더 나아갔다. 그는 안용복의 행동이

94 『肅宗實錄』, 숙종 22년 10월 13일, "我國之誅龍福, 以法則是, 以計則非. 廢法固不可, 失計亦可惜. 至於通報島中, 梟示館外, 以快狡倭之心, 未免爲自損之歸."

95 『肅宗實錄』, 숙종 22년 10월 13일, "龍福之事, 雖極痛駭, 國家所不能爲之事, 渠能爲之, 功過足以相掩, 不可斷以一罪也."

이루어 낸 결과와 그 결과가 가지는 의미에 대해 충분하게 알고 있었지만, 그와 함께 그 행동으로 인해 야기될 수도 있는 다양한 문제들에 대해 인식하고 있었고 그것에 대비해야 한다고 생각했다. 남구만은 일본과의 국가적인 영토 분쟁 해결, 조선의 나약함을 감추고 왜인의 기세를 꺾을 방편, 앞으로 일어날 수 있는 왜인의 트집 방지를 위해 안용복이 필요하다고 판단한 것이다. 결국 남구만에게 안용복은 그 자체로 목적이자 수단으로 인식된 것이라고 할 수 있다. 남구만에게 안용복은 국가적 대업을 이룬 인물이면서 동시에 앞으로 일어날 수도 있는 문제의 해결을 위해 가장 효율적인 대비 수단으로 여겨졌다고 생각된다. 안용복의 인식과 행위가 끝나는 지점에서 남구만의 인식이 시작된 것이다. 남구만의 이와 같은 인식을 인정하고 나면 전제한 세 가지 문제 중 어느 하나라도 일어났을 때 안용복을 대할 남구만의 태도를 예상할 수 있게 된다.

그러나 안용복의 행동과 그 행동의 결과에 대한 남구만의 인식과 평가를 안용복이라는 인물에 대한 처우 문제와 대비하여 보았을 때 나타나는 괴리에 대해 타당성을 따지는 것이나, 안용복에 대한 남구만의 이중적인 인식태도를 가지고 남구만을 비난하는 것은 적절해 보이지 않는다. 그것은 남구만의 위치와 안용복의 위치가 가지고 있었던 현실적인 간극을 고려해 볼 때 남구만의 이중적인 인식태도가 오히려 당연해 보인다는 것과 함께 남구만이 안용복을 어떻게 대하고 인식했던 간에 안용복의 행동과 그 행동의 결과에 대해 남구만이 적극적으로 인정하고 받아들였기 때문이다. 이와 같은 점에서 볼 때 남구만과 안용복의 행동과 의식 사이에 존재하는 착종錯綜은 조선의 경계境界 획정劃定을 통한 다양한 이익의 획득이라는 공통 인자因子 속에 당대 조선 안에서 그들이 처해 있었던 각자의 현실적 위치 사이의 간극이라는 불가피한 괴리에서 나타나는 어쩔 수 없는, 당연한 결과였다고 할 수 있다.

5. 결론

> 안용복은 곧 영웅호걸인 것이다. 미천한 일개 군졸로서 만 번 죽음을 무릅쓰고 국가를 위하여 강적과 겨루어 간사한 마음을 꺾어버리고 여러 대를 끌어온 분쟁을 그치게 했으며, 한 고을의 토지를 회복했으니 傅介子와 陳湯에 비하여 그 일이 더욱 어려운 것이니 영특한 자가 아니면 할 수 없는 일이다. 그런데 조정에서는 상을 주지 않을 뿐만 아니라, 전에는 형벌을 내리고 뒤에는 귀양을 보내어 꺾어버리기에 주저하지 않았으니, 참으로 애통한 일이다. 울릉도가 비록 척박하다고 하나, 대마도도 또한 한 조각의 농토가 없는 곳으로서 왜인의 소굴이 되어 역대로 내려오면서 우환거리가 되고 있는데, 울릉도를 한 번 빼앗긴다면 이는 또 하나의 대마도가 불어나게 되는 것이니 앞으로 오는 앙화를 어찌 이루 말하겠는가? 이로써 논하건대, 용복은 한 세대의 공적을 세운 것뿐이 아니었다.[96]

이익이 내린 안용복에 대한 평가이다. 이익의 평가와 같이, 안용복의 행위가 개인적인 이익과 울분의 해소를 바탕으로 한 것이라고 해

96 李瀷, 〈鬱陵島〉, 「天地門」, 『星湖僿說』 권3, "愚按安龍福直是英雄. 儔匹以一卒之賤, 出萬死之計, 爲國家抗强敵折奸, 萠息累世之爭, 復一州之土, 比諸傅介子陳湯, 其事尤難, 非傑然者不能也. 朝廷不惟不之賞, 前刑後配, 摧陷之不暇哀哉. 鬱陵縱云土薄, 馬島亦土無數尺, 而爲倭所窟宅, 歷世爲患一, 或見奪是增一馬島也, 方來之禍, 何可勝言. 以此論之, 龍福非特一世之功也歟."

서 그의 행동이 이루어낸 결과의 가치가 훼손된다고 볼 수는 없다. 그러나 안용복이 울릉도와 자산도가 조선의 영토이고 그렇기 때문에 왜인들의 월경과 어로활동이 울릉도와 자산도에서 금지되어야 한다고 생각했고, 조선과 일본 사이에서 교역을 주도하며 막대한 이익을 편취하는 대마도의 농간을 밝혀야 한다고 생각했지만, 그의 행동이 자신의 개인적인 이익과 아무런 관계가 없었다면 또 그가 대마도주에게 당한 억울함과 울분이 없었다면, 혹은 1차 도일 이후 조선으로 돌아와 2년여의 유배형을 받지 않았다면 그래도 안용복이 2차 도일이라는 행동을 감행했을 것이라고 생각할 수 있을까. 이와 같은 추정에 어떤 의미가 있는 것인지는 다양한 고려가 있어야 하겠지만 가장 먼저 생각해 볼 수 있는 것은 안용복이라는 한 인물에 대한 객관적 접근의 시도이다.

안용복의 행동이 이루어낸 결과가 현재까지 영향을 미치고, 그 영향이 강역의 확정과 유지라는 점에서 안용복의 행동은 조선 당대뿐만 아니라 현재의 우리들에게도 중대한 의미를 지닌다. 그런 점에서 안용복의 행동은 통시대적 가치를 지니는 유의미한 것이라고 할 수 있다. 그렇지만 그렇다고 해서 그 인물의 행동과 행적 전체가 아무런 의문 없이 영웅시되는 것은 정당한 평가라고 하기 어렵다.

안용복의 행동은 당대 수많은 논란을 가져왔고 사형에 처해야 한다는 조정 대신들의 수없는 주장이 있었지만 결국 감사정배減死定配되었다. 어디에서 또 얼마나 오랜 기간 동안 유배의 시련을 겪어야 했었는지는 모르지만, 월경의 금법을 어기고 국경 분쟁을 야기할 뻔했음에도 불구하고 그가 행한 행동의 결과가 지닌 가치를 인정받은 것이다. 하지만 조금 더 세심하게 살펴본다면 그의 행동은 개인적인 욕구의 성취를 가장 근본적인 목적으로 하고 있는 것이다. 안용복이 이룬 업적과 안용복에 대한 평가 역시 그와 같은 것이다. 안용복의 업적에 대해 긍정적으로 평가했고, 그의 죽음을 반대했던 남구만 역시 안용복이 이룬 업적과 그에 대한 처우에서 이율적인 모습을 보여주었다. 남구만은 안용복을 '국가를 위한 위대한 업적을 이룬 인물이지만 그것만큼 앞으로 일어날 수도 있는 다양한 문제들을 해결할 수 있는 가장 효율적인 방법'이라는, 결과이면서 원인, 목적이면서 동시에 수단으로 간주했던 것이다.

안용복의 행위가 개인의 이익을 바탕으로 한 것이라고 해서 그 가치를 절하할 수도 없고 절하되지도 않는다. 또 안용복에 대해 가졌던 남구만의 이중적인 시선 때문에 남구만이 비난받거나 부정될 필요 역시 없을 것이다. 그것은 남구만의 시선이 보여주는 이중적인 모습이 안용복과 안용복의 업적을 부정하는 것이 아니라 앞으로 혹 일어날지도 모르는 문제에 대응해야 하는 남구만의 위치를 보여주는 것이기 때문이다. 그런 점에서 남구만과 안용복은 조선이라는 공통 인자因子 속에서 각기 다른 현실을 살아가는, 같으면서도 다른 존재라고 할 수 있다. 남구만이 바라본 안용복, 그 시선視線의 착종錯綜이 가지는 의미가 여기에 있다고 생각된다.

제2부

약천藥泉 남구만南九萬의 문장文章에 대한 단상斷想

Ⅰ. 약천藥泉 남구만南九萬의 문학론文學論

Ⅱ. 약천藥泉 남구만南九萬의 기문記文

Ⅲ. 약천藥泉 남구만南九萬 상소문上疏文의 구성 원리와 전개 양상

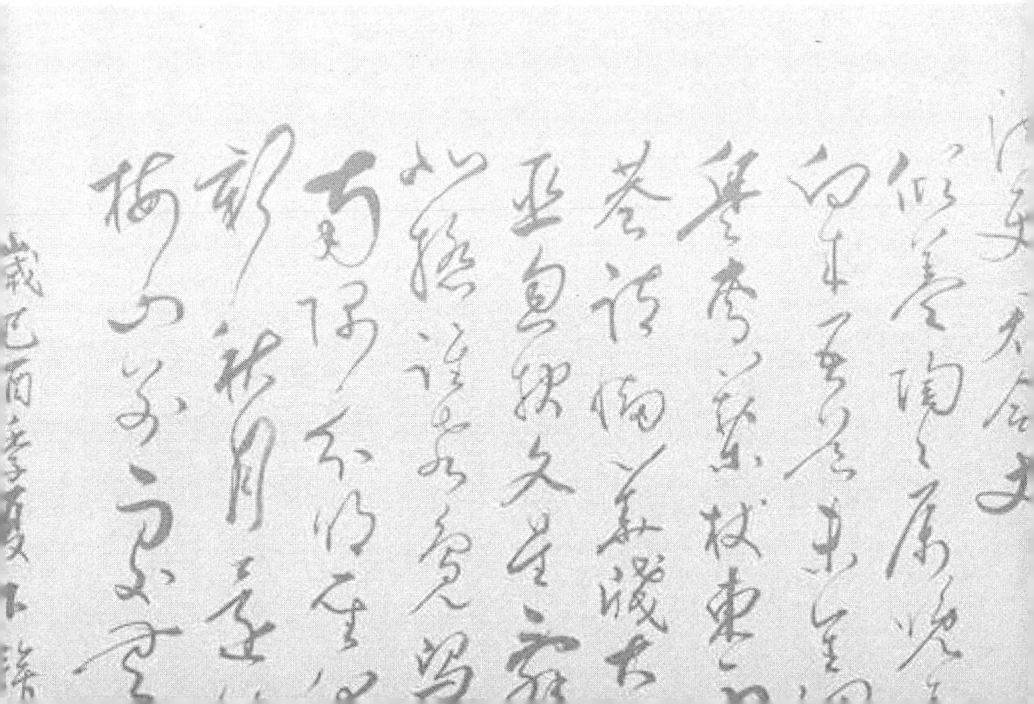

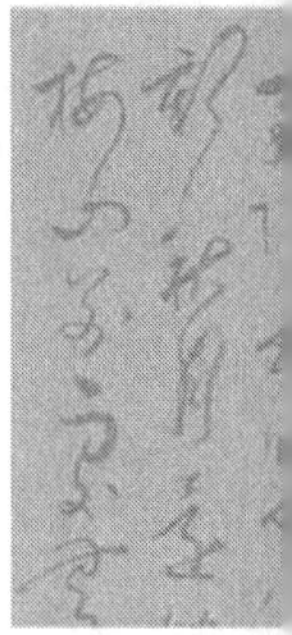

Ⅰ. 약천 남구만의 문학론

맹영일

1. 서론

약천藥泉 남구만南九萬(1629~1711)은 조선 후기의 대표적인 정치가이자 문인이다. 남구만은 병자호란으로 인한 사회적 · 정치적 혼란기에 태어나, 전쟁의 극복과 정치적 대변혁의 시기를 정치가로서 살았던 인물이다. 17세기 후반은 양란으로 인한 혼란을 극복하기 위해 노력했던 시기이며, 이전 시기와는 당쟁의 양상이 달라지던 시기이다. 특히 정치적으로 권력 주체의 변화가 단시간 내에 이루어지는 환국換局과 노老·소론少論의 분기分岐로 인해 혼란한 시기였다. 남구만 역시 탄핵과 유배, 서용敍用 등을 거듭하며 혼란의 시기를 살았다.[1]

1 남구만의 묘지명과 묘표, 『조선왕조실록』의 기사에 따르면 남구만은 4차례에 걸쳐 유배를 당했다. 1679년(숙종5) 尹鑴와 許堅의 죄를 조사할 것을 청하였다가 도리어 공격을 받아 거제로 유배되었으며, 1688년(숙종14) 朴世采를 변호하고 東平君 李杭, 全坪君 李濲에 대한 간언으로 咸興에 圍籬安置되었고, 1689년에는 기사환국으로 강릉에 중도부처되었고, 1702년(숙종28)

남구만은 어지러운 정국 속에서도 정계의 중심인물로 활동하였다.[2] 남구만의 정치가로서 면모는 후대에 널리 알려졌다. 이로 인해 문장가로서의 남구만은 가려져 있었다. 그러나 남구만은 관각문인館閣文人으로서 문재를 드러낸 문학적 재능이 뛰어난 대문장가였다.[3] 남구만은 900여 수의 시와 1,400여 편의 문을 지었으나, 아들인 남학명이 문집을 편찬하면서 많은 작품을 산삭하여 현재 『약천집』에 남아있는 작품은 시 276수, 문 726편이다.[4] 남구만의 작품 가운데 높은 비율을 차지하는 것은 소차와 서계, 계사, 헌의 등 공용문公用文이다. 특히 남구만의 소차는 매우 높게 평가되었다.[5] 남구만의 졸기에서는 "문사가 법도가 있고 아름다웠다."[6]고 하였으며, 정조는 "명백하고 적절한 약천의 소차는 응당 관각의 나침반이자 나루를 건너는 뗏목일 것이

에는 張希載 사건으로 인해 탄핵을 받아 아산에 유배되었다.

2 남구만은 79세에 奉朝賀로 치사할 때까지 한성좌윤, 양관 대제학, 판서, 우의정, 좌의정, 영의정, 영중추부사 등의 벼슬을 지냈다. 또한 2차례에 걸쳐 사은사로 중국을 다녀왔다. 1656년 28세에 별시 문과에 급제한 이후 생애의 대부분을 관직에 있었다. 환국이 거듭되는 격변기 속에서도 국왕에게 정치적 능력을 인정받아 오랜 기간 관직생활을 할 수 있었다.

3 성당제, 「藥泉 南九萬 文學의 硏究」, 成均館大學校 大學院 博士學位論文, 2004, 13면.

4 文은 『藥泉集』 권3~권34에 실려 있다. 『藥泉集』의 분류에 따라 문의 편수를 살펴보면 疏箚 199편, 書啓 8편, 啓辭 20편, 獻議 35편, 應製錄 10편, 墓誌銘 20편, 神道碑銘 17편, 碑文 6편, 墓碣銘 37편, 墓表 12편, 行狀 11편, 言行錄 1편, 家乘 32편, 祭文 16편, 序文 13편, 跋文 12편, 記文 8편, 雜文 18편, 書 204편이다(김성애의 한국문집총간 『약천집』 해제 참조).

5 『章疏彙攷』는 조선시대의 유명한 章疏 등 관직생활에 필요한 문건들을 모은 책이고, 『疏箚可則』은 조선시대의 疏箚를 모은 책인데, 『장소휘고』에는 남구만의 상소 5편, 『소차가칙』에는 상소 7편이 실려 있다.

6 『肅宗實錄補闕正誤』, 숙종 37년 3월 17일.

다."[7]라고 하였다. 남구만의 제자인 최규서崔奎瑞(1650~1735)도 남구만의 문장을 높이 평가하였다.

> 雄博하면서도 情深하고 紆餘하면서도 切實하니 진실로 경세의 문장이다. 우리나라 명가 중에는 필적할 이가 드물며, 옛사람에게서 찾는다면 당나라의 육지와 송나라의 구양수만이 가까울 뿐이다.[8]

최규서는 「약천집서」에서 남구만의 문장을 경세의 문장으로 평가하였으며, 당나라의 육지와 송나라의 구양수에 필적할만한 문장가로 높였다. 이런 최규서의 평가는 남구만의 관각문인적 특성에 바탕을 두고 있다.

당대의 높은 평가와는 달리 남구만의 문학에 대한 연구는 정치·국방·역사 등 다른 분야의 연구에 비해 미흡하다. 다행히 최근 들어 소차를 중심으로 남구만의 문학에 대한 연구가 조끔씩 이루어지기 시작하였다.[9] 다만 남구만의 문학론에 대한 연구는 여전히 많지 않다. 이는 남구만의 문학론을 직접적으로 보여주는 글이 많이 남아있지 않기 때문이다. 남구만의 문학론에 대한 선행연구는 김영주[10]와

---

7 정조, 「日得錄」, 『弘齋全書』 권163, "藥泉疏箚之明白剴切, 當作館閣之指南津筏."

8 崔奎瑞, 「藥泉集序」, 『艮齋集』 권7, "博而精深, 紆餘而切實, 實爲經世之文. 我東名家, 尠有倫比. 求之於古, 唐之陸宣公, 宋之歐陽子, 其近之耳."

9 송혁기, 「소차류 산문의 입의와 수사 양상 일고」, 『민족문학사연구』 36, 민족문학사연구소, 2008 ; 김지웅, 「藥泉 南九萬 疏箚 硏究」, 高麗大學校 大學院 석사학위 논문, 2015.

10 남구만 문장론에 관한 논문으로는 「藥泉 南九萬의 文學論 硏究(『退溪學과 儒教文化』 권 33, 경북대학교 퇴계연구소, 2003.)」가 있고, 단행본으로는 『조선후기 한문 비평 연구(보고사, 2006.)』와 『조선후기 문학론 연구(이회,

성당제[11]에 의해 이루어졌다. 최초로 남구만의 문학론에 관심을 기울인 이는 김영주이다. 그는 「약천藥泉 남구만南九萬의 문학론文學論 연구研究」를 통해 남구만의 문학론을 문론文論과 시론詩論으로 나누어 파악하였다. 남구만 문론의 특징으로 '내외교양內外交養을 위한 도문상수론道文相須論의 제시提示'와 '창작創作에서의 자득지묘自得之妙와 체득體得의 강조强調'를 꼽았고, 시론詩論의 특징으로는 '시교詩敎의 재인식再認識'과 '의경일치意景一致와 물어상칭物語相稱의 추구追求'를 들었다. 이후 김영주는 『조선후기 한문 비평연구』와 『조선후기 문학론 연구』를 통해 남구만의 문학론을 소론계 문인들의 문학론과 관련지어 설명하였다. 『조선후기 한문 비평연구』에서는 '교조적 도문일치관道文一致觀의 탈피'와 '모의적模擬的 창작創作의 반대'라는 남구만의 문학론에 주목하여 소론계 문인들의 문학론을 파악하였다. 이후 『조선후기 문학론 연구』에서는 문장 창작에서의 자득自得을 중심으로 소론계 문인들의 문학론을 설명하였다.[12] 성당제는 「약천藥泉 남구만南九萬 문학文學의 연구研究」를 통해 남구만 문학의 전반적인 특징을 논의하면서 문학론을 설명하였다. 그는 남구만의 시관을 "『시경詩經』에 바탕을 두고 있으며, 온유돈후溫柔敦厚한 시의 내용이 서정을 다스리고 사람의 마음을 감동시켜 풍속을 바로잡는데 도움이 되어야 한다."[13]는 전통적인 유가의 문이재도적文以載道的 문학관으로 파악하

2009.)』가 있다.

11 논문으로 「藥泉 南九萬 文學의 研究(成均館大學校 大學院 博士學位論文, 2004.)」가 있다.

12 「釣說」을 통해 문학 창작에서의 自得을 중시한 남구만의 문학론을 설명하였다. 제3장 「道文 관계론의 재수립과 확장」에서 '교조적 道文一致觀의 탈피'라는 남구만의 문학론을 설명하였다.

였다. 또 남구만이 사용한 '애여藹如·온화溫和·순후醇厚·아정雅正'의 품격 용어를 통해 '전아한 품격의 추구'를 문학론의 특징으로 설명하였다. 다만 위의 논문은 남구만의 문학세계를 전반적으로 다루는 과정에서 문학론을 언급하였기에 본격적인 문학론 연구로 보기에는 다소 미흡한 점이 있다.

본고에서는 관각문인으로서 특징을 지녔던 남구만의 문학론을 살펴보고자 한다. 이를 위해 남구만이 직접적으로 문학론을 언급한 글과 함께 묘지명, 묘표 등의 묘도문자에 나타난 문장비평을 연구의 대상으로 선정하였다. 이는 문학론을 직접적으로 언급한 글이 적다는 현실적인 문제가 있고, 남구만이 다른 작가들을 평가한 내용을 통해 남구만이 생각했던 문학에 대한 견해를 일정 부분 확인할 수 있기 때문이다.

2. 남구만의 문학론

1) 경술에 근본한 도문일치道文一致의 문학관

남구만은 문학의 가치를 작품 자체가 아닌 사람을 통해 파악하였다. 이는 문학의 가치를 도道의 발현에 두는 관점이다. 조선시대는 문학을 논의할 때 도道와 문文의 관계를 중심으로 논의가 이루어졌다. 문학과 문학의 상위에 있는 가치인 도가 어떤 관계를 지니느냐에

13 성당제, 「藥泉 南九萬 文學의 硏究」, 成均館大學校 大學院 博士學位論文, 2004, 57~58면.

따라 문학을 바라보는 다양한 관점이 드러났다.[14] 조선시대는 주자학적 문학관이 지배적이었다. 주자학적 문학관의 기반은 도문일치道文一致로, 결합 형태에 따라 '문이재도文以載道'와 '도본문말道本文末'의 두 가지 입장으로 나타난다.[15] 남구만도 기본적으로 도문일치의 관점에서 벗어나지 않았다.[16]

> 그 文을 소중하게 만든 것은 공에게 달린 것이니 文이 어찌 공을 소중하게 만들 수 있겠는가?[17]

위의 글은 김덕함金德諴(1562~1636)의 문집인 『성옹집』 서문의 일부분이다. 남구만은 문학이 사람을 가치 있게 만드는 것이 아니라 사람이 문학을 가치 있게 만든다고 보았다. 이는 사람에 따라 문학의 가치가 달라지는 것이다. 문학의 가치보다 작품을 창작하는 사람을 중요하게 여기는 남구만의 문학론은 전통적인 유가의 문학론을 기반으로 하고 있다. 즉 '도본문말道本文末'의 관점으로 문학을 이해했다. 아래는 남구만이 가졌던 도와 문의 관계를 보여주는 글이다.

---

14 윤재민, 「조선시대 문인 학자들의 문학관」, 『조선시대, 삶과 생각』, 고려대 민족문화연구원, 2000, 181면. 이 글에서는 道와 文의 관계에 따라 문인 학자를 고문가, 도학가, 경세가로 나누었다.

15 이동환, 「조선후기 문학사상과 문체의 변이」, 「韓國文學硏究入門』, 지식산업사, 1982, 291면.

16 김영주의 경우도 남구만의 문학을 도문일치에 입각한 문학관으로 파악하였다. 다만 남구만이 '경술(經術)에 근본하여 나라의 전장과 제도를 밝히고, 사물의 이치를 다 말하고 포부를 확충하는 것'이라고 주장한 것을 두고 '교조적 주자주의자들의 도문일치론'과 차별화된다고 보았다(『조선후기 문학론 연구』, 이회, 2009, 124~125면.).

17 南九萬, 「醒翁集序」, 『藥泉集』 권27, "重其文者在公, 文何能重公乎?"

아, 文은 藝이니, 비록 공교롭다[工] 하더라도 또한 예일 뿐이다. 經術에 근본하여 나라의 전장과 제도를 밝히고, 사물의 이치를 다 말하고 포부를 확충하는 것과 같은 것, 이것은 필묵의 길로는 논할 수가 없다. 이 때문에 한나라의 司馬遷과 司馬相如의 글이 성대하지 아니한 것은 아니나 對策은 仲舒에게 양보하였고, 당나라의 韓愈와 柳宗元이 藝가 높지 아니한 것은 아니나 奏議는 陸公에게 사양을 하였다.

내가 근세에 문장으로써 이름난 이를 보니 두 세 분이 있는데, 만약 일을 논한 문장으로 말한다면 惠中보다 더 나은 이를 아직까지 보지 못하였다. 그러므로 과거시험 때 올린 책문[庭對之文]이 효종 임금의 찬탄을 발하게 하였고, 남쪽으로 유배가며 지은 疏는 曲江의 先見之明에 견줄만하니, 이것이 어찌 문자의 오묘함[文字之妙]만으로 가능한 일이겠는가?[18]

위의 글은 남구만이 이민적李敏迪(1625~1673)의 문집인 『죽서집』에 써준 발문이다. 남구만은 문장을 기예의 하나로 보았다. 문장은 아무리 공교롭게 꾸미더라도 예藝에 불과한 것이다. '경술에 근본하여 나라의 전장과 제도를 밝히고 사물의 이치를 다 말하고 포부를 확충하는 것'은 문장으로 다 설명할 수 없다는 견해이다. 이는 문장을 넘어서는 문장으로 논할 수 없는 상위의 가치가 있음을 의미한다. 문자의 오묘함만으로 표현할 수 없는 것은 문장 자체가 아니라 그 사람

18 南九萬, 「竹西集跋」, 『藥泉集』 권27, "噫, 文者藝也, 雖工則亦藝而已矣. 至若本於經術, 明於國體, 說盡事情, 開拓心胸, 是不可以筆墨蹊逕論. 是以漢之兩司馬文非不盛, 而對策讓於仲舒, 唐之韓·柳藝非不高, 而奏議遜於陸公. 余觀近代以文章名家者, 有數三公, 而若言論事之文, 未見有出惠仲右者. 故庭對之文, 發孝廟嘉歎, 南遷之疏, 比曲江先見, 此豈但文字之妙所可能者耶?"

이 중요하기 때문이다. 글을 짓는 사람이 어떤 사람이냐에 따라 문장에 담겨진 내용도 달라진다. 남구만은 한나라의 동중서가 대책문에 있어서 사마천과 사마상여보다 빼어났고, 육지가 한유와 유종원보다 주의에 뛰어났다고 평가하였다. 사마천과 사마상여, 한유와 유종원은 모두 문장으로 인정받았음에도 이러한 평가를 한 원인은 그 기준이 문장의 기교에 있지 않았기 때문이다. 문장의 기교가 아니라 동중서와 육지의 학문적 · 인격적 바탕에 따라 이들의 문장이 높이 평가되었다. 이민적의 과거 시험 책문과 유배 때에 지은 소가 인정을 받은 것은 문장의 기교가 아니라 그의 인품 때문이다. 이는 주돈이의 '문장은 기예이며 도덕은 실질이다[文辭, 藝也, 道德, 實也.].'[19]는 재도론적 문학관과 비슷하다. 주돈이는 "실질을 돈독하게 하면서도 기예를 갖춘 자가 글을 써서, 아름다우면 사람들에게 사랑 받게 되고 사랑 받게 되면 후세에 전해진다. 어진 이는 이를 배워서 높은 경지에 이를 수 있게 되니, 이것이 교敎이다. 그러므로 '말은 아름답게 꾸미지 않으면 행하여도 멀리 전해지지 못한다'라고 하였다. 그러나 어질지 못한 이는 비록 부형이 감독하고 스승이 권면하더라도 배우지 않고 강제로 시켜도 따르지 않는다. 도덕에 힘쓸 줄 모르면서 다만 문사를 능사로 여기는 자는 기예일 뿐이다."[20]라고 하였다. 남구만이 문장을 기예로 인식하고 작가에 비중을 둔 것은 전통적인 재도론적 문학관을 기반에 두었기 때문이다.

---

19 周敦頤, 「文辭」, 『通書』.

20 周敦頤, 「文辭」, 『通書』. "篤其實而藝者, 書之, 美則愛, 愛則傳焉. 賢者得以學而至之, 是爲教. 故曰, 言之無文, 行之不遠. 然不賢者, 雖父兄臨之, 師保勉之, 不學也, 强之不從也. 不知務道德, 而第以文辭爲能者, 藝焉而已."

남구만에게 실질은 '경술에 근본하여 나라의 전장과 제도를 밝히고 사물의 이치를 다 말하고 포부를 확충하는 것'이다. 기본적으로 '도문일치'의 문학론에서 도는 유교의 도이다. 다만 '도문일치'의 문학론에서도 도와 문의 관계에 따라 도가 지니는 의미가 다르다. 고문가의 도가 유교 성현의 가르침을 범칭하는 것이고, 도학가의 도는 신심성명의 이치를 강조하는 성리학의 관점에서 재해석된 유교 성현의 가르침을 특칭하는 것[21]이라면 남구만은 세상을 다스리는 데 필요한 유교의 가르침이라는 도를 강조한 것이다.[22] 이는 남구만의 작품 창작과도 관련이 있다. 남구만의 작품 가운데 많은 비율을 차지하는 것은 소차와 서계, 계사, 헌의 등 공용문이다. 세상을 다스리는 데 필요한 경술을 갖춘 문학이 주를 이룬 것은 남구만의 경술에 근본한 도문일치의 문학관이 반영된 것으로 생각된다.

> 나는 시문을 아는 사람이 아니니 어찌 족히 이 일을 해낼 수 있겠는가? 다른 사람의 문장에 대해서도 그러한데 공의 시문에 대해서랴!

---

21 윤재민, 「조선시대 문인 학자들의 문학관」, 『조선시대, 삶과 생각』, 고려대 민족문화연구원, 2000, 184~185면.

22 송혁기는 '도문일치'의 명제에 다음의 하위명제들이 내포되어 있다고 하였다. 첫째, 도와 문은 하나이고 따라서 지상의 도를 지고한 문에 담아야 한다는 것은 여전히 지켜야 할 산문의 이상이다. 둘째, 문에는 반드시 교화와 경세에 도움이 되는 작가의 학문적·인격적 바탕이 무엇보다 중요하다. 셋째, 도의 순정성 여부야말로 문의 성취를 가늠하는 가장 중요한 관건이며, 도에 지극하면 문은 저절로 잘 짓게 되는 반면 도가 훌륭하지 못한데 문이 뛰어난 경우란 있을 수 없다. 넷째, 도학 공부의 과정에 자연스럽게 문장의 성취가 따르는 것이지 문장 학습에 따로 공을 들이는 것은 무용할 뿐 아니라 도학 공부를 해친다(『조선후기 한문산문의 이론과 비평』, 월인, 2006, 156~157면.). 위의 견해에 따르면 남구만은 둘째 명제를 문학에서 중요하게 보았다.

그렇지만 내가 들으니 '사람이 시문을 소중하게 만들 수는 있어도, 시문이 사람을 소중하게 만들 수는 없다'라고 하였다. 이 때문에 옛사람의 시문이 후세에 소중하게 여겨지는 것은 반드시 그 사람에게 탁월하고 위대한 절목이 있어서이다. 그렇지 아니하다면 시문이 비록 아름다워도 소중하게 여겨지지 않는다. 또 들으니 '시문은 적어도 전해지는 것이 있고, 많아도 전해지지 않는 것이 있다'고 했다. 전해지는 것은 반드시 그 사람이 그의 시문을 소중하게 만들 만한 사람이기 때문이고, 전해지지 아니하는 것 또한 반드시 시문이 그 사람을 소중하게 만들 수 없기 때문이다. …… 비록 그렇지만 일찍이 들으니 '인과 의가 있는 사람은 그 말이 온화하여 가까이할만하다'고 하였다. 진실로 인의가 가운데에 쌓였다가 발하여 문장으로 된 이가 아니라면 비록 聲律과 藻繪가 지극히 工巧로워도 그 이른바 '온화함[藹如]'을 구한다면 끝내 얻을 수가 없을 것이다. 지금 공의 시문을 보니 참으로 이른바 온화한 분이니 저 세상의 문장으로 자부한다고 하나 인의에 근본함을 모르는 자들이 어찌 여기에서 함께 할 수 있겠는가? 이로써 말해보면 사람이 그 시문을 소중하게 할 수 있다는 말이 진실이고, 시문의 아름다움 또한 실로 사람에게서 말미암는 것임을 볼 수 있다. 나는 공의 문에 대하여 진실로 잘 알지는 못하나 관찰사 군의 부탁이 무거워 이에 말을 하였다."[23]

23 南九萬, 「醒翁集序」, 『藥泉集』 권27, "余非知文者, 烏足以當此. 在他人文猶然, 而況於公之文乎. 雖然余聞'人能重文, 文不能重人.' 以此古人之文爲後世所重者, 必其人有卓犖奇偉之節. 不然文雖美, 不之重也. 又聞'文有少而傳, 多而不傳.' 其傳者必其人之足以重其文, 而不傳者亦必以其文之不能重其人故也. -中略- 雖然又嘗聞之, '仁義之人, 其言藹如.' 苟非仁義之積中, 其發而爲文章者, 雖極聲律·藻繪之工, 求其所謂藹如, 終不可得. 今見公詩文, 眞所謂藹如者, 彼世之所稱以文章自命, 而不知本於仁義者, 顧何得以與於此哉? 繇此言之, 人之能重其文固也, 文之美, 實亦有由於人者又可見矣. 余於公之文, 誠不足以知之, 重觀察君之託, 於是乎言."

위의 글은 앞서 언급한 「성옹집 서문」이다. 남구만은 김덕함의 증손인 김연金演(1655~1702)의 부탁을 받고 글을 써주었다. 남구만은 '사람이 시문을 소중하게 만들 수는 있어도 시문이 사람을 소중하게 만들 수는 없다'는 자신의 견해를 밝혔다. 옛사람의 시문이 후세에 전해지는 것은 문장을 아름답게 꾸며서가 아니다. 그 사람의 뛰어난 절목이 있기 때문에 후세 사람들이 소중하게 여기는 것이다. 이는 앞서 언급한 남구만의 문학관과 일치한다. 문장이 후세에 소중하게 여겨지는 것은 사람이 그 시문을 소중하게 만들 만한 사람이기 때문이고, 전해지지 않는 것은 시문이 사람을 소중하게 만들 수 없기 때문이다. 이는 남구만이 기예를 완전히 부정하지는 않았음을 보여준다. 이와 같은 남구만의 문장에 대한 견해는 주돈이의 전통적 재도론과 비슷하다. 주돈이는 '중도경문重道輕文'을 중시하는 '도본문말道本文末'의 관점[24]을 지녔지만 기예 자체를 부정하지는 않았다. 기예의 독립성을 주장하지는 않았지만 기예가 필요하다는 점은 인식하였다. 남구만도 사마천과 사마상여, 한유와 유종원의 문장의 기예에 대해서 인정하고 있다. 다만 문장의 기예는 그 실질을 바탕으로 그 가치를 인정받을 수 있다.

경술에 근본하기 위해 남구만이 제시한 선비의 자세는 '내외교양內外交養'과 '본말상수本末相須'이다. 물 뿌리고 청소하고 응대하는 예절만 지키고 글을 배우지 않으면 식견이 지극하지 못해 선을 밝히는 경지에 나갈 수 없고, 기억하여 외우고 시가와 문장을 익히는 데만 노력하고 수행을 독실하게 하지 않으면 근본이 성립되지 못하여 몸

24 윤재민, 「조선시대 문인 학자들의 문학관」, 『조선시대, 삶과 생각』, 고려대 민족문화연구원, 2000, 183~185면.

을 성실하게 하는 경지로 나갈 수 없다고 하였다. 즉 학문을 하는데 있어서 선후의 구분과 순서는 있지만 이는 수레의 두 바퀴, 새의 두 날개와 같아서 어느 한 쪽도 폐기해서는 안 된다는 주장이다.[25] 글을 배워 식견을 지극하게 하고, 수행을 독실하게 하여 근본을 성립하면 선을 밝히고 몸을 성실하게 하는 경지로 나갈 수 있게 된다. 이러한 경지에 이르게 되면 사람이 가치를 인정받게 되고 따라서 문장도 그 가치를 지니게 된다.

2) 모의模擬, 수식修飾의 반대

남구만은 경술에 도움이 되는 인격적 · 학문적 바탕을 중시한 도문일치의 문학관을 주장하였다. 즉 사람이 그 시문을 소중하게 할 수 있고, 시문의 아름다움은 사람에게서 비롯된다는 것이다. 따라서 시문의 아름다움을 문장의 꾸밈에 두지 않았다. 오히려 문장의 꾸밈을 배척해야 할 폐단으로 여겼다.

> 들으니, 옛날에 글을 지은 것은 말을 기록하기[記言] 위해서라고 한다. 입에서 나오면 말이 되고 책에 쓰면 글이 되니, 이 두 가지는 나온 곳은 같은데 이름을 달리하는 것이다. 옛날에 글의 쓰임이 그러하였다. 시대가 아래로 내려오면서, 이른바 詞章之文이 생겨 암암리

25 南九萬, 「送姜進士亨叔 聖復 還洪陽序」, 『藥泉集』 권27, “余聞爲士者, 入孝出弟之外, 又不可不事於學文, 此內外之交養, 而本末之相須也. 其或專於洒掃應對之節, 不勉於學文, 則見識未到, 無以進乎明善之域, 其或役於記誦辭章之習, 不篤於修行, 則本原不立, 無以造乎誠身之地. 此其先後始終. 雖曰有序, 如車兩輪, 如鳥兩翼, 實不可廢一者也.”

에 모방[摹擬]하고 꾸미는[假飾] 것을 스스로 공교롭다고[工] 여겼으니, 文人 글만 그런 것이 아니라 儒學에 종사하는 자라 하더라도 또한 여기에서 벗어나지 못하였으니, 옛날과의 거리가 또 멀어졌다.[26]

위의 글은 남구만이 임영林泳(1649~1696)의 『창계집』에 쓴 서문이다. 남구만은 글을 짓는 목적을 말을 기록하기 위한 일로 보았다. 즉 문학은 입에서 나온 말을 기록하기 위함을 으뜸가는 목적으로 한다는 것이다. 그런데 시간이 흐르면서 문장 자체의 꾸밈을 중시하는 사장지문詞章之文이 생겨나 모방[摹擬]하고 꾸미는[假飾] 일을 공교롭게 여기는 폐단이 발생하였다. 이러한 폐단은 사장지문을 전문으로 하는 문인들뿐만 아니라 도를 구하여 묻고 배움에 있어서 사조와 같은 말단을 달가워하지 않고 성리의 근원을 깨우치는데 마음을 써야 하는 유학자들에게도 일어나게 되었다. 남구만은 도가 근본이 되지 못하고 말인 사장에 치우친 당대의 현실을 매우 비판하였다. 주자학적 문학관에서는 사장을 중시하는 문학은 인정받을 수 없었다. 남구만 역시 마찬가지였다. 문장을 꾸미는 데 치중하기 보다는 도의 실질을 갖추어야 한다는 문학론이다. 따라서 모의나 수식을 위주로 하는 글은 글의 목적인 말의 기록이라는 측면에서 멀어지게 되었다.

"신이 지난번 試官에 끼어 擧子들의 글을 보니, 文體가 전에 비해 크게 변하였습니다. 보통 쓰는 文字들을 기필코 新奇하게 쓰려고 애

26 南九萬, 「滄溪集序」, 『藥泉集』 권27, "蓋聞古之制文, 所以記言也. 發諸口則爲言, 書諸冊則爲文, 之二者同出而異名. 文之爲用於古者然也. 降而後也, 乃有所謂詞章之文, 竊竊焉摹擬假飾, 自以爲工, 不特文人之文爲然, 雖從事儒學者, 亦有不免於此, 其離古亦遠矣."

써, 天淵이라 쓸 말이면 바꾸어 星淵이라 하였으니, 이는 별이 하늘에 있다고 해서인 것이고, 末世는 바꾸어 亥世라 하였으니, 亥가 12地支의 끝이기 때문에 그렇습니다. 繼此以後는 바꾸어서 胤玆以裔라 하고, 恭惟는 바꾸어 莊惟라 하였습니다. 또 어려운 글자와 궁벽된 말로 문장을 엮어 만들어, 반드시 남들로 하여금 알아볼 수 없게 하려고 하였습니다. 또 그 중에서는 많은 語錄을 섞어 쓰니, 常規에서 벗어난 기괴함을 따르려는 습성은 진실로 매우 놀랄 일입니다. 지난날에 姜弼周가 어록을 對策文에 썼다가 과거에 올랐고, 근일에 趙宗著도 科製에 기벽한 말들을 즐겨 써서 여러 차례 높은 등위에 들었습니다. 찡그리는 것을 본받는 자들이 점점 많아져서, 이러한 지경에 이른 것입니다. 文體의 變易은 진실로 세상의 盛衰와 관계되는 것이오니, 이와 같은 體裁는 불가불 엄히 배척해야 할 것입니다. 청컨대 이 뜻을 中外에 알리시어 일체 금지하게 하소서."[27]

위의 글은 남구만이 숙종과의 주강에서 당대 문장의 폐단에 대해 아뢴 내용이다. 남구만은 과거 답안지에 나타난 당대 문체의 변화를 비판하였다. 과거시험의 답안지임에도 불구하고 신기함만을 추구하는 거자들의 행태와 어려운 글자와 궁벽된 말로 문장을 만들기 위해 힘쓰는 현실을 비판하였다. 또 대책문과 과제에 어록을 사용하고 기벽奇僻한 말을 사용한 이들을 직접 거론하여 당대의 잘못된 문학경향

---

27 『朝鮮王朝實錄』, 숙종8년 11월 25일, "臣頃忝試官, 見擧子之文, 則文體比前大變. 凡例用文字, 必務爲新奇. 若云天淵則變曰星淵, 以星之在天也, 末世則變曰亥世, 以亥居十二支之末也. 繼此以後, 則變曰胤玆以裔, 恭惟則變曰莊惟. 且以險字僻語, 綴成章句, 必欲使人不可解見. 又於其間, 多以語錄攙入, 反常趨怪之習, 誠甚可駭. 向者姜弼周用語錄於對策而登第, 近日趙宗著亦於科製, 好用奇僻之語, 屢居高等. 效顰者漸多, 以致如此. 文體變易, 實關世道之盛衰, 如此體裁, 不可不痛斥. 請以此意, 知委中外, 使之一切禁斷."

을 비판하였다. 남구만은 문체의 변화는 시대의 성쇠와 관계된다고 보았다. 따라서 신기하고 기괴함만을 추구하는 문장을 배척하여 시대의 잘못을 고쳐야 한다는 것이다. 남구만은 대책문과 과제 등 공용문의 창작에 있어서 문장의 수식에 치중하여 기괴함을 추구하는 것을 배척하였다. 글을 쓰는 목적은 오로지 효용이 있는 글을 위주로 하였고 조각하여 꾸미거나[雕瑑], 화려하기만 하고 실질이 없는[浮華] 말을 쓰기를 좋아하지 않았다.[28] 실질이 없이 꾸미기만 하는 말은 그 사람을 소중하게 만들 수 없기 때문이다.

남구만은 시의 창작에서도 모방과 수식의 배척을 주장하였다.

> 시를 배우는 이들은 처량하고 적막한 것[凄淸]을 공교롭다[工] 여기거나 문사가 난삽한 것[詰屈]을 기이하다[奇] 여기고, 뜻을 새기고 문사를 수식하는 것[雕鏤]을 정교하다[巧] 여기거나 기운이 막혀 펴지지 못한 것[枯槁]을 고상[高]하다 여기니 『시경』의 가르침이 어찌 참으로 그렇게 하도록 시켰겠는가?
>
> 지금 금호공의 시를 보니 읊조릴 때에 발하는 가락[音調]은 선량하고 온화하며[藹而和] 말의 기운[辭氣]으로 드러난 것은 순박하고 아치가 있으니[醇而雅] 무릇 곤궁하고 쓰디쓴 말[寒苦之語]과 자유자재로 분방한 말[橫軼之言], 새기고 깎아내는 폐단[刻削之弊]과 얕고 모호한 병통[淡薄之病]을 한결같이 씻어서 제거하였다. 때로 고상하고 원대한 곳에 마음을 부치기도 하고 당시의 세상사에서 마음을 움직이기도 하여 가슴 속 분개가 意象의 표면에 숨었다가 드러났다가 하는데 이 또한 온유돈후로 근본을 삼지 아니함이 없었다.[29]

---

28 南九萬, 「竹西集跋」, 『藥泉集』 권27, "惠仲於文, 博極群書, 操紙筆立書. 而專用力於有用之文, 雕瑑浮華之辭, 不屑爲也. 且不甚自貴重其文, 故家鮮留藁."

29 南九萬, 「琴湖遺稿序」, 『藥泉集』 권27, "學詩者, 或凄淸以爲工, 或詰屈以爲

당대에 시를 배우는 이들은 공工·기奇·교巧·고高를 높이 평가하였다. 이들은 적막함[凄淸]을 공교롭다[工], 문사가 난삽함[詰屈]을 기이하다[奇], 뜻을 새기고 문사를 수식함[雕鎪]을 정교하다[巧], 기운이 막혀 펴지지 못함[枯槁]을 고상[高]하다고 여기고 이를 배우기 위해 노력하였다. 남구만은 당대 학시學詩의 이러한 경향이 문학의 근본인 『시경』의 가르침을 벗어났다고 판단하였다. '시는 뜻을 말하는 것이다.'는 문학의 본래 목적과 달라진 당대의 현실을 비판하였다. 시에서 공工·기奇·교巧·고高를 높이는 것은 실질은 갖추지 못하면서 문장만을 아름답게 꾸미는 데 치중하는 행위로 이는 남구만의 도문일치 문학관에 어긋나는 것이다. 곤궁하고 쓰디쓴 말[寒苦之語]과 자유자재로 분방한 말[橫軼之言], 새기고 깎아내는 폐단[刻削之弊]과 얕고 모호한 병통[淡薄之病]은 문장에서 배척해야 하는 요소이다.

3) 온유돈후溫柔敦厚에 근본한 문장

남구만은 실질을 갖춰 사람을 소중하게 만들 수 있는 문장을 창작하고자 하였다. 이를 위해 갖춰야 할 실질은 '온유돈후溫柔敦厚'였다.

> '인과 의가 있는 사람은 그 말이 온화하여 가까이할만하다'고 하였다. 진실로 인의가 가운데에 쌓였다가 발하여 문장으로 된 이가 아니라면 비록 聲律과 藻繪가 지극히 工巧로워도 그 이른바 '온화함'을

奇, 或雕鎪以爲巧, 或枯槁以爲高, 『詩』之爲教, 豈亶使然哉? 今見公詩則其發於音調者藹而和, 著於辭氣者醇而雅, 凡寒苦之語, 橫軼之言, 刻削之弊, 淡薄之病, 一洗而祛之. 時或寄心於高遠, 興懷於時事, 胸中感憤, 隱見於意象之表, 亦未嘗不以溫柔敦厚者爲之本."

구한다면 끝내 얻을 수가 없을 것이다. 지금 공의 시문을 보니 참으로 이른바 온화한 분이니 저 세상의 문장으로 자부한다고 하나 인의에 근본함을 모르는 자들이 어찌 여기에서 함께 할 수 있겠는가? 이로써 말해보면 사람이 그 시문을 소중하게 할 수 있다는 말이 진실이고, 시문의 아름다움 또한 실로 사람에게서 말미암는 것임을 볼 수 있다. 나는 공의 문에 대하여 진실로 잘 알지는 못하나 관찰사 군의 부탁이 무거워 이에 말을 하였다."[30]

남구만은 문장이란 인의에 근본해야 한다고 주장하였다. 남구만은 '인의가 있는 사람은 온화함을 갖추고 있어서 가까이 할 수 있다'는 말을 통해 문장에도 인의가 필요함을 설명하였다. 남구만의 설명은 다음과 같다. 아무리 성률과 조회藻繪가 공교로워도 온화함을 갖추지 못하면 좋은 문장이 될 수 없다. 온화함을 갖추기 위해서는 인의에 근본해야 한다. 인의를 갖추지 못한 사람은 시문을 소중하게 여길 수 없다. 시문의 아름다움은 그 사람의 인의를 바탕으로 나타난다. 따라서 좋은 문장은 인의를 갖춘 사람이 온화한 말로 지어야 한다고 주장하였다.

나는 시에서 이른바 四聲이니 八病이니 하는 것은 한결같이 익히지 아니하였으나 이른바 溫柔敦厚의 가르침은 예전에 간략하게 들어보았다. 『詩經』의 가르침은 본래 온유돈후로써 性情을 다스리고 풍

30 南九萬, 「醒翁集序」, 『藥泉集』 권27, "'仁義之人, 其言藹如'. 苟非仁義之積中, 其發而爲文章者, 雖極聲律 · 藻繪之工, 求其所謂藹如, 終不可得. 今見公詩文, 眞所謂藹如者, 彼世之所稱以文章自命, 而不知本於仁義者, 顧何得以與於此哉? 繇此言之, 人之能重其文固也, 文之美, 實亦有由於人者又可見矣. 余於公之文, 誠不足以知之, 重觀察君之託, 於是乎言."

속과 교화를 드러내며, 사람의 마음을 움직이고 세상의 법도를 돕고자 하는 것이다. 그런데 시를 배우는 이들은 처량하고 적막한 것[凄淸]을 공교롭다[工] 여기거나 문사가 난삽한 것[詰屈]을 기이하다[奇] 여기고, 뜻을 새기고 문사를 수식하는 것[雕鎪]을 정교하다[巧] 여기거나 기운이 막혀 펴지지 못한 것[枯槁]을 고상[高]하다 여기니 『시경』의 가르침이 어찌 참으로 그렇게 하도록 시켰겠는가? 지금 금호공의 시를 보니 읊조릴 때에 발하는 가락[音調]은 선량하고 온화하며[藹而和] 말의 辭氣로 드러난 것은 순박하고 아치가 있으니[醇而雅] 무릇 곤궁하고 쓰디쓴 말[寒苦之語]과 자유자재로 분방한 말[橫軼之言], 새기고 깎아내는 폐단[刻削之弊]과 얕고 모호한 병통[淡薄之病]을 한결같이 씻어서 제거하였다. 때로 고상하고 원대한 곳에 마음을 부치기도 하고 당시의 세상사에서 마음을 움직이기도 하여 가슴 속 분개가 意象의 표면에 숨었다가 드러났다가 하는데 이 또한 온유돈후로 근본을 삼지 아니함이 없었다. 그러므로 금호공의 시를 듣는 이는 깨달음이 있을 것이고 말하는 이는 죄를 짓지 아니할 것이니 이에 시의 가르침을 깊이 알았다고 말할만하고 또한 그 사람됨을 살필 수 있다.[31]

남구만은 세상을 다스리는 데 필요한 유교의 가르침을 강조하였다. 따라서 문학의 목적을 성정을 다스리고 풍속과 교화를 드러내며,

31 南九萬, 「琴湖遺稿序」, 『藥泉集』 권27, "余於詩, 所謂四聲 · 八病者則誠非所習, 若所謂溫柔敦厚之敎, 亦嘗略聞之矣. 『詩』之爲敎, 本欲以溫柔敦厚者, 理性情而形風化, 感人心而裨世程. 然而學詩者, 或凄淸以爲工, 或詰屈以爲奇, 或雕鎪以爲巧, 或枯槁以爲高, 『詩』之爲敎, 豈亶使然哉? 今見公詩則其發於音調者藹而和, 著於辭氣者醇而雅, 凡寒苦之語, 橫軼之言, 刻削之弊, 淡薄之病, 一洗而祛之. 時或寄心於高遠, 興懷於時事, 胸中感憤, 隱見於意象之表, 亦未嘗不以溫柔敦厚者爲之本. 故聽之者可以有悟, 言之者可以無罪, 此可謂深於詩敎, 而亦可得審其爲人也."

사람의 마음을 움직이고 세상의 법도를 돕는 것이라고 보았다. 이는 『시경』의 가르침과 같다. 이 가르침에서 가장 중요한 점은 온유돈후를 근본으로 한다는 것이다.[32] 시의 가락이 선량하고 온화하며, 말의 기운은 순박하고 아치가 있으면 곤궁하고 쓰디쓴 말[寒苦之語]과 자유자재로 분방한 말[橫軼之言], 새기고 깎아내는 폐단[刻削之弊]과 얕고 모호한 병통[淡薄之病] 등 문장의 병폐를 제거할 수 있다. 온유돈후함을 근본으로 고원高遠한 것에 마음을 붙이고 세상일에 마음을 움직여서 가슴 속의 분개가 의상의 표면 속에 숨거나 드러나게 되면 사람을 소중하게 하는 문장이 되는 것이다. 문장의 꾸밈 이전에 먼저 갖춰야 하는 것이 온유돈후이다.

> 聲調와 음률의 화평함을 외우고 홍치를 부친 그윽함을 음미해 보니, 마치 二南의 遺風을 계승한 듯 하였으며, 깨끗하여 진세를 벗어난 의취와 한가로이 노닐며 유유자적하는 즐거움이 또 陶彭澤 · 林孤山의 여러 작품과 서로 막상막하이다.[33]

위의 글은 유명형兪命衡의 6대조인 유여주兪汝舟(1480~?)의 부인 임벽당林碧堂 김씨金氏가 쓴 절구시 두 수를 평한 것이다. 남구만은 임벽당의 시가 음율이 화평하고 홍치가 그윽하여 마치 「주남」과 「소남」이 지닌 풍모를 계승하였다고 보았다. 또 '소쇄출진瀟洒出塵의 취趣'와 '소요자득逍遙自得의 즐거움'이 도연명 · 임포의 작품과 비교해도

32 「經解」, 『禮記』, "其爲人也, 溫柔敦厚, 詩教也."
33 南九萬, 「金夫人枕角繡詩序」, 『藥泉集』 권27, "誦其聲律之和平, 味其興寄之幽閒, 若可以繼二南之遺風, 而瀟洒出塵之趣, 逍遙自得之樂. 又可與陶彭澤, 林孤山諸作相上下."

낫지 않다고 평가하였다. 남구만은 「제임벽당칠수고후題林碧堂七首稿後」에서도 위의 시를 '의취意趣와 정조情調가 가장 전아典雅하고 순정純正'하다고 평하였다. 또 남구만은 『명원시귀名媛詩歸』에 실린 〈양류사楊柳詞〉 2수가 임벽당의 작품으로 잘못 알려졌다고 의심하였다. 이는 두 작품이 교묘하고 화려함[巧麗]으로 흘러 『시경』의 본래 면목을 잃었기 때문에 임벽당의 작품이 아니라고 보았다.[34] 임벽당은 『시경』에 근본해서 시를 창작하였고, 남구만은 시의 평가 기준을 『시경』에 두었다. 즉 남구만이 문장의 모범으로 삼았던 대상은 『시경』이었다.

> 지금 숙진공의 문장은 한결같이 韓愈와 歐陽脩의 軌範과 洛陽의 程顥·程頤와 閩中의 朱子의 전철을 따랐고, 신공 부자처럼 嘉靖과 隆慶 연간의 습성으로 내달린 적이 전혀 없었으니, 그들이 안으로는 자신을 지키고 밖으로는 외물을 따르지 않았음을 알 수 있다. 또 문집 안에 있는 시문들은 대부분 억눌리고 꽉 막힌 뒤에 나왔으나 뜻밖에 얻거나 잃어도 그에 대한 기미를 辭氣로 드러냄이 전혀 없으니 밀쳐 내어 다른 곳으로 넘겨버리고 걱정거리로 남겨두지 않았음을 알 수 있다.[35]

34 南九萬, 「題林碧堂七首稿後 辛未」, 『藥泉集』 권27, "余旣承兪君命衡之託, 敍其先祖妣枕角繡詩矣. 兪君又寄示林碧堂七首稿一冊, 首書七言絶二首, 卽枕角詩也. 次書五言絶二首, 一出家人之所傳錄, 一出東人所編國朝詩刪. 末書五言律一首, 五言絶二首, 出皇明遺老錢牧齋謙益所輯列朝詩集. 枕角詩詞致最雅正, 余旣論著於序矣. 家錄及詩刪所載二絶, 味其意趣, 固與枕角詩不甚遠矣. 至若牧齋所編三首, 聲響稍促, 辭采稍浮. 且貧女吟·賈客詞, 皆蹈襲古人之陳語, 其視枕角詩卽事賦懷, 悠然自得者, 不啻逕庭矣. 且余曾入燕館, 得名媛詩歸一帙, 其中亦載夫人楊柳詞二首. 流於巧麗, 殊乏風雅本色, 固已疑之矣."

35 南九萬, 「靜虛堂集序」, 『藥泉集』 권27, "今公之文則一遵韓·歐之軌洛閩之轍,

위의 글은 홍주세洪柱世(1612~1661)의 문집인 『정허당집靜虛堂集』에 쓴 서문이다. 남구만은 홍주세의 문장과 의론이 뛰어났다고 평가하였다. 특히 문장에 있어서 한유와 구양수의 궤범을 따르고 정호와 정이, 주자의 전철을 따랐으며, 이반룡李攀龍·왕세정王世貞 등 가릉칠재자嘉隆七才子의 폐단이 없었다고 칭찬하였다. 이는 남구만이 한유와 구양수, 정호, 정이, 주자의 문장을 모범으로 여기고 가릉칠재자의 문장은 배척하였음을 알 수 있다.

> 시문을 지을 때에 통창하고 전아하여 절대로 기이하고 궁벽하거나 짜깁기하는 습관을 일삼지 않았다. 그리고 章奏에 이르러서는 내용이 분명하고 간절하여 말씀이 완곡하면서도 이치가 지극하니, 당시의 諸公이 모두 스스로 미칠 수 없다고 여겼다.[36]

> 공의 詩와 文을 읽어보면 모두 고상하고 굳세며 공교롭고 치밀하여 분명하고 통창하면서도 간절하니, 세상에 문장으로 이름난 자에게 뒤질 것이 없었다. 그러나 공은 일찍이 문인으로 자처하지 않아서 세상 사람들 또한 반드시 그 실제를 다 알지는 못한다. 공이 스스로 '藏六'이라고 호한 것이 또한 그 한 가지 단서일 것이다.[37]

絶無申公父子馳騁嘉隆間習氣, 其有內守而不外隨可知也. 且詩文之在集中者, 多出於抑塞之後, 而儻來得失, 絶無幾微之見於辭氣, 其擠而與之而不足存又可知也."

36 南九萬, 「吏曹判書金公請諡行狀」, 『藥泉集』 권23, "爲詩文鴻暢典雅, 絶不爲奇僻組織之習, 至於章奏, 明白剴切, 辭婉而理到, 一時諸公皆自以爲不及."

37 南九萬, 「全南觀察使趙公墓表」, 『藥泉集』 권21, "而讀公之詩若文, 皆雅健而工緻, 明暢而剴切, 宜無讓於世之以詞翰鳴者. 公未嘗以文人自居, 世人亦未必盡知其實. 公之自命以藏六者, 此亦其一端也歟."

공은 문장을 지을 적에 깨끗하고 굳세고 분명하고 통창하니, 말하는 자들이 칭찬하였다.[38]

남구만은 많은 묘도문자를 지었으나, 묘도문자에서 다른 사람의 문장을 평가한 내용은 많지 않다. 위의 글들은 그중에서 남구만이 문장을 높이 평가한 내용들이다. 첫 번째 글은 김장생의 손자로 이조판서에 추증된 김익희金益熙(1610~1656)의 행장이다. 두 번째 글은 신흠의 외손자인 조귀석趙龜錫(1615~1665)의 묘표이고, 마지막 글은 금주군錦洲君 박정朴炡(1596~1632)의 행장이다. 남구만의 90여 편 묘도문자 가운데 문장을 구체적으로 평가한 글들이다. 이 평가에서 공통으로 나타나는 평어는 '창暢'이다. '창暢'은 '막힘이 없다' 혹은 '상쾌하다'는 의미이며, '창暢'은 '창鬯'과 뜻이 통한다. 대체로 막힘없고 유창한 문장을 평가할 때 사용되었다. 특히 두 번째와 세 번째 글의 '명창明暢'은 『문심조룡』에서 처음 사용되었으며, 이후 분명하고 막힘이 없는 문장을 평하는 용어로 쓰였다.[39] 위의 평어를 살펴보면 남구만이 분명하고 막힘없는 유창한 문장을 좋은 글로 여겼음을 알 수 있다. 기괴하거나 꾸며서 실질이 없는 문장이 아닌, 상대방이 잘 이해할 수 있는 글을 좋은 문장으로 여겼다. 이외에도 '전아典雅', '아건雅健', '개절凱切', '청경淸勁' 등으로 문장을 평가하였는데, 이는 대체로 꾸밈을 중시하지 않는 담박하고 고상한 문장들에 대한 평어이다. 이러한 평어를 통한 문장의 평가는 남구만이 지녔던 온유돈후함을 근본으로 삼은 문학관이 반영된 결과이다.

38 南九萬, 「錦洲君朴公請諡行狀」 『藥泉集』 권22, "爲文辭, 淸勁明暢, 談者稱之."
39 劉勰, 「論說」, 『文心雕龍』, "若毛公之訓詩, 安國之傳書, 鄭君之釋禮, 王弼之解易, 要約明暢, 可爲式矣."

3. 결론

남구만은 어지러운 정국 속에서도 정국의 중심인물로 활동하였기에 주로 정치가적인 면모가 부각되었다. 그러나 남구만은 문학적 재능이 뛰어난 문장가였다. 다만 뛰어난 문학적 재능에도 불구하고 남구만의 문학은 크게 주목받지 못하였다. 기존의 연구에서도 정치·국방·역사 등 다른 분야의 연구에 비해 문학 연구는 미흡하였다. 다행히 최근 들어 소차를 중심으로 남구만의 문학에 대한 연구가 조금씩 이루어지기 시작하였다.

본고에서는 관각문인으로 알려진 남구만의 문학론을 살펴보았다. 남구만의 문학론이 많지 않기에 묘지명, 묘표 등 묘도문자에 나타난 문장비평을 함께 살펴보았다. 이는 다른 사람을 평가하는 글을 통해서도 남구만의 문학론을 일정 부분 확인할 수 있기 때문이었다.

남구만 문학관의 가장 큰 특징은 문학의 가치를 작품 자체가 아닌 사람을 통해 파악하였다는 점이다. 남구만은 경술經術에 근본한 도문일치道文一致의 문학관을 주장하였다. 남구만은 문장을 기예로 인식하고 작가에 비중을 두었다. 이는 조선시대 문인들의 전통적인 문학관인 재도론적 문학관과 같은 맥락이다. 남구만은 경술에 도움이 되는 인격적·학문적 바탕을 중시한 도문일치의 문학관을 주장하였다. 남구만은 사람이 그 시문을 소중하게 할 수 있고, 시문의 아름다움은 사람에게서 비롯된다고 주장하였다. 또한 문장이 후세에 소중하게 여겨지는 것은 사람이 그 시문을 소중하게 만들 만한 사람이기 때문이며, 전해지지 않는 것은 시문이 사람을 소중하게 만들 수 없기 때문이라고 보았다. 즉 사람에 의해 문장의 경중輕重이 결정된다고 보았다. 경술에 근본하기 위해 남구만이 제시한 선비의 자세는 '내외교양內外交養'과 '본말상수本末相須'이다. 글을 배워 식견을 지극하게 하고, 수행을 독실하게 하여 근본을 성립하면 선을 밝히고 몸을 성실하게 하는 경지로 나갈 수 있는 경지에 이르게 되면 사람이 가치를 인정받게 되고 따라서 문장도 가치를 지니게 된다고 보았다. 이에 남구만은 시문의 아름다움을 문장의 꾸밈에 두지 않았다. 오히려 문장의 꾸밈을 배척해야 할 폐단으로 여겼다.

남구만 문학에서 모의模擬, 수식修飾을 반대하였다. 이는 문장을 꾸미는 데 치중하기 보다는 도의 실질을 갖추어야 한다는 문학론이다. 모의나 수식을 위주로 하는 글은 글의 목적인 말의 기록이라는 측면에서 멀어지게 됨으로 배척해야 한다는 것이다. 남구만의 이러한 견해는 당대의 문단 현실을 비판한 글에 잘 드러난다. 남구만은 문체의 변화는 시대의 성쇠와 관계된다고 보았다. 당대의 문단을 휩쓸고 있는 모의와 수식을 추구하는 문학적인 경향이 시대에 부정적인 영향을 미칠까 걱정하였다. 이에 신기하고 기괴함만을 추구하는 문장을 배척하여 시대의 잘못을 고쳐야 한다고 주장하였다. 특히 대책문과 과제 등 공용문의 창작에 있어서 문장의 수식에 치중하여 기괴함을 추구하는 것을 배척하였다. 이는 글을 쓰는 목적이 오로지 효용에 있다고 보았기 때문이다. 따라서 조각하여 꾸미거나[雕琢], 화려하기만 하고 실질이 없는[浮華] 말을 쓰기를 좋아하지 않았다. 당대에 시를 배우는 이들은 적막함[凄淸]을 공교롭다[工], 문사가 난삽함[詰屈]을 기이하다[奇], 뜻을 새기고 문사를 수식함[雕鎪]을 정교하다[巧], 기운이 막혀 펴지지 못함[枯槁]을 고상[高]하다고 여기고 이를 배우기 위해 노력하였다. 남구만은 당대의 이러한 경향이 문학의 근본인 『시경』의 가르침인 '시는 뜻을 말하는 것이다.'는 문학의 본질과 다르다고 비판하였다. 시에서 공工 · 기奇 · 교巧 · 고高를 높이는 것은 실질은 갖추지 못한 채 문장을 아름답게 꾸미는 데에만 치중하는 행위로 이는 자신이 주장하는 도문일치의 문학관에 어긋나는 것이었다.

남구만 문학관의 세 번째 특징은 '온유돈후溫柔敦厚에 근본한 문장'의 추구이다. 남구만은 실질을 갖춰 사람을 소중하게 만들 수 있는 문장을 창작하고자 하였다. 이를 위해 갖춰야 할 실질은 '온유돈후溫柔敦厚'였다. 남구만은 문장이란 인의에 근본해야 한다고 주장하였다. 아무리 성률과 조회藻繪가 공교로워도 온화함을 갖추지 못하면 좋은 문장이 될 수 없는데, 온화함을 갖추기 위해서는 인의仁義에 근본해야 한다는 것이다. 즉 인의를 갖추지 못한 사람은 시문을 소중하게 여길 수 없게 된다. 시문의 아름다움은 그 사람의 인의로 인해 나타난다. 따라서 좋은 문장은 인의를 갖춘 사람이 온화한 말로 지은 것이다. 남구만은 문학의 목적을 성정을 다스리고 풍속과 교화를 드러내며, 사람의 마음을 움직이고 세상의 법도를 돕는 것이라고 보았다. 이를 위해서 문장은 온유돈후를 근본으로 해야 한다고 주장하였다. 온유돈후한 문장에 대한 남구만의 견해는 다른 이들에 대한 평어에도 나타난다. 남구만은 뛰어난 문장을 '창暢'이라고 평가한 경우가 많았다. '창暢'은 주로 분명하고 막힘없는 유창한 문장을 평가할 때 사용되었다. 기괴하거나 꾸며서 실질이 없는 문장이 아닌, 상대방이 잘 이해할 수 있는 글을 좋은 문장으로 평가한 것이다. 이외에도 '전아典雅', '아건雅健', '개절凱切', '청경淸勁' 등으로 문장을 평가하였는데, 이는 대체로 꾸밈을 중시하지 않는 담박하고 고상한 문장들에 대한 평어이다. 이러한 평어를 통해서도 남구만이 온유돈후를 문장의 근본으로 삼았음을 확인할 수 있다.

본고에서는 남구만의 문학론이 효용론적 측면을 중시하였음을 확인할 수 있었다. 그러나 남구만은 전통적인 문학론을 답습만 하지는 않았다. 문학의 가치를 사람을 중심으로 파악하기는 하였지만, 문학에 있어서 기예를 완전히 부인하지는 않았다. 문장의 형식적인 아름다움만을 추구하는 모의나 수식을 반대할 뿐이었다. 실질과 형식이 갖춰진 문장을 좋은 문장으로 보았다. 성정을 다스리고 풍속과 교화를 다스리기 위해 온유돈후를 근본으로 하는 문장을 좋은 문장으로 평가하였고, 자신도 이러한 글을 짓고자 하였다. 그러나 본고에서는 남구만의 문학론이 실제 창작에 어떤 방식으로 구체화 되었는지는 미처 살펴보지 못하였다. 다만 당대에 이루어진 남구만의 공용문에 대한 높은 평가를 통해 문학론과 작품 창작의 관계를 짐작할 수 있었다. 향후 남구만 작품에 대한 연구를 통해 남구만 문학론의 실체를 보다 구체적으로 밝히고자 한다.

II. 약천 남구만의 기문

권진옥

1. 서론

약천藥泉 남구만南九萬(1629~1711)은 17~8세기 노·소 분기 때 소론계의 핵심 인물로, 전형적인 관료 문인이었다. 남인과의 반목, 노론과의 긴장 관계 속에서 수차례 부침을 겪었지만 생애 전반에 걸쳐 국정 현안을 담당한 관료였으며, 한시와 산문을 비롯한 서화에 조예가 깊은 문인이었다. 뿐만 아니라 역사와 지리 방면에도 해박하여 관련 저술을 많이 남겼다. 이러한 요인으로 인해 남구만은 역사학, 철학, 문학, 지리학 등 다양한 전공 분야에서 연구되고 있는데, 그 가운데 문학 연구만 살펴보면 그의 문학론[40]을 비롯하여 한시,[41] 시조,[42]

40 김영주, 「藥泉 南九萬의 文學論 硏究」, 『퇴계학과 한국문화』 33, 경북대학교 퇴계연구소, 2003 ; 김영주, 「조선후기 소론계 문인의 문학론 연구」, 경북대학교 박사학위논문, 2005.

41 박영민, 「藥泉 南九萬 한시의 연구」, 『한국인물사연구』 3, 한국인물사연구소, 2005 ; 성당제, 「藥泉 南九萬 文學의 硏究」, 성균관대학교 박사학위논문,

소차,[43] 기문[44] 등에 대한 문학적 성취가 현재까지 보고되었다. 한편 남구만 개인에 대한 연구와는 별도로 이른바 17~8세기 남구만 계열이라 할 수 있는 소론계 문인지식인들에 대한 연구도 활발하게 진행되고 있다. 그 대표적 인물로 아들인 남학명南鶴鳴(1654~1722), 손자인 남극관南克寬(1689~1714), 자형인 박세당朴世堂(1629~1703), 제자인 최석정崔錫鼎(1646~1715)·최창대崔昌大(1669~1720) 부자, 최규서崔奎瑞(1650~1735), 박태보朴泰輔(1654~1689) 등을 꼽을 수 있다. 이처럼 남구만은 17~8세기 지성사에서 소론계를 대표할 뿐만 아니라 19세기 소론계 학맥을 견인하는 핵심적인 인물이라 하겠다.

문학 방면에서 남구만에 대한 기존의 연구는 대체로 한시와 소차를 중심으로 이루어졌다. 특히 산문 가운데 일찌감치 소차에 대한 연구가 진행된 것에는, 남구만 상소문에 대한 정조正祖의 추숭이 상당

2004; 성당제, 「약천 남구만 시의 품격」, 『한국한문학연구』 35, 한국한문학회, 2005; 성당제, 「藥泉 記文의 山水美 形象과 敍述的 특징 -「咸興十景圖記」와 「北關十景圖記」를 중심으로」, 『어문연구』 33, 한국어문교육연구회, 2005; 양언석, 「남구만의 문학세계 연구」, 『한국문예비평연구』 15, 한국현대문예비평학회, 2004.

42 장정룡, 「東海市 望祥洞 유적과 藥泉 南九萬 시조작품」, 『강원민속학』 11, 강원도민속학회, 1995; 이승철, 「동해 약천마을과 약천 남구만의 〈시조〉 엿보기」, 『강원민속학』 20, 강원도민속학회, 2006.

43 성당제, 「藥泉 南九萬 文學의 研究」, 성균관대학교 박사학위논문, 2004; 송혁기, 「소차류(疏箚類) 산문의 입의(立意)와 수사(修辭) 양상 일고 - 허적(許積) 논척과 관련한 소차들의 비교를 중심으로」, 『민족문학사연구』 36, 민족문학사학회, 2008; 송혁기, 「老·少 分岐期의 學的 地形과 南九萬 계열 소론계의 문학비평」, 『고전과 해석』 10, 고전문학한문학연구학회, 2011; 김지웅, 「藥泉 南九萬 疏箚 研究」, 고려대학교 석사학위논문, 2015.

44 성당제, 「藥泉 記文의 山水美 形象과 敍述的 특징 -「咸興十景圖記」와 「北關十景圖記」를 중심으로」, 『어문연구』 33, 한국어문교육연구회, 2005.

히 작용한 것으로 보인다. 본고는 소차에 집중된 남구만 산문 연구에 보조를 맞추는 일환으로 기문을 살펴보고자 한다.[45] 일반적으로 기문은 건물에 대한 기문과 산수에 대한 기문으로 나뉜다. 건물과 산수를 대상으로 한 기문은 문체상 기사記事, 사경寫境, 의론議論 세 가지 요소가 착종되어 있는 것이 특징인데, 이를 통해 다채로운 문학 양상을 살펴볼 수 있다. 이러한 요인으로 기문이라는 문체는 이른바 '고문古文'의 전형성을 보여주는 대표적 장르 가운데 하나이기도 하다.

남구만은 총 8편의 기문을 남겼는데, 각각의 기문 성격이 이채롭다. 「온양온천북탕기溫陽溫泉北湯記」는 1660년 가을 모친을 모시고 온양군의 온탕에 갔을 때 황폐해진 북탕北湯을 보수하고 지은 작품이다. 「함흥십경도기咸興十景圖記」와 「북관십경도기北關十景圖記」는 1674년 함경도관찰사 시절에 함흥과 함경북도 변방에 위치한 산수의 승경을 기록한 작품인데, 각각 10개의 승경을 직접 방문한 다음 그림으로 그리고 이에 대한 기문을 지은 것이다. 「함경도지도기咸鏡道地圖記」는 1673년 함경도의 지도를 제작하여 임금에게 바칠 때 함경도 지역의 특성과 유의점을 밝혀 놓은 것이고, 「성경여지도기盛京輿地圖記」 역시 1697년 중국 심양瀋陽의 지도를 제작하여 임금에게 바치며 쓴 기문이다. 「망운정기望雲亭記」는 1685년 생질인 박태유朴泰維(1648~1686)가 고산도高山道 찰방 시절 조성한 망운정에 대한 기문이고, 「용암정기龍巖亭記」는 1698년 제자인 서숙徐塾이 가평의 비렴산蜚廉

45 남구만의 기문에 대한 연구는 성당제의 논문이 유일하다. 이 논문에서는 남구만의 기문 가운데 「咸興十景圖記」와 「北關十景圖記」를 대상으로 그 특징을 도출하였는데, 조선 태조 고향의 예찬, 생동적이고 사실적인 묘사, 산수관의 표출, 충렬의 표창과 설화의 수용, 失地에 대한 애착 등을 다루고 있다.

山에 조성한 용암정에 대한 기문이다. 끝으로 「명고서원중수기明皐書院重修記」는 1709년 조익趙翼을 제향하고 있는 명고서원을 중수할 때 쓴 기문이다.

고문에서 거론되는 기문은 일반적으로 그 대상이 건물이나 산수가 된다. 남구만이 지은 기문 가운데 건물만을 대상으로 한 기문은 「망운정기」, 「용암정기」, 「온양온천북탕기」, 「명고서원중수기」이고, 「함경십경도기」, 「북관십경도기」는 각각의 10개 승경이 건물인 경우도 있고 산수인 경우도 있다. 한편 「함경도지도기」와 「성경여지도기」는 앞의 기문 성격과는 달리 지도를 제작한 다음 이에 대한 관련 내용들을 적시한 기문으로, 그 대상이 건물이나 산수가 아니라 지도가 된다. 또한 기문의 세 가지 요소인 기사, 사경, 의론의 측면에서 보자면 「망운정기」, 「용암정기」는 의론이, 「온양온천북탕기」, 「명고서원중수기」는 기사와 의론이, 「함경십경도기」, 「북관십경도기」 가운데 산수를 기록한 기문은 사경이 위주가 되어 작품을 구성하고 있다.

이 가운데 본고에서는 총 3편의 기문을 살펴볼 것이다. 해당 작품과 그 작품을 선정하게 된 이유는 다음과 같다.

첫 번째 작품은 주제 의식면에서 의론으로 점철되었으면서도 산문 수사학 측면에서 기법적인 문예미가 잘 드러난 「망운정기」이다. 이 작품은 참신한 의론을 제시하여 독자로 하여금 깊은 여운을 남기고 있고, 이러한 주제 의식을 구현하기 위해 편장자구 측면에서도 심혈을 기울인 작품이라 할 수 있다.

두 번째로 살펴 볼 작품은 「북관십경도기」이다. 이 작품은 기문이라는 문체를 표방하고 있지만 여타 문체의 요소들을 끌어들여 이채로운 국면을 만들어 내었으며, 또한 이 작품에서는 남구만의 산수관을 비롯한 철학적 사유의 편린들을 담고 있어 작자의 사유를 읽어내기가 용이한 작품이다.

마지막으로 살펴 볼 작품은 「온양온천북탕기」이다. 남구만에 대한 기존의 연구 가운데 몇몇은 그의 고토古土 회복 의식이라든지 실지失地에 대한 애착에 집중하였다. 이 작품은 이러한 남구만의 역사의식이 유풍의 회복이라는 염원으로 드러나고 있으며, 나아가 애민의식의 표출로 이어지고 있다. 남구만은 여러 글을 통하여 고토古土 회복 의식과 실지失地에 대한 애착을 강하게 피력하고 있는데, 이 글에서도 사라진 유풍의 회복에 대한 그의 염원을 읽어낼 수 있다. 전자가 그의 역사의식의 발로라면, 후자는 그의 애민의식의 발로라 할 수 있겠다. 전형적인 관료문인으로서의 애민의식이라, 사림이나 처사로서의 애민의식과는 그 결에 있어서 차이가 있겠지만 온천이라는 매개체를 통해 군신민君臣民이 공락共樂하려는 진정성은 인정하지 않을 수 없다.

2. 「망운정기望雲亭記」 - 참신한 의론과 편장자구의 안배

망운정의 주인은 바로 박세당의 아들 박태유이다. 1685년 박태유는 탄핵 사건에 연루되어 고산도 찰방으로 좌천되었는데, 역관驛館 위에 정자를 짓고 '망운望雲'이라고 편액을 달았다. 망운이라는 것은 적인걸狄仁傑 고사에서 나온 것으로 타향에서 어버이를 그리워하는 정을 뜻하는데, 남구만은 박태유의 어버이에 대한 효심孝心이 장차 국가에 대한 충심忠心으로 바뀌기를 당부하는 의론을 개진한다. 일체의 사경도 기사도 없이 오로지 의론만으로 구성되어 있다.

① 예로부터 어버이 곁을 떠나 사모하고 물건을 보고서 감회를 일으키는 자가 어찌 한량이 있겠는가마는 유독 적량공의 말이 세상에 전해져 지금까지 내려오고 있다. 아! 망운이라는 말은 본래 특별히 볼만한 경치가 아니고, 또 읊을 만한 성률이 없는데도 어버이를 생각하는 모든 효자들이 망운을 가지고 구실을 삼지 않는 이가 없으니, 그 까닭은 어째서인가? 적량공이 효도를 옮겨 국가에 충성한 것이 천하와 후세 사람들에게 심복을 받았기 때문에 비록 한때에 우연히 한 말이지만 또한 사람들이 부러워하고 칭찬하기에 충분해서 그러한 것이 아니겠는가.

② 그렇다면 만약 적량공이 국가에 충성한 것이 저와 같이 훌륭하지 않았다면 설령 구구한 효성이 있었다 하더라도 또한 훌륭하게 여길 것이 못 되는데, 하물며 그 하찮은 한마디 말에 있어서이겠는가. 이와 같다면 적량공의 뜻은 구름을 바라보는 데 있지 않고 어버이를 생각하는 데 있었으며, 적량공의 효도는 단지 어버이를 생각하는 데 있지 않고 실로 국가에 충성을 바치는 데 있었던 것이니, 후세에 적량공을 배우고자 하는 자가 국가에 충성을 바친 것을 본받지 않고 다만 그 어버이를 생각하는 것이 효도가 되는 것만 안다면 안 될 것이요, 그 어버이에게 효도한 것을 본받지 않고 다만 구름을 바라본다는 한마디 말만 취한다면 더더욱 안 될 것이다.

③ 이것을 가지고 말한다면 눈물을 흘리며 부모를 생각하고 그리워함이 효도가 될 수 없으며, 높은 산에 올라 고향을 바라봄이 효도가 될 수 없으며, 보는 것에 따라 감회를 부치는 것이 효도가 될 수 없으며, 말로 형용하고 글로 기록함이 효도가 될 수 없는 것이다. 오직 '군주에게 두 마음을 품지 말라.'는 가르침을 받들고 '국사를 소홀히 할 수 없다.'는 뜻을 생각하여 필경 성취함이 적량공에게 부끄럽지 않은 뒤에야 비로소 효도라고 말할 수 있으니, 오히려 어찌 이 정자가 있고 없음을 논할 것이 있겠는가.

④ 그러나 어버이 곁을 떠나 국사에 수고하는 자식은 수레와 말

사이에서 분주하고 손님과 나그네를 맞이할 때를 당해서 편안히 거처할 겨를이 없어 고향에 돌아가고 싶어도 돌아갈 수가 없다. 혼정신성을 오랫동안 하지 못함을 안타깝게 여기고 아침밥과 저녁밥을 지을 사람이 없음을 한탄하며, 산천이 아득히 막혀 있고 길이 멀어서 발걸음을 머뭇거리며 돌아봄에 마음이 답답하여 무언가 맺힌 듯하다.

⑤ 이러한 때에 이 정자에 오른다면 구름을 바라볼 것이요, 구름을 바라본다면 어버이를 생각할 것이요, 어버이를 생각하면 어버이가 나를 가르쳐 주신 것을 생각할 것이다. 그 가르쳐 주신 것을 대략 말한다면, 부지런하고 민첩하며 청렴하고 삼가며 윗사람을 공경하고 아랫사람을 아끼며 공정하게 일하고 사사로움을 잊는 것이다. 밤낮으로 부지런히 힘써서 이 가르침을 어기지 말 것을 생각한다면 국가에 충성을 바치는 것이 어버이를 생각함에서 연유하지 않음이 없고, 어버이를 생각하는 마음이 이 정자의 구름을 바라볼 때에 일어나지 않음이 없을 것이니, 그렇다면 이 정자를 짓는 것을 또 어찌 그만둘 수 있겠는가.[46]

내용별로 구분하면 위와 같이 총 5단락으로 나눌 수 있다. ① 단락은 일반적으로 어버이나 고향을 그리워하는 마음을 상징하는 망운의 의미를 그대로 답습하지 않고, 참신한 의론을 개진한 부분이다. 결과론적인 얘기지만 당唐나라의 명재상이 된 적인걸의 행적에 근거하

46 南九萬, 「望雲亭記」, 『藥泉集』 권28. 원문은 편장자구 분석에서 다루기 때문에 생략함. 아울러, 이 작품 맨 앞의 "朴甥泰維士安, 左官爲高山道察訪, 作亭于驛館之上, 暇日登臨, 不勝其思親之情, 扁其亭曰望雲. 實取狄梁公語也, 仍求記文於余."와 맨 마지막의 "嗚呼! 朴甥其能使斯亭不廢, 亦如梁公之語傳於世則幾矣."는 생략함. 또한 『藥泉集』 번역문은 기존의 성백효 역, 『국역 약천집(한국고전번역원, 2004~2008.)』 1~7을 참고하면서 필자가 수정 · 보완하였음. 이하도 마찬가지임.

여, 그가 태항산太行山에서 남쪽으로 떠가는 흰 구름을 보면서 어버이를 그리워한 효심을 끝내 나라에 대한 충심으로 바꾸었기 때문에 훌륭한 재상이 되었다는 논리이다. 유가에서 '이효위충移孝爲忠'의 사유는 효와 충을 겸비해야 하는 선비의 중요한 덕목으로 흔히 거론되는데, 남구만은 적인걸의 효심과 재상으로서의 충심을 망운이라는 고사에 결합시켜, 박태유로 하여금 자연스레 효심에서 충심으로 옮겨가도록 인도하고 있다. ② 단락은 이와 같은 사유를 전제로 이 작품의 주제를 선명하게 드러내고 있다. 만약 적인걸이 재상으로서 국가에 충성한 결과가 없었다면, 애절하게 망운을 읊은 효성이 있었다 한들 후대에 아무도 망운 고사를 기억해주지 않았을 것이라는 것이다. 심지어 당시 적인걸의 효도는 단지 어버이를 생각하는 데 있지 않고 실로 국가에 충성을 바치는 데 있었던 것이라고까지 단언한다. 짐짓 당돌하고 억측에 가까운 주장인 듯하지만, 그럴싸한 논리라 납득이 되기도 한다. 이어지는 ③ 단락은 ② 단락을 부연하여 결국 진정한 효도란 무엇인가에 대해 성토한다. 눈물을 흘리며 부모를 생각하는 것도, 높은 산에 올라 고향을 바라보는 것도, 문장으로 그리워하는 마음을 절절하게 표현하는 것도 모두 진정한 효도가 아니고, 오직 군주를 위해 충성하여 국사를 잘 다스리는 것만이 진정한 효도라는 결론을 맺는다. 이러하니 정자는 왜 필요하겠으며, 굳이 망운이라는 편액이 왜 필요하겠는가. 오로지 현달하여 국가에 이바지할 뿐이다. 남구만이 박태유를 몰아가는 기세가 매섭기까지 하다. 남구만의 주제 의식을 따라가다 보면 여기서 기문이 끝나도 무방할 듯한데, 남구만은 다시 ④ 단락과 ⑤ 단락을 할애하여 객지살이하는 효자의 감정을 다독이는 한편 그 마음이 나라에 대한 충성으로 귀결되기를 재당부하고 있다. 국사에 바빠 고향에서 어버이를 모실 수 없는 안타까운 상황이지만, 망운정에 오르면 그래도 구름을 바라보고, 구름을 바라보면 그래도 어버이를 생각하고, 어버이를 생각하면 끝내 어버이가 자신에게 가르쳐 주신 것을 생각하게 된다. 그렇다면 과연 어버이가 당부한 것이 무엇이냐. 바로 부지런히 국사에 매진하여 국가에 충성을 바치는 것이다. 이렇기 때문에 거꾸로 망운정이 없어서는 안 될 곳이 되는 것이다. 나라에 대한 충성이 중요하기 때문에 망운정이라는 존재를 의문시했다가, 나라에 대한 충성은 되레 어버이에 대한 효성에서 발현되기 때문에 효성의 매개체인 망운정의 존재를 인정하는 논리 전개이다.

「망운정기」는 이처럼 망운의 일반적 의미를 남구만이 새로운 시각으로 재해석하여 '이효위충'의 주제를 담고 있다. 그렇다면 이러한 남구만의 참신한 해석이 독보적인가. 기실 그렇지도 않다. 남구만 보다 훨씬 이전의 박팽년朴彭年(1417~1456)도 망운의 의미를 새롭게 해석하는 시도를 한 바 있다. 하길지河吉之가 경원慶源에 망운정을 지었는데, 박팽년이 기문을 써주었다. 박팽년은 망운의 의미를 해석하며, 일반적인 어버이를 그리워하는 마음도 아니고, 남구만처럼 재상으로서의 적인걸에 주목하지도 않고, 오히려 구름 자체에 의미를 부여하였다. 당시 온 나라가 가뭄에 시달리고 있었기 때문에 구름은 기우祈雨의 대상이고, 또한 지방관은 백성들에게 선정을 베풀어야하므로 구름은 목민관의 상징이라고 하였다.[47] 다만 역사적으로, 지역적으로

47 朴彭年, 「望雲亭記」, 『朴先生遺稿』 文, "昔狄梁公授幷州, 有望雲之歎, 其親是思也. 今公已永感矣, 雖有桑梓之念, 不但爾也, 其所取何哉? …… 比年以來, 旱乾爲災, 每勞宵旰之憂, 人之望之也, 不亦宜乎? 公之意, 其在斯耶! …… 公之意未必在雲, 而其所取者實深, 蓋分憂牧民者, 其責不啻【缺】."

여러 곳에 세워졌던 망운정에 대한 한시나 기문 대부분이 고향을 떠나 객지살이하는 나그네의 안타까움을 드러내는 경향이 짙은 것을 감안하면,[48] 남구만과 박팽년의 의론은 참신하다고 인정하지 않을 수 없다. 이상이 「망운정기」의 주제 및 논리 전개 측면에서 그 특징을 살펴보았다면, 이하에서는 산문수사학 측면에서 그 특징을 고찰해 보겠다.

산문수사학 측면에서 고문은 '문종자순文從字順'의 순정함을 추구한다. 표현에 있어서는 생소하거나 난삽하지 않은 어사語辭를 사용하고, 구성에 있어서는 구절과 문장, 문장과 단락, 단락과 주제가 유기적으로 조응照應하는 것을 미덕으로 여긴다. 이러한 편장자구의 안배는 작자의 정밀하고 치밀한 작법을 전제로 한다. 18~9세기 노론계 인사였던 심낙수沈樂洙(1739~1799)와 심노숭沈魯崇(1762~1837) 부자는 남구만의 문학적 성취에 대해 "치밀하지만[巧密] 끝내 활발하지 못하다."[49], "말이 정밀하고 절실하며[精切] 곡진하고 합당한[曲當] 듯하다."[50]라고 언급했는데, 노론계 문인의 평가라는 것을 감안하면 남구

48 대표적인 작품으로 權韠의 「望雲亭, 爲李子敏作」에서 "몇 조각 한가한 구름이 짐짓 나니, 이러한 때 나그네 눈물 옷깃을 적시는구나[幾片閑雲故故飛, 此時遊子淚沾衣.]."라고 하였고, 裵龍吉의 「次朴敬仲, 望雲亭」에서 "태평 시대에 무슨 일로 늙어 감을 잊을까, 구름 가에서 밭 일구고 달 아래서 고기 잡으리[太平底事忘年老, 雲畔耕田月下漁.]."라고 하였다. 한편 李種杞의 「望雲亭記」에서는 "비로소 그 아래에 정자를 지어 '망운'이라고 편액을 달았으니, 이는 적인걸의 말에서 취한 것이다[搆亭其下而扁以望雲, 取狄梁公語也.]."라고 하였다.

49 沈樂洙, 「國朝前後文體之異」, 『恩坡散稿』 권4, "肅廟時農巖 · 三淵兄弟及朴西溪世堂 · 南藥泉九萬, 皆以文章鳴. 農巖簡潔雅飭, 而少天機, 三淵奇放馳騖, 而無典則. 西溪之縱恣而頗失收斂, 藥泉之巧密而終欠活動."

만의 문학 특징은 '교밀巧密', '정절精切', '곡당曲當' 등이라 할 수 있다. 즉 교밀이나 정절의 문학적 성취를 편장자구의 안배의 측면에서도 살펴볼 수 있는 것이다. 「망운정기」는 구성적 측면, 즉 편장자구의 안배가 돋보이는 작품이다. 이 작품은 문장 전편이 '효孝', '충忠', '망운望雲', '사친思親' 네 가지 문안文眼으로 점철되어 있다. 이 글을 구성 요소간의 관계 설정과 편장자구 운용을 일목요연하게 살펴보기 위해 도표화화면 다음과 같다.

단락, 절, 조목 구분	구성 관계
① 自古離親而思慕, 覽物而興感者, 何限? 獨狄梁公之語, 傳於世至今. // 噫! 望雲之云, 本非殊觀之景物, 且無可詠之聲律, 而凡孝子之思親者, 無不以望雲爲口實, 此其故何哉? // 豈不以梁公之移孝而爲忠者, 爲天下後世之所厭服, 是以雖其一時偶發之言, 亦足爲人之艷稱而然耶?	②의 발단
② 然則若使梁公其所以爲忠者, 不如彼之盛, 則設或有區區之孝, 亦不足多, 而況其一言之微哉 // 夫如是則梁公之意, 不在於望雲而在於思親 ; 梁公之孝, 不但在思親而實在效忠於國家. // 後之欲學梁公者, 不於其效忠而只知其思親之爲孝, 不可也 ; 不於其孝親而只取其望雲之一言, 尤不可也.	주제 단락
③ 以此言之, 涕泣而思戀, 不足以爲孝 ; 登陟而瞻望, 不足以爲孝 ; 隨見而寄懷, 不足以爲孝 ; 形言而紀文, 不足以爲孝. // 唯當奉不貳之訓, 思靡鹽之義, 使其畢竟成就無愧於梁公然後, 方可謂孝矣, 尙何論斯亭之有無哉?	②를 부연
④ 雖然人子之離親而于役者, 當其奔走車馬之間, 逢迎賓旅之際, 不遑啓處, 懷歸而未歸. 閔定省之久曠, 歎饔飧之無人, 山川隔矣, 道路遠矣, 遲回眷顧, 心壹鬱而如結.	(내용 전환) ①과 조응
⑤ 于斯時也, 登斯亭, 則斯望雲矣 ; 斯望雲, 則斯思親矣 ; 斯思親, 則斯思親之所以教我者矣. // 槩言其爲敎, 勤而敏也, 廉而謹也, 敬上而恤下也, 奉公而忘私也. 日夕孳孳, 思無違於此敎, 則其所以效忠者, 未始不由於思親 ; 其所以思親者, 未始不在於斯亭之望雲. // 夫然則亭之作, 亦何可已也?	③과 조응

50 沈魯崇, 「聞見外編」, 『孝田散稿』 권34, "尹文本出註家, 冗衍猥雜, 無一條活色, 南文以崔遲川爲範, 其言似精切曲當, 其實如胥徒文狀. 兩人文皆不免俗下, 所謂載道事業, 不可但曰太不倫也."

이 작품의 주제는 ② 단락에서 보인다. 앞서 언급한 것처럼 남쪽의 흰 구름을 바라보는 적인걸의 본의가 나라에 대한 충성인데, 적인걸의 행동에만 국한되어 효도에만 급급해서는 안 된다는 것이다. ① 단락은 ② 단락의 주제를 이끌어내기 위한 설의設疑로 작용하고 있고, ③ 단락은 ② 단락을 부연하여 주제를 공고히 하고 있다. ④ 단락은 ① 단락과 조응하면서 한 차례 내용 전환을 시도하였고, ⑤ 단락은 ④ 단락을 연결하면서 ③ 단락 말미에서 제기한 의문을 뒤집어 조응하고 있다.

산문수사학에서 조응의 문제는 앞뒤로 바로 연결되는 단락간의 연결이 아니라, 서로 떨어져 있는 단락간의 연결을 중요시한다. 앞 단락에서 암시하고 몇 단락 뒤에서 호응을 하는 방법인 것이다. 위의 도표를 보면 알 수 있겠지만 「망운정기」는 발단 - 주제 - 부연의 순차적인 과정 속에서 상호간에 떨어져 있는 단락들이 주제의 효과적인 진달과 문예미를 위해 유기적으로 조응하는 모습이 비교적 선명하게 보이는 작품이다.

또한 이 글은 자구 운용에 있어서도 주목할 만하다. 앞서 언급했듯이 글은 전편이 '효孝', '충忠', '망운望雲', '사친思親' 네 가지 문안文眼을 반복적으로 안배하고 있다. 그러면서도 어세를 변화시키는 참치參差와 교착交錯에도 관심을 기울였다. 참치는 길고 짧은 구를 배열하거나 혹은 상하구의 자수字數를 증감시켜 고의로 정제된 구식句式에 변화를 주는 것이고, 교착은 두세 개씩 짝을 이루는 구형句型을 뒤섞는 것이다. ⑤ 단락을 자구 운영의 측면에서 살펴보면 "登斯亭(3), 則斯望雲矣(5); 斯望雲(3), 則斯思親矣(5); 斯思親(3), 則斯思親之所以敎我者矣(11)"처럼 3 · 5의 정제된 구식에 끝에서는 3 · 11의 배열로 참치의 구식 변화를 꾀하고 있다. 또한 "勤而敏也, 廉而謹也, 敬上而恤

下也, 奉公而忘私也."처럼 4·4 구와 6·6 구를 뒤섞는 교착의 구형 변화를 보이고 있다. 이처럼 자구 운용에 변화를 주어 어세의 곡절을 꾀하는 목적은 문예미의 추구라 할 수 있다.

이처럼 「망운정기」는 기존의 망운의 일반적 의미를 새로운 시각으로 재해석하여 '이효위충'를 강조하였다는 참신성과 더불어 이를 위한 산문 작법에도 심혈을 기울인 작품이다. 앞서 살펴보았듯이 이 작품의 문안은 '효孝', '충忠', '망운望雲', '사친思親' 등에 집중되어 있고, 독자로 하여금 '이효위충'이라는 새로운 의론을 제시하여 설득시키기 위해서 네 가지 문안을 편장에서의 조응과 자구에서의 안배를 통해 전략적으로 글을 조직하였다. 일견 일반적인 망운의 용사用事를 작가가 의도적으로 부연하거나 변용하여 새로운 의미를 만들어 내는 가운데, 정교하고 효과적인 산문수사를 활용하여 그 설득력을 높이고 있다는 점에서 그 문예미를 인정할 수 있다.

3. 「북관십경도기北關十景圖記」- 체재의 혼합과 철리적 산수관

다음으로 살펴볼 작품은 그 자체로서 성격이 복합적인 「북관십경도기」이다. 또한 남구만의 산수관山水觀을 엿볼 수 있는 자료이기도 하다.

「북관십경도기」는 1674년 남구만이 함경도 관찰사 재직 시 함흥[51]을 제외한 함경북도 변방의 10개의 승경에 대해 각각 그림을 그린

51 함흥 일대의 승경은 「咸興十景圖記」에 보인다.

다음 이에 대한 기문을 쓴 것이다. 「함흥십경도기」에 소개된 10개의 승경이 고도古都에 대한 애상과 민족적 자긍심의 대상인 것에 비해, 「북관십경도기」에 소개된 10개의 승경은 사적 유람의 대상이었다. 작품 첫 머리에 부기된 소서小序에서 「북관십경도기」의 이러한 저술 태도를 엿볼 수 있다. "관외關外의 산천은 본래 보잘 것 없다고 알려져 있으나 그 사이에 또한 이처럼 마음과 눈을 웅장하게 하고 원대한 생각을 부칠 만한 곳이 있는데, 다만 땅이 황폐하고 궁벽하여 찾아오는 사람이 적어서 널리 알리는 자가 없을 뿐이다. 산과 바다의 경물의 풍치를 눈이 있는 자라면 모두 볼 수 있는데도 매몰됨이 이와 같으니, 더구나 광채를 숨기고 감추어 궁벽한 시골에서 말라 죽어 가는 자가 또 어찌 당세에 이름을 날리고 후대에 명성을 전하기를 바랄 수 있겠는가. 개탄할 만하다."[52] 이 소서를 통해 두 가지를 간취할 수 있다. 우선 「북관십경도기」 체재에 있어서, 해당 승경을 그림으로 묘사한 뒤 기사, 사경, 의론을 부기한 일종의 제화題畫 글쓰기의 형태이면서 실용적인 지리지地理志의 성격을 함께 지니고 있다. 한편 일기 식으로 작성한 상세한 노정, 동행자를 위시한 제3자의 등장 등을 제외하면 산수유기의 요소들을 모두 갖추고 있다. 간략하지만 해당 승경의 위치와 목적지에 이르는 노정 소개, 해당 승경에 대한 설화나 현지인과의 대화, 해당 승경 및 주변의 경물 묘사, 승경 유람 후의 작자의 심정이나 의론을 부기하는 등 산수유기로서의 면모를 대체로

52 南九萬, 「北關十景圖記 · 幷序」, 『藥泉集』 권28, "關外山川, 素稱麤厲, 而然於其間亦有此壯心目寄遠想者, 但以地荒僻而人罕到, 無張大之者耳. 山海景物之致, 有目者皆可見, 而猶湮沒如此, 況韜光鏟彩枯死於窮鄉者, 又可望其馳名於當世, 而流聲於後代哉? 可慨也已."

보여주고 있다. 요컨대 「북관십경도기」는 제화 형태의 산수유기라 할 수 있다.[53] 두 번째로 「북관십경도기」는 남구만의 산수관을 보여준다. 산수의 발견을 재덕자才德者의 우불우遇不遇와 연계시키는 방식[54]은 바로 유종원柳宗元의 「영주팔기永州八記」에서 연유하였다. 유종원은 영주사마永州司馬로 좌천되어 가 있을 때 그곳 산수를 8편의 기문으로 작성하였다. 그 8편의 글은 경물의 묘사에 그치지 않고 작가의 불행한 처지를 산수에 기탁한 명문인데, 당시까지 알려져 있지 않은 승경을 자신의 글로 세상에 알리겠다고 포부를 드러내었다. 아무리 아름다운 산수라도 그것을 알리는 사람이 있어야 하듯이, 자신도 누군가가 중앙으로 불러주었으면 하고 바랐던 것이다. 이러한 산수관을 담은 「영주팔기」는 조선시대 산수유기의 전범이 되었다. 다만 함경도 관찰사로서 남구만이 「북관십경도기」를 지은 것이, 유종원처럼 좌천된 불우한 심정을 산수유기에 기탁한 것으로 보는 것은 무리겠지만, 산수의 발견과 재덕자의 우불우를 관련시키는 사유는 분명 유종원의 「영주팔기」에 근원하였고 이것이 또한 「북관십경도기」를 광의의 산수유기로 보는 척도가 된다.[55]

---

53 남구만은 景圖記(勝景圖에 대한 기문)를 두 편, 地圖記(輿地圖에 대한 기문)를 두 편 지었는데, 이 가운데 景圖記는 제목을 염두에 두지 않고 작품을 읽으면 완연한 산수유기라 할 수 있다. 남구만 이외 작가들이 남긴 景圖記를 살펴보면, 記事와 寫境을 위주로 한 제화적 요소가 농후한데 비해서 남구만의 景圖記 작품들은 산수유기의 면모가 두드러진 것이 특징이다. 뿐만 아니라 한 작가가 남구만처럼 기문의 절반에 해당하는 작품을 圖記類로 지은 사례는 흔치 않다.

54 성당제의 논문 가운데 '산수관의 표출' 장에서도 이 점을 지적한 바 있다.

55 유종원의 「영주팔기」는 숨겨져 있던 승경과 자신의 처지를 일체화시켜 자신의 정서와 마음을 빗대어 묘사한 것이 특징인데, 이러한 주제의식이나 형상

「북관십경도기」는 총 10개의 승경을 소개하고 있는데, 순서대로 나열하면 학포鶴浦, 국도國島, 도안사道安寺, 괘궁정挂弓亭, 석왕사釋王寺, 성진진城津鎭, 칠보산七寶山, 창렬사彰烈祠, 용당龍堂, 무이보撫夷堡 등이다. 이들 승경에 대한 기록은 '목적지에 이르는 여정' → '해당 승경 및 주변 묘사' → '관련 설화 소개 혹은 역사적 고증' → '작자의 심정과 의론 부기' 순으로 일정한 형식을 갖추고 있다. 그 일례로 무이보에 대한 기록을 살펴보자.

> ① 慶興府에서 두만강 상류를 거슬러 올라가 30리를 가면 撫夷堡에 이르는데, 성이 강의 남쪽 기슭을 내려다보고 있다.
>
> ② 북쪽으로 오랑캐 땅을 바라보면 큰 들이 끝없이 펼쳐져 있으며, 동쪽으로 바다 모퉁이를 바라보면 기이한 봉우리가 깎아 놓은 듯이 서 있으니, 바로 斡東 땅으로 穆祖(이성계의 고조부)가 일찍이 거주하신 곳이다. 무이보에서 약간 내려가면 북쪽 기슭에 큰 산이 있고 물이 역류하여 굽어 도니, 바로 목조 왕비의 옛 능이다. 능의 왼쪽 산허리 약간 낮은 곳에 철을 주조하여 용을 만들어서 묻어 지맥을 도왔다고 하나 지금은 모두 다른 나라의 국경이 되어서 찾아갈 수가 없다. 넓은 들 가운데에 여덟 개의 못이 서로 잇닿아 있는데, 세속에 전해 내려오기로는 못에 오색 연꽃이 함께 핀다고 하나 신빙할 만하지 못하다. 무이보 뒤에 봉수대가 있는데, 가장 높은 곳에 있어서 한

화 방법은 후대 독특한 산수유기의 전범이 되었다. 게다가 「영주팔기」라는 작품명도 원래는 각각 여덟 개의 작품이었던 것을 후대에 한 데 모아 불렀던 것에 불과하다. 남구만의 「북관십경도기」는 바로 「영주팔기」의 주제와 형식을 차용하여 지은 것으로 보인다. 다만 「북관십경도기」는 유종원의 「영주팔기」처럼 재덕자의 우불우를 시종 해당 승경과 일체화시키지는 않았고, 제목에서 볼 수 있듯 '圖記'라는 요소로 인해 일반적인 산수유기로 간주하기는 힘들다.

번 올라가 바라보면 땅이 다한 곳 밖으로 또 瑟海가 있어서 검푸른 빛이 산과 맞닿아 있다.

③ 아! 조선 초기의 위엄과 덕은 비록 두만강 물을 돌려 서쪽으로 흐르게 한다 하더라도 못할 것이 없었을 것이다. 그런데 오직 이 聖祖의 옛집과 능이 모두 강을 사이에 두고 한 걸음 떨어진 곳에 가까이 있는데도 이것을 방치하여 오랑캐들에게 주어 살게 하고 국경으로 삼지 않은 것은 무슨 연고인가? 金宗瑞 등 여러 사람은 그 책임을 회피하기 어려울 것이다.[56]

①이 목적지에 이르는 여정이고, ②는 무이보 및 주변 경물을 묘사하는 한편 전해오는 설화나 역사적 사실을 고증하고 있으며, ③은 남구만의 의론이다. 편폭이 짧고 작자의 내면 의식을 진솔하게 드러내는 측면에서 보면, 17세기 산수유기의 소품적小品的 성향을 보여준다고 할 수 있다. 의론 부분만 잠깐 살펴보면, 남구만의 변새시邊塞詩에서 보이는 고토 회복 의지를 여기서도 피력하고 있음을 알 수 있다. 조선 왕업을 일으킨 고토가 이제는 청나라의 소유가 되었다는 상실감에서, 조선 초기 두만강까지 북방 경계선을 구획했던 김종서金宗瑞에 대한 원망을 통해 이제라도 우리의 국경으로 확장해야 한다는 의

56 南九萬, 「北關十景圖記 · 撫夷堡」, 『藥泉集』 권28, “自慶興府沿豆滿江上流行三十里至撫夷堡, 城壓江之南岸. 北望胡地, 大野無際, 東指海堧, 奇峯峭聳, 乃斡東地, 而穆祖所嘗居云. 自堡稍下, 北岸有大山, 逆流彎回, 乃穆祖王妃古陵. 陵之左山腰稍低, 鑄鐵爲龍埋之, 以補地脈云, 而今皆爲殊域, 不可往尋. 曠野之中有八池相連, 諺傳池有五色蓮花並發, 而無可徵信. 堡後有烽臺最高, 試登而望焉, 地盡之外, 又有瑟海, 青黑之色, 與天相接矣. 噫! 國初威德雖回豆江使西流, 宜無所不可. 唯此聖祖之舊宅遺陵, 皆在隔江一步地, 而棄而與之腥膻之居, 不爲之疆理者, 抑何故歟? 金宗瑞諸人有難辭其責矣.”

식으로 전환되고 있다. 이는 조선의 세자들은 물론 일반 백성들까지 끌려가 고초를 겪은 통한의 장소였던 심양瀋陽 지역을 상세하게 그린 「성경여지도盛京輿地圖」를 제작하여 훗날을 대비한 남구만의 의식과도 맞닿아 있다.

앞서 남구만의 산수관에 대해, 산수의 발견과 재덕자의 우불우를 관련시키는 사유를 지적하였다. 이와 함께 빼놓을 수 없는 그의 산수관은 경물을 통한 철리哲理의 체득이다. 이러한 산수관은 도학자道學者가 격물치지로써 산수 유람을 구도求道의 과정으로 인식하는 사유와 관련되어있다. 남구만은 어느 승경, 어떤 경물이라도 반드시 그 안에서 철리를 체득하기를 요구한다. 다만 유불도儒佛道와 관련된 심오한 이치를 깨우치는 것이 아니라, 그때그때 촉발되는 크고 작은 철리들을 간명하고 통찰력 있는 시각으로 제시하고 있다. 이 역시 소품적 성향이라 할 수 있다. 다음에 인용한 글은 이러한 사유를 잘 보여준다.

> 음식과 산수는 사람에게 外物이라는 점에서 마찬가지이다. 그렇다면 비록 천하의 맛난 음식을 다 차려놓아도 반드시 입안으로 들어간 후에야 배에서 만족할 것이고, 비록 세상의 장대한 유람을 다 하였다 하더라도 반드시 제 몸에 돌이켜 본 후에야 마음에서 만족스러울 것이다. 그렇지 않다면 저 한 길 높이 쌓인 풍성한 음식과 물과 땅에서 생산된 요리가 비록 양쪽에 섞여 있어도 어찌 내 배의 굶주림에 이익이 되겠는가? 강과 산의 형상과 진기하고 괴이한 볼거리가 비록 앞뒤에 늘어져 있더라도 어찌 내 마음의 공허함에 도움이 되겠는가?[57]

57 南九萬, 「飽勝錄序」, 『藥泉集』 권27, "夫飮食與山水, 其於人爲外物均也. 夫然則雖悉天下之美味, 必入於口然後果於腹, 雖極宇內之壯遊, 必反於身然後饜於心. 不然則彼方丈之具, 水陸之品, 雖交錯於左右, 何益於吾腹之枵然? 流

김인감金人鑑이 본인의 금강산 유람을 기록한 『포승록飽勝錄』에 대해 쓴 서문의 일부분이다. 남구만이 강조하는 산수 유람의 효용은 바로 산수의 승경을 통한 철리의 체득에 있었다. "비록 세상의 장대한 유람을 다 하였다 하더라도 반드시 제 몸에 돌이켜 본 후에야 마음에서 만족스러울 것이다[雖極宇內之壯遊, 必反於身然後饜於心.]."라고 언급했듯, 체험과 경험을 자신에게 돌이켜보아 철리를 끄집어내어야 진정한 산수 유람인 것이다. 김인감이 스스로 서문을 지으면서 "곤궁하여 초야에 있을 때에는 구룡연九龍淵에 잠겨 있는 용의 흔들리지 않는 큰 뜻을 사모하고, 영달하여 조정에서 벼슬할 때에는 비로봉毗盧峰처럼 우뚝이 서서 무리들 중에 빼어난 절개를 배우겠다."[58]라고 한 것에 대해, 남구만은 음식에 비유하여 맛있는 것을 음미하고 향기로운 것을 들이켜 참으로 그 맛을 안 것[59]이라고 고평한 것만 봐도, 그의 산수관을 가늠할 수 있다. 같은 맥락에서 서숙徐塾의 용암정龍巖亭에 대해 기문을 써주며 "용이라는 물건은 본래 숨고 감추는 것을 덕으로 여겨서 혹은 깊은 못 속에 칩거하고 혹은 더러운 진흙 속에 서려 있으며, 또 혹은 변하여 북이 되고 사람의 손톱 속으로 들어오기도 하는바, 이는 모두 자취를 감추어 그 몸을 온전히 하기 위해서라 한다. 지금 그대가 이 정자에 처하기를 깊은 못에 처하고 진흙 속에 처하듯 하고 북 같고 손톱같이 한다면 좋지 않겠는가."[60]라고 하였는

峙之形, 瓌詭之觀, 雖羅列於前後, 何補於吾心之惄如?"

58 南九萬, 「飽勝錄序」, 『藥泉集』 권27, "以爲窮而在野, 慕九淵潛龍不拔之志, 達而立朝, 學毗盧卓立不群之節."

59 南九萬, 「飽勝錄序」, 『藥泉集』 권27, "君之此遊, 譬諸飮食, 可謂嚼其旨而歠其馨, 眞知其味者矣."

60 南九萬, 「龍巖亭記」, 『藥泉集』 권28, "龍之爲物, 本以潛藏爲德, 或蟄於深湫,

데, 서숙이 있는 용암龍巖에 철리를 부여하여 서숙으로 하여금 용과 같은 삶을 살기를 당부한 것이다. 이런 산수관을 지녔기에 남구만은 「북관십경도기」를 비롯하여 「함흥십경도기」에서 승경에 대해 자신만의 철리를 담은 의론을 간명하고 통찰력 있는 견해들을 남기고 있다. 몇몇 사례들을 인용하면 아래와 같다.

> 세상이 평화로우면 정자에 올라 이러한 경치들을 바라보면서 마음을 기쁘게 할 수 있고, 유사시에는 손으로 가리키고 돌아보면서 군사들을 호령하고 부를 수 있다. 그리하여 멀리 나가 산에 오르는 수고로움이 없고 가까이에서 현악기를 타고 시를 읊조리는 즐거움이 있으니, 온갖 아름다운 것들이 다 구비되었다고 말해도 괜찮을 것이다.[61]
>
> -「咸興十景圖記 · 知樂亭」

> 바다와 산의 높고 깊음과 강호의 깨끗하고 아름다움과 교야의 넓고 평평함을 이미 가려 뽑아 이 누대에 모았고, 인물의 많고 성함을 또 겸하여 소유하고 있으니, 樂民樓라고 명명한 뜻은 이 때문일 것이다.[62]
>
> -「咸興十景圖記 · 樂民樓」

或蟠於汚泥, 且或變而爲梭, 入人之爪甲者, 凡以晦其迹而全其身也. 今爾之處此亭也, 若湫也若泥也若梭也若爪甲也, 則不亦善乎?"

61 南九萬, 「咸興十景圖記 · 知樂亭」, 『藥泉集』 권28, "時平則可以縱目而怡情, 有事則可以指顧而號召. 無遠出登陟之勞, 有密邇絃誦之樂, 雖謂之衆美咸具亦可矣."

62 南九萬, 「咸興十景圖記 · 知樂亭」, 『藥泉集』 권28, "凡海岳之崇深, 江湖之淸麗, 郊野之廣衍, 旣攬而集於玆樓, 而人物之殷盛, 又兼而有之, 名樓之義, 有以也夫!"

아! 이곳은 바로 백두산의 뿌리요 압록강의 근원이니, 천하의 외진 곳이다. 예전에는 女眞과 靺鞨이 서로 이곳을 소굴로 삼아 도둑질하고 노략질하여 마치 금수끼리 서로 잡아먹는 것과 같았는데, 어느 때에 불교가 이곳에 전래되어 人功과 事力으로 마침내 이와 같이 높고 웅장한 석탑을 세웠단 말인가. 이는 천 년 이내의 일에 불과한데도 아득하여 징험할 수 없음이 이와 같으니, 어찌하면 寒門을 뛰어넘고 玄冥 지나 顓頊에게 이것을 물을 수 있겠는가.[63]

-「北關十景圖記 · 挂弓亭」

북쪽 지역의 산천은 대체로 거칠고 웅장하여 넓고 탁 트인 구경거리는 진실로 쉽게 얻을 수 있으나 산이 굽이지고 물이 감돌며 흘러 이곳만큼 아늑하고 고요한 곳은 없으니, 이는 아마도 하늘이 또한 鄭文孚의 충렬을 표창하여 특별히 한 구역을 먼 변방 가운데에 만들어서 그 영혼을 모시고자 해서인가 보다.[64]

-「北關十景圖記 · 彰烈祠」

이곳은 日月이 배태된 지역이어서 진실로 이와 같이 기이하고 웅장함이 있는 것이다.[65]

-「北關十景圖記 · 龍堂」

63 南九萬, 「北關十景圖記 · 挂弓亭」, 『藥泉集』 권28, "噫! 此地乃白山之根, 綠江之源, 天下之窮處也. 從前女眞靺鞨互爲窟穴, 寇攘抄竊, 有若鳥獸之相攫, 未知何時佛教傳來於此處, 而人功事力, 乃能建塔之高壯若此耶? 此不過一千年內事, 而茫昧不可徵如此, 安得逴寒門歷玄冥, 從顓頊而問之哉?"

64 南九萬, 「北關十景圖記 · 彰烈祠」, 『藥泉集』 권28, "北地山川, 大抵麤壯軒豁之觀則固可易得, 而山彎水環未有如此地之幽靜者, 豈天亦欲彰鄭公之忠烈, 特設別區於荒裔之域, 以妥其靈也耶!"

65 南九萬, 「北關十景圖記 · 龍堂」, 『藥泉集』 권28, "日月胚胎之地, 固有奇壯若是者矣."

지락정知樂亭과 낙민루樂民樓라는 누대의 명명命名에 대해 의론을 펼치기도 하고, 영구한 세월 동안 오랑캐의 소굴이 불교의 성지로 바뀌는 현실을 목도하며 찰나의 인간 생애를 반성하기도 하며, 임진왜란 때 의병장인 정문부鄭文孚를 표창하기 위해 일부러 하늘이 궁벽한 곳에 사당을 조성해주었다는 희화적인 의론을 펼치기도 하였다. 또한 두만강 신에게 제사를 지내기 위해 축조한 용당龍堂의 주변 경관이 기이하고 웅장한데, 이는 이곳이 조선을 개국한 태조의 고조부인 목조穆祖가 살았던 곳이라는 이유를 들어 고토 회복 의지와 민족적 자긍심을 드러내기도 하였다. 이처럼 남구만은 개인적 경험과 체험을 토대로 그때마다 체득하는 철리를 중요시 했는데, 「조설釣說」이라는 논설 역시 이러한 의식을 보여준다. 남구만이 고향인 결성潔城으로 돌아온 다음, 집 뒤 작은 못에서 낚시를 배우게 되었다. 두 명의 낚시꾼을 통해 낚싯바늘을 만드는 법, 낚싯줄을 당기는 법까지 자세하게 익혀 물고기를 잡을 수 있게 되었으나, 낚시꾼처럼 많은 물고기는 잡지 못하였다. 이에 남구만은 낚시꾼에게 그 묘리妙理를 가르쳐 달라고 하자, 그 낚시꾼이 대답하길 "가르쳐 줄 수 있는 것은 법이니, 묘리를 어찌 말로 가르쳐 줄 수 있겠는가. 만일 가르쳐 줄 수 있다면 또 이른바 묘리가 아니다. 기어이 말하라고 한다면 한 가지 할 말이 있으니, 그대가 나의 법을 지켜 아침에도 낚싯대를 드리우고 저녁에도 낚싯대를 드리워서 온 정신을 쏟고 마음을 다하여 날짜가 쌓이고 달수가 오래되어 익히고 익혀 이루어지면 손이 우선 그 알맞음을 가늠하고 마음이 우선 앎을 터득할 것이다[可教者法也, 妙豈可教也? 若可教也, 又非所謂妙也. 無已則有一說, 子守吾之法, 朝而垂之, 暮而垂之, 專精積意, 日累月久而習習而成, 手且適其適, 心且解其解.]."라고 하였다. 이는 『장자莊子』의 이른바 망전忘筌과 같은 개념으로 문학예술 방면에서는 창신創新의 상징으로 사용되기도 한다. 낚시꾼의 말을 듣고 남구만은 "이 도를 미루어 나간다면 어찌 다만 낚시질에 쓸 뿐이겠는가[推此道也, 奚特用於釣而已哉?]."라는 말로써, 일상생활에서 체득하는 철리의 중요성을 강조하였다.

4. 「온양온천북탕기溫陽溫泉北湯記」 - 유풍의 회복과 애민의식

이번 장에서는 1660년에 남구만이 자친을 모시고 온양군溫陽郡의 온천에 갔을 때 지은 「온양온천북탕기溫陽溫泉北湯記」를 살펴보겠다. 이 기문은 사라진 유풍에 대한 염원과 함께 그의 애민의식이 잘 드러나 있는 작품이다.

1660년에 남구만은 부교리에서 삭직되었다가 곧 이조 정랑이 되었다. 이해 8월 22일 자친을 모시고 온양군의 온천에 가게 되었는데, 자친이 두풍頭風으로 어지럼증을 앓으셔서 요양을 위해 다녀온 것이다. 원래의 의도는 자친의 병 치료였지만 실제 온천을 둘러보고는 선왕先王의 유풍이 사라진 데에 한탄을 금치 못하게 되었다.

> 다음 날 예전에 궁전이 있던 옛 터를 두루 둘러보니, 담장이 무너지고 섬돌이 망가져서 하나도 성한 것이 없었으므로 선왕의 유풍을 생각하고 태평성세가 이미 멀어짐을 개탄하여 하루 종일 머뭇거리며 자못 마음을 가누지 못하였다.[66]

66 南九萬, 「溫陽溫泉北湯記」, 『藥泉集』 권28, "旣來翌日, 周覽昔時殿宇遺址, 頹垣缺砌, 略無完者, 想先王之遺風, 慨盛世之已遠, 躊躇竟日, 殆不能爲懷."

남구만이 당시에 둘러본 온양의 온천은 세조와 삼대비三大妃 - 정희왕후 · 소혜왕후 · 안순왕후 -의 유풍이 남아있는 현장이었다. 그러나 세월이 흐르는 동안 방치되어 "깨진 기와 조각과 자갈이 우물 속에 가득 차 있고 풀뿌리가 우물가를 빙 둘러싸고 있어서 황폐하고 질척거려 거의 분별할 수가 없는[瓦礫塞滿於井中, 草根纒縛於甃旁, 蕪沒沮洳, 幾不可辨.]" 지경에 이른 모습을 남구만은 직접 목도하고서 매우 안타까워한 것이다. 이러한 심정은 단순히 선왕이 남긴 유적에 대한 그리움에서 촉발된 것이 아니라 애민의식이 더 중요한 요인이었다. 아래 인용문에서 그러한 사유를 쉽게 읽을 수 있다.

> ① 내가 생각건대 하늘이 이미 물과 불을 내어서 백성들로 하여금 함께 쓰게 하고, 또 壬夫와 丁女로 하여금 서로 그 영험함을 나타내어 자연의 기운이 뒤섞여 신묘한 온천을 빚어내어 만백성의 병을 제거하게 하였다. 이에 聖王이 나오시어 하늘의 은혜를 공경히 받들어 몸소 그 복을 누리시고, 또 이를 백성들에게 나누어 주어 여러 사람들과 함께 쓰는 것을 좋아하셨다. 그리하여 周나라 文王의 동산과 같아서 모두 仁壽의 경지에 오르게 하였으니, 어찌 수나라와 당나라의 華淸宮이 다만 음란하게 향락하는 터전으로 쓰인 것과 같겠는가.[67]

> ② 선왕이 일을 하실 때에 또 후세에 유익하게 하려고 하셨다. 그리하여 지금 사람에게 미치는 遺澤이 장차 천지와 함께 무궁할 터인데, 다만 한 번 수리했다가 한 번 폐지되어서 그 공효를 널리 베풀지

67 南九萬, 「溫陽溫泉北湯記」, 『藥泉集』 권28, "余意天旣生水火, 使民並用, 而又使壬夫丁女交效其靈, 鴻洞轇轕, 釀出神泉, 于以除萬民之疾. 於是焉聖王有作欽天之賜, 旣身受其祜, 又敷錫于下民, 樂與人共之. 如周文王之囿, 使之咸躋于壽域之中, 夫豈若隋唐華淸, 祗用爲淫樂之資而已?"

못하게 된 것이 한스러우니, 이것이 애석해할 만하다.[68]

③ 이제 만약 이 폐지되었던 온탕을 열어 남자는 南湯에서 목욕하고 여자는 北湯에서 목욕하게 한다면 우리 先王과 先妃의 거룩한 덕과 큰 은혜가 심원하게 함께 유행할 것이다. 이미 우리 백성들의 아픔과 가려움을 제거할 수 있고 또 우리 백성들의 예의의 풍속을 이룰 것이니, 어찌 아름답지 않겠는가.[69]

④ 혹자는 先妃가 왕림했던 곳은 곧 禁地라 하여 난색을 표하나 내가 생각건대 선왕께서 왕림하셨던 곳도 이미 일반인의 목욕을 허락하고 있으니, 선비가 왕림하셨던 곳을 부인들에게만 목욕하도록 허락한다면 또 어찌 나쁠 것이 있겠는가. 옛날 송나라의 宣仁 高太后는 말하기를 "만일 백성에게 이롭다면 나는 내 머리카락과 살점도 아깝지 않다." 하였는데, 이는 바로 우리 선비께서 일찍이 훈계하신 내용이다.[70]

①에서는 온천이라는 것이 하늘에서 성왕으로, 다시 성왕에서 백성으로 이어지는 은택과 덕화의 매개체임을 강조하였다. ②에서는 이러한 공효가 널리 베풀어지지 못하는 안타까움을 토로하였고,

---

68 南九萬, 「溫陽溫泉北湯記」, 『藥泉集』 권28, "先王作事, 又將以利於後也. 今其遺澤之及人者, 將與天壤無窮, 獨恨其一修而一廢, 不得普施其功用, 此其可惜."

69 南九萬, 「溫陽溫泉北湯記」, 『藥泉集』 권28, "今若開此廢湯, 使男浴於南, 女浴於北, 則我先王先妃之盛德洪恩, 汪濊而並流. 旣可以祛吾民之痛痒, 又可以成吾民之禮俗, 豈不休美矣哉?"

70 南九萬, 「溫陽溫泉北湯記」, 『藥泉集』 권28, "或以先妃所臨, 卽爲禁地爲難. 余以爲先王所御, 亦旣許人浴, 先妃所臨, 獨許婦人浴, 而又何傷乎? 昔宋之宣仁高太后有言, 苟利於民, 吾無愛乎髮膚, 此卽我先妃之所嘗爲訓者也."

③에서는 온천의 회복을 통해 성왕의 은택을 유구하게 이어지게 하고 백성들의 아픔과 가려움을 제거하며 예의의 풍속을 이루기를 염원하였다. ④에서는 다시 한 번 애민의식을 강조하여 온천의 회복을 염원하고 있다.

기실 온양의 온천은 역대 선왕先王와 선비先妃가 요양을 위해 수시로 행차했던 곳이 아니던가. 그런데 남구만이 둘러본 그곳은 이미 폐허가 되어버려 과거의 유풍이 사라진 지 오래였다. 온천이라는 장소를 단순히 치료의 수단으로 보지 않고, 하늘 → 성왕 → 백성으로 이어지는 은택과 덕화의 매개체로 간주하였기 때문에 그의 안타까움과 실망감이 촉발되었고, 이는 선왕의 유풍에 대한 회복과 애민의식으로 이어졌다. 이러한 사유는 결국 직접 온천을 수리하고 정비하는 행동[71]으로 관철되었으니 그 절실함이 어떠한지를 가늠할 수 있다. 남구만은 여러 글을 통하여 고토古土 회복 의식과 실지失地에 대한 애착을 강하게 피력하고 있는데, 이 글에서도 사라진 유풍의 회복에 대한 그의 염원을 읽어낼 수 있다.[72] 전자가 그의 역사의식의 발로라면,

71 南九萬, 「溫陽溫泉北湯記」, 『藥泉集』 권28, "나는 마침내 하인들을 모으고 흙 삼태기와 가래를 장만하여 막힌 곳을 소통시키고 더러운 것을 씻어 내며 도랑을 치고 물줄기를 터놓아서 3일 만에 공사가 끝났다. 이미 열어 놓았으나 다시 막히고 이미 수리하였으나 다시 폐지된다면 그것은 바로 이곳을 맡은 지방관의 책임일 것이니, 나 또한 어쩔 수가 없다.[余乃聚徒隷具畚鍤, 疏其塞滌其穢浚其溝決其流, 三日而治畢.至若旣開而復塞, 旣修而復廢, 斯乃守土者之責, 吾亦末如之何也已矣.]"

72 남구만보다 한 세대 아래 인물이면서 노론의 영수였던 金壽恒이 이곳 北湯에 대해 지은 시가 눈여겨볼 만하다. 그가 지은 「賜浴北湯後, 雲卿有詫榮之作次」에서 "함께 임금님 은택 온몸으로 받았으니, 도성 먼지 괴로워 갓끈을 씻어 보리라. 모습 비추면 흰 두 살쩍이 가련하건만, 성은에 보답하려는 마

후자는 그의 애민의식의 발로라 할 수 있겠다. 전형적인 관료문인으로서의 애민의식이라, 사림이나 처사로서의 애민의식과는 그 결에 있어서 차이가 있겠지만 온천이라는 매개체를 통해 군신민君臣民이 공락共樂하려는 진정성은 인정하지 않을 수 없다.

5. 결론

본고는 17~8세기 지성사에서 소론계를 대표할 뿐만 아니라 19세기 소론계 학맥을 견인하는 핵심적인 인물인 약천 남구만을 대상으로, 그가 남긴 기문의 문학적 특징을 살펴보았다.

첫 번째로 참신한 의론을 개진하고 산문수사학에서 이른바 편장자구의 안배가 돋보이는 작품이 「망운정기」이다. 「망운정기」는 '망운'의 일반적 의미를 새로운 시각으로 재해석한 '이효위충'의 주제를 담고 있다. 역사적으로, 지역적으로 여러 곳에 세워졌던 '망운정'에 대한 한시나 기문 대부분이 고향을 떠나 객지살이하는 나그네의 안타까움을 드러내는 경향이 짙은 것을 감안하면, 남구만의 의론은 참신하다고 할 수 있다. 한편 남구만의 산문에 대해 평가 가운데 '교밀', '정절' 등의 평어가 보이는데, 이러한 문학적 성취는 산문수사학에서

음만은 밝아라.[同涵聖澤深濡首, 苦厭京塵試濯纓. 照影還憐雙鬢改, 荅恩唯有寸心明.]"라고 하였다. 남구만이 직접 北湯을 경험하고 정비한 경험과 김수항이 은전을 하사받은 南龍翼의 시에 차운한 상황이 그 주제 의식에서 다를 수밖에 없지만, 남구만이 선대의 유풍 회복과 애민 의식에 집중한 반면, 김수항이 은전을 내린 성상에 대한 충정과 애국 의식을 강조하고 있는 태도를 보면 양자 사이에 그 변별점을 간취할 수 있다.

의 이른바 편장자구의 안배 측면에서도 살펴 볼 수 있다. 「망운정기」는 이러한 남구만 산문의 구성적 측면이 돋보이는 작품이다.

두 번째로 장르면에서 여러 산문 체재를 혼합하고 주제면에서 철리적 산수관이 잘 드러난 작품이 「북관십경도기」이다. 이 작품은 체재에 있어서, 해당 승경을 그림으로 묘사한 뒤 기사, 사경, 의론을 부기한 일종의 제화 글쓰기의 형태이면서 실용적인 지리지의 성격을 함께 지니고 있다. 한편 일기 식으로 작성한 상세한 노정, 동행자를 위시한 제3자의 등장 등을 제외하면 산수유기의 요소들을 모두 갖추고 있다. 간략하지만 해당 승경의 위치와 목적지에 이르는 노정 소개, 해당 승경에 대한 설화나 현지인과의 대화, 해당 승경 및 주변의 경물 묘사, 승경 유람 후의 작자의 심정이나 의론을 부기하는 등 산수유기로서의 면모를 대체로 보여주고 있다. 요컨대 제화 형태의 산수유기라 할 수 있다. 한편 이 작품은 남구만의 산수관을 보여준다. 산수의 발견을 재덕자의 우불우와 연계시키는 방식은 바로 유종원의 「영주팔기」에서 연유하였다. 다만 함경도 관찰사로서 남구만이 「북관십경도기」를 지은 것이, 유종원처럼 좌천된 불우한 심정을 산수유기에 기탁한 것으로 보는 것은 무리겠지만, 산수의 발견과 재덕자의 우불우를 관련시키는 사유는 분명 유종원의 「영주팔기」에 근원하였고 이것이 또한 「북관십경도기」를 광의의 산수유기로 보는 척도가 되기도 한다. 이러한 산수관 외에 경물을 통한 철리의 체득 또한 남구만의 중요한 산수관이라 할 수 있다. 이와 같은 산수관은 도학자가 격물치지로써 산수 유람을 구도의 과정으로 인식하는 사유와 관련되어있다. 남구만은 어느 승경, 어떤 경물이라도 반드시 그 안에서 철리를 체득하기를 요구한다.

세 번째로 선왕의 유풍 회복과 애민의식이 두드러지는 「온양온천북탕기」이다. 남구만이 방문했던 온양의 온천은 역대 선왕과 선비가 요양을 위해 수시로 행차했던 곳이었다. 그런데 남구만이 둘러본 그 곳은 이미 폐허가 되어버려 과거의 유풍이 사라진 지 오래였다. 온천이라는 장소를 단순히 치료의 수단으로 보지 않고, 하늘 → 성왕 → 백성으로 이어지는 은택과 덕화의 매개체로 간주하였기 때문에 그의 안타까움과 실망감이 촉발되었고, 이는 선왕의 유풍에 대한 회복과 애민의식으로 이어졌다. 이러한 사유는 결국 직접 온천을 수리하고 정비하는 행동으로 관철되었으니 그 절실함이 어떠한지를 가늠할 수 있다. 남구만은 여러 글을 통하여 고토 회복 의식과 실지에 대한 애착을 강하게 피력하고 있는데, 이 글에서도 사라진 유풍의 회복에 대한 그의 염원을 읽어낼 수 있다. 전자가 그의 역사의식의 발로라면, 후자는 그의 애민의식의 발로라 할 수 있겠다.

이상을 토대로 남구만 기문이 지니는 문예미학적 특징은 다음과 같다. 기존에 일반적으로 사용되던 용사用事를 변용하여 참신한 의론을 개진하는 한편, 일견 생소해 보이는 주제 의식을 독자에게 심도 있게 여운을 남기기 위해 산문수사의 기법을 잘 활용하고 있다. 작품 전편에 관철되는 문안을 편장의 측면에서 조응시키고, 자구의 측면에서 안배하여 효과적으로 독자에게 전달하고 있다. 또한 하나의 장르, 즉 기문에 국한하지 않고 작품의 목적성에 부합하는 장르들을 적극 혼합하여 복합적인 층위의 장르를 시도하고 있다. 게다가 현실 체험과 견문을 바탕으로 한 서술 가운데 작자의 철학 사유, 역사의식 등을 직간접으로 드러냄으로써 단순한 기록에 머물지 않고 작자의 의식 세계 내면을 간취할 수 있는 자료로 활용할 수 있게 하였다.

위에서 선별한 세 작품은 다음과 같은 연구사적 의의도 지니고 있다. 남구만 산문 가운데 소차 연구를 보면, 입의立意와 수사修辭 방면의 특징을 중요하게 지적하고 있다. 남구만의 기문 가운데 「망운정기」는 참신한 의론과 편장자구법이 잘 드러난 작품이므로, 소차 연구의 의의와 관련지어 논의할 만하다. 그 다음으로 살펴본 「북관십경도기」는 다음과 같은 연구사적 의의가 있다. 남구만처럼 기문의 절반에 해당하는 작품을 도기류圖記類로 지은 사례는 흔치 않다. 뿐만 아니라 여타 작가의 승도기景圖記에 비해 남구만의 작품들은 산수유기의 면모가 두드러진 것이 특징이다. 마지막으로 「온양온천북탕기」는 기존 남구만 문학 연구에서 중요하게 다루어진 주제들, 즉 '고토회복 의식'과 '애민 의식'을 잘 보여주는 작품이라 할 수 있다.

서론에서 언급했듯이, 본고는 남구만 산문 연구 가운데 소차를 제외한 기타 장르에 대한 연구의 일환이다. 본 연구자는 향후에 증서류를 비롯하여 묘도문자까지 확대하여 남구만 산문을 종합적으로 고찰할 계획이다.

Ⅲ. 약천 남구만 상소문의 구성 원리와 전개 양상

윤재환

1. 서론

약천藥泉 남구만南九萬은 인조仁祖 7년(1629)에서 숙종肅宗 37년(1711)까지 83년간을 살다 간 인물이다. 83년이라는 적지 않은 시간을 살면서 교리校理부터 영의정領議政에 이르기까지 중앙 관계官階의 대부분을 거친 인물이고, 그 사이사이에 부사府使와 관찰사觀察使를 지내 조선조 관계官界에 몸담은 관료가 할 수 있는 거의 모든 형태의 관직을 역임한 인물이다. 숙종의 두터운 신임을 받으며 당대 정치의 중심에서 정치 · 경제 · 형정 · 군정 · 인재 등용 · 의례儀禮 등 국정 전반에 걸쳐 경륜經綸을 펼친 인물로, 우리나라의 역사와 국방에 대해 남다른 의식을 가져 역사 고증과 국방에 대한 다양한 글을 남겼다.

당대 소론 계열少論系列의 중심에 서서 정국政局을 주도해갔던 약천의 행적 때문에 현재까지 약천에 대한 연구자들의 연구는 대부분 역사와 정치 분야에서 이루어졌다. 그러나 비록 약천이라는 인물에 대한 해명이 그의 정치적인 행적과 분리해 설명할 수는 없다고 하더라도 약천을 정치적인 면으로만 설명하기에는 적지 않은 무리가 있다. 그것은 그가 34권 17책의 적지 않은 문집을 남겼고, 그 속에 276수의 시와 726편의 문이 수록되어 있기 때문이다. 애초 시는 모두 900여 수, 문은 모두 1,400여 편이었지만, 문집을 편찬할 때 아들인 남학명南鶴鳴(효종 5년(1654)~경종 2년(1722))과 손자 남극관南克寬(1689년(숙종 15)~1714년(숙종 40))이 산정刪定하였다고 보인다.[73]

문집이 남아있다고 해서 그를 문학적으로 바라보아야 한다거나 그의 문학적 성취가 뛰어났다고 단정하기는 어렵다. 그러나 약천의 경우 남아 있는 문집 전부가 그 자신의 글로만 이루어져 있고, 그 글에 대한 평가가 생전부터 상당했었다. 약천은 당대 최명길崔鳴吉, 김창협金昌協, 김석주金錫胄 등과 함께 사대소차가四大疏箚家[74]로 불릴 만큼 문장에 뛰어났다는 평가를 받았는데 그의 문장에 대한 평가는 『조선왕조실록朝鮮王朝實錄』의 졸기卒記에도 나온다. "남구만은 젊어서부터 문재文才가 있었고, 필법筆法도 공교하고 아름다웠다.[75]", "문사文辭가 법도 있고 아름다웠으며, 필법筆畫도 예스럽고도 힘찼다.[76]"는 평가는 그의 글이 당대 적지 않은 반향을 불러 일으켰으며, 그가 능문能文의

---

73 南九萬, 「總目」, 『藥泉集』, "草藁詩凡九百餘首, 選二百七十六首, 文凡一千四百餘首, 選七百二十餘首, 爲一千三百九十一板."

74 藥泉이 당대 崔鳴吉, 金昌協, 金錫胄 등과 함께 四大疏箚家로 불렸다는 것은 金成愛의 한국문집총간해제 『藥泉集』(한국고전번역원)과 成百曉의 『국역 약천집』 해제에 나온다. 해제의 내용으로 보아 金成愛의 글을 成百曉가 인용한 것으로 보이지만 원 출처를 찾아내지 못했다.

75 『肅宗實錄』, 숙종 37년 3월 17일, "九萬少有文才, 筆法亦工媚."

76 『肅宗實錄補闕正誤』, 숙종 37년 3월 17일, "文辭典麗, 筆畫古健."

관료 문인으로 이름을 떨쳤음을 짐작하게 한다. 약천의 문집 34권 17책을 살펴보면 시詩가 수록된 권 1과 2를 제외한 나머지가 모두 문으로 구성되어 있는데, 이로 보아 약천의 경우 시보다 문에 뛰어났었던 관료 문인이라고 보아야 할 듯하다.

약천의 문학에 관한 연구는 김영주에 의해 시작되었고, 성당제에 의해 대략적인 모습이 정리되었으며, 최근에 와서 상소문上疏文을 중심으로 한 연구가 진행되고 있다. 지난해 발표된 김지웅의 연구 결과는 약천 문장의 중요한 한 축을 담당하는 상소문上疏文에 대한 본격적인 연구로, 약천의 산문이 지니는 본질적인 문학성을 찾고자한 시도라는 점에서 그 의미가 적지 않다.[77]

---

77 현재까지 필자가 확인한 약천의 문학에 관한 연구 결과를 발표 연대순으로 살펴보면 다음과 같다. 김영주, 「藥泉 南九萬의 文學論 硏究」, 『退溪學과 韓國文化』 33, 慶北大學校 退溪硏究所, 2003 ; 성당제, 「藥泉 南九萬 文學의 硏究」, 成均館大學校 大學院 박사학위논문, 2004 ; 성당제, 「약천 남구만의 고토 회복의지 - 변방 음영시를 중심으로 -」, 『漢文學報』 10, 우리한문학회, 2004 ; 양언석, 「남구만의 문학세계 연구」, 『한국문예비평연구』 15, 한국현대문예비평학회, 2004 ; 박영민, 「藥泉 南九萬 한시의 연구」, 『한국인물사연구』 3, 한국인물사연구소, 2005 ; 성당제, 「藥泉 上疏文의 文藝美와 현실대응」, 『人文科學』 36, 성균관대학교 인문과학연구소, 2005 ; 성당제, 「藥泉 記文의 山水美 形象과 敍述的 특징 : 「咸興十景圖記」와 「北關十景圖記」를 중심으로」, 『語文硏究』 33-4, 한국어문교육연구회, 2005 ; 성당제, 「약천 남구만 시의 품격」, 『韓國漢文學硏究』 35, 한국한문학회, 2005 ; 최재남, 「유배체험의 내면화와 시적 변용」, 『韓國漢詩硏究』 13, 한국한시학회, 2005 ; 김동준, 「소론계 학자들의 자국어문 연구활동과 양상」, 『민족문학사연구』 35, 민족문학사학회, 2007 ; 김성언, 「남구만의 시세계」, 『한국한시작가연구』 11, 한국한시학회, 2007 ; 성당제, 『약천 남구만 문학연구』, 한국학술정보, 2007 ; 김영주, 「藥泉 南九萬의 文學論 硏究」, 『퇴계학과 유교문화』 33, 경북대학교 퇴계학연구소, 2008 ; 송혁기, 「疏箚類 산문의 立意와 修辭 양

이 글은 이와 같은 선행 연구의 결과를 바탕으로 기획된 것이다. 이 글은 전체 34권 17책이라는 약천의 문집에서 가장 많은 분량을 차지하고 있는 것이 199편의 상소문上疏文이고, 그의 상소문上疏文에 대한 후대의 다양한 평가로 볼 때 약천 문장의 핵심이 바로 상소문上疏文에 놓여있다는 판단에 따라 기획된 것이다. 따라서 이 글에서는 약천 상소문上疏文의 구성 원리와 전개 양상을 살펴 약천의 상소문上疏文이 지니고 있는 기본적인 서술 방법을 알아보고 이를 통해 약천 상소문上疏文의 특징적인 면모에 대해 확인해보고자 한다. 이를 위해 이 글에서는 약천의 상소문 중 조선 후기에 편찬된 상소문 선집인 『장소휘고章疏彙攷』와 『소차가칙疏箚可則』에 수록되어 있는 상소문을 대상으로 논의를 진행하고자 한다. 이 글에서 분석의 대상을 『장소휘고章疏彙攷』와 『소차가칙疏箚可則』 소재 상소문으로 한정한 것은 두 책이 조선의 끝자락에서 나온 상소문 선집으로 그 이전 시기까지 사람들에게 회자膾炙되었던 대표적인 상소문을 뽑아 편찬한 책이기 때문이다. 또 이 글에서 그의 상소문 199편 모두를 대상으로 논의를 전개할 수 없고, 필자의 주관적인 판단으로 그의 상소문 중 대표작을 뽑아낼 경우 객관성에 문제가 제기될 수 있다는 현실적인 한계를 고려한 것이다.

상 일고 - 許積 논척과 관련한 소차들의 비교를 중심으로」, 『민족문학사연구』 36, 민족문학사학회, 2008 ; 송혁기, 「老少 分岐期의 學的 地形과 南九萬 계열 소론계의 문학비평」, 『고전과 해석』 10, 고전문학한문학연구학회, 2011 ; 김지웅, 「藥泉 南九萬 疏箚 硏究」, 高麗大學校 大學院 석사학위논문, 2015.

2. 약천藥泉의 상소문上疏文과 『장소휘고章疏彙攷』·『소차가칙疏箚可則』

약천藥泉의 문집인 『약천집藥泉集』에 수록되어 있는 약천의 상소문上疏文은 모두 199편인데, 문집의 권 3부터 권 12까지에 수록되어 있으며 연도순으로 배열되어 있다. 약천의 나이 30세가 되던 1658년부터 1710년 82세 때까지 쓴 것들이다. 이렇게 보았을 때 약천의 상소문은 그가 과거에 합격하여 관직에 나간 28세(1656년, 효종 7) 이후 얼마 되지 않은 시점부터 시작하여 그가 83세가 되던 1711년 3월 17일 운명하기 직전까지 지속적으로 지어졌음을 알 수 있다. 첫 번째 상소문이 문집의 권 3에 수록되어 있는 「청침타위소請寢打圍疏」인데 제목 옆에 세주細註로 '孝宗戊戌六月三日正言時'라고 되어 있는 것으로 보아 약천이 29세에 정언正言으로 임명된 뒤 그 이듬해 6월에 썼던 것으로 보이고, 마지막 상소문이 문집의 권 12에 있는 「사입참진연소辭入參進宴疏」인데 제목 옆에 세주細註로 '四月二十三日'이라고 한 것으로 보아 약천이 운명하기 얼마 전에 지어 올렸던 것 같다. 이와 같은 약천 상소문의 창작 시기와 상소문의 수는 그가 생애의 대부분을 상소문과 같이 했었다는 것을 말해주면서 동시에 그의 저술 활동에서 상소문이 차지하는 위치를 분명하게 보여준다. 또 약천의 문집에는 그의 나이 61세가 되던 1689년 2월 이후(「蒙放後在道辭西樞疏」 己巳二月二日, 自慶興到樓院)부터 66세가 되던 1694년 4월 이전(「辭特拜領議政疏」 甲戌四月五日, 在結城)까지 약 6년 정도의 상소문이 보이지 않는다. 이 시기는 약천이 기사환국己巳換局으로 유배되었다가 방환放還되었으나 다시 벼슬에 나가지 못하고 있던 시기였다. 이 시기에 쓴 상소문이 보이지 않는다는 것은 상소문에 대한 약천의 인식을 보여주는 것이라고 할 수 있다.

물론 이 시기에 해당하는 상소문이 보이지 않는다고 해서 반드시 이 시기에 약천이 상소문을 짓지 않았다고 단언하기는 어렵다. 그것은 앞서 살펴본 것처럼 문집의 총목總目 끝에 있는 간기刊記에서 문文이 모두 1,400여 편이었으나 문집에는 그 중 720여 편만 뽑았다고 했기 때문이다. 그러나 그와 같은 점에서 문집에 수록되어 있는 상소문이 바로 약천과 그의 아들 회은晦隱 남학명南鶴鳴, 손자 몽예夢囈 남극관南克寬 3대의 문장관文章觀과 궤軌를 같이 하는 것이고, 그들의 문장관文章觀을 실증實證하는 것이라고 할 수 있다. 그것은 남극관이 그의 문집인 『몽예집夢囈集』 건乾의 잡저雜著 십수十首 중에 있는 「단거일기端居日記」의 임진년壬辰年(1712년, 숙종 38) 7월 5일 기록에서 "가집家集의 소차疏箚 5책冊을 교정하였다.[78]"고 한 것으로 보아 약천의 문집 교정校正과 산정刪定에 남학명과 함께 남극관이 참여하였고, 이들이 현재와 같이 약천의 문집을 산정刪定한 것은 이들의 문장관이 작용한 결과라고 보이기 때문이다.

약천의 문집에는 그가 스스로 밝힌 문장관에 대한 구체적인 글이 보이지 않지만, 서문序文이나 기문記文의 일부에서 문장 인식을 추론할 수 있는 부분이 엿보인다. 이 글들을 통해 약천의 문장관을 분명하게 규정하기는 쉽지 않지만, 문집에서 드러나는 일면과 『조선왕조실록』의 글을 통해 약천이 지니고 있었던 문장 인식을 추론해보면 대체로 다음과 같이 규정할 수 있다. 『조선왕조실록』에는 지경연知經

78 南克寬, 〈雜著 十首〉, 「端居日記」, 『夢囈集』 乾, "五日, 校家集疏箚第五冊."

筵으로 주강晝講에 참여한 약천이 숙종에게 올린 이야기가 나와 있는데 살펴보면 다음과 같다.

> 신이 지난번 試官에 끼어 응시자들의 글을 보니 文體가 전에 비해 크게 변하였습니다. 보통 쓰는 文字들을 반드시 新奇하게 쓰려고 애써서, '天淵'이라고 쓸 말이면 바꾸어 '星淵'이라고 하였으니, 이는 별이 하늘에 있다고 해서인 것이고, '末世'는 바꾸어 '亥世'라고 하였으니, '亥'가 12地支의 끝이기 때문이어서 였습니다. '繼此以後'는 바꾸어 '胤玆以裔'라고 하고, '恭惟'는 바꾸어 '莊惟'라고 하였습니다. 그리고 어려운 글자와 궁벽한 말로 문장을 엮어서, 반드시 남들이 알아볼 수 없게 하려고 하였습니다. 또 그 중에는 語錄의 말을 섞어 쓰는 경우가 많으니, 常規에서 벗어나 기괴함을 따르려는 습성은 진실로 매우 놀랄 일입니다. 지난날에는 姜弼周가 어록의 말을 對策文에 써서 과거에 합격했고, 요즈음에는 趙宗著도 科製에 기이하고 험벽한 말들을 즐겨 써서 여러 차례 높은 등수에 들었습니다. 찡그리는 것을 본받는 자들이 점점 많아져서 이런 지경에 이른 것입니다. 文體의 變易은 진실로 世道의 盛衰와 관계되는 것이니, 이와 같은 體裁는 반드시 엄격하게 배척해야 할 것입니다. 이 뜻을 中外에 알리셔서 일체를 금지하게 하시기 바랍니다.[79]

79 『肅宗實錄』, 숙종 8년 11월 25일, "臣頃忝試官, 見擧子之文, 則文體比前大變. 凡例用文字, 必務爲新奇, 若云天淵則變曰星淵, 以星之在天也 ; 末世則變曰亥世, 以亥居十二支之末也 ; 繼此以後, 則變曰胤玆以裔 ; 恭惟則變曰莊惟. 且以險字僻語, 綴成章句, 必欲使人不可解見. 又於其間, 多以語錄攙入, 反常趨怪之習, 誠甚可駭. 向者姜弼周用語錄於對策而登第, 近日趙宗著亦於科製, 好用奇僻之語, 屢居高等. 效顰者漸多, 以致如此. 文體變易, 實關世道之盛衰. 如此體裁, 不可不痛斥. 請以此意, 知委中外, 使之一切禁斷."

이 내용은 약천이 시관試官으로 과거에 참여한 뒤 자신이 느낀 당대 과문科文의 병폐를 숙종에게 진언한 것이다. 이 기록을 보면 약천이 생각했던 문장은 어록체語錄體와 같은 시속時俗의 글이나 신기新奇하고 험벽險僻한 글이 아니라 상규常規를 따르는 글이다. 또 문장이 엄격한 체재體裁를 준수해야 하는 것은 문체文體의 변이變易가 세도世道의 성쇠盛衰와 관계되기 때문이다. 약천이 성인聖人의 문장文章을 전범典範으로 하는 규범적規範的이고 도덕적道德的인 문장文章의 창작을 지향했다고 생각할 수 있게 한다. 이런 의식은 그의 문집에서도 발견할 수 있다.

> 내가 듣기에 선비 된 자는 집안에 들어가면 부모에게 효도하고 나오면 어른에게 공경하는 것 외에 또 글을 배우는 데 종사하지 않으면 안 된다고 하니, 이것은 內外가 서로 길러주고 本末이 서로 필요로 하는 것이기 때문이다. 혹시라도 물 뿌리고 청소하고 응대하는 예절에만 전념하고, 글을 배우는 데 힘쓰지 않는다면 식견이 지극하지 못하여 善을 밝히는 경지에 나아갈 수 없을 것이다. 그리고 혹시라도 기억하여 외우고 詩歌와 문장을 익히는 데만 노력하고, 수행하는 데 독실하지 않으면 근본이 성립되지 못해서 몸을 성실하게 하는 경지에 나아가지 못할 것이다. 이것은 학문에 먼저 하고 뒤에 할 것과 시작과 종말이 비록 순서가 있다고 하나 수레의 두 바퀴와 같고 새의 두 날개와 같아서 실로 어느 한쪽도 폐할 수가 없다는 것이다.[80]

80 南九萬, 「送姜進士亨叔 聖復 還洪陽序 己巳」, 『藥泉集』 권27, "余聞爲士者, 入孝出弟之外, 又不可不事於學文, 此內外之交養, 而本末之相須也. 其或專於洒掃應對之節, 不勉於學文, 則見識未到, 無以進乎明善之域. 其或役於記誦辭章之習, 不篤於修行, 則本原不立, 無以造乎誠身之地. 此其先後始終, 雖曰有序, 如車兩輪, 如鳥兩翼, 實不可廢一者也."

이 글을 보면 약천이 도학道學과 문장文章이 비록 선후先後와 본말本末의 차이가 있기는 하지만 수레의 두 바퀴, 새의 두 날개와 같아 어느 하나도 폐지할 수 없다고 생각했다는 것을 알 수 있다. 그런 점에서 이 글에 나오는 약천의 의식은 조선조 문인 대부분이 지니고 있었던 '재도론적載道論的 문장관文章觀'과 동일하다고 할 수 있는데, 그럼 점에서 볼 때 그가 실제적인 문장의 창작에서 문장 그 자체의 가치에 그다지 주목하지 않고 있었던 것은 오히려 당연하다고도 할 수 있다.

> 내가 들으니 옛날에 글을 지었던 이유는 말을 기록하기 위해서였다고 한다. 입에서 나오면 말이 되고 책에 쓰이면 글이 되니, 이 두 가지는 함께 나온 것인데 이름이 다른 것이니, 옛날에 글의 쓰임이 이러한 것이다. 후세로 내려와서는 마침내 詞章의 문장이라고 하는 것이 있어서 급급하게 模擬하고 거짓으로 꾸며서 스스로 잘한다고 여기는데, 文人들의 문장이 이러할 뿐만 아니라 儒學에 종사하는 자도 이를 면치 못하니, 이것 또한 옛날과 거리 멀다. …… 지금 문집 가운데의 글을 보면 대부분 講學의 工程을 논하였으니, 이리저리 논변한 것이 백 번이나 꺾여 세밀한 것까지 자세히 분석해서 명백하고 간절하여 진정이 크게 드러났다. 이를 통해 학문에 힘쓰기를 부지런하게 하고 독실하게 한 것을 자세히 볼 수 있을 뿐만 아니라 문장의 아름다움을 가지고 말하더라도 세상의 문필에 종사하는 자 중에서 그 누가 이보다 더 나을 수 있겠는가. 아, 이것은 참으로 儒者의 글이요, 이것은 참으로 옛사람이 글로 말을 한 것과 같은 것이다.[81]

81 南九萬, 「滄溪集序 戊子」, 『藥泉集』 권27, "蓋聞古之制文, 所以記言也. 發諸

내가 들으니 '사람이 문장을 소중하게 할 수는 있어도 문장이 사람을 소중하게 할 수는 없다.'고 하였다. 그렇기 때문에 옛사람의 문장으로써 후세에 소중하게 여겨지는 것들은 반드시 그 사람에게 탁월하고 훌륭한 절개가 있어서이니, 그렇지 않으면 문장이 아무리 아름답더라도 소중하게 여겨지지 않는다. 또 들으니 '문장이 적은데도 전해지고 많은데도 전해지지 않는 것이 있다.'고 하니, 전해지는 것은 반드시 그 사람이 충분히 그 문장을 소중하게 할 수 있는 경우이고, 전해지지 않는 것도 반드시 문장이 그 사람을 소중하게 할 수 없기 때문이다. …… 또 내가 이전에 들으니, '仁하고 義로운 사람은 그 말이 간곡하고 화기애애하다.'고 하였으니, 만일 仁義가 가슴속에 쌓여 있는 사람이 아니라면 겉으로 드러내어 지은 문장이 비록 음률과 수식의 공교함을 지극히 하였다고 하더라도 간곡하고 화기애애함을 찾아보면 끝내 얻을 수가 없을 것이다. 이제 공의 시문을 보면 참으로 '간곡하고 화기애애하다'고 하는 것이니, 저 세상에서 문장으로 자부한다고 이야기하나 인의에 근본 할 줄 모르는 자들이 어찌 여기에 참여할 수 있겠는가. 이것을 가지고 말한다면 사람이 문장을 소중하게 만들 수 있는 것이 당연하고, 문장의 아름다움도 실제로는 또 그 사람에게서 연유함을 볼 수 있다.[82]

口則爲言, 書諸冊則爲文, 之二者同出而異名, 文之爲用於古者然也. 降而後也, 乃有所謂詞章之文, 竊竊焉摹擬假飾, 自以爲工, 不特文人之文爲然, 雖從事儒學者, 亦有不免於此, 其離古亦遠矣. …… 今觀集中之文, 率多論講學工程, 而往復百折, 毫分縷析, 明白懇惻, 眞情爛漫. 非但備見其於學用力之勤篤, 雖以文之美言之, 世之操觚者, 孰有加於此哉. 嗚呼. 此眞儒者之文, 此眞古人之以文爲言者也."

82 南九萬, 「醒翁集序 癸未」, 『藥泉集』 권27, "余聞人能重文, 文不能重人. 以此古人之文爲後世所重者, 必其人有卓犖奇偉之節, 不然文雖美, 不之重也. 又聞文有少而傳, 多而不傳, 其傳者必其人之足以重其文, 而不傳者亦必以其文之不能重其人故也. …… 又嘗聞之, 仁義之人, 其言藹如, 苟非仁義之積中, 其發

> 아, 지금 그 기록한 내용을 보면 단지 비분강개한 뜻으로 당시의 상황을 그대로 기술했을 뿐이니 언어의 묘함과 문장의 아름다움을 따질 겨를이 없었다. 그러나 하늘의 떳떳한 이치와 백성들 윤리의 중함을 증대시켜 사람들에게 선한 마음을 感發해서 흥기하게 하는 것이 어쩌면 이리도 많은가.[83]

이 글들을 보면 약천이 생각한 문장은 그 스스로가 익힌 학문이 그대로 드러나는 그 사람됨과 같은 것이다. 그 사람이 어떠냐에 따라 그 사람이 지은 글의 아름다움이 결정되기 때문에 좋은 글을 짓기 위해서는 먼저 개인적인 내면의 수양이 우선되어야 한다. 그렇기 때문에 좋은 글, 아름다운 문장은 화려한 수식이나 공교로운 묘사가 아니라 상황을 있는 그대로 묘사하는 소박하고 단순한 것이어야 한다는 것이다. 소박하고 단순한 글에 대한 추구는 아들인 남학명南鶴鳴에게서도 볼 수 있다. 그는 "문집을 편찬할 때 시문詩文의 선정은 간략簡約하게 해야 하고, 편지는 마음을 가장 잘 나타낸 글로 그 인물을 상상할 수 있어야 하니 화상畫像을 그릴 때 모습을 아름답게 그리는 것을 따르지 않고 다만 가장 비슷하게 그리는 것으로 뜻을 삼는 것과 같은 것이다.[84]"라고 했는데, 이와 같은 언급은 약천의 문집을 간행할

而爲文章者, 雖極聲律藻繪之工, 求其所謂藹如, 終不可得. 今見公詩文, 眞所謂藹如者, 彼世之所稱以文章自命, 而不知本於仁義者, 顧何得以與於此哉. 繇此言之, 人之能重其文固也, 文之美, 實亦有由於人者又可見矣."

83 南九萬, 「白沙北遷錄序 丙寅」, 『藥泉集』 권27, "噫. 今觀其所記, 直以憤懣悲哀之意, 隨遇而直書之耳, 非有暇於言語之妙文章之美. 而所以增夫天常民彝之重, 使人感發而興起者, 一何多也."

84 南鶴鳴, 〈詞翰〉, 「雜說」, 『晦隱集』 권5, "凡纂文集, 詩文宜從簡約, 而書牘最是流出胸中之文, 可以想見其人物, 如畫像之不取貌美, 只以恰似爲準之義也."

때 남학명이 약천의 원고 거의 절반을 산삭刪削해 버렸던 이유이면서 동시에 그의 문장관 역시 약천과 같은 것이었음을 짐작하게 하는 것이다. 이렇게 보았을 때 약천이 비록 평생 동안 1,400여 편의 문장을 지었다고 하더라고 그 중 핵심적인 것은 현재 문집에 전하는 720여 편이라고 보아야 할 것이고, 그 중 약 27%에 해당하는 199편의 글이 남아 전하는 상소문上疏文이 약천 문장의 핵심이라고 생각할 수 있다.

이 글에서는 이와 같은 약천 상소문의 구성 원리와 전개 양상에 대해 살펴보기 위해 『장소휘고章疏彙攷』와 『소차가칙疏箚可則』에 수록되어 있는 약천의 상소문을 분석의 대상으로 삼는다. 『소차가칙疏箚可則(奎 7079)』은 18세기 초에 간행된 것으로 보이는 38장張 1책冊의 필사본筆寫本 상소문 선집이다. 편자編者나 간행지刊行地, 간행자刊行者, 간행연도刊行年度를 확인하기 어려운데, 수록된 상소문의 저자로 보아 18세기 초에 간행된 것이 아닌가 추정되지만 분명하지 않다. 수록된 상소문에는 찬자撰者의 이름이 없지만 판심版心에 협서脇書해 놓은 '농農 · 식息 · 지遲 · 약藥' 네 글자를 문집文集과 대조해 보면 농암農岩 김창협金昌協(1.「玉堂應旨箚」, 2.「陳所懷仍乞遞職疏」, 13.「辭戶曹參議疏」), 식암息庵 김석주金錫胄(3.「請行審理箚」)의 상소문과 함께 약천藥泉의 상소문(5.「請寢打圍疏」, 6.「乞致仕疏」, 7.「乞免再箚」, 8.「乞致仕再疏」, 9.「乞致仕仍辭祿俸疏」, 10.「乞致仕三疏」, 11.「因朴尙絅疏出城外待罪二疏」, 12.「辭大司成疏」)이 수록되어 있다. 이 중 4번째로 편차되어 있는 「당응지차玉堂應旨箚」가 누구의 상소문인지 분명하지 않다.[85] '지遲'라고 되어 있는 것으로 보아 지천遲川 최명길崔鳴吉

85 규장각의 『疏箚可則』 해제에 따르면 4번째로 수록되어 있는 「玉堂應旨箚」가 遲川 崔鳴吉의 상소이고, 12번째로 수록되어 있는 「辭大司成疏」가 農岩

이 아닐까 추정되기는 하지만 그의 문집인 『지천집遲川集』에는 이 상소문이 나오지 않는다. 모두 13편의 상소문 중 8편의 상소문이 약천의 것이다. 이 상소문들이 어떤 기준에 의해 편집된 것인지 확인하기 어렵지만 당대까지 상소문 중 명문으로 알려진 것들을 모은 것이라 보인다.

『장소휘고章疏彙攷』는 현재 2종류가 전하는데, 하나는 국립중앙도서관(TK4787.17-0411)에 있는 것으로, Harvard-Yenching 도서관에 있는 필사본筆寫本 『장소휘고章疏彙攷』의 복사본이다. 전체 9책冊 중 2책에서 9책까지 모두 8책이 전하는 불완전본으로 편자編者나 간행지刊行地, 간행자刊行者, 간행연도刊行年度를 확인하기 어렵다. 2책에는 보국輔國, 숭품崇品, 자헌資憲, 가선嘉善, 3책에는 총재冢宰, 4책에는 아전亞銓, 삼전三銓, 5책에는 본병本兵, 도지度支, 혜당惠堂, 주사籌司, 융원戎垣, 6책에는 문형文衡, 양관제학兩館提學, 직제학直提學, 내각제학內閣提學, 직각直閣, 대교소待教疏, 7책에는 번유藩留(기백畿伯, 금백錦伯, 완백完伯, 영백嶺伯, 해백海伯, 기백箕伯, 동백東伯, 북백北伯, 송유松留, 심유沁留, 광유廣留, 화유華留)에 해당하는 인물의 상소가 수록되어 있고, 8책에는 탄핵류彈劾類, 정세류情勢類, 처의악정류處義嶽情類, 9책에는 돈녕敦寧, 청유請由, 성소省掃, 논사論事, 통제사統制使, 직제학直提學, 민제閔制, 권농윤음勸農綸音, 사소류辭疏類 등 종류에 따른 상소

金昌協의 상소라고 했는데, 필자가 확인한 결과 崔鳴吉의 문집인 『遲川集』 초간본(奎6552, 장서각(4-6519))과 국립중앙도서관 소장 보각본(한46-가405)에 「玉堂應旨箚」가 수록되어 있지 않고, 農岩 金昌協의 상소라고 한 「辭大司成疏」는 南九萬의 『藥泉集』 권 4에 수록되어 있는 상소였다. 현재로서는 版心에 脇書해 놓은 '農 · 息 · 遲 · 藥' 중 遲가 遲川 崔鳴吉로 추정되기는 하지만 분명하지 않다.

가 수록되어 있다.[86]

다른 하나는 규장각본 『장소휘고章疏彙攷(奎1752-v.1-9)』로 역시 편자編者나 간행지刊行地, 간행자刊行者, 간행연도刊行年度를 확인하기 어려운 필사본筆寫本이다. 전체 9책冊으로 되어 있으며, 규장각의 해제에 따르면 고종高宗 때의 상소가 수록된 것으로 보아 고종高宗 연간年間(1863~1907)인 19세기 중반에서 20세기 초에 간행된 것이 아닌가 추정하고 있다. 조선조의 유명한 상소문을 중심으로 하고, 여기에 왕의 윤음綸音, 전교傳敎, 계사啓辭 등을 같이 모아 편집한 책이다. 원표제原表題에 『낭본유함琅本類函』이라고 되어 있는데, 이 원표제 옆에 소자小字로 『장소휘고章疏彙攷』라고 적어놓았다. 원표제인 낭본유함琅本類函은 좋은 글을 종류별種類別로 모았다는 뜻인데, 그 옆에 소자로 장소휘고章疏彙攷라고 써서 이 책의 성격을 장소章疏를 중심으로 하는 것으로 바꾸었다.

1책冊에는 대신출사大臣出仕, 출사후걸체出仕後乞遞, 대신등연사면大臣登筵辭免, 처의處義, 대신부주大臣附奏, 재이진면災異陳勉, 복선復膳, 약도걸체藥都乞遞, 치사致仕, 대신면성학大臣勉聖學, 대신돈유大臣敦諭, 빈청계사賓廳啓辭, 청절용請節用, 청체시관위관請遞試官委官, 청가청침動駕請寢에 관한 상소문이, 2책冊에는 권농윤음勸農綸音, 면성학勉聖學, 전례典禮, 산림돈유山林敦諭, 산림상소山林上疏, 성소省掃에 관한 상소문이, 3책冊에는 보국輔國, 숭품崇品, 자헌資憲, 가선嘉善, 병판兵判, 병

86 현재 국립중앙도서관에서 제공하는 원문 자료는 『章疏彙攷』의 2책부터 7책까지이다. 따라서 필자는 전체 8책 중 2책부터 7책에 해당하는 『章疏彙攷』만 직접 확인해 보았고, 8책과 9책은 접하지 못했다. 따라서 이 글에서는 국립중앙도서관본 『章疏彙攷』의 8책과 9책에 대해서는 논의하지 않는다.

판병사兵判病辭, 호판戶判, 호판병사戶判病辭, 혜당惠堂, 장임將任의 상소문이, 4책冊에는 대제학大提學, 양관제학兩館提學, 내각제학內閣提學, 직제학直提學, 직각直閣, 대교待敎의 상소문이, 5책冊에는 이판吏判, 아전亞銓, 삼전三銓, 반장泮長, 부학副學, 궁함宮啣의 사직상소문辭職上疏文이, 6책冊에는 자핵自劾, 대평후臺評後, 수계후繡啓後, 잔정陳情, 결복闋服, 복제服制에 관한 상소문이, 7책冊에는 예例, 걸군乞郡, 재이진면災異陳勉, 복선계復膳啓, 수계두사繡啓頭辭, 언사시정言事時政 등에 관한 상소문이, 8책冊에는 팔도八道의 관찰사觀察使와 개성開城, 강화江華, 광주廣州, 화성華城 유수留守의 상소문上疏文이, 9책冊에는 기사제소記事諸疏의 상소문이 나오고 마지막으로 정조正祖의 연교筵敎가 덧붙여져 있다. 이 중 제3책은 모두 승품陞品 · 임명任命에 대한 사퇴辭退 · 사직상소문辭職上疏文이고, 제5책은 수록된 각 직책의 사직상소문辭職上疏文이며, 제6책은 자핵상소自劾上疏이거나 사건 성격事件性格에 따른 소疏 · 계啓이다.

국립중앙도서관본과 규장각본 『장소휘고章疏彙攷』는 편집 체제와 수록된 글에서 상당한 차이를 보여, 제목만 같을 뿐이지 전혀 다른 책이라 보인다. 국립중앙도서관본 『장소휘고章疏彙攷』 2책의 보국輔國에 해당하는 인물이 이희갑李羲甲, 정만석鄭晩錫, 조만영趙萬永, 남병철南秉哲, 홍양호洪良浩인데, 책의 첫머리에 있는 목차에는 남병철南秉哲이 다음 항목인 숭품崇品의 제일 처음에 잘못 기록되어 있다. 그런데 규장각본 『장소휘고章疏彙攷』 3책의 보국輔國 항목에는 오재순吳載純, 이만수李晩秀, 홍양호洪良浩의 상소문이 수록되어 있다. 두 책 모두에 실려 있는 홍양호의 상소문은 『이계집耳溪集』 권 20 소차疏箚에 있는 「사승보국소辭陞輔國疏」로 같지만, 이와 같은 차이로 볼 때 두 책은 이름만 같은 전혀 다른 책이라고 할 수 있다. 필자가 살펴본 국립중앙도서관본 『장소휘고章疏彙攷』에는 약천의 상소가 보이지 않는데, 그 이유에 대해서는 확인하기 어렵다.

규장각본 『장소휘고章疏彙攷』 역시 불완전한 본으로 보인다. 필사된 상소문들의 필체가 여러 부분에서 상당한 차이를 보일 뿐만 아니라 표제만 적어두고 내용에 해당하는 상소문을 기재하지 못한 항목이 적지 않다. 해당하는 적절한 상소문을 찾지 못해서인지, 아니면 미처 옮겨 적지 못해서인지는 모르지만 내용에 해당하는 상소문이 누락된 항목에 대해서는 2~3면의 여백을 둔 것으로 보아 추후에 보완해 넣을 생각이었던 것 같다. 또 수록되어 있는 약천의 상소문과 문집의 상소문을 비교해 보면 글자의 개변改變과 누락漏落, 도치倒置가 상당수 보인다. 『소차가칙疏箚可則』에 수록되어 있는 약천의 상소문을 문집의 것과 비교해 보았을 때 별다른 차이를 발견할 수 없었던 것과는 상당히 다른 모습이다.

조선조 당대에 『장소휘고章疏彙攷』가 얼마나 읽혔는지는 모르지만, 그와 유사한 제목의 책으로 비슷한 시기에 간행되었다고 추정되는 『책략策略(『소장류초疏章類抄』(奎7071-v.1-6))』, 『소차疏箚(古4206-45-v.1-2)』, 『소차疏箚(古4206-75)』, 『소차疏箚(古4206-76)』, 『소차疏箚(古5120-51-v.1-16)』, 『소차疏箚(想白古951.052-So13)』, 『소차집요疏箚輯要(古4253.5-5-v.1-14)』, 『소차집류疏箚輯類(古5120-50-v.1-25)』 등의 책이 규장각에 전하는 것으로 보아 이와 같이 상소문을 모은 책이 조선 후기에 다수 간행되었을 것으로 추정할 수 있다. 이 중 『소장류초疏章類抄』는 모두 6책으로 상소문上疏文을 초록해 수록하였으며, 수록한 상소문의 말미에 저자나 출처를 밝히고 있다. 『소장류초疏章類抄』의 경우 수록 항목은 다양하지만 수록된 상소문의 양이나 내용면에서는

『장소휘고章疏彙攷』에 미치지 못하는 것으로 보인다.

『장소휘고章疏彙攷』에는 약천의 상소문이 모두 6편 수록되어 있는데[87] 1책에 「사부배영의정소辭復拜領議政疏([再疏] 十月八日, 『藥泉集』 9)」, 「걸면차乞免箚([再箚] 三月十九日, 『藥泉集』 7)」, 「사특배영의정소辭特拜領議政疏(甲戌四月五日在結城, 『藥泉集』 8)」, 「인재걸면잉진계차因災乞免仍陳戒箚(八月二日, 『藥泉集』 6)」 4편, 3책에 「사병조판서소辭兵曹判書疏([再疏] 九月一日, 『藥泉集』 5)」 1편, 7책에 「옥당동뢰후진계차玉堂冬雷後陳戒箚(十一月一日, 校理呂聖齊, 吳斗寅聯名, 『藥泉集』 4)」 1편이다. 이 중 1책에 수록된 「걸면차乞免箚」는 『소차가칙疏箚可則』에도 수록되어 있다. 『장소휘고章疏彙攷』와 『소차가칙疏箚可則』에 수록되어 있는 약천의 상소문을 모두 합해 저작 연대순으로 배열해 보면 아래의 표와 같은데, 이 표를 보면 『장소휘고章疏彙攷』와 『소차가칙疏箚可則』에 수록되어 있는 약천의 상소문 13편 중에서 모두 10편의 상소문이 사직상소문辭職上疏文이라는 사실을 알 수 있다. 따라서 이 글에서는 『장소휘고章疏彙攷』와 『소차가칙疏箚可則』에 수록되어 있는 약천의 사직상소문을 중심으로 논의를 전개해 나가도록 한다.

---

87 성당제는 그의 글(「藥泉 上疏文의 文藝美와 현실대응」, 『人文科學』 36, 성균관대학교 인문과학연구소, 2005, 228면; 『약천 남구만 문학연구』, 한국학술정보, 2007. 12면.)에서 약천의 상소문이 『章疏彙攷』 1책에 5편, 『疏箚可則』에 7편 수록되어 있다고 했는데 필자가 직접 확인한 결과 약천의 상소문은 『章疏彙攷』에 6편(1책 4편, 3책 1편, 7책 1편), 『疏箚可則』에 8편 수록되어 있었다. 성당제가 확인한 『章疏彙攷』와 『疏箚可則』이 필자가 확인한 책과 같은 것인지 모르겠지만, 규장각이나 국립중앙도서관본일 경우 착오가 있었던 것으로 보인다.

연번	제목	제목 세주(細註)	문집 권차	출전	비고
1	請寢打圍疏	孝宗戊戌六月三日正言時	藥泉集 第三	疏箚可則	
2	玉堂冬雷後陳戒箚(校理呂聖齊, 吳斗寅聯名)	十一月一日	藥泉集 第四	章疏彙攷	
3	辭大司成疏	甲辰十月十二日	藥泉集 第四	疏箚可則	
4	辭兵曹判書疏[再疏]	九月一日	藥泉集 第五	章疏彙攷	
5	因災乞免仍陳戒箚	八月二日	藥泉集 第六	章疏彙攷	
6	乞免箚[再箚]	三月十九日	藥泉集 第七	章疏彙攷, 疏箚可則	重複
7	因朴尙絅疏出城外待罪疏[再疏]	閏五月十三日	藥泉集 第八	疏箚可則	
8	辭特拜領議政疏	甲戌四月五日在結城	藥泉集 第八	章疏彙攷	
9	辭復拜領議政疏[再疏]	十月八日	藥泉集 第九	章疏彙攷	
10	乞致仕疏	戊寅正月二十二日	藥泉集 第十一	疏箚可則	
11	乞致仕仍辭祿俸疏	三月十八日	藥泉集 第十一	疏箚可則	
12	乞致仕疏	三月二十四日	藥泉集 第十一	疏箚可則	
13	辭遣承旨命偕來疏[三疏]	七月六日	藥泉集 第十一	疏箚可則	

3. 상소문上疏文의 구성構成과 약천藥泉 상소문上疏文

『장소휘고章疏彙攷』와 『소차가칙疏箚可則』에 수록되어 있는 약천의 상소문이 대부분 사직상소문이라는 것을 조선조 당대의 상황과 결부해 보았을 때 그리 특별한 것이라고 보기 어렵다. 그것은 조선조 당대 상소문의 대부분이 사직상소문이었기 때문이다. 김창협의 경우 그의 문집에 실린 60편의 상소문 가운데 49편이 사직상소문이었고, 이식이나 장유, 최명길, 김석주 등의 경우도 대체로 사직상소문이 상소문의 70~80%를 차지한다. 약천도 이와 비슷한 모습을 보이는데, 그의 상소문 199편 중 162편이 사직상소문에 해당한다.[88] 사직상소문이 상소문의 대부분을 차지하는 것은 조선조 당대에 상소문이 고도의 정치적 담론 행위로 기능했기 때문이라고 생각된다.

상소의 대부분이 정치적인 사안을 소재로 삼아 이루어지는 정치적 언술행위라고 할 때, 자신의 직을 버리고자 사직을 청하는 사직상소문의 경우 몸담고 있는 정계를 떠나기 위해 쓰는 것이니 별다른 정치적 어려움이 없는 것이라고 볼 수도 있다. 그러나 이 사직상소문이 왕의 행위와 정책에 대해 비판하는 간쟁소나 신하의 잘못을 탄핵하는 탄핵소, 정책이나 사건에 대해 비판하는 논사소, 특정 사건에 대해 변론하는 변무소와 결합된 형태로 나타날 때 사직상소문의 정치적 위험성은 일반적인 여타의 상소문보다 훨씬 더 커지게 된다. 그것은 이 경우 대부분의 사직상소문이 자신의 직을 사직하거나 왕이 내린 직책을 사양할 목적으로 왕에게 올리는 것이 아니라 사직이라는 행위를 통해 왕을 압박하여 자신의 정치적 목적을 이루기 위한 것이기 때문이다.

일반적으로 상소문은 다양한 설득의 방법을 사용한다. 특히 구체적인 목적을 가지고 있거나 비판의 대상이 존재할 경우 목적의 정당성과 비판의 타당성을 밝히기 위해 자신의 견해를 완곡하지만 구체적이고 명확하게 밝히게 된다. 상소가 사직상소문의 형태로 기술될 경우 이런 경향은 더욱 강화된다. 그것은 사직상소문의 상소자 대부분이 진정으로 사직을 원해서라기보다는 사직상소문을 통해 자신이 원하는 정치적 결과를 얻고자 했기 때문이다. 따라서 사직상소문의 상소자가 상소를 작성한 진정한 의도가 왕에게 받아들여지지 않을

88 송혁기, 「사직상소문의 문학적 연구를 위한 일고」, 『한국한문학연구』 48, 한국한문학회, 2011. 148면.

경우 상소 행위자는 모든 것을 잃을 수 있다. 그런 점에서 사직상소문의 경우 일정정도 이상의 정치적 무게를 지닌 신하가 선택하는 정치적 모험과 결단의 표출이라고 할 수 있고, 그런 만큼 사직상소문의 작성은 상소문 작성의 일반적인 원칙과 범주를 따라 이루어지게 된다.[89]

1860년대 후반에 간행되었다고 보이는 편자編者 미상未詳의 필사본筆寫本 14책冊 『소차집요疏箚輯要(규장각, 古4253.5-5-v.1-14)』[90]의 첫 번째 장인 「소서차범례疏書箚凡例」와 다음 장 「소차대개식疏箚大槪式」을 보면 상소문 작성의 대략적인 방법과 투식을 확인할 수 있는데, 이 글에서 필요한 부분만 발췌해 보면 다음과 같다.

> 상소를 올릴 때는 "모관의 신 모는 진실로 황공하여 거듭 머리를 조아리며 삼가 주상 전하께[섭정하는 왕세자에게는 '왕세자 저하'라고 한다] 백번 절하고[섭정하는 왕세자에게는 '두 번 절하고'라고 한다] 아룁니다[섭정하는 왕세자에게는 '글을 올린다'고 한다]. 삼가 엎드려"라고 한다. 결사에 모두 "신은 두렵고 간절한 마음을 가눌 수 없습니다."라고 한다. 일에 대해 말할 때는 "신은 지극히 두려우면서도 한편으로 간절히 바라서 삼가 죽음을 무릅쓰고 아룁니다[옛날의 예를 살펴보면 사직할 때 혹 '신은 황공하고 두려워 떨림을 견디지 못하겠습니다.', '신은 두렵고 떨리며 황공하여 간절한 마음을 가눌 수 없습니다.'라고 한다. …… 물러나기를 청할 때 '신은 성상을 향한 그리운 마음에

89 윤재환, 「상소문을 통해 본 17세기 중반 남인 계열의 의식세계 - 梅山 李夏鎭의 庚申辭大諫疏 -」, 『한국실학연구』 14, 한국실학학회, 2007, 222~223면.

90 이 자료는 필자가 최식의 논문 「奏議類 散文의 特徵과 展開樣相(『東方漢文學』 31, 동방한문학회, 2006, 219면.)을 통해 존재를 인지할 수 있었다. 이 논문은 필자의 글을 완성하는데 여러 가지 도움이 되었다.

서러운 마음으로 방황함을 견디지 못하겠습니다.', '신은 하늘같은 성상을 바라보며 지극히 간절하고 두려운 마음을 이기지 못하겠습니다.'라고 한다].라고 한다."[91]

> 모가 관직에 새로 임명되는 것은 분수로 보아도 맞지 않으니 감히 속마음을 툭 털어놓은 간청을 하여 내쫓아 벼슬을 갈아주시는 은혜를 내려주시기를 바랍니다. 중임을 삼가 받들어도 따를 수 없으니 병이 따라 또 억지로 하려고 해도 되지 않습니다. 감히 충심으로 내쫓아 벼슬을 갈아주시는 은혜를 내려주시기를 바랍니다. …… 오른쪽은 辭職이다.[92]

이 부분은 상소문의 일반적인 투식어套式語에 관한 것이다. 대부분의 상소문에서 이와 같은 용어들을 사용하여 상소문을 서술하는데, 두 번째 인용문은 사직상소문의 결사結辭에 관한 것이다. 이 인용문을 통해 상소문이 대체로 세 개의 단락으로 구성된다는 것을 알 수 있고, 첫 번째 단락인 서두序頭 부분과 마지막 단락인 결사結辭 부분은 대부분 상투적인 용어로 구성된다는 것을 짐작할 수 있다. 또 그 상투적인 용어가 왕과 왕세자라는 상소를 받는 대상과 상소의 내용에 따라 달라진다는 것도 알 수 있다. 그런 점에서 개별 상소문의

91 「疏書箚凡例」, 『疏箚輯要』, "上疏則曰, 某官臣某, 誠惶誠恐, 頓首頓首, 謹百拜[小朝則曰再拜], 上言于[小朝曰上書]主上殿下[小朝曰王世子邸下], 伏以. ○結辭皆云, 臣無任屛營祈懇之至. 言事曰, 臣無任激切屛營祈懇之至, 謹昧死以聞[按古例, 辭職或曰, 臣不勝惶恐震灼之至, 臣無任屛營, 隕越激切, 祈懇之至. …… 乞退或曰, 臣無任戀結宸極, 彷徨悵缺之至, 臣不勝瞻天望日激切屛營之至]."

92 「疏箚大概式」, 『疏箚輯要』, "某官新除, 揆分不稱, 敢陳披瀝之懇, 冀蒙鐫斥之恩事. 重任, 末由承膺, 賤疾從又難强. 敢陳衷懇冀蒙鐫斥事. …… 右辭職"

특성은 순전히 두 번째 단락인 본사本辭에 의해 결정된다고 보아야 한다. 그런데 이런 투식적套式的 서술은 약천의 상소문에서 상당부분 약화되어 나타난다. 약천의 상소문에서 투식적 서술이 특히 약화되어 나타나는 부분은 첫 번째 단락인 서두序頭 부분이다.

> 삼가 아룁니다. 신이 지난달 29일에 政目을 보니, 신을 성균관 대사성에 제수하셨습니다. 신은 처음에는 놀라고 그 다음에는 의아해하다가 마침내는 두려워서 어찌할 바를 몰랐습니다. 어찌 이 직책이 신의 몸에 내려질 것이라고 생각이나 했겠습니까.[93]

> 삼가 아룁니다. 신이 어제 죽음을 무릅쓰고 하소연한 것은 실로 가슴속의 지극히 간절한 마음에서 나온 것인데, 정성이 부족하여 성상께 도달하지 못하고 도리어 우대하는 비답을 받아 더욱 분수에 넘치니, 너무나 두려워서 눈물을 흘리며 어쩔 줄을 모르겠습니다.[94]

> 신이 이달 4일에 사관이 가지고 온 教旨를 공경히 받으니, 여기에 "이제 경을 의정부 영의정으로 임명하니, 경은 하루 속히 역말을 타고 올라오라."고 하셨습니다.[95]

93 南九萬, 「辭大司成疏 甲辰十月十二日」, 『藥泉集』 권4, "伏以臣於前月二十九日, 伏見政目, 除臣以成均館大司成者, 臣始焉駭異, 中焉疑惑, 終而蹙蹙, 罔知所處, 豈料此職."

94 南九萬, 「辭兵曹判書疏[再疏] 九月一日」, 『藥泉集』 권5, "伏以臣於昨日, 冒死呼籲, 實出肝膈之血懇, 而禽誠淺薄, 未達穹蒼, 反承優批, 益增非分, 惶怖涕泣, 不知所處."

95 南九萬, 「辭特拜領議政疏 甲戌四月五日在結城」, 『藥泉集』 권8, "臣於今月初四日, 祗受史官齎來有旨, 云今以卿拜議政府領議政, 卿其斯速乘馹上來者."

삼가 아룁니다. 지금 국가에 우려할 만한 일이 안팎으로 쌓여 있어 손꼽아 헤아려 보면 이루 다 셀 수가 없습니다. 그러나 그중에도 가장 중대하면서도 끝내 반드시 구제할 방도가 없는 일이 두 가지가 있으니, 하나는 당쟁의 화가 이어져서 사람들 마음이 분열되어 의론이 어긋나는 것이요, 하나는 팔도에 큰 흉년이 들어서 국고가 고갈되어 백성들이 앞으로 모두 죽게 된 것입니다.[96]

위에서 인용한 글은 『장소휘고章疏彙攷』와 『소차가칙疏箚可則』에 실려 있는 약천의 상소문으로 순서대로 각각 약천의 문집 4권, 5권, 8권, 9권에 나오는 「사대사성소辭大司成疏」, 「사병조판서소辭兵曹判書疏[再疏]」, 「사특배영의정소辭特拜領議政疏」, 「사부배영의정소辭復拜領議政疏[再疏]」이다. 대사성과 병조판서, 영의정을 사직하기 위해 쓴 상소문의 서두 부분에 해당하는데, 4편의 글 서두 부분이 모두 다르게 구성되어 있다. 4편의 글에서 "某官臣某, 誠惶誠恐, 頓首頓首, 謹百拜, 上言于主上殿下, 伏以."라고 하는 상소문의 상투적 표현을 지키고 있는 부분을 찾기 어려울 뿐 만 아니라 같은 인물이 쓴 글의 경우 대부분 확인할 수 있는 기본적인 형식적 유사성조차 찾기 어렵다. 특히 세 번째 상소인 「사특배영의정소辭特拜領議政疏」는 왕의 교지敎旨에 나오는 내용을 상소의 서두序頭로 사용하고 있다. 4편의 상소 모두 약천이 쓴 것이 분명하지만 각각의 상소 서두序頭 부분은 당시 약천이 처해 있던 상황에 따라 그 시작을 각기 달리한다.

96 南九萬, 「辭復拜領議政疏[再疏] 十月八日」, 『藥泉集』 권9, "伏以方今國家之所可憂者, 若內若外, 有不勝僂指而數者. 然其事之最大而終必無可救之道者有二焉, 曰黨禍連仍, 人心波蕩. 而論議潰裂也. 曰八路大侵, 國儲罄竭, 而民將盡劉也."

삼가 바라건대, 신에게 새로 제수하신 職名을 속히 체차하셔서 관직을 소중히 하고 신의 분수를 편안히 하게 해 주신다면 공적으로나 사적으로나 매우 다행이겠습니다. 신은 지극히 황송하고 두려운 마음을 금할 수 없습니다.[97]

삼가 바라건대, 밝으신 성상께서는 다시 깊이 살피시어 신에게 새로 제수한 직명을 속히 환수하신다면 천만다행이겠습니다. 신은 지극히 절박하고 위태로운 마음을 금치 못하겠습니다.[98]

삼가 바라건대, 밝으신 성상께서는 신을 가엾게 여기고 불쌍히 여기셔서 은혜로운 명령을 환수하여 하늘처럼 비호해 주시는 인자함이 신 같이 보잘 것 없는 미물에 미치게 하시고, 어질고 덕이 있는 사람을 다시 뽑으셔서 나라의 일을 다행스럽게 하소서. 신은 지극히 두렵고 떨리는 마음을 금할 수 없습니다.[99]

삼가 바라건대, 밝으신 성상께서는 신의 간절한 심정을 굽어 살펴 새로 내린 명령을 속히 회수하신다면 국사에도 매우 다행이고 신의 분수에도 매우 다행일 것입니다. 신의 집 하인이 마침 사람들이 꺼리는 병이 있어서 소장을 써서 보내어 숙직하는 방에 두었다가 하루가 경과한 뒤에 올리게 하느라고 이처럼 지체되었으니, 지극히 황송하고 떨리는 마음을 금할 수가 없습니다.[100]

---

97 南九萬, 「辭大司成疏 甲辰十月十二日」, 『藥泉集』 권4, "伏乞將臣新授職名, 亟賜遞改, 以重官方, 以安愚分, 公私不勝幸甚. 臣無任惶隕戰灼之至."

98 南九萬, 「辭兵曹判書疏[再疏] 九月一日」, 『藥泉集』 권5, "伏乞聖明更加諒察, 亟命收還臣新授職名, 千萬幸甚. 臣無任窘迫危蹙之至."

99 南九萬, 「辭特拜領議政疏 甲戌四月五日在結城」, 『藥泉集』 권8, "伏乞聖明哀憐閔惻, 收回恩召, 使天覆之慈, 及於一物, 而更卜賢德, 以幸國事. 臣不勝震慄戰灼之至."

이 부분은 앞서 살펴본 상소문 4편의 결사結辭 부분이다. 서두序頭 부분과 달리 내용과 상소문 일반의 투식적 용어를 사용하여 투식에서 상당한 정도의 유사성을 확인할 수 있다. 특히 그가 4편의 상소문에서 사용한 "臣無任惶隕戰灼之至", "臣無任窘迫危蹙之至", "臣不勝震慄戰灼之至", "尤不勝戰灼之至"는 『소차집요疏箚輯要』의 「소서차범례疏書箚凡例」와 「소차대개식疏箚大槪式」에서 살펴본 사직상소문 결사結辭 부분의 보편적 투식어인 "臣不勝惶恐震灼之至, 臣無任屏營, 隕越激切, 祈懇之至."나 "臣無任戀結宸極, 彷徨悵缺之至, 臣不勝瞻天望日激切屏營之至", "某官新除, 揆分不稱, 敢陳披瀝之懇, 冀蒙鐫斥之恩事."나 "重任, 末由承膺, 賤疾從又難强, 敢陳衷懇冀蒙鐫斥事."를 인용하거나 그대로 옮겨온 것으로 보아도 별 무리가 없어 보인다. 그렇다면 문제가 되는 것은 서두序頭와 결사結辭 부분에서 보이는 투식어 사용의 차이이다.

필자가 생각하기에 약천이 자신의 사직상소문 결사結辭 부분에서 관습적 투식어套式語을 사용한 것은 그가 형식적이고 전형적인 글쓰기에 익숙하다거나 그와 같은 글쓰기를 추구해서라기보다 사직상소문이라는 글이 지니고 있는 본질적인 속성에 근거한 것이라고 보아야 할 듯하다. 그것은 이면에 감춰진 의도야 어찌되었든 표면적으로 사직을 목적으로 한 글에서 약천이 할 수 있는 결론적인 이야기는 사직의 허락을 강하게 요청하는 것이고, 그렇게 하기 위해서는 관습적인 용어보다 더 적절한 것이 없었을 것이기 때문이다.

---

100 南九萬, 「辭復拜領議政疏[再疏] 十月八日」, 『藥泉集』 권9, "伏乞聖明俯諒血懇, 亟賜收回新命, 國事幸甚, 愚分幸甚. 臣之家中隸人, 適有拘忌之疾, 書疏以送置直房, 使之經宿以上, 稽延至此, 尤不勝戰灼之至."

관직을 그만두겠다는 신하의 입장에서 '신은 지극히 황송하고 두려운 마음을 금할 수 없습니다.', '신은 지극히 절박하고 위태로운 마음을 금치 못하겠습니다.', '신은 지극히 두렵고 떨리는 마음을 금할 수 없습니다.', '지극히 황송하고 떨리는 마음을 금할 수가 없습니다.'와 같은 표현은 그 표현의 상투성과 관습성을 인정한다고 해도 그 이상 사직을 청하는 자신의 표면적 요구를 절실하고 분명하게 드러낼 마땅한 다른 용어를 찾기 어렵게 만들었을 것이다.

그와 같은 투식적 용어가 지니고 있는 표현의 절실함과 함께 약천에게 이와 같은 용어의 사용을 유도한 것은 그의 문장관文章觀이었다고 보인다. 만약 약천이 이 표현을 넘어서는 새로운 표현을 찾고자 했다면 그는 신기新奇하고 기괴奇怪하며 험벽險僻하고 난삽難澁한, 기발한 표현을 찾아야 하는데, 약천은 그와 같은 표현이나 용어의 사용이 문장의 체제體制와 격조格調를 떨어뜨려 문도文道를 해치는 것이라고 생각했다. 따라서 사직상소문의 결사結辭에서 약천이 사용할 수 있는 표현이나 용어는 그의 의도를 그대로 드러내고, 그의 의지를 명확하게 보여주는 사직상소문 일반의 투식적 용어와 표현일 수밖에 없었다고 보인다. 그런 점에서 이와 같은 결사結辭의 구성은 모방模倣이나 인습因襲, 전통적 상소문 구성의 추구나 보수적인 문장 창작의 경향을 보여주는 것이 아니라 사직을 청하는 그 자신의 요구를 강하게 드러내기 위한 의도적인 선택이었다고 보는 것이 옳을 듯하다.

상소문의 본사本辭를 어떻게 구성해야 하는지에 대해 기록해 놓은 글은 아직 확인하지 못했다. 그것은 기본적으로 정치적 행위의 수단이자 결과물이라는 상소문의 특성에 따른 것이라 보인다. 상소를 올려야 하는 정치적 혹은 개인적인 상황이 다르고, 그 상황에서 할 수 있는 말이나 내용이 다를 경우, 혹은 상소를 통해 얻고자 하는 목적이나 상소의 의도가 다를 경우 상소의 내용은 자연스럽게 달라질 수 밖에 없기 때문에 상소 본사本辭의 구성 원칙이나 사용 용어를 획일적으로 규정하지 못한 것이 아닌가 생각된다. 그런 점에서 개별 상소문의 특성은 순전히 두 번째 단락인 상소문의 본사本辭에 의해 결정된다고 보아야 할 것이다. 약천 사직상소문의 본사本辭 역시 그와 같은 관점에서 보는 것이 타당하다고 생각된다.

4. 약천藥泉 상소문上疏文 전개展開 양상樣相의 실재實在

사직상소문 일반의 표현과 견주어 본 약천藥泉의 사직상소문辭職上疏文은 서두序頭 부분에서 상당한 정도의 차이를 보여주었다. 서두序頭와 본사本辭의 구분이 모호할 정도로 서두序頭 부분에서부터 자신의 개인적인 의견을 직접적으로 밝히고 있으며, 형식적이거나 상투적인 표현과 용어를 배제하고 현재 처해 있는 자신의 상황을 구체적으로 보여줄 수 있는 용어들을 사용하여 자유롭게 서술하였다. 그렇기 때문에 약천의 사직상소문은 약천이라는 동일한 인물에 의해 기술되었지만 다양한 차이를 보여준다.

이 장에서는 『장소휘고章疏彙攷』와 『소차가칙疏箚可則』에 실려 있는 약천의 상소문을 통해 약천 상소문의 본사本辭에서 확인할 수 있는 특징적인 모습을 살펴보도록 하겠다. 논의의 연속성과 편의를 위해 앞 장에서 살펴본 4편의 상소문 중 약천 상소문의 보편적인 모습을 보여주고 있다고 생각되는 「사대사성소辭大司成疏」와 「사병조판서소辭兵曹判書疏[再疏]」를 대상으로 논의를 진행하도록 한다.

[序頭] 삼가 아룁니다. 신이 지난달 29일에 政目을 보니, 신을 성균관 대사성에 제수하셨습니다. 신은 처음에는 놀라고 그 다음에는 의아해하다가 마침내는 두려워서 어찌할 바를 몰랐습니다. 어찌 이 직책이 신의 몸에 내려질 것이라고 생각이나 했겠습니까.

[本辭]

[1. 주장] 신은 ① 어리석고 비루하여 한 가지도 남들과 같지 않은데, 외람되이 큰 은혜를 입어 깨끗한 벼슬길에 올라 앞뒤로 지위를 도둑질하였으니 모두 걸맞지 않습니다. 그러나 ② 나아가는 것을 탐하고 영화를 사모하여 버젓이 얼굴을 들고 대열에 나왔으니, 돌이켜 생각해 보면 평상시에도 늘 두려운 마음이 간절하였습니다. 더구나 이번에 새로 내리신 명령은 이 얼마나 중요한 선발이며 얼마나 중대한 임무입니까. 그런데 ③ 자신의 분수를 헤아리지 않고 오히려 다시 외람되이 이 자리를 차지한단 말입니까.

[2. 논거] 이에 신이 만약 선배들이 규례를 따라 면직을 청한 말을 비유하여 끌어다 댄다면 또한 ④ 다소나마 직임을 감당할 수 있으면서 형식적으로 사양하는 말을 흉내 내는 듯 하기에, 신은 감히 무식한 말을 많이 늘어놓아 성상께 번거롭게 아뢰지 않고 다만 ⑤ 지금 조정에 있는 신하들을 가지고 아뢰겠습니다. 오랫동안 명망을 받은 선배들이 적지 않은데 신이 후생으로서 ⑥ 순서를 뛰어넘어 갑자기 승진한다면 ⑦ 어떻게 사람들의 마음을 화합하고 선비들의 마음을 진정시킬 수 있겠습니까. 또 신의 재주와 학식이 부족함은 이미 말할 것도 없고, 과거에 급제하여 출신한 지 채 10년이 못 되었습니다. 그리하여 지금 儒巾을 쓰고 學宮에 있는 자들은 대부분 신과 평소에 동등한 자들이었는데, 이제 신이 갑자기 스승의 자리를 차지하여 이리이리 말하고자 한다면 단지 신의 마음에 부끄러울 뿐만 아니라, ⑧ 저 유생들 또한 어찌 손가락질하고 비웃지 않겠습니까. 신이 만약 은혜를 사모하고 위엄을 두려워하여 염치를 무릅쓰고 반열에 나아간다면, 신 한 몸을 그르치는 것이야 걱정할 것도 못 되지만 ⑨ 관직을 욕되게

하고 조정을 부끄럽게 하는 것은 작은 일이 아닐 것입니다.

[3. 주장의 강조] 신은 여러 날 동안 위축되어 엎드려 있으면서 삼가 ⑩ 공론이 일어나 논박하여 바로잡아 주기를 기다렸는데 지금까지 아무 말이 없으니, 또 한 가지 괴이한 일입니다. 만약 다시 지체하여 스스로 탄핵하여 면직되지 않는다면 ⑪ 현자를 등용하는 데 방해가 되고 직책을 제대로 수행하지 못하여 또 한 가지 죄를 더하겠기에, 감히 천지 부모와 같으신 성상께 애처롭게 호소하는 것입니다.

[結辭] 삼가 바라건대, 신에게 새로 제수하신 職名을 속히 체차하셔서 관직을 소중히 하고 신의 분수를 편안히 하게 해 주신다면 공적으로나 사적으로나 매우 다행이겠습니다. 신은 지극히 황송하고 두려운 마음을 금할 수 없습니다.[101]

이 상소는 약천이 36세 되던 현종 5년(1664) 10월 12일 성균관 대사성成均館大司成을 사직하기 위해 올린 상소이다. 이 해 9월 29일 약천

101 南九萬, 「辭大司成疏 甲辰十月十二日」, 『藥泉集』 권4, “伏以臣於前月二十九日, 伏見政目, 除臣以成均館大司成者. 臣始焉駭異, 中焉疑惑, 終而蹙蹙, 罔知所處. 豈料此職, 乃加此身哉. 臣愚騃蒙陋, 百不如人, 而猥荷鴻渥, 致身淸塗, 前後忝竊, 無非不似. 而貪進戀榮, 强顔厠迹, 顧念平生, 每切懍慄. 況玆新命, 是何等重選何等重任. 而不揣分量, 猶復叨冒哉. 今臣若譬引前輩據例蘄免之語, 則亦近於稍可承當而倣效飾辭者, 故臣不敢廣陳蕪說, 以煩宸聽, 而只以目今在朝諸臣言之. 舊次宿望, 不爲不多, 而臣以後生, 越序驟進, 其何以協物情而鎭士心乎. 且臣才學之滅裂, 已不足言, 而脫身場屋, 未及十年. 卽今冠章甫而處儒宮者, 多臣平日之等夷, 今臣猝據師席, 欲有云云, 則不但臣心之愧恧, 彼諸生亦豈不相指而目笑乎. 臣若懷恩畏威, 冒沒就列, 則一身顚沛, 非所敢恤, 其辱名器而羞朝廷, 非細故也. 臣縮伏屢日, 佇俟公議之駁正, 而尙今無聞, 又一怪事. 若復遲回, 不自劾免, 則妨賢曠職, 又添一罪, 玆敢哀籲於天地父母之下. 伏乞將臣新授職名, 亟賜遞改, 以重官方, 以安愚分, 公私不勝幸甚. 臣無任惶隕戰灼之至.”

이 홍중보·김좌명·김만기·장선징·심재·이일상·이경억·이홍연·우창적·홍만형·권대운 등과 함께 새로운 직책을 제수除授 받았으니[102] 대사성 직에 임명된 지 꼭 13일 만이다. 이 때 약천이 사직을 청한 다른 이유가 있을 것이라고도 생각해 볼 수 있지만 그 이유가 무엇인지는 분명하지 않다. 약천이 28세가 되던 효종 7년 8월 별시문과別試文科에 을과乙科로 합격하고, 그 해 11월에 가주서로 뽑힌 뒤 특지로 전적으로 승진하였으니 만 8년이 채 되지 않은 시간 만에 대사성 직에 오른 것이다. 이 상소의 서두序頭와 결사結辭 부분은 앞 장에서 이미 살펴보았기 때문에 여기서는 서두와 결사 부분에 대해서는 논외로 하고 본사本辭 부분만을 살펴 약천 상소문의 전개 양상에 대해 알아보도록 한다.

상소의 본사 부분은 모두 3개의 단락으로 구분이 가능하다. 주장 - 논거 - 주장의 강조인데, 짤막하면서도 상당한 짜임새가 엿보인다. 또 본사의 첫 부분에서 바로 자신의 주장을 개진하고, 주장의 근거 제시 이후 다시 한 번 주장을 강조하며 본사를 맺고 있다는 점에서 이 상소는 자신의 주장을 중심으로 서술된 것이라고 할 수 있다. 이와 함께 일반적인 사직상소문에서 흔히 볼 수 있는 비유나 비판이 보이지 않는다는 점에서 이 상소는 간쟁諫諍, 탄핵彈劾, 논사論事, 변무辨誣와 같은 특별한 목적 없이 자신의 주장을 직접적으로 개진하고 있는 것이라고 할 수 있다.

102 『顯宗實錄』, 현종 5년 9월 29일, "丁巳, 以洪重普爲戶曹判書, 金佐明爲知義禁, 金萬基爲副應教, 張善瀓爲校理, 沈梓爲副修撰, 李一相爲禮曹判書, 李慶億爲副提學, 南九萬爲大司諫, 李弘淵爲承旨, 禹昌績爲持平, 洪萬衡爲待教, 特除權大運爲右尹."

본사의 첫 부분에서부터 바로 약천은 상소 작성의 목적을 밝혔다. 주장을 위한 사전 준비나 전제가 전혀 보이지 않는다. 주장 부분의 내용은 두 가지로 정리가 가능한데, 하나는 자신의 문제점이고, 다른 하나는 제수 받은 대사성이라는 직책의 위상이다. 따라서 주장의 개요는 자신의 문제점으로 보아 대사성 직책은 어울리지 않는다는 것이다. 약천이 밝힌 자신의 문제점은 밑줄 친 ①과 ②이다. 어리석고 비루하며, 남 같은 점이 한 가지도 없으면서, 벼슬에 나가는 것을 탐하고 영화를 사모한다는 것이다. 이런 문제가 있기 때문에 약천은 스스로 자신의 벼슬길이 외람되이 큰 은혜를 입은 것이고 자신에게 걸맞지 않은 것이며 늘 두려운 것이었다고 했다. 그렇기 때문에 대사성 같이 중요한 선발과 중대한 임무는 자신에게 해당되지 않는다는 것이다. 그래서 약천은 마지막으로 밑줄 친 ③에서 대사성 직은 분수에 넘치는 외람된 직이라고 했다. 주장으로 상소의 전체 내용이 정리된다는 점에서 다른 부분은 모두 군더더기라고도 할 수 있을 정도이다.

다음 부분에서 약천의 자기주장의 근거를 제시했는데, 첫 부분에서 논거의 제시 방법이 과단하고 직접적이라는 것과 함께 이와 같은 방법을 사용하는 이유에 대해 밝혔다. 약천은 일반적인 상소의 형식을 따를 경우, 즉 '선배들이 규례를 따라 면직을 청한 말'을 따를 경우 밑줄 친 ④와 같이 직책을 감당할 수 있으면서도 형식적으로 사양한다고 여길 수 있다고 했다. 따라서 약천은 밑줄 친 ⑤와 같이 지금 조정에 있는 신하들을 예로 들어 단도직입적으로 이야기하겠다고 했다. 형식이나 규범을 따르기보다 자신의 목적이 달성될 수 있도록 글을 쓰겠다는 것이다.

약천의 논거는 밑줄 친 ⑥으로 정리가 가능하다. 그 다음에 이어지는 다른 말들은 모두 이 부분을 부연 설명하는 것이다. 그가 사직을 주장하는 이유는 '후생으로 순서를 뛰어넘어 갑자기 승진한' 것이다. 이 문제는 밑줄 친 ⑦부터 ⑨까지의 문제를 일으킨다. 사람들의 마음을 화합하고 선비들의 마음을 진정시킬 수 없으며, 유생들의 손가락질과 비웃음을 받게 되어 관직을 욕되게 하고 조정을 부끄럽게 한다는 것이다. 그래서 약천은 사직을 청한다는 말이다. 사직의 이유와 사직하지 않을 경우 일어날 수 있는 문제에 대한 설명이 구체적이고 선명하다.

논거의 제시 이후 약천은 자신의 주장을 다시 제시했다. 약천이 다시 한 번 강조한 사직의 이유는 밑줄 친 ⑪로 정리된다. 어진 인물을 등용하는 데 방해가 되고 직책을 제대로 수행하지 못하여 또 다른 죄를 지을 것이기 때문이다. 이렇게 볼 때 약천이 청한 사직의 이유는 분명하고, 그가 직책에 남아 있을 경우 일어날 수 있는 문제 역시 명백한 것이다.

그런데 이 상소의 주장과 논거가 선명한 만큼 주장의 문제점 역시 또렷하게 보인다. 약천의 주장은 밑줄 친 ③의 분수에 넘치는 외람된 직책인 대사성 직에 나갈 수 없다는 것이고, 대사성 직이 분수에 넘치는 외람된 직책인 이유는 밑줄 친 ⑥의 순서를 뛰어넘는 갑작스러운 승진이다. 이 두 가지를 중심으로 상소의 내용을 정리하면 "순서를 뛰어넘는 갑작스러운 승진이어서 대사성 직이 분수에 넘치기 때문에 사직을 청한다."는 것이다. 이 주장을 현종이 인정할 수 있을까. 더욱이 약천은 밑줄 친 ⑩에서 공론公論으로 잘못된 벼슬을 바로잡아 주도록 기다렸지만 아무 말이 없어 괴이하다고 했다. 뒤집어 말한다면 사직을 청하는 약천의 개인적인 문제점이나 사직하지 않으면 일어날 수 있는 문제 모두 약천 혼자만의 생각이라는 것이다. 만약 약천이 진정으로 사직을 원했다면 최소한 밑줄 친 ⑩은 거론하지 않았어야 했다.

약천의 연보에 따르면 약천은 이 해 10월 사간원 대사간에 제수되었고, 11월 병조 판서 김좌명金佐明의 파직을 청하였다가 상의 뜻을 거슬러 체직되었다고 했다. 이 상소로 사직하지 않은 것이다. 단순하고 평이하지만, 그래서 단도직입적이고 간결하지만 상소의 내용이 구체적이고도 선명하다. 상소의 일반적인 규범보다 사직을 청하는 자신의 주장과 주장의 다양한 근거를 중심으로 서술하여 임금의 선택을 요구했다. 약천이 상소에서 밝힌 주장과 제시한 근거에 대한 임금의 선택을 강요한 것이다. 이 상소의 본뜻이 어디에 있는 것인지 단언하기는 어렵지만, 약천의 의도가 순서를 넘어서는 갑작스러운 승진에 대한 주변의 비방을 피하기 위한 것이었다면 그 목적을 달성한 것이라고 볼 수 있다.

> [序頭] 삼가 아룁니다. 신이 어제 죽음을 무릅쓰고 하소연한 것은 실로 가슴속의 지극히 간절한 마음에서 나온 것인데, 정성이 부족하여 성상께 도달하지 못하고 도리어 우대하는 비답을 받아 더욱 분수에 넘치니, 너무나 두려워서 눈물을 흘리며 어쩔 줄을 모르겠습니다.
>
> [本辭]
>
> [1. 발단] 모든 사람의 자질을 한 사람이 다 구비할 수 없으니, 조정에서 인물을 등용할 때에는 각기 그 장점을 따라야 합니다. 그러므로 滕나라와 薛나라의 大夫가 될 수 없는 자가 趙氏와 魏氏의 家老가 될 수도 있으며, 의정부의 높은 지위에 있을 만 한 자가 군대의 일을 맡지 못하기도 합니다. 그러므로 ① <u>지위의 高下와 일의 難易는 따지지 말고 오직 그 사람의 재주와 그릇이 합당한지의 여부를 취할 뿐이니, 이것이 예로부터 사람을 등용하는 일반적인 법칙입니다</u>.
>
> [2. 주장] 그런데 요즈음에는 ② <u>지위와 서열의 오램을 따지기도</u>

하고 품계의 비슷함을 따지기도 하여 물고기 꿰미처럼 나란히 나아가서 전혀 구별이 없습니다. 그리하여 六曹를 두루 돌아다니고 내외직을 두루 거치니, 이것은 참으로 三代 시대에 문무를 다 갖춘 재주 있는 사람도 하기 어려운 것인데, 이것을 평범한 한 사람의 몸에 모두 책임지우고 있습니다. 사람 쓰기를 이처럼 하니, 어찌 실효가 있겠습니까. 이 때문에 오늘날 나라 일이 날로 무너져서 수습할 수가 없는 것입니다. 그러나 이 가운데 ③ 신이 외람되이 차지한 자리는 더욱더 비슷하지도 않아 신의 실제와 잘 부합하지 않습니다. 반드시 사방에 웃음거리가 되고 국가에 누를 끼칠 것이니, 어찌 미천한 신 한 몸만의 불행일 뿐이겠습니까.

[3. 논거] 옛날 王述은 晉나라가 지극히 쇠약할 때를 만났으나 관직을 사양해야 할 때에는 기필코 받지 않았으니, 이는 왕술이 스스로 ④ 자신의 재능을 헤아려 진퇴의 예절을 이루었을 뿐만 아니라, 당시 조정에서도 그의 진실한 뜻을 헤아려서 그가 할 수 없는 것을 억지로 시키지 않았기 때문입니다. 그런데 지금은 이러한 의리가 오랫동안 폐지되어 아랫사람은 사직하는 상소로 교체되는 자가 없고 윗사람은 사직하는 상소로 체직이 허락되지 않습니다. 그리하여 진실과 거짓이 뒤섞여 하나가 되어 오늘날 우리 조정은 도리어 쇠약한 진나라 때만도 못하니, 어찌 몹시 한심스럽지 않겠습니까.

[4. 주장의 강조] 신은 노둔하고 용렬하여 한 가지 일도 국가에 보답할 만한 것이 없음을 스스로 잘 알고 있습니다. 만일 혹시라도 이러한 충정을 드러냄으로써 천지 부모와 같으신 성상의 가엾게 여겨 주심을 입어 이 사직 상소로 인해 체차함을 허락해 주신다면, 이 뒤로 ⑤ 재주가 없으면서도 외람되이 승진하는 자들이 신을 원용하여 규례로 삼아서 감히 함부로 벼슬자리에 있지 못할 것이니, 이 한 가지 일로 행여 성상의 크나큰 은혜에 만분의 일이나마 보답하게 해 주시기를 간절히 바랍니다.

[結辭] 삼가 바라건대, 밝으신 성상께서는 다시 깊이 살피시어 신에

게 새로 제수한 직명을 속히 환수하신다면 천만다행이겠습니다. 신은 지극히 절박하고 위태로운 마음을 금치 못하겠습니다.[103]

이 상소는 약천이 54세가 되던 숙종 8년(1682) 9월 1일 올린 상소로, 병조판서兵曹判書를 사직하고자 하는 두 번째 상소이다. 8월 23일 병조판서에 임명되었고,[104] 8월 27일에 첫 번째 상소를 올렸으니, 병조판서에 임명된 지 8일, 첫 번째 사직상소를 올린 지 꼭 4일 만이다.

---

103 南九萬, 「辭兵曹判書疏[再疏] 九月一日」, 『藥泉集』 권5, "伏以臣於昨日, 冒死呼籲, 實出肝膈之血懇, 而禽誠淺薄, 未達穹蒼, 反承優批, 益增非分, 惶怖涕泣, 不知所處. 凡人之資材, 不能皆備, 朝廷用人, 各隨其長. 故不足爲滕薛大夫者, 或可爲趙魏老, 合置廊廟者, 或不能任軍旅. 毋論位之高下事之難易, 唯取其才器之當否, 此自古用人之常法也. 其在今日, 或以其位次之久, 或以其資級之近, 進若魚貫, 漫無識別. 周流六部, 徧歷內外, 此實三代全才之所難能, 而並責於尋常一人之身. 用人如此, 安有實效. 此今日國事所以日漸頹敗, 莫可收拾者也. 然於其中, 臣之所叨, 尤不近似, 大不著題. 必將傳笑四方, 貽累國家, 豈特微臣一身之不幸而已哉. 昔王述當晉室極衰之際, 而然其辭官, 必於不受, 此非但王述自能量已, 成其進退之節, 其時朝廷亦能諒其誠意, 不强其所不能故也. 今則此義久廢, 下無以辭而得遞, 上無因辭而許遞. 誠僞虛實, 混爲一途, 今日朝廷, 反不如衰晉之時, 豈不大可寒心哉. 臣之駑劣, 自知無一事可以報國者. 若或暴此深衷, 得蒙天地父母之哀憐, 許其因辭改職, 則此後匪才而濫進者, 或可援以爲例, 而不敢冒處, 切願以此一節, 庶爲酬報鴻造之萬一. 伏乞聖明更加諒察, 亟命收還臣新授職名, 千萬幸甚. 臣無任窘迫危蹙之至."

104 『肅宗實錄』, 숙종 8년 8월 23일, "兵曹判書鄭載嵩免. 載嵩之爲兵判屬耳, 而以病力辭者, 蓋新設禁衛營, 而以本兵兼爲大將, 載嵩家法, 素避將兵之任故也. 又有一大臣於公會言, 爲兵判者, 今乃出矣. 時, 南九萬纔闋服, 蓋指是而言也. 大臣知其難强, 請遞之, 遂以九萬代之. 柳尙運爲大司諫. 九萬才學, 雖優於載嵩, 而器度則不及矣."; 『肅宗實錄補闕正誤』, 숙종 8년 8월 23일, "戊戌. 以南九萬爲兵曹判書. 九萬當官盡職, 所在蔚有成效. 及授本兵, 辟許墀爲郞, 伏奸宿蠹, 靡不爬櫛, 用度出入, 規制井井, 未期年府庫充牣, 至積羡布十五萬疋. 又收拾武士, 用舍公明, 時議恰然稱之. 近歲治兵曹者, 無能及焉."

83세까지 살았던 약천의 생애 중반에 나온 상소이고, 병조판서라는 고위 직책의 사직을 청한 상소라는 점에서 그의 상소가 보여주는 일반적인 틀을 확인할 수 있다. 앞에서 살펴본 상소문과 같이 이 상소의 서두序頭와 결사結辭 부분도 앞 장에서 이미 살펴보았기 때문에 여기서는 본사本辭 부분만 보도록 한다.

본사 부분을 살피기 전에 이 상소가 두 번째 올린 상소이고, 상소의 서두에서 약천이 "우대하는 비답을 받아 더욱 분수에 넘치니"라고 한 점을 돌이켜 볼 필요가 있다. 8월 27일 병조판서의 사직을 청한 첫 번째 상소에 대해 숙종은 "상소를 보고 경의 간절한 마음을 잘 알았다. 경의 재주와 명망이 일찍 드러났으니, 이번의 등용은 늦다고 이를 만하다. 나의 뜻이 먼저 정해졌고 공론이 모두 같은데, 어찌 지나치게 사양하는가. 장관의 직책을 오랫동안 비워 두면 대응할 일에 장애가 많을 것이니, 경은 안심하여 사직하지 말고 속히 직임을 살피라.[105]"고 했다. 이로 보아 숙종은 약천의 첫 번째 상소에 대해 자신의 등용이 늦었다고 생각한 약천의 불만 표시 정도로 인식하였음을 알 수 있다. 약천이 진정 사직을 원한다면 다시 상소해야 하고, 또 첫 번째 상소에 대한 숙종의 인식을 확인했으니 그의 두 번째 상소는 더 절실해야 한다.

상소의 본사는 발단으로 시작하여 주장의 강조까지 모두 4부분으로 나누어져 있다. 약천의 문장관으로 보아 이 상소에 앞서 살펴본 상소에서 없던 발단 부분이 들어가 있는 것은 상소의 기본 틀을 지키

105 南九萬, 「辭兵曹判書疏 八月二十七日」, 『藥泉集』 권5, "答曰, 省疏具悉卿懇. 卿之才望夙著, 今玆登庸, 亦云晩矣. 予志先定, 公議僉同, 何用過辭. 長官久缺, 酬應多滯, 卿其安心勿辭, 從速察職."

기 위한 것이 아니라 상소의 논리성을 강화하기 위한 조치라고 생각된다. 발단 부분의 주된 내용은 밑줄 친 ①에서 볼 수 있듯이 인재 등용의 기본 원칙에 대한 강조이다. 그가 인재 등용의 원칙을 강조한 이유는 표면적으로 모든 사람의 자질을 한 사람이 다 구비할 수 없기 때문이지만, 이 글을 읽는 사람은 현재 조정의 인재 등용이 그렇지 못하다는 예측을 하게 된다.

다음 부분인 주장에서 약천은 그와 같은 예상을 충족시켜 준다. 예측과 구현이라는 순차적인 구조로 이루어져 주장을 쉽게 이해할 수 있다. 주장 부분에서 약천이 밝히고 있는 것은 두 가지인데 하나는 현재 조정의 인재 등용이 가진 문제점이고 다른 하나는 자신의 등용이 잘못되었다는 것이다. 자신의 등용이 잘못되었다고 한 부분에서는 그와 같은 잘못된 등용의 폐해에 대해서도 언급하였는데, 예측의 구현 부분이 다시 전체적인 문제에서 개인적인 문제로 집약되고 있다. 순차적 서술 구조가 전체에서 개인으로 축소되는 집약적 구조로 강조된다. 순차적이면서도 집약적인 구조로 이루어져 약천의 주장은 선명성과 구체성을 동시에 얻게 된다. 약천이 밝히고 있는 인재 등용의 문제는 밑줄 친 ②와 같이 능력을 살피지 않고 지위와 서열, 품계를 따져 서열에 따라 차례로 승진한다는 것이다. 이와 같은 상황에서 약천이 느끼는 문제는 밑줄 친 ③에 나온다. 자신은 전혀 능력이 없는데 병조판서에 임명되어 능력과 직책이 부합하지 않는다는 것이다.

그런데 밑줄 친 ②만 보면 이 상소의 문제 제기가 앞의 상소와 같은 것이라고 볼 수 있지만, 밑줄 친 ③과 8월 27일 상소에 대한 숙종의 비답을 고려해 보면 밑줄 친 ③ 부분이 약천의 불만 표출이라고 생각할 수도 있다. 약천의 생각이 어떤 것인지 보장하기는 어렵지만

이 말은 뒤집어 "아무 능력 없는 사람들도 서열에 따라 차례로 승진하는데, 나는 아직 이런 자리에 오르지 못했으니 나는 능력 없는 사람보다도 못하다. 그러니 사직하는 것이 옳다."는 것으로 해석 가능하다. 순차적이고 집약적인 구조의 마지막에 밑줄 친 ③이 놓인 것은 표면적으로 볼 때 이 부분을 선명하게 강조하는 것이지만 다른 한편으로는 이 부분의 내용을 다양한 방향으로 확장한 해석을 가능하게 한다. 그래서 숙종이 앞에서 본 것과 같은 비답을 보낸 것이라 생각된다.

주장의 다음에 나오는 논거에서 약천은 진晉나라 왕술王述의 고사를 인용하여 논지를 전개하였다. 『성호사설星湖僿說』에 "진晉나라 왕술王述은 관직을 제수 받으면 사양하지 않았고, 사양할 것이면 반드시 받지 않았다.[106]"라고 했는데, 이 왕술의 고사를 인용하여 자신의 주장을 뒷받침한 것이다. 이 부분에서 약천이 하고자 했던 말은 밑줄 친 ④에 있는 "자신의 재능을 헤아려 진퇴의 예절을 이루었을 뿐만 아니라, 당시 조정에서도 그의 진실한 뜻을 헤아려서 그가 할 수 없는 것을 억지로 시키지 않았기 때문"이다. 그 자신의 의지와 조정의 결정이 같았기 때문에 왕술 같은 인물이 나올 수 있었다는 것이다. 그런데 약천의 이야기는 여기서 그치지 않는다. 상소로 사직하는 사람이 하나도 없어 진실과 거짓이 뒤섞이고 우리 조정은 쇠약한 진晉나라보다 못하게 되었다고 했다. 이 이야기는 자신의 사직이 허락되지 않을 경우 일어날 수 있는 문제와 그 문제의 책임이 자신이 아니

106 李瀷, 〈辭官〉, 「人事門」, 『星湖僿說』 권7, "晉王述受職不讓, 其所辭必不受. 及爲尙書令, 子坦之白述, 故事當讓. 述曰汝謂我不堪耶. 曰非也, 克讓美事. 述曰旣謂堪之, 何謂復讓. 人言汝勝我, 定不及余."

라 조정, 더 나아가 임금에게 있음을 말하는 것이다. 결국 이 부분을 통해 약천은 임금의 선택을 강요한 것이다.

논거 다음에 있는 주장의 강조는 앞서 본 주장의 내용을 반복하여 주장의 타당성과 가치를 강화하는 부분이다. 이 부분의 중심 내용은 밑줄 친 ⑤와 같이 정리할 수 있다. "재주가 없으면서도 외람되이 승진하는 자들이 신을 원용하여 규례로 삼아서 감히 함부로 벼슬자리에 있지 못할 것"이다. 이 부분을 자신의 사직 상소가 받아들여질 경우 얻게 될 국가적 이익에 대한 설명이라고 볼 수도 있지만, 앞에서 살펴본 밑줄 친 ③과 같이 살펴보면 이 말은 "자신의 사직은 다른 어떤 이유보다 재주 없는 고위직 관리들, 서열에 따라 차례차례 승진하여 자리나 지키고 있는 관료들을 위한 본보기"로 의미가 있다는 것이다. 이 쯤 되면 이 상소의 목적이 진정 사직을 청한 것인지 확신하기 어려워진다.

앞에서 살펴본 상소와 함께 이 상소의 본뜻이 어디에 있었는지, 현종과 숙종이 그 의도를 명확하게 파악하고 있었는지는 확인하기 어렵다. 특히 이 상소에 대한 숙종의 비답이 어떤 것이었는지는 확인되지 않지만, 약천은 이 상소 이후 체직遞職되지 않았다. 오히려 2년 뒤인 숙종 10년(1684) 1월 우의정으로 승진하였다. 우의정에 제수除授된 이후로도 여섯 번에 걸쳐 사직상소문을 올렸지만, 약천의 상소는 끝내 받아들여지지 않았다. 상소는 목적을 지닌 글이다. 특히 사직상소는 사직이라는 분명한 목적을 지닌 글이다. 그렇다면 약천의 상소는 상소의 목적을 달성하지 못한 것이고, 그 의도를 실현하지 못한 것이다. 약천의 상소가 당대부터 후대까지 문인들에게 인정받고 인구人口에 회자膾炙될 이유가 없는 것이라고 할 수 있다.

약천의 상소는 당대는 물론이고 현재까지 뛰어난 글이라는 인정을 받는다. 그렇다면 여기서 살펴본 약천의 사직상소가 사직을 위한 것이 아니었다고 보아야 한다. 물론 약천은 정녕 사직을 원했지만 그 뜻을 임금이 받아주지 않은 것이라고도 볼 수 있다. 하지만 약천은 사직상소를 올리며 관직에 나가지 않고 있었던 동안에도 지속적으로 자신에게 주어진 정무政務를 관장했고, 국가의 시무時務에 대한 다양한 의견을 피력하였다. 그 시기 상소를 통해 능력이 부족하다는 수많은 말과 병을 견딜 수 없다는 수많은 이야기를 했음에도 불구하고 그의 활동은 이어졌다. 그런 점에서 약천의 사직상소가 지니는 본질적인 의도는 사직이 아니라 자신에 대한 굳건한 임금의 신임 확인이라고 보는 것이 타당할 것이다.

그렇다면 그는 간결하고 명확하며 집약적인 서술 속에 중의적인 해석이 가능한 글로 자신의 속내를 담아내는 상소를 통해 그 자신의 의도를 달성했다고 할 수 있다. 형식적인 수사나 표현의 아름다움을 배제한, 어떻게 보면 거칠고 투박해 보이는 서술 기법이 오히려 그의 진정眞情을 더욱 선명하게 보여준 것이다. 약천의 상소가 보여주는 서술 기법과 전개의 양상이 당대부터 지금까지 인정받을 수 있었던 것은 신하의 신분에서 임금의 선택을 요구하면서도 거침없이 당당한 글로 자신의 의도를 관철시켰기 때문일 것이다.

5. 결론

약천은 당대부터 사대소차가四大疏箚家로 불렸다고 한다. 문학에 주력하지도 마음을 두지도 않았다고 했지만, 그의 문장에 대한 평가는 대부분 호평이었다. 그와 정치적 대척점에 서 있던 노론계열이 주도하여 편찬한 『숙종실록』에서 그에 대해 "성품이 편협編狹하고 강팍하며 각박한데, 강직하여 패려궂고 뽐내는 행동을 좋아했다."고 하고 "만년晩年에 서자庶子를 위하여 산업産業을 경영했는데, 비루鄙陋하고 외잡猥雜한 일이 많아서 천종賤宗의 모욕侮辱까지 받게 되니, 사람들이 모두 비웃었다."라고 하여 극단적인 비방을 가했지만 "남구만은 젊어서부터 문재文才가 있었고, 필법筆法도 공교하고 아름다웠다."라고 하여 그의 문장에 대해서는 높이 평가하였다. 인격적인 모독이라고까지 생각할 수 있는 비판을 가했지만, 그의 글이 지녔던 성가聲價를 부정할 수 없었기 때문일 것이다.

스스로 문학에 마음을 두지 않았다고 한 것처럼 약천은 그 자신의 문학관이나 문장론에 대해 구체적으로 거론한 것이 없다. 단지 그가 남긴 몇 편의 글을 볼 때 약천이 생각한 문학, 문장에 대해 추론해 볼 수 있을 뿐이다. 약천은 문장이란 그 스스로가 익힌 학문이 그대로 드러나는 그 사람됨과 같은 것이니, 그 사람이 어떠냐에 따라 그 사람이 지은 글의 아름다움이 결정된다고 보았다. 따라서 좋은 글을 짓기 위해서는 먼저 개인적인 내면의 수양이 우선되어야 한다고 생각했던 것 같다. 그렇기 때문에 약천은 좋은 글, 아름다운 문장은 화려한 수식이나 공교로운 묘사가 아니라 상황을 있는 그대로 보여주는 소박하고 단순한 것이어야 한다고 여겼다. 약천 계열 문학 비평의 특징으로 '의意'와 '질質'을 설정한 논의[107] 역시 이와 같은 약천 문장관의 특성에 기인한 것이라 생각된다.

---

107 송혁기, 「老·少 分岐期의 學的 地形과 南九萬 계열 소론계의 문학비평」, 『고전과 해석』 10, 고전문학한문학연구학회, 2011, 22~24면.

약천의 상소문 역시 이와 같은 특징을 보여준다. 사직상소문을 중심으로 보았을 때 약천의 상소문 대부분이 진정 사직을 위해 쓴 것이라고 보이지 않는다. 그의 사직상소문은 사직보다 사직이라는 수단을 통해 자신에 대한 임금의 신임을 확인하고 이를 통해 자신의 정치적 목적을 달성하고자 했던 수단적 기능을 한 것이라 보인다. 그의 상소문은 상소문 일반의 투식어를 배격하고 자신의 현재 상황과 처지에 따라 글을 구성했다. 단순하고 평이하면서 단도직입적이고 간결하지만 상소의 내용이 구체적이고도 선명하다는 특징을 보이는데, 구체적이고도 명확하며 집약적인 서술 속에 중의적인 해석이 가능한 글로 자신의 속내를 담아내어 그 자신의 의도를 달성했다. 형식적인 수사나 표현의 아름다움을 배제하여 거칠고 투박해 보이기까지 한 서술 기법이 오히려 그의 의도를 달성할 수 있게 해 준 것이다. 상소문의 구성과 전개로 보았을 때 그의 문장관과 상소문은 일치한다고 할 수 있다. 약천의 상소문이 지금까지도 명문으로 인정받고 있는 것은 이렇게 거침없이 당당한 글로 자신의 의도를 보여주면서 임금의 선택을 요구하여 자신의 의도를 관철시켰기 때문일 것이다.

제3부

약천藥泉 남구만南九萬 시세계詩世界의 탐색探索

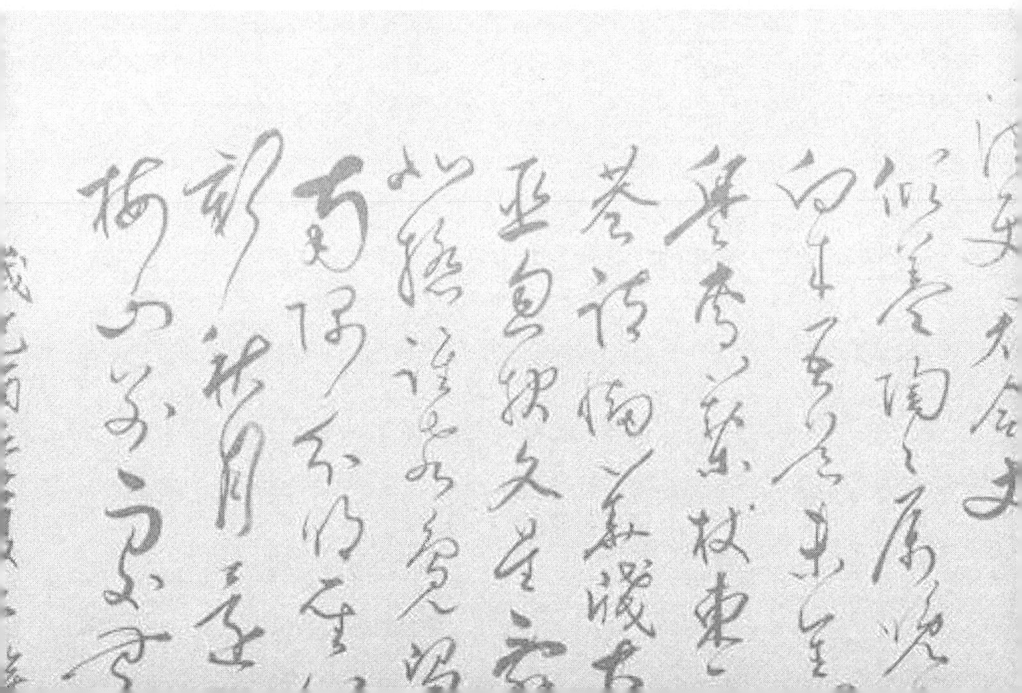

Ⅰ. 약천 남구만의 교유 인물과 『약천집』 소재 시의 편집 성향

이황진

1) 서론

남구만(1629~1711)의 『약천집』 「총목」에는 "초고의 시 900여 수에서 276수를 뽑고, 문 1,400여 편에서 726편을 추려내었다.[1]"고 기록되어 있다. 초고에 있던 900수의 1/3이 채 안 되는 276수의 시만 선별되어 편집된 것인데, 그렇다면 편집자에게는 초고에 있던 시를 선별하고 산삭하는 데에 있어 일정한 선별 기준이 있었을 것이며, 그러한 과정에서 편집자의 특별한 편집 의도나 편집 성향이 다분히 개입되었을 것이다. 필자는 이러한 부분에 관심을 갖고 『약천집』 소재 시(권 1과 권 2)의 편집상의 특징을 찾아보는 연구를 진행한 바 있다. 그 첫 번째 연구에서는 『약천집』의 간행 배경 및 경과에 대해 살펴본 후 『약천집』 소재 시의 전반적인 특징과 편차상의 특징을 중심으

1 南九萬, 「總目」. 『藥泉集』, "草藁詩凡九百餘首, 選二百七十六首, 文凡一千四百餘首, 選七百二十餘首, 爲一千三百九十一板."

로 편집상의 특징을 찾아내었으며, 그 두 번째 연구에서는 남구만의 현존시를 재검토한 후 『약천집』 소재 시의 편집체제에서 그 편집의도를 찾아보고, 당대의 다른 문인들의 문집에 수록되어 있는 남구만 관련 시(시의 제목에 남구만이 들어가 있는 시)를 참조하며 그 편집경향을 고찰한 바 있다.[2] 본고에서는 남구만의 교유인물을 살펴보고, 그것을 바탕으로 『약천집』 소재 시에 그 인물과 관련된 시가 선별되어 편차될 수 있었던 이유가 무엇일지 그 편집 성향을 유추해 보고자 한다.

남구만은 효종 · 현종 · 숙종 삼조三朝에 걸쳐 활동한 대신으로, 28세(효종 7년, 1656)에 별시에 합격하여 가주서로 벼슬길에 오른 후 요직을 두루 거쳐 영의정에까지 올랐으며 83세까지 장수한 인물이라는 사실을 염두에 두면 그의 교유관계를 정리하는 것은 그리 간단한 문제는 아니다. 따라서 필자는 우선 그 범위를 1차적으로는 『약천집』 소재 시로 제한하여 남구만이 실질적으로 교유한 적이 있는 인물로, 남구만이 누군가에게 준 시나 누군가를 추억하며 지은 시를 중심으로 그 교유인물을 정리하여 살펴볼 것이다. 물론 이는 남구만이 교유했던 인물의 일부분 혹은 교유관계의 한 쪽 면만을 확인할 수밖에 없다는 한계성을 갖기는 한다. 하지만 주고받은 시가 있다는 것은 이들이 교유관계를 맺었음을 확인시켜주는 명확한 증거가 된다. 게다가 그 인물에 관한 시가 선별되어 『약천집』에 수록되어 있다는 것은 그 인물이 어떠한 면에서든 남구만에게는 의미 있는 관계에 있었음

2 이황진, 「남구만의 『약천집』 「시」의 편집상의 특징 고찰」, 『국학연구』 33, 한국국학진흥원, 2017 ; 이황진, 「남구만의 『약천집』 「시」의 편집상의 특징 고찰 (2)」, 『국학연구』 35, 한국국학진흥원, 2018.

을 짐작할 수 있게 한다는 점에서 시는 남구만의 교유인물을 살펴보는 좋은 방법이 될 수 있을 것이다.

남구만의 교유관계에 대해서는 남구만의 정치 · 사상 · 문학을 다룬 논문, 특히 소론계 문학이론을 다룬 논문에서 부분적으로 다루어지기는 하였지만,[3] 대부분이 그 연구주제에 맞는 주요 인물 몇 명에 국한되어 있어 전반적인 교유관계를 확인할 수는 없다. 남구만의 교유관계에만 주목한 선행논문으로는 최윤정의 「서간을 통해 본 박세당과 남구만의 교유 양상」이 있다.[4]

필자가 남구만의 교유인물을 정리한 1차 자료는 『약천집』 소재 시 속의 인물이며, 『약천집』 소재 시 이외의 부분 특히 권 15~23에 수록되어 있는 묘도문자墓道文字 및 행장, 권 27에 수록되어 있는 제문祭文 · 서序 · 제발題跋, 권 30~34에 수록되어 있는 서書[편지] 등이 2차 자료가 된다. 그리고 거기에 더해 당대의 기타 문인의 문집에서 찾아낸 남구만 관련 시(시의 제목에 남구만이 들어있는 시)가 수록되어 있는 문집을 3차 자료로 삼았다.[5] 『약천집』 소재 시에 수록된 시 276수를 필자가 분류한 바로는 남구만이 먼저 시를 지어 다른 사람에게 준 시는 60제 64수, 타인의 시에 차운하여 누군가에게 준 시는

3 김영주, 「조선후기 소론계 문학이론의 특징 연구 (1)」, 『퇴계학과 유교문화』 35, 경북대학교 퇴계연구소, 2004 ; 송혁기, 「노 · 소 분기기의 학적 지형과 남구만 계열 소론계의 문학비평」, 『고전과 해석』 10, 고전문학한문학연구학회, 2011.

4 최윤정, 「서간을 통해 본 박세당과 남구만의 교유 양상」, 『한국고전연구』 24, 한국고전연구학회, 2011.

5 참고한 문집 중 李儁의 『安分齋酬唱錄』을 제외한 나머지는 모두 한국고전번역원에서 제공하는 '한국고전종합DB'(http://db.itkc.or.kr) 의 '한국문집총간'을 통해 확인한 것이다.

47제 61수, 고인을 위해 쓴 만시가 37제 52수로 그 시를 받는 대상이 있는 시는 모두 144제 177수이다. 이는 수록 시 전체의 약 2/3를 차지하는 분량이다. 이를 개인별로 분류하면 남구만이 시를 주고받은 사람은 대략 100명에 달한다. 남구만과의 관계를 중심으로 왕족, 가족, 교유인물로 나누어 볼 수 있다. 『약천집』「시」에 나오는 왕족은 효종, 현종, 숙종, 장렬왕후 4명이며, 가족은 그 범위를 내외사촌까지로 상정할 경우 10여명,[6] 교유인물은 전배前輩로 분류할 수 있는 인물이 19명, 동배同輩로 분류할 수 있는 인물이 24명, 후배後輩 혹은 문하생門下生으로 분류할 수 있는 인물이 30여 명, 승려가 10여명이다. 전배 · 동배 · 후배의 구분은 『소학小學』「명륜明倫」72장의 "나이가 배 차이가 나면 아버지처럼 모시고, 10년이 위이면 형처럼 모시고 5년 위라면 어깨를 나란히 하여 걷되 조금 뒤떨어져 따라간다[年長以倍則父事之, 十年以長則兄事之, 五年以長則肩隨之.]."는 내용과 남구만이 이민적李敏迪의 사망 소식을 접하고는 "내가 세상에서 웃어른 중에는 동춘同春(송준길, 1606~1672), 동년배로는 이 영감(이민적, 1625~1673)이 있다고 여겼는데 이제 모두 돌아가셨으니 다시 무슨 말을 하겠는가[吾之於世, 在長者同春, 在儕流此令, 而今皆已矣, 復何言哉.]!"[7]하고 한탄하였다는 내용에 기반 하여, 남구만보다 열 살 이상 많은 인물을 전배로, 남구만과 전후 열 살 차이나는 인물을 동배로, 남구만보다 열 살 이상 어린 인물을 후배로 분류하였다. 본고에서는

6 남구만의 가족 중 관련 시가 있는 인물은 남구만의 부인(1632~1704), 아들 南鶴鳴(1654~1722), 숙부 南二星(1625~1683), 고모의 아들(양자) 吳道玄, 자형 朴世堂(1629~1703)과 생질 朴泰輔(1654~1689), 매제 李觀成, 매제 李漢翼, 외숙의 차남 權穫 등이다.

7 南九萬, 〈寄兒 癸丑十二月五日〉, 『藥泉集』 권34.

남구만의 교유인물 중에서도 전배와 동배를 대상으로 하여 남구만의 글을 통해 남구만과 그들의 실질적인 교분交分 정도를 중점적으로 살펴봄으로써 『약천집』 소재 시의 편집성향을 유추해 보고자 한다.

2. 『약천집』 소재 시로 본 남구만의 교유인물과 그 편집성향

남구만은 서인계열의 문인이며, 서인이 노론과 소론으로 분기되면서 소론의 영수로 지목된 만큼 그가 비교적 깊은 교유관계를 맺은 인물들은 자연스레 서인계열 그중에서도 소론계열의 인물들이 주류를 이루고 있을 것이라고 짐작해 볼 수는 있다. 하지만 『약천집』 소재 시에는 서인계열 혹은 소론계열의 중심인물이라고 해서 그들과 관련된 시가 무조건 수록되어 있는 것은 아니며, 정치색과는 무관한 인물도 적지 않으므로 이를 살펴보며 그 편집성향을 유추해 보는 것도 의미 있는 작업이 될 것이다. 남구만의 교유인물에 대해서는 우선 표로 간략히 정리하여 제시하고, 그 후 그 인물들을 범주화여 그 인물과 관련한 시가 선별될 수 있었던 이유에 대해 간단히 서술하는 방식으로 논의를 진행하려 한다. 표에는 『약천집』에 수록된 시 뿐만 아니라 그 인물과 관련된 글, 그 인물의 문집이 전해지는 경우 그 문집에 수록된 남구만 관련 글을 함께 명시하도록 한다. 그리고 조선왕조실록에 그 인물에 대한 졸기卒記가 기록되어 있는 경우 그 기록 날짜를 명시하여 참고자료로 삼도록 한다. 주지하다시피 현종·숙종·경종 조에 관해서는 실록 작성 당시의 집권세력에 따라 편향된 서술이 이루어진 탓에 후에 집권세력이 바뀐 후 그에 대한 수정이나 보수가 이루어졌다. 『현종실록』은 남인 편향이며 『현종개수실록』은 서인 편향적이고, 『숙종실록』은 노론 편향이며 『숙종실록보궐정오』는 소론 편향적이고, 『경종실록』은 소론 편향이며 『경종수정실록』은 노론 편향적이다. 본고에서 다루어질 인물들의 졸기는 모두가 『현종(개수)실록』이나 『숙종실록(보궐정오)』에 기록되어 있으며, 졸기의 내용을 통해 그 인물의 정치적 성향을 확인해 볼 수도 있다.

1) 전배前輩 : 공경恭敬과 존경尊敬 그리고 기군지교紀群之交[8]

『약천집』 소재 시에서 확인되는 교유인물 중에서 '전배'로 구분할 수 있는 인물은 19명이다. 이를 출생연도 순으로 정리하여 표로 제시해 보면 다음과 같다.[9]

[표 1] 남구만의 교유인물 1 – 전배

이름	上 남구만의 시 / 下 남구만에게 준 시	수록 문집	왕조실록 졸기 기록일
愼天翊 (1592~1661)	〈愼參判天翊輓(1661)〉 2수 [권 27「素隱湖山合集跋」]	『藥泉集』	『현』·『개』 1661.6.26.
河弘度 (1593~1666)	「晉州訪河義興弘度(1662)」 [권 29「嶺南雜錄」]	『藥泉集』	-
	「謝南御史九萬(1662)」	『謙齋集』	
趙涑	〈趙掌令涑輓(1668)〉	『藥泉集』	『현』·『개』

8 紀群之交 : 기군은 後漢의 명사인 陳紀와 그의 아들 陳群을 가리킨다. 孔融이 먼저는 진기와 사귀고 뒤에는 진군과 벗하였으므로 기군지교는 여러 대에 걸쳐 교분을 맺는 것을 일컫는다.

9 [표] 안에서 『현종실록』은 『현』, 『현종개수실록』은 『개』, 『숙종실록』은 『숙』, 『숙종실록보궐정오』는 『보』로 약칭하여 명시하기로 한다.

(1595~1668)			1668.8.4.
李景奭 (1595~1671)	〈大王大妃殿患候平復後 白軒李相國景奭韻(1663)〉 2수, 〈次韻白軒李相國賜几杖榮恩詩(1668)〉 [권 29 〈論白軒·晦谷·西溪 辛卯三月四日口呼〉]	『藥泉集』	『현』·『개』 1671.9.23.
	(권 52, 〈宴後追製〉)	『白軒集』	
鄭斗卿 (1597~1673)	〈城津感鄭東溟斗卿詩屛 幷序(1673)〉, 〈鄭東溟殺鷄詩 …… (1674)〉	『藥泉集』	『현』·『개』 1673.6.5.
	〈送南御史九萬(1662)〉 [남구만의 부친 南一星 대한 만사 〈南金城德輝挽〉]	『東溟集』	
南老星 (1603~1667)	〈族叔參判公老星輓(1667)〉	『藥泉集』	『현』·『개』 1667.10.16
南夢星	〈送族叔北靑判官夢星(1665)〉	『藥泉集』	-
宋浚吉 (1606~1672)	〈八月往京城 哭 先大王祥祭 至月往懷德 會同春堂宋公浚吉遷葬 感念今古 惆傷有作(1676)〉 [권 15 「同春先生墓追誌」, 권 27 「祭同春先生文丑」, 「祭同春先生移窆殯筵文」, 권 30 서신 1편]	『藥泉集』	『개』 1672.12.5.
	[남구만의 부친 南一星에 대한 〈南金城一星挽〉과 「金城縣令南公墓誌銘」 수록, 권 14에 남구만에게 보낸 서신 12편 수록]	『同春堂集』	
洪柱元 (1606~1672)	「永安尉洪公柱元遷葬輓(1685)〉	『藥泉集』	『개』 1672.9.14.
洪命夏 (1607~1668)	〈洪領相命夏輓(1668)〉 2수 [권 23 「領議政洪公請諡行狀」]	『藥泉集』	『현』·『개』 1668.12.27.
洪錫箕 (1606~1680)	〈送洪靈光錫箕之郡任(1669)〉	『藥泉集』	-
崔寬 (1613~1695)	〈崔四宰寬輓(1695)〉	『藥泉集』	『숙』 1695.2.2.
鄭勔 (1614~1687)	〈鄭承旨勔輓(1687)〉	『藥泉集』	-
李尙眞 (1614~1690)	〈待罪氷江 領樞李公尙眞 亦屛處露梁 有詩寄來 奉次以答(1689)〉, 〈李相國尙眞輓〉(1690)	『藥泉集』	『숙』·『보』 1690.6.22.
趙胤錫 (1615~1664)	〈趙承旨胤錫遷葬輓(1669)〉 [권 15 부친 趙昌遠의 묘지명 「漢原府院君惠穆趙公墓誌銘」, 권 16 조윤석의 묘지명 「右承旨趙公墓誌銘」]	『藥泉集』	-
崔後亮 (1616~1693)	〈崔完陵漢卿後亮壽詩 幷序(1685)〉 〈崔淸風漢卿輓 幷小序 甲戌(1694)〉 2수	『藥泉集』	-

	[권 21 「左尹崔公墓碣銘」, 권 27 「完山崔氏族譜序」, 「崔漢卿淸州奉先契序」]		
李慶徽 (1617~1669)	〈李判書慶徽輓(1669)〉 2수 [권 23 부친 李時發의 행장 「刑曹判書李公諡行狀」]	『藥泉集』	『현』·『개』 1669.6.17.
金始振 (1618~1667)	〈金參判伯玉始振輓(1667)〉4수 [권 16 「禮曹參判金公墓誌銘」, 권 27 「祭金參判伯玉文」]	『藥泉集』	『개』 1667.4.30.
張善沖 (1619~1693)	〈張淮陽善沖輓(1693)〉	『藥泉集』	-
〈참고〉			
宋時烈 (1607~1689)	[권 31에 서신 2편(1684, 1687) 수록]	『藥泉集』	『숙』·『보』 1689.6.8.
	宋相謫長鬐時 藥泉南相送新曆詩曰 "燭下封新曆 遙傳謫裏翁 天恩天赦日 都在此書中"	權絿, 『灘村遺稿』	
	〈送南右相九萬赴燕(1684)〉 [권 76에 1676년 남구만에게 보낸 서신 2편 수록]	『宋子大全』	
具致用 (1590~1666)	〈挽辭 南九萬〉	『于郊堂遺稿』	-
	〈幽居卽事 寄示藥泉南君雲路九萬〉 등 6제 8수		
申翊全 (1605~1660)	「挽詞 吏曹正郎南九萬」	『東江遺集』	『개』 1660.2.30.

『약천집』 소재 시에 시가 편차된 사람은 이 19명이며, 그 중 12명은 왕조실록에 졸기가 기록되어 있어 그들이 높은 벼슬까지 올랐던 사람임을 알 수 있으며, 거의가 서인계열의 인물임을 알 수 있다. 이 부분에서는 왜 그 인물들과 관련된 시가 선별되어 편차된 것일지 그 인물과 관련된 내용과 남구만의 글을 통해 유추해보도록 하겠다.

(1)공경恭敬과 존경尊敬

가장 먼저 언급해야 하는 인물은 바로 남구만의 스승인 송준길(1606~1672)이어야 할 것이다. 남구만은 28세(1656년)에 별시別試에 합격하여 가주서假注書의 직책으로 효종의 친정을 시종하게 되고 간

간히 사서문학司書文學의 일을 하였는데, 당시 찬선贊善인 송준길과 서연書筵에 함께 출입하게 되면서 인정을 받고 그의 문인이 되었다.[10] 따라서 남구만이 송준길의 문하에 들어가 그를 스승으로 섬기게 된 것은 그가 벼슬길에 나가고 난 이후인 것이다. 송준길이 별세했을 당시인 1672년 12월에 남구만은 함경도관찰사로 나가 있어 장례에 참석할 수가 없었다. 하지만 그 부음을 듣고는 신위神位를 설치하고 시마복緦麻服을 입었다 한다.[11] 갑인예송甲寅禮訟 문제로 송시열 등에 대한 남인의 공격이 잇따르자, 남구만 자신은 전에 송준길을 스승으로 섬겼다 하여 "의리로 보아 어진 사람을 해치고 바른 사람을 미워하는 무리와 조정에 함께 낄 수 없습니다."하고 사직하였는데,[12] 이를 통해 남구만이 송준길을 얼마만큼 존경하고 자랑스러워했는지 짐작해 볼 수 있다. 송준길과 남구만의 교분은 집안으로까지 이어져, 송준길은 남구만의 아버지 남일성南一星(1611~1665)을 위해 만시와 묘지명을 지었으며, 아들 남학명南鶴鳴(1654~1722)의 관례를 주관하고 '자문子聞'이란 자字를 지어주기도 하였다.[13]

남구만은 신천익(1592~1661)에 대한 만시 〈신참판천익만愼參判天翊輓〉 제2수에서 "옛날 내 어린 나이에 집지執贄하는 글을 올렸는데 외람되이 장려하는 말씀 받드니 뜻이 진실로 간곡하였네[昔在童年獻

---

10 崔昌大, 「領議政藥泉南公墓誌銘」, 『昆侖集』 권17, "登丙申別試, 方孝宗厲精用人, 公以假注書, 侍親政, 記注應對, 有當上心, 命越格陞典籍, 間爲司書文學, 贊善宋公浚吉, 同出入書筵, 見公賢而有文, 深相推與, 公亦師事之."

11 『약천연보』 권2, 44세 임자년(1672).

12 『肅宗實錄』, 숙종 1년 1월 6일.

13 南鶴鳴, 「晦隱翁自序墓誌」, 『晦隱集』 권4, "十五歲同春宋文正公冠之, 字以子聞."

贊文 濫蒙吹奬意良勤].”라 하였다. 집지는 스승을 처음으로 뵐 때 예폐禮幣를 가지고 가서 경의를 표하는 것을 말하는 것이므로 남구만은 어렸을 때 신천익을 스승으로 모신 적이 있음을 알 수 있다.

이경석(1595~1671)은 주지하다시피 청나라의 침략으로 인한 위기에서 국가를 구하는 데 큰 공을 세운 인물이지만, 노론의 영수 송시열 등 존명사대尊明事大의 명분을 앞세우는 이들에 의해 삼전도비문三田渡碑文을 작성하여 부귀영화를 누렸다고 비판받기도 하였다. 하지만 남구만은 “송정승은 어찌하여 백헌白軒(이경석)은 마땅히 용서해야 하는데도 용서하지 않고 도리어 이와 같이 폄하하고 박대하였으며, 어찌하여 계곡谿谷(장유)은 마땅히 죄주어야 하는데도 죄주지 않고 도리어 이와 같이 받들어 높였단 말인가? 그렇다면 이 일의 저의는 본래 알기 어려운 것이 아니니, 처음부터 끝까지 모두 자기 사심私心대로 조종하기 위한 것이었다. 계곡을 옳다 하고 백헌을 그르다 한 것도 생각은 각각 딴 데 있으면서 이것을 빌려서 이야깃거리로 삼은 것일 뿐이니, 시비의 근본이 된 근원에야 어찌 털끝만큼인들 생각이 미쳤겠는가?”[14]라며 이경석을 옹호하는 한편 송시열의 잘못을 신랄하게 비판하였다. 이경석은 1668년 현종에게 특별한 존경과 신임의 표시인 궤장을 하사받았다. 남구만도 그것을 축하하는 시를 지어 올렸는데, 『백헌집白軒集』 권 52 「연후추제宴後追製」에 수록된 남구만의 시 〈차운백헌이상국사궤장영은시次韻白軒李相國賜几杖榮恩詩〉에는 ‘門

14 南九萬, 「論白軒晦谷西溪 辛卯三月四日口呼」, 『藥泉集』 권29, “何白軒之當恕而不恕, 反貶薄之至此, 何谿谷之當罪而不罪, 反推尊之若此耶? 然則此事用意, 本非難知, 自初至終, 無非所以爲已私操縱之地. 其是谿谷非白軒, 意各別有所在, 而借爲話柄者耳, 其於原頭本是非, 何嘗有毫髮之念及者耶?”

下侍教生宜寧南九萬再拜'라 적혀 있어 남구만이 이경석을 스승의 예로 공경하였음을 알 수 있다.

조윤석(1615~1664)은 인조의 계비인 장렬왕후莊烈王后(1624~1688)와 남매지간으로 부친은 한원부원군漢原府院君 조창원趙昌遠(1583~1646)이다. 또한 조윤석 사후이긴 하지만 1677년에 남구만의 딸이 조윤석의 아들 조태상趙泰相과 혼인하여 사돈지간이 되기도 한다. 남구만은 "나는 공에게 있어서 가문으로는 외롭고 빈한하며 높고 현달한 차이가 있고 연치도 다소 뒤여서 성균관 유생으로 있을 때에 일찍이 단 하루도 만난 적이 없었는데, 정시庭試에서 대책對策할 적에 외람되이 동방급제하여 서로 7, 8년 동안 함께 벼슬하여 공의 인품을 자세히 알게 되었다."[15]고 그들의 인연을 밝히고 있다.

하홍도(1593~1666)는 남구만이 현종3년(1662) 경상도 진휼어서賑恤御史로 나갔을 때 인재를 물색하라는 유지諭旨를 받고 천거한 인물로,[16] 그에 대해 "깊이 은둔하여 자기 몸을 닦아 후진들을 가르쳐서 좌우에 늘어서 모시고 있음에 엄연한 기상이 있으니 또한 존경할 만하였다."[17]고 평하였다. 최관(1613~1695)·홍명하(1607~1668)·이상진(1614~1687)·조속(1595~1668)은 숙종 21년(1695년) 청백리로 선발된 17명의 명단에 들어 있던 인물들이다.[18]

15 南九萬, 「右承旨趙公墓誌銘」, 『藥泉集』 권16, "余於公, 門戶有孤寒高顯之殊, 年齒亦差後, 在儒冠未嘗有一日之雅, 及庭對忝同榜, 相周旋七八年, 備得公爲人."

16 『顯宗實錄』 현종 3년 7월 26일.

17 南九萬, 「嶺南雜錄」, 『藥泉集』 권29, "深藏自修, 教誨後進左右列侍, 有儼然氣象 亦可敬也."

18 『약천연보』 권6, 67세 을해년(1695) ; 『肅宗實錄』 숙종 21년 7월 11일.

(2) 기군지교紀群之交

남구만에게 있어 정두경(1597~1673)은 스승이라기보다는 편안한 집안 어른 같은 느낌이었던 듯하다. 정두경은 이미 남구만의 할아버지인 평강부군平康府君 남식南烒(1589~1650)과 친하게 지내어 친척처럼 교유한 것이 3대에 이르렀으므로 남구만은 항상 예부터 내려온 세의世誼를 닦아 술을 가지고 가서 방문하곤 하였다고 한다.[19] 남구만은 1671년 7월부터 1674년 7월까지 함경도관찰사로 있었는데 임기를 마치기 몇 달 전에 그의 시집을 찾아 판각하여 『동명집東溟集』을 급히 간행하였으며, 그 후 정두경의 글을 더 수습한 후 편차와 교정을 거쳐 1711년 『동명집』 중간본이 간행되는데 주도적인 역할을 하였다.[20] 이는 남구만이 정두경의 문명文名을 높이 평가하였기에 가능한 일이었다. 조선후기에 정두경의 시문에 대한 찬반 논란은 무척 분분했었으며, 일면 마치 소론과 노론의 당파간의 대립이자 싸움 같은 양상처럼 여겨지기도 했는데 정두경의 시문을 높이 평가하는 소론의 입장은 남구만에서 비롯되었다고도 할 수 있다.

김시진(1618~1667)은 송준길의 문인門人이다. 『동춘당집』 권 12 부록7 「문인록門人錄」에는 송준길의 200여명의 제자들에 대한 간단한 소개가 기록되어 있는데, 그 중 『약천집』에 시가 수록되어 있는 인물은 이상진과 김시진 외에도 김만기 · 이단하 · 유상운 등이 있다. 특히 남구만은 김시진의 묘지명에서 "나는 공과 거주하는 곳이 한 골목에 있었으며 선친이 공보다 7세가 많았고 내가 공보다 11세가 적으니, 기군지교紀群之交를 공이 실로 허락하였다. 그리하여 공이 나를 가르

19 『약천연보』 권2, 44세 임자년(1672)

20 자세한 내용은 崔錫鼎의 「東溟集序(『明谷集』 권8.)」 참조.

쳐 준 것이 진실로 많았고 때로 내가 공을 경계한 것도 있었다. 그러나 공은 말이 혹 서로 다르다 하여 소원히 하고 같다 하여 친히 한 적이 없었으니, 나는 이로써 평소에 공을 사모하다가 뒤에 비난하는 자들은, 그들이 공을 저버린 것이요 공이 그들을 저버린 것이 아님을 아노라."[21]라며 김시진과의 인연을 말하며 존경심을 드러내었다.

남구만의 부친이 한양의 서쪽 취현동에 거할 때 김시진·최후량·장선충 등이 그 골목에 함께 살았다고 한다.[22] 따라서 남구만은 장선충(1619~1693), 최석정의 부친인 최후량(1619~1693)과는 기군지교를 맺어왔음을 알 수 있다. 그리고 이경휘(1617~1669)는 '이괄의 난'(1624)때 부체찰사副體察使로 진압군을 지휘했던 이시발李時發(1569~1626)의 아들인데, 남구만이 이시발을 위해 시호를 청한 글 「형조판서이공청시행장刑曹判書李公請諡行狀」이 『약천집』 권 23에 수록되어 있다. 좌의정을 지낸 이경억李慶億(1620~1673)이 이경휘의 아우이며 이경억의 아들 이인엽李寅燁(1656~1710)에게 답한 서신 「답이호판인엽 기축십이월答李戶判寅燁 己丑十二月」(1709)이 권 31에 실려 있다. 또한 이인엽의 아들 이하곤李夏坤(1677~1724)이 남구만의 묘를 이장했을 때 만사 「약천남상국구만천장만藥泉南相國九萬遷葬輓(『두타집頭陀草』 8책)」을 지어 올리기도 하였다. 홍주원(1606~1672)은 선조의

21 南九萬, 「禮曹參判金公墓誌銘」, 『藥泉集』 권16, "余與公居止連巷, 先人長公七歲, 余少公十一歲, 紀群之交, 公實許焉. 公之誨余固多, 若余之規公, 亦時有之, 然公未嘗以言或異同, 有所疏昵, 余以此知, 生平慕公, 而後擠之者, 是人負公, 非公負人也."

22 南九萬, 「題金衎之宗衎慶壽詩帖後」, 『藥泉集』 권27, "伊昔余先君與衎之先王府君, 同住於漢師之西聚賢洞. …… 並一洞而居者, 又有李直長光翼, 黃判官裒, 崔完陵後亮, 張承旨善沖, 其弟益山善淹."

딸 정명공주貞明公主에게 장가들어 영안위永安尉에 봉해진 인물인데, 남구만이 만시에서 “서쪽 이웃의 어린아이 지금 머리가 세었으니 다시 우가를 들으니 슬픈 마음 다할 길 없네[西隣孺子今頭白, 再聽虞歌不盡哀].”라 한 것으로 보아 남구만이 어렸을 때부터 친밀했던 사이였던 듯하다.

이렇듯 『약천집』 소재 시에 수록된 전배는 대부분 남구만이 스승으로 모시며 공경했던 이들이거나 그들의 성품을 존경했던 인물이거나 혹은 여러 대에 걸쳐 ‘기군지교’를 나누었던 인물들 위주로 선별된 것임을 알 수 있다. 이 외에 남구만이 쓴 홍주세洪柱世(1612~1661)의 문집 서문 「정허당집서靜虛堂集序」가 『약천집』 권 27에 수록되어 있으며, 『약천집』에는 수록되어 있지 않지만 남구만이 지은 신익전申翊全(1605~1660)에 대한 만시가 『동강유집東江遺集』에, 구치용具致用(1590~1666)에 대한 만시가 『우교당유고于郊堂遺稿』에 수록되어 있어 이들과의 교유도 확인된다.

송준길과 더불어 ‘양송兩宋’이라 일컬어지던 송시열과 남구만이 18세에 관례를 치르고 부친을 따라 서울로 올라온 후 스승으로 모신 김익희金益熙는 위의 인물에서 빠져있는데 그 이유를 생각해 볼 필요가 있을 듯하다. 송시열(1607~1689)에 대한 남구만의 감정과 태도는 복잡한 편이다. 주지하다시피 1680년대에 노소론의 분기가 본격화되기 시작하였는데 노론측의 핵심인물은 송시열이었으며, 남구만은 윤증·박세채와 함께 소론의 중심인물로 간주되었다. 『약천집』에는 수록되어 있지 않지만 송시열이 장기에 위리안치 되었을 때(1675.6~1679.4) 남구만이 신력新曆을 보내며 준 시와 그 일화가 권구權絿(1658~1730)의 『탄촌유고灘村遺稿』 권7 「만록謾錄」에 전한다. 그리고 노소론이 분기되기 시작한 후에도 남구만은 1684년 서신을 통해 자신의 처지를 토로하고 처세에 대해 송시열에게 조언을 구했다. 남구만은 1684년과 1986년 두 차례 연행을 갔는데, 1684년 연행 때 송시열이 남구만에게 준 시 〈송남우상구만부연送南右相九萬赴燕〉(1684)이 『송자대전宋子大全』에 수록되어 있다. 그리고 1686년 연행 때에는 송시열이 서신을 통해 여러 번 당부의 말을 전해왔음을 1687년에 남구만이 송시열에게 보낸 서신을 통해 알 수 있다.[23] 하지만 갑술환국(1694)으로 서인이 다시 집권한 이후로 노론이 점차 주도권을 잡게 되면서 소론은 열세에 처하게 되고 적잖은 견제와 공격을 받게 된다. 남구만은 이러한 시간과 여러 사건을 거치면서 차츰 송시열에게 반감을 가지게 되었던 것으로 보인다. 특히 남구만(1711년 3월 17일 별세)은 죽음을 앞두고 〈논백헌외곡서계 신묘삼월사일구호論白軒晦谷西溪 辛卯三月四日口呼(1711. 3. 4.)〉에서 백헌 이경석 · 회곡 조한영 · 서계 박세당에 대한 송시열의 잘못과 이중성을 신랄하게 비판하였다.

김익희(1610~1656)는 남구만이 별시에 합격하여 가주서로 관직생활을 시작하게 된 해인 1656년 12월 세상을 떠났다. 이들이 주고받은 시가 있었겠지만, 『약천집』 소재 시는 1659년 이후의 시부터 편차된 탓에 김익훈과 관련된 시가 수록되지 않았을 것으로 보인다. 남구만은 김익훈의 시호를 청한 행장을 지었는데, 거기서 김익훈의 문학에 대해 "시문을 지을 때에 통창하고 전아하여 절대로 기이하고 궁벽하거나 짜깁기하는 습관을 일삼지 않았다. 그리고 장주章奏에 이르러서는 내용이 분명하고 간절하여 말씀이 완곡하면서도 이치가 지극하니, 당시의 제공諸公이 모두 스스로 미칠 수 없다고 여겼다."고 평하였으

23 南九萬, 〈與宋相國 丁卯正月二十八日〉, 『藥泉集』 권1, "前夏北行啓程之時, 伏承累牘長說."

며, 자신이 이 행장을 쓰는 이유에 대해 "구만은 공에게 외척의 자제가 되므로 어렸을 때부터 문하에 이르러 공을 익숙히 알았다. 그리하여 공의 모든 재주와 행실과 뜻과 사업은 진실로 그 대강을 이미 차례로 서술하였으며, 의표儀表의 높고 명랑함과 행동거지의 엄중함으로 말하면 또한 보통 사람보다 크게 뛰어났는데, 공이 별세한 뒤로 나는 공과 유사한 자가 있음을 보지 못하였다."[24]고 밝히고 있다.

요컨대, 송시열의 경우는 남구만이 최종적으로는 공경하고 존경할 만한 인물이 아니라고 판단했기 때문에, 김익희의 경우는 『약천집』「시」에 수록된 시는 1659년의 시부터 편차된 것이기 때문에 그들과 관련된 시가 선별되지 않았던 것이라 유추해 볼 수 있다.

2) 동배同輩 : 지우知友와 포의지교布衣之交[25] 그리고 동료同僚

이 부분에서는 『약천집』「시」에 수록되어 있는 인물 중에서 남구만과 동년배라 할 수 있는 인물들에 대해 살펴보고자 한다.[26] 앞부분

24 南九萬, 「吏曹判書金公請諡行狀」, 『藥泉集』 권23, "爲詩文鴻឵典雅, 絶不爲奇僻組織之習. 至於章奏, 明白剴切, 辭婉而理到, 一時諸公皆自以爲不及."; "九萬於公, 以外黨子弟, 從幼少登門得以習公. 凡公之才行志業, 固已序次其大略, 若其標望之高朗, 容止之嚴重, 亦有絶等於人者, 自公云亡, 吾未見其有似之者矣."

25 '布衣之交'는 벼슬을 하기 전 선비 시절에 사귐 또는 그 벗이란 뜻으로 신분이나 지위를 떠나고 이익 따위도 바라지 않는 교제를 비유해 이르는 말이다.

26 남구만의 시 중에는 긴 시의 제목이나 시의 서문을 통해 당시의 상황을 비교적 자세히 서술해 놓은 경우가 적지 않다. 따라서 긴 시의 제목이나 시의 서문에 등장하는 사람들까지 포함하면 그 수는 더 많아진다. 하지만 본고에서는 그 중 시의 중심이 되는 인물, 그 시 외에도 다른 시가 있는 인물, 혹은

에서 살펴본 전배는 대부분이 서인이 소론과 노론으로 분기되기 이전의 인물이었기에 그 정치적 계열을 별반 고려하지 않아도 됐지만, 동배의 경우는 그 대부분이 노·소론의 분기가 본격적으로 시작된 1680년대 이후에 세상을 떠난 사람들이기 때문에 어느 계열에 속하는 인물인지도 눈여겨볼 필요가 있다. 특히 그 인물의 졸기가 『숙종실록』과 『숙종실록보궐정오』 두 군데 다 기록되어 있는 경우라면 그 인물에 대한 소론과 노론의 시각차가 존재했을 가능성이 크다고 볼 수 있다.

[표 2] 남구만의 교유인물 2 – 동배

이름	上 남구만의 시 / 下 남구만에게 준 시	수록 문집	왕조실록 졸기 기록일
洪錫龜 (1621~1679)	〈送洪端川錫龜之郡任(1662)〉, 〈洪海州錫龜輓(1680)〉	『藥泉集』	
李㤥 (?~1691)	〈李尙州㤥輓(1692)〉	『藥泉集』	
李慣 (1624~1692)	〈宿李仲習慣雙溪亭(1676)〉 [권 18「工曹參判李公神道碑銘」]	『藥泉集』	
李敏迪 (1625~1673)	〈將築廣陵之居 次李惠仲敏迪韻述懷(1669)〉 등 3수 [권 27「竹西集跋」]	『藥泉集』	『개』 1673.11.22.
呂聖齊 (1625~1691)	〈涪溪分路 贈呂相國聖齊 幷序(1688)〉 [권 17「領議政靖惠呂公神道碑銘」]	『藥泉集』	『숙』 1691.8.14.
李端夏 (1625~1689)	〈李評事季周端夏將發北塞之行 …… (1664)〉, 〈路聞李相公季周葬(1689)〉 등 3수 [권 30에 서신 1편]	『藥泉集』	『숙』 1689.3.30.
	〈高山館. …… 禮部南參議雲路九萬 ……〉	『畏齋集』	
李華鎭 (1626~1696)	〈次慶興李府使華鎭韻(1688)〉	『藥泉集』	
南龍翼	〈酬南尙書雲卿龍翼見懷之作 次其韻(1677)〉,	『藥泉集』	『숙』

그 인물의 문집에도 남구만 관련 시가 수록되어 있는 인물 위주로 정리를 하였다.

(1628~1692)	〈次雲卿大學士丙寅秋宗會詩韻(1687)〉 등 6수 [〈南判書壺谷夫人輓(1707)〉]		1692.2.2.
	〈西原歌八絶 別南雲路九萬使君〉 등 7제 14수	『壺谷集』	
李憓 (1628~1679)	〈樂民樓送李評事(1673)〉 등 2제 2수 [권 19「僉知中樞府事李公墓碣銘」]	『藥泉集』	
申晸 (1628~1687)	〈李評事季周端夏 將發北塞之行 余與洪都尉得箕申寅伯晸 李彝仲 出送于東郊 ……(1664)〉	『藥泉集』	『숙』 1687.12.23.
	〈送別南相國九萬赴燕〉 3수	『汾厓遺稿』	
李世選 (1628~1698)	〈李大將世選輓(1698)〉	『藥泉集』	
金壽恒 (1629~1689)	〈次韻金領相壽恒助祭太廟 扈還雨下頌禱之作(1687)〉	『藥泉集』	『보』 1689.윤3.28.
	〈贈別南右相九萬赴燕(1684)〉	『文谷集』	
李世華 (1630~1701)	〈副使李參判世華到玉河館 …… (1684)〉 [권 18「吏曹判書忠肅李公神道碑銘」, 권 31 서신 2편]	『藥泉集』	『숙』 1701.8.15.
	〈到瀋陽 與藥泉聯枕吟〉 등 3제 3수	『雙柏堂集』	
李儶(景略) (1631~1695)	〈次韻答李燕岐景略(1675)〉 등 6수	『藥泉集』	
	〈甲子至月一日雲路 卽南公九萬〉 2수[27] 등	『安分齋酬唱錄』	
朴信圭 (1631~1687)	〈病臥北行營 次朴評事泰尙投示之韻 兼簡鏡城朴判官信圭(1674)〉, 〈朴判書信圭輓(1687)〉	『藥泉集』	『숙』 1687.4.6.
趙師錫 (1632~1693)	〈化城路. 自龜山赴巨濟配所 水使趙令公師錫, 李尙州三錫來送路左(1679)〉	『藥泉集』	『숙』·『보』 1693.12.24.
李敏敍 (1633~1688)	〈密陽次彝仲寄示韻(1662)〉, 〈李判書彝仲輓(1688)〉 등 10제 11수 (권 27에「祭李彝仲文(1688)」, 권 30에 서신 2편 수록)	『藥泉集』	『숙』 1688.2.2.
	〈送藥泉南雲路九萬 以賑恤御史往嶺南〉, 〈送南雲路按節北關十一首〉 등 11제 23수 (권 17에 서신 13편 수록)	『西河集』	
金萬基 (1633~1687)	〈善山月波亭津頭 懷李彝仲敏敍 金永叔萬基(1662)〉, 〈彝仲出錦城 永叔寄詩 彝仲次其韻 ……(1667)〉	『藥泉集』	『숙』 1687.3.15.
	〈送雲路嶺南賑恤御史之行〉 등 4제 5수	『瑞石集』	
徐文重 (1634~1709)	〈徐領相文重輓(1709)〉 [권 31 서신 4편]	『藥泉集』	『숙』 1709.1.6.
金世翊 (1634~1698)	〈次韻答金承旨世翊(1696)〉 [권 31 서신 1편]	『藥泉集』	

柳尚運 (1636~1707)	〈記夢(1702)〉 [권 21「領議政柳公墓碣銘」, 권 27「祭柳相國尙運文」, 권 31 서신 3편]	『藥泉集』	『숙』·『보』 1707.12.4.
	〈奉別美齋相國赴燕之行〉 2수 등 3제 4수	『約齋集』	
朴泰尙 (1636~1696)	〈咸興更次前示父老韻示按使(1689)〉 [권 2에 박태상이 쓴「咸興鄕射堂揭詩板跋」附記]	『藥泉集』	『숙』·『보』 1696.5.7.
林錫周	〈林處士錫周輓(1704)〉 [권 15에 부친 林溜의 묘지명「生員林公墓誌銘」]	『藥泉集』	
鄭壽萬	〈鄭判官壽萬輓(1698)〉	『藥泉集』	
	〈참고〉		
李震白 (1622~1707)	[권 20「同知中樞府事李公墓碣銘」]	『藥泉集』	
	〈奉贈藥泉南相國〉 등 3제 4수 [「西巖遺稿序」(南九萬, 1710)]	『西巖遺稿』	
朴世采 (1631~1695)	[권 27「祭朴左相世采文」, 권 30에 1694년 서신 2편]	『藥泉集』	『숙』·『보』 1695.2.5.
	〈送南右相雲路九萬使燕山〉 2수, 〈過東津有感 寄南雲路相 時有燕山再行〉 [권 8~10에 서신 32편 수록]	『南溪集』	
申翼相 (1634~1697)	[권 16「右議政申公墓誌銘(1702)」, 권 27「祭申相國翼相文(1697)」, 권31에 1694년 서신 2편]	『藥泉集』	『숙』 1697.11.3.
	〈寄巡使雲路令公 因國恤 未及付〉 등 2수	『醒齋遺稿』	
南夢賚 (1620~1681)	〈病中贈南使君遊山 南九萬(1671)〉	『伊溪集』	
姜錫圭 (1628~1695)	〈與諸益同棲道峰書院 南雲路九萬首拈宗字韻諸君皆和之 余亦不揆謭劣 敢擬效顰〉 3수 등 2제 수	『聱齖齋集』	
尹拯 (1629~1714)	〈挽藥泉南相國〉	『明齋遺稿』	『숙』·『보』 1714.1.24.
尹搢 (1631~1698)	〈挽詞 領中樞府事南九萬〉	『德浦遺稿』	『숙』·『보』 1698. 3.10.(4.27.)
趙宗著 (1631~1690)	〈奉送藥泉相公南公九萬燕行〉	『南岳集』	
金萬重 (1637~1692)	[권 30 서신 1편]	『藥泉集』	『숙』·『보』 1692.4.30.
	〈奉送南相公赴燕名九萬〉 1수	『西浦集』	

27 필자가 『安分齋酬唱錄』을 직접 확인하지는 못하였고, 정경훈의 논문 「安分齋 李儁과 『安分齋酬唱錄』 연구(『동방한문학』 68, 동방한문학회, 2016.)」을

『약천집』「시」를 통해 확인할 수 있는 남구만의 동년배 교유인물은 24명 정도이다. 이 24명은 모두 남구만보다 먼저 세상을 떴는데, 『약천집』에는 9명에 대한 만시만 수록되어 있으며 그 중에서 오직 만수만 수록되어 있는 인물은 5명이다. 앞에서 살펴본 前輩의 경우 수록된 시의 대부분이 만시였던 것과는 사뭇 다르다. 이것은 만시 외에도 수록할 만한 다른 시가 여럿 있었다는 것도 하나의 이유가 될 것이며, 남구만이 당시에 처해 있던 상황(관직, 연행, 유배 등)과 관련된 인물이나 시에 초점이 맞춰져 시가 선별된 것도 하나의 이유가 될 것이다.

(1)지우知友와 포의지교布衣之交

이민적(1625~1673)과 이민서(1633~1688)는 백강白江 이경여李敬輿(1585~1657)의 아들이며, 남구만이 23세(1651년) 때 식년式年 진사시에 합격하면서 이들 형제와 교분을 맺게 되었다. 이경여가 당시 남구만의 원고를 보고는 "이 사람의 문필을 보건대 정신이 충만해 있으니, 앞으로 차지할 명성과 지위가 결코 내 자식들이 미칠 수 있는 바가 아니다."라며 감탄했다고 한다.[28] 남구만은 이민적의 문집인 『죽서집竹西集』의 발문에서 "혜중은 나와 서로 부합하는 점이 있다 하여 성균관의 유생이었을 때로부터 조정에 오르기까지 나가고 들어오고 일어나고 앉음에 서로 떨어지지 않은 지가 20년이 넘었는데, 아, 혜중이

통해 『안분재수창록』이 존재한다는 사실을 알게 되었다. 저자에게 연락을 드려 혹 그 문집에 『약천집』에 수록되어 있지 않은 남구만의 시가 있는지 문의하였더니, 이 칠언절구 두 수 부분을 보내주셨다. 이준의 종손가와 정경훈 선생에게 감사드린다.

28 『약천연보』 권1, 19세 정해년(1647).

갑자기 나보다 먼저 세상을 떠났다. 나는 언제나 홀로 누워 있는 밤이면 그의 웃음소리와 말소리를 생각하고, 흩어진 책 사이에서 그의 유묵遺墨을 보게 되면 서글퍼서 마음이 상하고 눈물을 줄줄 흘리지 않은 적이 없었다."[29]고 하였는데, 이를 통해 이민적에 대한 남구만의 정의情誼이 얼마나 깊었는지 알 수 있다. 남구만의 아들 남학명이 1668년 이민서의 딸과 혼인하여 이민서와는 사돈 관계에 있기도 하였지만,[30] 이들은 그런 관계와는 상관없이 평생의 지우知友로 지냈다. 『약천집』 소재 시에는 시의 제목에 이민서가 들어가 있는 시가 10제 11수 편차되어 있는데 이는 가장 많은 횟수로 숙부인 남이성(5제 6수)이나 수제자 최석정(6제 9수)보다 더 많은 것이다. 또한 그 시 중에는 이민서와 함께 때로는 남이성, 이민적, 김만기, 이단하, 이경략 등이 같이 등장하기도 해 이민서와 남구만이 많은 일상을 같이 했음을 짐작할 수 있게 한다.

남용익(1628~1692)은 남구만과 동종同宗으로 같이 종회宗會를 주최하며 함께 시를 나누었다. 1684년(〈종회시 병서宗會詩 幷序〉)에는 남구만의 집에서, 1687년(〈칠석후이일 성종회우호곡대학사댁七夕後二日成宗會于壺谷大學士宅〉)에는 남용익의 집에서 종회를 열었다. 1686년 가을에도 종회를 열었는데 그 당시 남구만은 연행을 갔던 탓에 참석하지 못해 후에 그때의 남용익의 시운에 차운하여 〈차운경대학사병인추종회시운次雲卿大學士丙寅秋宗會詩韻〉을 지었다. 남용익은 1689년

29 南九萬, 「竹西集跋」, 『藥泉集』 권27, "惠仲謂余有相契, 自儒巾登朝籍, 出入起居, 不相離餘二十,. 嗚呼! 惠仲遽先余逝矣. 每於獨臥之夜, 思其笑語, 散帙之際, 見其遺墨, 未嘗不衋然傷心, 潸然出涕也."

30 이민서의 딸은 1673년 11월 세상을 떴으며, 남학명은 1675년 李時顯(1622~1278)의 딸과 혼인하였다.

소의장씨昭儀張氏가 왕자를 낳아 숙종이 그를 원자로 삼으려 하자, 여기에 극언으로 반대하다가 명천으로 유배되었으며 1692년 그곳에서 사망하였다. 이후로도 종회가 열렸었는지 알 수 없지만, 『약천집』에서는 더 이상 종회에 관련된 내용은 나오지 않는다. 남구만과 남용익은 단지 동종同宗이기 때문에 그 친분을 유지했던 것만은 아니다. 남용익의 『호곡집壺谷集』 권 10에 친근한 벗 4명(남이성, 김수항, 이단하, 남구만)을 그리워하며 지은 장편의 오언고시가 수록되어 있으며, 『약천집』 권 1에는 그 시에 차운한 시 〈수남상서운경용익 견회지작 차기운酬南尙書雲卿龍翼 見懷之作 次其韻(1677)〉이 수록되어 있다. 이민적·이민서·남용익은 왕조실록에 졸기가 기록되어 있는데 소론과 노론 모두 그들의 정치적 입장에 대해서는 문제를 삼고 있지 않다.

남구만은 인조반정 때 공을 세워 연성군延城君으로 봉해진 이시방李時昉(1594~1660)의 아들인 이회李恢·이관李慣·이준李儁 형제와도 친밀하게 지냈는데, 『약천집』에는 이들과 관련된 시가 모두 수록되어 있다. 이관(1624~1692)과는 젊어서 과거 공부를 할 적에 붓과 벼루를 함께 하였고, 신묘년(1651) 진사시에 함께 합격하였으며, 중년에 고향인 결성으로 돌아왔는데 또다시 거주하는 곳이 서로 가까워서 자주 왕래했다고 한다.[31] 이들 형제 중에서도 이준(경략, 1631~1695)과의 친분이 가장 두터웠던 것으로 보이는데, 이는 이준이 이민서의 누이와 혼인[32]하면서 더 자주 어울리게 되었기 때문일 것이다. 『약천

31 南九萬, 「工曹參判李公神道碑銘」, 『藥泉集』 권18, "李公仲習, 其少業公車也. 余與之同筆硯 同成辛卯進士, 其中歲還鄕也. 又與之居止相近, 還往者屢年, 以此知公最詳且深."

32 李敏敍, 「先考領議政府君家狀」, 『西河集』 권15, "公初娶海平尹氏領議政承勳之女, 無子女. 後娶豐川任氏別坐景莘之女, 生四男二女, 長敏章府使, 次敏

집』에 이준과 관련된 시가 1664년부터 1689년까지 여섯 차례 등장하고 있어 이들의 교유가 오랜 세월에 거쳐 변함없이 지속되었음을 짐작해볼 수 있다. 특히 이준은 중년이 된 후 사람들에게 "친구 중에 높은 지위에 오른 자는 대부분 나를 업신여기고 무시하는데 오직 남모南某만은 전과 다름없이 대하니, 나는 이 때문에 탄복한다."[33]며 남구만의 인품과 정의情誼에 감탄하였다고 한다.

(2) 동료同僚

지우와 포의지교로 분류한 인물들은 남구만이 벼슬길에 오르기 전부터 교유가 이루어졌던 사이이며, 남구만의 관직이나 처한 상황이 그들의 관계를 특별하게 만들거나 그들과의 교분이 어떠한 상황을 대변하지는 않는다. 하지만 이제 다룰 인물의 경우는 남구만의 관직이나 유배 등의 특별한 상황과 밀접한 관계에 있는 경우가 많으며, 그만큼 지우보다는 동료 혹은 동지라는 인상이 더 짙다.

남구만은 이훤(1628~1679)과의 친분에 대해 "나는 공보다 1년 늦게 태어나서 약관 시절부터 교분을 맺었고 한 부서에서 자리를 연하였으며, 붓과 벼루를 함께 하고 문예를 강론하여 서로 왕래하며 주선한 것이 10여 년이었다. 돌아보건대 나는 혼우하여 비록 공의 전체를 알 수는 없으나 또한 공을 잘 아는 자가 나만한 이가 없다고 자처한다."[34]고 당당하게 말하기도 하였다. 이훤은 남구만의 제자인 최규

迪大司憲, 次敏敍參判, 次敏采持平, 女長適縣監李㒞, 次適士人朴世格."

33 『약천연보』 권2, 44세 임자년(1672).

34 南九萬, 「僉知中樞府事李公墓碣銘」, 『藥泉集』 권19, "余生與公差一歲, 而弱冠論交, 合堂聯席, 同筆硯講文藝, 往還周旋者十餘年. 顧余昏愚, 雖不足以得公之全, 亦自謂知公之熟 莫余若也."

서(1650~1735)의 장인이기도 하다. 『약천집』에 수록된 시 〈차이평사낙보훤기시지작 겸봉도사판관次李評事樂甫蕙寄示之作 兼奉都事判官(1673)〉과 〈낙민루송이평사樂民樓送李評事(1773)〉는 모두 남구만이 함경도관찰사로 있을 당시에 지은 것이다. 박신규(1631~1687)와 박세당의 조카인 박태상(1636~1696)도 그 당시의 동료이기도 하다. 이들과 관련한 시 〈병와북행영 차박평사태상투시지운 겸간경성박판관신규病臥北行營 次朴評事泰尙投示之韻 兼簡鏡城朴判官信圭(1674)〉가 『약천집』에 수록되어 있다. 박태상은 남구만이 1688년 경흥으로 유배를 갔을 당시 함흥의 관찰사였으며 남구만이 그곳을 지나는 길에 지은 〈과함흥증부로過咸興贈父老(1688)〉의 시판을 만들어 향사당에 걸어 놓았으며 손수 그 발문 「함흥향사당게시판발咸興鄕射堂揭詩板跋」을 쓰기도 하였다.

남구만은 1684년과 1686년 두 차례 연행을 다녀왔는데, 이때의 일을 기록한 「갑자연행잡록甲子燕行雜錄」과 「병인연행잡록丙寅燕行雜錄」이 『약천집』 권 29에 수록되어 있다. 1684년 연행 때의 부사副使 이세화(1630~1701)와의 일화가 시로 남아 있으며, 1686년에는 제자인 오도일(1645~1703)이 서장관으로 함께 연행을 갔으며, 그와 나눈 시 2수가 『약천집』에 수록되어 있다. 남구만은 이세화의 신도비명을 지었는데, 거기서 "나는 공과 일찍부터 한 조정에서 벼슬하는 기쁨이 있었으나 오히려 서로 익숙히 알지는 못했는데, 갑자년에 함께 연경에 사신으로 가서 만 리 길을 오가느라 공을 매우 자세히 알게 되었다."[35]고 밝히고 있다.

35 南九萬, 「吏曹判書忠肅李公神道碑銘」, 『藥泉集』 권18, "余與公早有同朝之喜, 而猶未之相熟也. 歲甲子同使燕, 往返萬里, 得公甚悉."

1688년 영의정이었던 남구만은 인조의 손자인 동평군東平君 이항李杭의 횡포를 논하다가 처벌된 박세채(1631~1695)를 변호한 것 때문에 숙종의 노여움을 사 자신은 경흥부로, 우의정이었던 여성제(1625~1691)는 경원부로 유배를 가게 된다.[36] 남구만은 여성제의 신도비명을 지었는데 거기서 "나는 옛날 유생으로 있을 적에 공과 교분을 맺었고 벼슬길에서 주선함에 취미가 또한 같았으며 말년에 낭패를 당할 적에도 공과 함께하였다."[37]고 회상하였다. 1688년 당시 좌의정은 조사석(1632~1693)이었는데 박세채와 남구만을 변호하다 왕의 노여움을 사게 되자 병을 핑계로 사직하였다. 조사석은 남구만이 1679년 거제로 유배를 갈 적에 화성化城으로 찾아와 전송하였음을 시 〈화성로 자귀산부거제배소 수사조영공사석 이상주삼석래송로좌化城路, 自龜山赴巨濟配所, 水使趙令公師錫, 李尙州三錫來送路左〉를 통해 알 수 있다.

이화진(1626~1696)은 남구만이 경흥에 위리안치 되었을 당시 친분을 나눈 인물로 그의 시에 차운한 남구만의 시 〈차경흥이부사화진운次慶興李府使華鎭韻〉이 『약천집』에 수록되어 있다. 이익李瀷(1681~1763)이 지은 이화진의 행장에 "변방 고을에 있을 때 상공 남구만이 이곳에 유배되어 거처하고 있었다. 평소 공의 시명詩名을 중시하여 공이 지은 시편을 들으면 반드시 장중하게 암송하였고, 또 한 권을 전사傳寫하여 궤 안에 두었다. 남상이 조정에 돌아오게 되어 공을 크게 발탁해야 한다고 주장하였으나 일이 이루어지지 않았다고 한다. 『묵졸재집默拙齋集』이 집에 보관되어 있다."[38]라는 내용이 담겨있다.

36 『肅宗實錄補闕正誤』, 숙종 14년 7월 14일.

37 南九萬, 「領議政靖惠呂公神道碑銘」, 『藥泉集』 권17, "余昔在儒冠, 託契於公, 宦途周旋, 臭味亦同, 晩年顚沛, 又與共之."

기사환국(1689)으로 남인이 집권하게 되면서 남구만은 강릉으로 세 번째 유배를 가게 되는데, 도중에 이단하(1625~1689)의 장례소식을 듣고 그를 애도하는 만시 〈노문이상공계주장路聞李相公季周葬〉을 지었다. 그리고 남구만은 갑술환국(1694) 이후 장희재를 비호했다고 지속적으로 노론의 공격을 받다가 결국 1702년 아산현으로 네 번째 유배를 가게 된다. 그곳에서 남구만은 꿈에 직산稷山으로 유배가 있는 유상운(1636~1707)과 강각江閣에 올라 회를 쳐 먹는 꿈을 꾼 후 〈기몽記夢〉이란 시를 지었다. 남구만은 갑술환국(1694) 이후 지속되는 노론의 공격으로 점점 지쳐갔던 듯하다. 남구만은 1709년에 지은 유상운의 묘지명에서 "아, 나는 공과 함께 한 세상의 표적이 된 자이니, 지금과 후세에 믿음을 주지 못하지 않겠는가. 그러나 공은 나를 알아준 자이니, 내 공을 위하여 명문을 지음은 다만 공을 위한 것이다."[39]라며 한탄하였다.

이처럼 여기서 언급한 인물들은 모두 남구만의 관료적 측면에서의 동료나 정치적 동지라는 성격이 강하다. 그런데 [표 2] 속의 인물 중 김수항은 송시열과 함께 노론의 영수로 지목받는 인물이고 김만기 역시 그의 동생 김만중과 함께 노론계열로 분류되는 인물임에도 『약천집』 소재 시에 그들과 관련된 시가 수록되어 있다. 이는 김만기의 경우 그가 남구만·이단하 등과 함께 송준길의 문인이었으며, 서인이 노·소론으로 분기되기 이전에는 꽤 친밀한 관계를 유지했기 때문인

38 李瀷, 「右副承旨李公行狀」, 『星湖全集』 권67, "其在邊郡, 南相九萬謫居是土. 素重公詩名, 咳唾之餘, 聞必莊誦, 又傳寫一卷置在几案. 及其還朝, 倡言顯拔, 事不果云. 有默拙齋集藏於家."

39 南九萬, 「領議政柳公墓碣銘」, 『藥泉集』 권21, "噫! 余與公同爲的於一世者也. 不瑕不足信於今與後也耶? 雖然, 公知余者也, 余爲公銘, 秪所以爲公."

듯하다. 『약천집』에 수록된 시도 1660년대의 시이며, 김만기의 『서석집』에 수록되어 있는 남구만에게 주는 시 4제 5수도 그 당시에 지은 시이다. 『약천집』에 수록된 〈김영상이 태묘의 제사를 돕고 호종하여 돌아가는 길에 비가 내리자 송축하여 지은 시에 차운하다[次韻金領相壽恒助祭太廟, 扈還雨下頌禱之作.]〉는 김수항이 국가적인 행사를 마치고 송축한 시에 남구만이 차운한 것이므로 김수항과 관련짓기 애매한 면도 없지는 않다. 하지만, 남구만이 노론의 노골적인 공격을 받기 시작한 것은 갑술환국(1694)으로 서인이 다시 집권을 하게 된 이후 남구만의 남인에 대한 온건한 태도와 장희재에 대한 비호 때문이었다. 그래서 그 이전까지는 노소론이 분기가 시작된 후에도 일정 부분 우호적인 관계를 유지하고는 있었던 것으로 보인다.

반면 의외로 『약천집』 소재 시에는 소론계의 핵심 인물로 간주되는 윤증과 박세채의 시는 한 수도 수록되어 있지 않다. 윤증의 경우는 서로 주고받은 시나 서신은 없으며, 윤증의 『명재유고』에 남구만에 대한 만시가 한 수 있을 뿐이다. 하지만 『약천집』에 박세채에 대한 제문과 서신이 수록되어 있으며, 박세채의 『남계집』에는 남구만에게 주는 시와 서신이 여럿 수록되어 있는데, 박세채와 관련한 시가 『약천집』 소재 시에 한 수도 수록되어 있지 않다.

3. 결론

필자는 본고에서 남구만의 교유인물을 살펴보고 그 인물과 관련된 시가 『약천집』 소재 시에 선별되어 편차될 수 있었던 이유가 무엇일지 유추해 봄으로써 『약천집』 소재 시의 편집성향을 파악해 보았다.

남구만은 효종 · 현종 · 숙종 삼조에 걸쳐 활동한 대신으로, 효종 7년(28세, 1656)에 별시에 합격하여 가주서로 벼슬길에 오른 후 요직을 두루 거쳐 영의정에까지 올랐으며 83세까지 장수한 인물이라는 사실을 염두에 두면 그와 교유를 나누었던 인물은 헤아리기 힘들만큼 많을 것이다. 그래서 필자는 우선 그 범위를 『약천집』 소재 시로 제한하여 남구만이 누군가에게 준 시나 누군가를 추억하며 지은 시를 대상으로 하여 그 교유인물을 정리하였다. 특히 교유인물 중에서도 남구만을 중심으로 그보다 열 살 이상 많은 교유인물을 전배前輩로, 그와 전후 열 살 차이가 나는 교유인물을 동배同輩로 나눈 후 남구만이 남긴 그들과 관련된 글을 통해 남구만과 그들의 실질적인 교분交分 정도를 중점적으로 살펴보았다.

전배에 해당하는 교유인물은 19명이다. 이들이 선별된 이유는, 송준길 · 이경석 등과 같이 남구만이 스승으로 모시며 공경했던 인물이거나, 조윤석 · 하홍도 같이 평소 인품을 존경해 온 인물이거나, 정두경 · 김시진 · 최후량 · 이경휘 등과 같이 여러 대에 걸쳐 교분을 맺어온 기군지교紀群之交의 인물들이다. 대부분 서인계열의 인물로 분류할 수 있기는 하지만, 그러한 정치적 성향보다는 사제 관계나 여러 대를 이은 친밀함 등에 더 초점이 맞춰져 선별된 것으로 보아야 할 것이다.

동배에 해당하는 교유인물은 24명이다. 『약천집』 소재 시에 선별된 이들 24명은, 이민적 · 이민서 · 남용익 · 이준 등과 같이 벼슬길에 오르기 전부터 사귀어온 포의지교布衣之交이자 지우知友이거나, 이훤 · 박태상 · 조사석 · 유상운 · 여성제 등과 같이 관직에 있으면서 친해진 동료이거나, 이세화 · 이화진 등과 같이 연행이나 유배와 같은 특정 상황에서 친밀해진 인물들이다.

남구만은 서인계열의 문인이며, 특히 서인이 노론과 소론으로 분기되면서 소론의 영수로 지목된 만큼 『약천집』 소재 시를 통해 확인해 볼 수 있는 교유인물도 자연스레 전배의 경우에는 서인계열, 동배의 경우에는 소론계열의 인물들이 주를 이루고 있기는 하다. 하지만 그것은 정치적 계열이나 당파가 우선시되어 선별된 결과라기보다는 그 인물과의 교분交分과 정의情誼에 초점이 맞춰져 선별된 결과로 보아야 한다. 이는 『약천집』에는 시 말고도 그 인물들과의 교분을 확인할 수 있는 글(묘도문자, 서신 등) 역시 수록되어 있는 경우가 많다는 데서도 그러함을 알 수 있다. 따라서 『약천집』 소재 시는 정치적 색채보다는 남구만과 실제로 교분이 깊었던 인물들과 관련한 시에 우선순위를 두고 선별하였다는 편집성향을 보인다고 할 수 있다.

II. 『약천집』 소재 시의 편집상의 특징(1)

이황진

1. 서론

남구만南九萬(1629～1711)의 『약천집藥泉集』은 그가 별세(1711년 3월 17일)한 후 12년이 지난 경종 3년(1723) 가을에 34권 17책으로 출간되었다. 『약천집』 「총목總目」에서 “초고의 시 900여 수에서 276수를 뽑고, 문 1400여 편에서 726편을 추려내었다”[40]고 하므로 시보다는 문에 더 초점이 맞춰져 편집되었음을 짐작할 수 있다. 이는 남

40 南九萬, 「總目」, 『藥泉集』, “草藁詩凡九百餘首, 選二百七十六首, 文凡一千四百餘首, 選七百二十餘首, 爲一千三百九十一板.” 하지만, 실질적으로 『약천집』에 수록된 시는 권1에 92제 127수, 권2에 109제 150수로 총 277수이다. 그런데, 권1의 〈城津感鄭東溟斗卿詩屛 幷序(1673년)〉의 서문에 1671년에 지은 시가 1수 삽입되어 있으며, 권2의 〈贈朱生 幷序(1688년)〉의 서문에 1674년에 지은 시 1수가 삽입되어 있다. 그리고 권27 「序」 〈贈靈巖權迪 康津李馥 海南韓翊周 三太守詩序(1668.12.20.)〉에 1수, 권30 「書」 〈答西溪丙子九月八日(1696.9.8.)〉에 1수가 들어있어 『약천집』에 수록되어 있는 남구만의 시는 총 281수가 된다.

구만이 당대 최명길崔鳴吉, 김창협金昌協, 김석주金錫胄 등과 함께 4대 소차가疏箚家로 불릴 만큼 문장에 뛰어났다는 평가를 받았으며,[41] 남구만의 졸기에서도 "남구만은 젊어서부터 문재가 있었고, 필법도 공교하고 아름다웠다.", "문사가 법도 있고 아름다웠으며, 필획 또한 예스럽고도 힘찼다."[42]며 공공연하게 인정하고 있기에 타당한 구성이라 하겠다. 따라서 『약천집』은 전체적으로 볼 때 '저자의 경륜과 사업을 나타내는 소차 등의 공거문과 편지를 본집의 주요 내용으로 삼아 편차'[43] 되었다는 것을 가장 큰 편집 특징으로 내세울 수 있다. 하지만, 이것은 시보다는 문에 치중되어 문집이 구성되었다는 일차적 특징일 뿐 그 시와 문을 선별하고 산정刪定하는 과정에서의 편집 기준이 무엇이었으며, 『약천집』이 어떠한 이유로 그러한 편차체제로 편집이 되었는지 등에 대한 설명은 되지 못한다. 그래서 필자는 본고에서 『약천집』 중에서도 권 1과 권 2에 편차된 '시'(이후 이것은 『약천집』 소재 시로 칭함)의 편집상의 특징을 고찰해 보고자 한다. 이는 단순히 『약천집』에 수록된 문(소차, 계, 응제문, 묘지명, 제문, 서문 등)이 시에 비해 더 공식적인 글이라거나 덜 문학적일 것이라고 생각하기 때문은 아니다. 오히려 시가 문보다 더 많이 산삭되었으므로 어떠한 시들이 산삭되었을지 유추해 내거나, 『약천집』 소재 시의 편차체제와 시에 덧붙여진 남구만의 서문이나 자주自註 등을 통해 『약천집』의 편집 특징을 더 잘 찾아낼 수 있을 것이라 생각하

41 윤재환, 「약천 남구만 상소문의 구성 원리와 전개 양상」, 『한민족어문학』 74, 한민족어문학회, 2016, 209면.

42 『숙종실록』, 숙종 37년 3월 17일, "九萬少有文才, 筆法亦工媚.", 『숙종실록보궐정오』, 숙종 37년 3월 17일, "文辭典麗, 筆畫古健."

43 성백효, 「국역 『藥泉集』 해제」, 민족문화추진위원회, 2004.

기 때문이다. 특히, 본래 900여 수였던 시가 정작 『약천집』에 수록된 것은 그 1/3도 채 되지 않는다는 점, 남구만의 31세 이후의 시로만 편차된 탓에 31세 이전의 시를 살펴볼 수 없다는 점, 문집에 수록될 시를 남구만 본인이 직접 선별한 것이 아니라는 사실 등은 남구만의 시세계를 살펴보는데 작지 않은 결함이자 한계로 작용할 수도 있기 때문에 문집의 편집 특징이나 편집 의도를 찾아내는 것도 남구만의 시를 이해하고 연구하는 데 도움이 될 수 있는 의미 있는 작업이라 생각한다.

남구만의 시에 대한 연구는 남구만의 문학론을 다루며 함께 다루어지거나, 시세계 전반을 다룬 논문이 주를 이루고 있으며,[44] 아직까지 『약천집』의 편집상의 문제나 특징을 언급한 논문은 보이지 않는다.

본고는 남구만의 한시 작품에 대한 분석이나 연구라기보다는 『약천집』, 그 중에서도 권 1과 권 2의 시가 어떠한 편집 특징을 보이는가

44 성당제, 『약천 남구만 문학 연구』, 한국학술정보(주), 2007 ; 성당제, 「약천 남구만 문학의 연구」, 성균관대학교 대학원 박사학위논문, 2004 ; 양언석, 「남구만의 문학세계」, 『한국문예비평연구』 15, 한국현대문예비평학회, 2004 ; 김영주, 「약천 남구만의 문학론 연구」, 『퇴계학과 유교문화』 33, 경북대학교 퇴계학연구소, 2008. 등은 남구만의 문과 함께 시를 비중 있게 다루고 있으며, 성당제, 「약천 남구만 시의 품격」, 『한국한문학연구』 35, 한국한문학회, 2005 ; 박영민, 「약천 남구만의 한시 연구」, 『한국인물사연구』 13, 한국인물사연구소, 2005 ; 김성언, 「남구만의 시세계」, 『한국한시작가연구』 11, 한국한시학회, 2007. 등은 남구만의 시 전반을 다루고 있다. 남구만 시의 한 분야에 대해 구체적으로 연구한 논문으로는 성당제(「약천 남구만의 고토 회복의지 - 변방 음영시를 중심으로」, 『한문학보』 10, 우리한문학회, 2004.)와 이황진(「약천 남구만의 유배시 연구」, 『한민족어문학』 75, 한민족어문학회, 2017.)의 것이 있다.

에 초점이 맞춰진 연구이다. 먼저 『약천집』의 간행 배경과 경과를 살펴본 후, 이들을 토대로 『약천집』 소재 시의 편집상의 특징을 찾아내는 것이 본고의 목적이다.

2. 『약천집』의 간행 배경 및 경과

주지하다시피 조선후기에는 문집 간행이 매우 활성화되었다. 이는 조선시대에 편찬된 한국의 문집을 1인 1집을 기준으로 볼 때 3,100여 종에 달하며, 이들 문집의 저작시기로 보면 현존하는 한국의 문집은 대부분인 99%가 조선시대의 문집이고, 조선시대 문집은 그 대부분인 86%가 조선후기의 문집이라는 수치로도 분명하게 드러난다.[45]

남구만 자신도 자신의 시문을 모아 문집을 만들고자 하는 생각은 오래 전부터 갖고 있었던 것으로 보인다. 이는 『약천집』에 수록된 상당량의 시가 그 시를 짓게 된 배경이나 이유를 때로는 시의 긴 제목으로, 때로는 서문을 통해 구체적으로 밝히고 있다는 사실에서도 그러함을 유추해볼 수 있다. 특히 그러한 경우가 권 1(1659~1678년의 시 수록)보다는 권 2(1679~1711년의 시 수록)에서 더 많아지는데, 당시 상황을 긴 제목으로 설명한 시나 시 밑에 자주自註를 덧붙인 시 역시 권 2에서 더 많이 찾아볼 수 있으며 그것을 고려하지 않는다 해도, 권 1에서 시의 서문이 있는 경우는 4제(4수)에 불과하지만, 권 2에서는 17제(46수)의 시에 서문이 붙어 있다는 사실은 남구만이 나

45 신승운, 「유교사회의 출판문화 - 특히 조선시대의 문집 편찬과 간행을 중심으로」, 『대동문화연구』 39, 성균관대학교 대동문화연구원, 2001, 371면.

이를 들어가면서 자신의 문집 간행을 염두에 두고 있었다는 반증이라 할 수 있다.

게다가 그는 1674년 함경도 관찰사 임기를 마치기 전에 정두경鄭斗卿(1597～1673)의 시고詩稿를 저본으로 하여 『동명집東溟集』을 간행한 적이 있었을 뿐만 아니라,[46] 노년에는 홍주세洪柱世(1612～1661)의 『정허당집靜虛堂集』(1708년 간행)·임영林泳(1649～1696)의 『창계집滄溪集』(1708년 간행)·이지걸李志傑(1632～1702)의 『금호유고琴湖遺稿』(1712년 간행) 등의 서문과[47] 이진백李震白(1622～1707)의 『서암유고西巖遺稿』(1710년경 간행)의 서문을 써주기도 하였다.[48] 이러한 사실은 남구만이 문집 간행에 적잖은 관심이 있었고 상당히 긍정적이었음을 짐작케 한다. 또한 종친이자 친구였던 남용익南龍翼(1628～1692)의 『호곡집壺谷集』(1695년경 간행), 사돈이자 절친한 친구였던 이민서李敏敍(1633～1688)의 『서하집西河集』(1701년 간행), 조카인 박태보朴泰輔(1654～1689)의 『정재집定齋集』(1702년 간행) 등의 문집이 간행되어 나오는 것을 보며 자신의 문집이 간행되기를 바라는 것은 인지상정이었을 것이다.

『약천집』의 편찬과 간행에 대해서는 성백효와 김성애의 '『약천집』 해제'를 통해 개괄적인 내용을 알 수 있다.[49] '편찬'은 자료를 모아 체계적으로 정리하여 책을 만드는 것이고, '간행'은 인쇄하여 발행하는

46 南九萬, 〈與崔汝和書 丁卯(1687)〉, 「書」, 『藥泉集』 권32.

47 南九萬, 〈靜虛堂集序 丙子(1696)〉·〈滄溪集序 戊子(1708)〉·〈琴湖遺稿序 庚寅(1710)〉, 「序」, 『藥泉集』 권27.

48 南九萬, 「西巖遺稿序」, 『西巖遺稿(李震白)』

49 성백효, 「『국역약천집』 해제(민족문화추진위원회)」; 김성애 「『약천집』 해제(한국문집총간 해제)」

것이다. 그래서 간행에는 편찬과 달리 많은 경비가 필요했기 때문에, 재정이 여의치 않을 경우 편찬에서 그치게 되는 경우도 있었고, 정치적인 문제로 간행이 미루어지거나 취소되는 경우도 종종 있게 된다. 이 부분에서는 『약천집』의 간행 배경과 경과에 대해 좀 더 자세히 살펴보도록 하겠다.

남구만의 유문遺文은 아들 남학명南鶴鳴과 손자 남극관南克寬이 정리하고 인행하였다.[50] 「총목」에서 "초고의 시 900수에서 276수를 뽑고, 문 1400여 편에서 726편을 추려내었다."고 밝히고 있으므로 초고가 그대로 문집으로 간행된 것은 아니라는 사실을 알 수 있다. 남극관의 『몽예집』「단거일기」에 "1712년 7월 5일 가집의 소차 제5책을 교정하였다. …… 15일 소차 제6책을 교정하였으나 마치지 못했다. …… 18일 소차 제6책의 교정을 마쳤다."[51]라는 기록이 있어 남극관이 『약천집』의 간행을 준비해왔다는 사실과 원고 수집이 상당 부분 마무리되고 교정을 보고 있는 단계에 있었음을 알 수 있다. 소차 제5책, 제6책이라고 한 것으로 보아 「총목」에서 말한 초고에 대한 교정이었을 것으로 보인다. 그리고 최규서가 쓴 「약천집서」의 "숙종 37년(1714) 숙종이 어필로 '약천집藥泉集' 3자를 내리면서 문집을 찾아 들

50 성백효의 「해제」. 반면 김성애는 「해제」에서 '연보와 간기를 통해 살펴보면, 문집의 산정은 아들인 남학명이 한 것으로 보인다.'고 하였다. 그리고 박영민(「약천 남구만의 한시 연구」, 『한국인물사연구』 13, 한국인물사연구소, 2005, 3면.)은 남처관이 산정하고 편집한 것으로 보았는데, 이는 『약천집』이 간행된 1723년에는 남학명과 남극관이 모두 사망한 후이기 때문에 그렇게 인식한 것으로 보인다.

51 南克寬, 「端居日記」, 『夢囈集』 乾, "壬辰七月五日 校家集疏箚第五冊 …… 十五日 校疏箚第六冊 未訖. …… 十八日 校疏箚第六冊 訖."

이라는 명하였지만 문집의 산정과 선사가 아직 완료되지 못하여 올리지 못하였다."[52]라는 내용에서 몇 가지 사실을 유추해 낼 수 있다. 즉, 숙종은 『약천집』의 간행이 준비 중이라는 것을 이미 알고 있었으며, 1714년에는 편찬이 거의 완성되었을 것이라 짐작했었으며, 그 당시라면 이 문집이 간행되는데 정치적으로 아무런 문제가 없었다는 사실이다. 그리고 이 문집은 숙종의 명에 의한 것이라기보다는 숙종의 암묵적 용인 하에 간행이 준비되고 있었다는 점이다.[53]

숙종이 『약천집』을 을람하고자 했던 1714년 당시에는 아직 간행 준비가 다 이루어지지 않았는데, 그 이유는 아마도 남학명과 함께 문집의 산정과 선사를 진행해 왔던 남극관이 1709년(21세) 괴질에 걸린 이후 병고에 시달려 체력적으로 문제가 있었던 데다가 1714년 3월 요절하였기 때문으로 보인다. 남극관이 세상을 떠난 이후 남학명이 문집을 간행하려 하였으나, 그 역시 문집의 간행을 보지 못하고 1722년 10월 세상을 뜬다. 문집은 선내의 뜻을 이어받은 남학명의 자남인 남처관이 병조정랑으로 있던 경종 3년(1723) 봄 인역印役을 시작하여 가을에서야 세상에 간행되어 나오는데,[54] 이는 남학명이 문집의 편찬을 거의 마무리 지어놓은 상태였기에 가능했을 것이다.

---

52 崔奎瑞, 〈藥泉集序 癸卯〉, 「序」, 『艮齋集』 권7, "惟我藥泉先生南公 以肅宗三十七年辛卯下世.後三年甲午 上手書藥泉集三字 使之覓入 時抄繕未完不克進. 後九年景宗癸卯 集始成."

53 김영진(「조선조 문집 간행의 제양상」, 『민족문화』 43, 한국고전번역원, 2014, 21면 각주 31.)에 따르면, 숙종 연간에 임금이 문집 간행을 명한 것은 김장생 『사계유고』, 송준길 『동춘당집』, 허목 『기언』, 송시열 『우암선생문집』 정도라 한다.

54 『약천연보』 권8, '83세 신묘년(1711, 숙종37)'

『약천집』의 간행이 그렇게까지 늦어진 이유는 문집의 산정과 편집이 늦어졌기 때문이라기보다는 당시의 정치적 상황 때문이었을 가능성이 더 크다. 숙종 말엽에는 노소론老少論 간의 날카로운 대립이 지속되던 시기였던 데다가, 병신처분丙申處分(1716) 이후 노론이 숙종의 인정과 지원을 받아 정국 주도권을 독점하게 되었기에 『약천집』의 간행은 사실 매우 요원한 처지였다. 특히 유명한 정치가나 학자의 경우에는 정치적 상황이나 사회적 여론 등에 민감한 영향을 받았으며 때로는 그것이 문집 간행에서 가장 중요한 변수로 작용하기도 했기에,[55] 소론의 영수였던 남구만의 문집인 『약천집』의 경우는 더욱 난감한 상황이었음을 능히 짐작할 수 있다. 숙종조차 『약천집』의 간행을 기다리고 있었던 1714년의 그 좋은 시기를 놓쳐버리고 나자 이내 다음을 기약하기 힘든 정국이 되어버린 것이다.

하지만 경종이 왕위에 오른 후 신임옥사辛壬獄事(1721~1722)로 소론이 정권을 잡게 되며 남구만에게 '문충文忠'의 시호가 내려지고 숙종 묘정에 배향되는데, 남처관은 이 시기야말로 문집을 간행하기에 더할 나위 없이 좋은 기회라 확신했을 듯하다. 그리고 『약천집』뿐만 아니라 부친 남학명의 문집 『회은집』과 형 남극관의 문집 『몽예집』도 간행하여야 한다는 의무감을 갖고 있던 차에 이김에 이들 문집을 한꺼번에 간행하고 싶었을 것이다. 이 남구만 삼대의 문집은 판식板式이나 크기, 체제가 같고 활자도 같은 인서체 활자로서 거의 동일한 시기(1723년경)에 간행된 것으로 인정되므로[56] 삼대의 문집을 동시에

55 김윤제, 「조선시대 문집 간행과 성리학」, 『한국사시민강좌』 37, 일조각, 2005, 83면.

56 이미실, 「『회은집』 해제(한국문집총간 해제)」; 김성애, 「『몽예집』 해제(한

모두 간행하고자 했던 남처관의 그 계획은 그의 바람대로 이루어진 것이다.

그리고 남처관이 삼대의 문집을 거의 동시에 간행할 수 있었던 데에는 이러한 당시의 정치적 상황 말고도, 이들 문집이 '교서관인서체자본'으로 간행되었다는 사실도 큰 비중을 차지한다.[57] 교서관인서체자로 간행된 문집들은 집안이나 문중에서 문집을 간행할 때 가장家藏하고 있던 문집을 뒤에 부집附集하려는 경향을 보이는 특징을 갖는데, 이런 부집의 형태는 목판본이나 목활자로 간행한 문집들에게서는 쉽게 보이지 않는 특징이다. 그리고 이런 부집의 경우 저자의 저술양이 적어 단독적으로 간행하기에 무리가 있는 문집이나, 재정적으로 문제가 있어 간행하지 못하고 있던 것을 선조의 문집을 간행하면서 함께 간행함으로써 재정적 손실을 덜고자 한 경우도 있었다.[58] 그러므로 남처관은 우선적으로 『약천집』을 교서관인서체자본으로 간행하면서 분량이 많지 않은 『회은집』(5권 2책)과 『몽예집』(2권 1책)의 부간을 계획하게 되었고, 결국 재정적 손실도 줄이며 삼대의 문집을 모두 간행할 수 있었다.

국문집총간 해제)」

57 『약천집』은 '후기교서관인서체자後期校書館印書體字' 활자로 찍은 책 가운데 가장 이른 시기의 것으로 추정되며, 『회은집』과 『몽예집』 역시 후기교서관인서체자로 된 문집이다. (김영진, 「조선조 문집 간행의 제양상」, 『민족문화』 43, 한국고전번역원, 2014, 11면 ; 정진웅, 「조선후기 교서관인서체자본 문집의 간행에 관한 연구」, 『서지학연구』 36, 서지학회, 2007, 138면.)

58 정진웅, 「조선후기 교서관인서체자본 문집의 간행에 관한 연구」, 『서지학연구』 36, 서지학회, 2007, 136면.

3. 『약천집』 소재 시의 편집상의 특징

조선시대 간본문집刊本文集은 대부분 상당한 산삭을 거침으로써 완성되었는데, 조선 후기 간본문집의 산삭 비율을 보면 저자의 유고에 근접한 고본稿本에서 적게는 1/3 정도의 분량을 덜어내거나 많게는 2/3 정도를 상회하는 분량을 배제시킨다.[59] 『약천집』의 경우 초고의 시 900여 수에서 276수를 뽑고, 문 1400여 편에서 726편을 추려 내었다고 하므로 『약천집』 역시 그 통상적인 범주 안에서 산삭이 이루어진 것으로 볼 수 있다. 다만, 『약천집』 34권 중 시는 2권뿐이고 나머지 32권은 문으로 구성되어 있다는 사실에서 시보다는 문에 더 초점이 맞춰져 있었음을 알 수 있다. 따라서 『약천집』은 전체적으로 볼 때 시보다는 문에 치중되어 문집이 구성되었다는 일차적 특징을 가진다. 하지만, 서론에서 밝힌바 있다시피 필자는 『약천집』 「시」가 『약천집』의 편집 특징을 더 잘 드러낸다고 생각하므로, 이 부분에서는 그에 대해 고찰해 보도록 하겠다.

1) 자편문집의 특징을 가진 일반문집

조선시대의 문집은 편집체제 면에서 '시문 2대별, 시의 편년 정리, 문의 문체별 정리' 방식이 주류를 이루는데,[60] 남구만 삼대의 문집 역

59 김수진, 「조선후기 간본문집의 편집경향 - 규장각 소장 자료를 중심으로」, 『규장각』 42, 서울대학교 규장각 한국학연구원(규장각), 2013, 100면.

60 심경호, 「조선시대 문집 편찬의 역사적 특징과 문집 체제」, 『한국문화』 72, 서울대학교 규장각 한국학연구원(한국문화), 2015, 116면.

시 그러하다. 『회은집』은 남학명 자신이, 『몽예집』은 남극관 자신이 자편한 문집이다.[61] 그런데 선행 연구자들이 제시한 자편문집의 특징을 보면 편차체제에 대한 견해가 다르다. 정진웅의 경우 "자편문집은 일반문집과 달리 다양한 편차체제를 보이고 있다."[62]고 하는데 반해, 김수진은 "자료의 제약으로 자서와 인기 사항이 남아 있지 않은 경우에도, 문집의 편성이 시문 공히 저작연대순 수록방식을 취한다거나 시기별로 성립된 작은 문집을 합편해 이루어졌다면, 저자 생전에 자편 행위가 이루어졌을 가능성이 높다고 보아야 한다."[63]고 한다. 이러한 견해 차이는 정진웅은 자편문집의 편차체제의 다양성에 주목한 반면, 김수진은 자편문집들이 보이는 가장 일반적인 편차체제가 무엇인가에 주목했기 때문일 것이다. 따라서 『약천집』은 우선 편차체제면에 있어 자편문집으로서의 특징을 가지고 있다고 보아도 큰 무리

61 『회은집』을 남학명이 자편했다는 직접적인 기록은 보이지 않지만, 그가 1722년 10월 세상을 떠났으며 1723년 봄 『약천집』 인역이 시작되었고 이어 『회은집』도 그 해에 간행되었다는 사실과 그가 자신의 묘지명인 「晦隱翁自序墓誌(『회은집』 권4 「墓文」)」을 써놓았다는 사실, 그리고 남처관이 문집을 정리하고 산정했다는 기록도 없으므로 남학명이 세상을 뜨기 전 자신의 문집을 자편해 놓았다고 보는 것이 타당할 것이다. 『몽예집』에는 남극관 자신이 1713년 除夕에 쓴 「自敍」가 수록되어 있을 뿐만 아니라, 아버지 남학명이 쓴 「亡兒墓表(『회은집』 권4 「墓文」)」에 "임종에 앞서 자신의 원고를 스스로 정리하여 2편으로 자편해 두고 '몽예집'이라 제명하였다[臨死自定其藁二編題曰夢囈集]."라고 분명히 밝히고 있으므로, 『몽예집』은 남극관 자신이 자편한 문집임은 의심의 여지가 없다.

62 정진웅, 「조선시대 자편문집에 관한 고찰」, 『서지학연구』 44, 서지학회, 2009, 341면.

63 김수진, 「조선시대 자편문집에 대한 탐사 - 규장각 소장 자편문집의 발굴과 분석」, 『서지학연구』 68, 서지학회, 2016, 83~84면.

는 없을 듯싶다.

일반적인 문집은 보통 저자가 죽은 후 자식이나 손자, 또는 제자들에 의해 간행되기 때문에 정상적이라면 그 다음 세기쯤 간행되는 것이 보통이다.[64] 그렇기 때문에 일반문집의 경우 저자의 평생 업적을 기록한 행장이나 연보, 저자의 죽음을 애도하는 만사와 제문 등을 모아놓은 부록이 덧붙여지는 경우가 많은데, 『약천집』에는 그러한 부록이 없다는 사실도 자편문집의 특징을 가지고 있는 것으로 볼 수 있다. 그리고 『약천집』은 자식과 손자에 의해 간행된 것이긴 하지만, 남구만 사후 바로 간행 준비에 들어가 12년 후에 간행되었으며, 「총목」에서 "초고의 시 900수에서 276수를 뽑고, 문 1400여 편에서 726편을 추려내었다."고 분명하게 밝히고 있으므로 남구만이 생전에 자신의 시문을 상당부분 정리해 놓았음을 짐작할 수 있게 한다.

일반 문집은 후손이나 제자들이 저자의 작품들을 모두 수집하려고 노력한 탓에 유년시절의 작품들까지도 수록되는 경우가 많은 반면, 자편 문집의 경우는 유년 시절의 작품들은 저자 스스로가 부끄럽게 여겨 수록하지 않는 경우가 많다.[65] 『약천집』에는 남구만의 유년 시절의 작품이 한 수도 수록되어 있지 않은데, 이러한 사실도 『약천집』이 자편문집의 특징을 가지고 있는 것으로 간주할 수 있다. 그리고 남구만의 시 중에는 때로는 긴 제목으로, 때로는 주석으로, 때로는 시의 서문으로 시를 작성한 시기와 상황에 대해 비교적 상세하게 설

64 김윤제, 「조선시대 문집 간행과 성리학」, 『한국사시민강좌』 37, 일조각, 2005, 87면.

65 정진웅, 「조선시대 자편문집에 관한 고찰」, 『서지학연구』 44, 서지학회, 2009, 344~345면.

명한 것들이 많다. 이는 남구만이 자신의 문집 간행을 의식하고 있었음을 알 수 있게 하며, 그러한 만큼 자신의 시문을 상당수 자편해 놓았을 가능성은 충분하다.

하지만, 『약천집』에는 필수요건은 아니라 해도 자서自序나 자발自跋이 없어 자편문집이라고 확단을 내리기에는 어려움이 따른다. 게다가 자편문집의 경우 서간書簡은 수록되지 않거나 소수의 양만을 수록하는 경향이 있는데,[66] 『약천집』의 경우 권 30～권 34에 서간을 204편이나 수록하고 있어 후손이나 제자들이 편찬하는 일반문집의 특징을 보인다. 『약천집』이 편차체제 면에서 자편문집의 특징을 보이고는 있지만, 이것은 자신들의 문집을 자편한 남학명과 남극관에 의해 그렇게 편집된 때문일 수도 있다. 그리고 부록이 없다는 사실은 성백효가 해제에서 최규서가 쓴 「약천집서」가 본집에 실리지 않은 이유에 대해 "이는 본집을 순수하게 저자의 글만으로 편찬하고 부록문자는 따로 간행하려는 의도가 있었을 것"이라고 설명한 것과 같은 논리로 해명할 수 있다.

17세기를 기점으로 많은 수의 문인이 자신의 원고를 정리하며 미래에 있을 문집 편찬에 대비하기는 하였지만, 그러한 자편 문집 가운데 저자가 생전에 간행까지 완결한 예는 거의 발견되지 않는다.[67] 남구만 역시 문집 간행을 염두에 두고 자편이라고 할 정도까지는 아니라 할지라도 그것에 준하는 정도까지는 자신의 시문을 정리해 놓음

66 정진웅, 「조선시대 자편문집에 관한 고찰」, 『서지학연구』 44, 서지학회, 2009, 344면.

67 김수진, 「조선후기 문집간행의 추이와 그 특징」, 『어문연구』 41-3, 『한국어문교육연구회』, 2013, 366면.

으로써 후손이 자신의 문집을 간행해주기를 고대하였을 것이다. 그러하기에 『약천집』이 일반문집이면서도 자편문집의 특징 역시 가지고 있는 것은 어쩌면 자연스러운 현상이라 할 수 있다. 이것은 '17세기를 기점으로 많은 수의 문인이 자신의 원고를 정리하며 미래에 있을 문집 편찬에 대비'한 것이 당시의 추세였다는 점을 염두에 두면 이는 비단 『약천집』에서만 보이는 특징이라고는 할 수 없다. 하지만, 이것은 향촌에서 행세하는 문중으로 대접받기 위해, 또는 지역사회에서 유력가문으로 행세하기 위해 조상 중에서 어지간한 사람만 있으면 다투어 문집을 간행하는 등 문집 간행의 폐단이 나타나기 시작한 18세기 이후에 마구잡이로 간행된 그러한 수준 낮은 문집[68]과는 분명 구별되어질 수 있는 특징으로 간주될 수는 있을 것이다.

2) 남학명의 시세계가 반영된 편집

남구만이 자신의 문집 간행을 기대하며 자신의 시문을 상당 부분 정리 혹은 자편해 해놓았다고 할지라도 『약천집』이 그대로 간행되었다고 보기는 힘들다. 왜냐하면, 자편문집이든 일반문집이든 그것이 간행되기에 앞서 저자의 시문 위에 후인의 검열과 통제가 더해진 후에야 하나의 문집으로 탄생하게 되는 것이기 때문이다.[69] 따라서 남학명과 남극관은 선친의 유고를 빠짐없이 모두 수록해야 할지, 아

68 김윤제, 「조선시대 문집 간행과 성리학」, 『한국사시민강좌』 37, 일조각, 2005, 89~91면.

69 김수진, 「조선후기 문집간행의 추이와 그 특징」, 『어문연구』 41-3, 『한국어문교육연구회』, 2013, 354면; 장원연, 「조선시대 개인문집의 간행과 교정」, 『서지학보』 34, 한국서지학회, 2009, 62~63면.

니면 무엇을 산삭하고 무엇을 남겨야 할지를 고민하였을 것이다. 더구나 문집을 간행하는 데에는 꽤 많은 돈이 필요하기 때문에 분량도 조절할 필요가 있었을 것이고, 남구만이 소론의 영수였던 만큼 혹 정치적으로 문제가 될 수 있는 시문이나 논란이 될 여지가 있는 인물과 관계된 시문도 제외시켰어야 할 것이다. 만일 900여 수가 담겨있다던 초고가 남아있다면 간행본인 『약천집』과의 비교를 통해 어떠한 시가 산삭되었는지 확인해 볼 수 있겠지만 현재의 상황은 그렇지가 못하다.

성백효와 김성애가 해제에서 밝혔다시피 『약천집』은 남학명의 문집에 대한 원칙, 즉 "문집을 편찬할 때 시문은 간략해야 하고, 편지는 마음을 가장 잘 나타낸 글로 그 인물을 상상할 수 있어야 한다."[70]는 지론이 『약천집』 편집의 척도가 되었다. 하지만 여기서 편지의 경우는 이 원칙이 문집에 수록할 편지를 선별하는 기준이 됨을 쉽게 이해할 수 있지만, '시문은 간략해야 한다'는 원칙은 그것을 선별하는 기준이라기보다는 초고에 있는 시문을 마구잡이로 모두 다 수록해서는 안 되며 적절한 것만을 선별해 수록해야 한다는 의미로 받아들여진다. 따라서 이것만으로는 남학명이 어떠한 기준으로 부친의 시를 선별한 것인지 판단하기 쉽지 않다. 그렇다면 남학명의 시에 대한 인식 혹은 시세계가 그 선별 기준이 되었을 것이다. 그리고 『약천집』은 최종적으로는 남학명이 편찬하고 간행 준비를 마친 것으로 여겨지기는 하지만, 남극관 역시 남구만의 시문을 정리하고 산정했을 것이기에 그의 시세계도 함께 참고해야 한다. 남구만, 남학명, 남극관 삼대

70 南鶴鳴, 〈詞翁〉, 「雜說」, 『晦隱集』 권5, "凡纂文集, 詩文宜從簡約, 而書牘最是流出胸中之文, 可以想見其人物."

의 시세계를 비교해 본다면, 『약천집』의 편집에 남학명과 남극관 중 누구의 시세계가 더 많이 반영되었는지를 알 수 있게 될 것이며 시를 선별하는 기준은 무엇이었을지 유추해 낼 수 있으리라 생각된다.

선행연구를 통해서 남구만 삼대의 시세계를 확인해 볼 수 있다. 남구만은 시가 수양뿐 아니라 외적으로 풍화, 세정의 보조적 수단이며 외물에 감응한 개인적 정서의 표출이라 간주하였다.[71] 남구만의 시문에서는 전아典雅 · 경건勁健 · 호방豪放 · 웅혼雄渾 등의 품격이 드러난다고 하는데,[72] 실질적으로도 남구만의 시는 고인을 애도하고 추모하는 특성을 가진 만시를 제외하고는 대부분 호쾌하고 밝고 긍정적인 느낌을 준다. 김주수는 남학명의 시에 대해, "회은의 시는 주로 음유지미陰柔之美의 미감을 띠고 있는데, 은일에 대한 그의 삶의 자세가 매우 밝은 탓에 밝은 기조의 음유지미가 주류를 이룬다. 이런 밝은 기조의 음유지미는 삶에 대한 긍정적인 자세와 소박하고 단아한 시적 특성으로 말미암아 형성된 것들로, 그의 시는 유거幽居의 일상 속에 쉽게 접할 수 있는 주위 정경을 위주로 매우 담백하고 진솔하게 자연의 정취에 흠뻑 젖은 자신의 정감을 잘 형상화해내고 있다."고 평하였다.[73] 반면 남처관의 시세계에 대해서는 '음유지미로서의 슬픔의 미감'이라 명료하게 제시하며, 남학명 시와의 비교를 통해 "그의 아버지 남학명도 음의 미감을 많이 가진 은일시를 주로 썼고 평생

71 양언석, 「남구만의 문학세계」, 『한국문예비평연구』 15, 한국현대문예비평학회, 2004, 185~186면.

72 성당제, 「약천 남구만 시의 품격」, 『한국한문학연구』 35, 한국한문학회, 2005, 251~284면.

73 김주수, 「회은 남학명 시세계 연구 - 역의 시학적 접근으로」, 『한국한시연구』 13, 한국한시학회, 2005, 247~285면.

출사를 하지 않았지만, 스스로 은일을 택했던 남학명의 밝은 시풍과 달리, 심한 질병으로 인해 숙명적으로 삶의 슬픔 때문에 대부분 처완悽惋과 애상哀傷의 정조를 띤 어두운 음유지미의 미감을 이루고 있다."고 평하였다.[74]

이들 선행 연구를 통해 드러난 남구만 삼대의 시세계를 잘 대변한다고 여겨지는 시를 예로 들어 보면 다음과 같다.

① 남구만 : 〈放還琶潭偶吟〉 2수 중 제2수 (1690, 62세)

애석하여라 계단 앞 해석류 可惜階前海石榴
풀 사이에 파묻혀 마치 귀양 온 나그네 같구나. 草間埋沒似羈囚
아직 뿌리 밑에 살 뜻 간직하여 尙看根底藏生意
비 온 뒤 새로 난 가지가 한 자나 자랐구나.[75] 雨後新枝一尺抽

② 남학명 : 〈大廟洞寓居卽事〉 (1688, 35세)

향 태우고 단정히 앉아서 잔편을 외우느니 焚香端坐誦殘編
一室의 생애가 도리어 담연 하여라. 一室生涯却淡然
문 닫고 종일 처마의 빗소리 듣고 있으니 閉門終日懸簷雨
산림의 폭포와 샘물 소리 듣는 것 부럽지 않구나.[76] 不羨山林聽瀑泉

③ 남극관 : 〈楓巖靜齋秋詞〉(1712, 24세)

서리에 잎 절로 깊고 옅게 물들어 霜葉自深淺
모두 비단 나무를 보는 듯하네. 總看成錦樹

74 김주수, 「몽예 남극관 시세계 연구 - 음유지미의 슬픈 미감을 중심으로」, 『한국시가연구』 20, 한국시가학회, 2006, 105~141면.
75 南九萬, 〈放還琶潭偶吟 庚午(1690)〉 2, 『藥泉集』 권2.
76 南鶴鳴, 〈大廟洞寓居卽事〉, 『晦隱集』 권1.

빈 재에 말 잊고 앉았으니 虛齋坐忘言
잎 위에 성근 빗소리 들려오네.[77] 葉上聽疎雨

이들은 모두 그 공간에 홀로 있으며, 비가 주요 소재로 사용되고 있다는 점에서 공통점이 있다. 위의 시들은 모두 외적으로는 그 분위기가 다소 처량하고 쓸쓸하다는 느낌을 준다. 하지만 시를 음미해 보면 시가 갖고 있는 외적인 분위기와는 달리 시가 풍기는 내적인 분위기와 비를 통한 사고의 전환이 서로 다르다는 것을 알 수 있다. 물론 계절적 차이가 있기 때문에 비가 주는 이미지는 다를 수밖에 없기는 하겠지만, 그래도 이들이 일상적으로 어떠한 마음상태로 시를 짓고, 시를 통해 무엇을 드러내고자 하는지를 잘 드러내주는 예가 된다 생각한다.

시 ①은 남구만이 강릉으로 유배를 갔다가 1년 만에 사면을 받아 별장인 비파담으로 돌아온 후 그 심정을 읊은 시이다. 기사환국(1689)으로 인해 남인이 정권을 차지하면서 소론인 남구만은 다소 억울한 유배를 갔다 왔으면서도 그 누구를 원망하거나 탓하지 않는다. 이러한 경향은 남구만의 4차례의 유배와 유배시에서 공통적으로 드러나는 요소이기도 하다.[78] 이 부분에서 제시하진 않았지만 제1수에는 오월의 꽃구경을 비가 망쳐버렸다고 아쉬워하는 내용이 있는데, 제2수인 위의 시에서는 오히려 비가 온 후에 해석류가 한 뼘이나 더 자랐다며 대견스러워 한다. 이 결구結句로 인해 이 시는 긍정적이고 밝은

77 南克寬, 〈楓巖靜齋秋詞〉, 『夢囈集』 乾.
78 이황진, 「약천 남구만의 유배시 연구」, 『한민족어문학』 75, 한민족어문학회, 2017, 103~133면 참조.

느낌을 주는 시로 전환된다.

시 ②는 남학명이 38세 때인 1688년 대묘동에 잠시 거할 때 쓴 시이다. 이 해에 남학명이 수락산 회은동에 집을 짓고 거하였는데 최석정이 이 집을 '회은재晦隱齋'라 명명하자 이를 자신의 호로 삼았다고 한다.[79] 고즈넉한 분위기 속에 문을 닫고 온종일 내리는 빗소리를 듣고 있으면 처량하고 침울한 분위기로 빠질 듯한데, 이 시는 오히려 그 빗소리는 산속에서 폭포와 샘물 소리를 듣는 것 안 부럽게 시원하고 상쾌하다고 한다. 즉, 이 시 역시 결구로 인해 긍정적이고 밝은 느낌을 주는 시로 전환된다.

남극관은 1709년 괴질에 걸린 이후 줄곧 병고에 시달려 왔다. 시 ③은 남극관이 24세 때인 1712년에 풍암정재에서 가을을 읊은 시이다. 이 해 7월 한 달 동안의 독서 내용이 담긴 「단거일기」가 문집에 전한다. 서리가 내린 후 나뭇잎은 단풍이 곱게 들어 마치 비단 나무를 보는 듯 아름답다. 그런데 잎 위로 성글게 떨어지는 비로 인해 비단 같던 단풍잎은 이내 떨어져버릴 것이다. 이 시 전반부의 밝고 경쾌했던 분위기가 이 결구로 인해 침울하고 애상적인 분위기로 전환되어 버린다.

이렇듯 남구만과 남학명의 시는 대체로 호쾌하고 밝고 긍정적이라는 공통점을 가지는 반면, 남처관의 시는 어둡고 애상적인 느낌이 주된 정서가 되고 있어 남구만·남학명의 시와는 사뭇 다른 풍격을 보임을 알 수 있다. 따라서 『약천집』 소재 시의 편집에는 남학명의 시

79 南鶴鳴, 〈晦隱翁自序墓誌〉, 「墓文」, 『晦隱集』 권4, "中年種花果千樹於水落山西晦雲洞, 築數間屋, 有溪壑之美. 崔相國錫鼎强名以晦隱齋, 亦非敢自以爲號也."

세계가 더 많이 반영되었으며 그가 그러한 자신의 시세계를 바탕으로 부친 남구만의 시를 선별했을 것이라고 유추할 수 있다.

3) '충'과 '효'를 부각시키는 편차체제의 효과

『약천집』에서 시는 권 1~2에 시체詩體 구분 없이 저작연대순으로 편차되어 있다. 이는 문집에서 일반적으로 취하는 편차체제 중 하나이기도 하다. 이러한 저작연대순 편차체제는 문체별 편성 체제에 비해 짜임새가 부족하고 가독성이 떨어지기는 하지만, 작가의 시기별 변화상을 확인할 수 있다는 장점을 가진다.[80] 그리고 작가의 생애를 구체적으로 정리해 놓은 연보를 참고해서 보면 그 작품에 대한 이해도를 높일 수 있을 뿐만 아니라 한 작품과 그 다음 작품 사이의 시간적 공백 동안에 어떠한 일들이 있었는지를 파악할 수 있다는 것도 저작 연대순 편차의 장점이 된다.

『약천집』의 소재 시는 1659년 작품부터 1711년까지의 작품이 저작연대순으로 편차되어 있다. 단순히 저작 연대순 혹은 시기별 편차가 아니라 매해 첫 시의 제목 끝부분에 간지를 붙여 해가 바뀌었음을 분명히 명시해 주고 있어 이것을 『약천연보』와 함께 살펴보면 남구만이 어떠한 시기에 어떠한 시를 지었으며, 어떠한 시기에 시를 짓지 않았는지 혹은 어떠한 시기에 지은 시가 수록되지 않았는지를 확인할 수 있어 편집상의 특징을 살피는데 적잖은 도움이 된다.

먼저, 필자는 『약천집』 소재 시가 남구만의 31세(1659년) 이후, 그

80 김수진, 「조선후기 문집간행의 추이와 그 특징」, 『어문연구』 41-3, 한국어문교육연구회, 2013, 83~84면.

것도 〈효종대왕만사 기해孝宗大王輓詞 己亥〉 6수부터 편차가 시작된다는 사실에 주목해 보았다. 앞에서도 언급한 바 있듯이, 자편문집의 경우 유년 시기의 작품을 수록하지 않는 경우는 흔히 있는 일이다. 그런데, 『약천집』의 경우는 유년 시절의 작품뿐 아니라 아예 20대 때의 작품들조차 단 1수도 수록되지 않았다. 그리고 31세 때의 작품인 〈효종대왕만사 기해〉부터 곧바로 편차가 시작된다. 따라서 여기에는 분명 편찬자의 어떤 특별한 의도가 담겨져 있다고 볼 수 있다. 필자는 이를 남구만이 관직 생활을 시작하게 되었던 시기의 왕에 대한 예우이며 더 나아가서는 남구만의 '충忠'을 드러내기 위함이었을 것이라고 본다.

『약천집』 권 3부터 수록된 남구만의 소차疏箚는 1658년 것부터 편차되었다. 효종은 1659년 5월 4일 승하하였는데, 효종 재위시기에 올린 소차 6편(1658년 소차 5편, 1659년 1편)이 권 3에 수록되어 있다. 그리고 권 13에는 효종에게 올린 계啓 6편(1658년 3편, 1659년 3편)이 수록되어 있다. 소차와 계사야 본래부터 임금에게 올리는 것이고, 남구만은 효종 2년(23세, 1651)에 사마시에 합격하고, 효종 7년(28세, 1656)에 별시에 합격하여 가주서로 벼슬길에 올랐으니 사실 1659년 이전의 소차나 계부터 수록되는 것도 자연스러운 일이나 시와 마찬가지로 1659년 것부터 편차해도 별 무리가 없다. 하지만 시의 경우 30대의 시부터, 그것도 왕의 만사부터 수록한다는 것은 매우 드문 사례일 수밖에 없는데도 굳이 이전의 작품을 모두 산삭해 버리고 〈효종대왕만사 기해〉부터 시를 수록하기 시작했다는 것은 다분히 의도적이라고 볼 수밖에 없으며, 그 의도는 바로 '시'의 편차를 통해서 남구만의 '충'을 드러내기 위함이었다고 받아들일 수 있다.

그리고 남구만이 함경도 관찰사 시절(1671~1674) 지은 고토古土 관련 시 8수가 『약천집』에 수록되어 있는데, 이 역시 남구만의 '충'의식을 잘 드러내주는 효과를 낸다. 이들 '고토 관련 시는 북새北塞문학으로서 약천의 문학을 대표한다고 해도 과언이 아니며, 약천의 관각문인적 면모를 운문적으로 여실히 보여준다'[81]며 높은 평가를 받고 있다는 사실을 생각하면 더욱 그러하다.

『약천집』 소재 시는 남구만이 31세였던 1659년 작품부터 향년 83세로 별세한 1711년까지 53년 동안의 시 277수가 저작 연대순으로 편차되었다. 하지만 아무리 저작 연대순으로 시를 편차한다는 원칙을 고수한다고 할지라도 그것이 53년 동안 반드시 매해 1편 이상의 시를 수록해야 한다는 고집과 억지로까지 나아갈 필요는 없을 것이다. 그저 존재하는 시를 편찬 의도에 맞게 선별하여 어떤 해에는 10수가 넘는 시를, 또 어떤 해에는 단 1수의 시도 수록하지 않을 수도 있는 것이다. 그리고 어찌 보면 오히려 그것이 더 자연스러운 편차라 할 수 있다. 『약천집』 소재 시를 연도별로 분석해 보면 53년 중 44년에 매해 한 수 이상의 시가 편차되어 있다. 한 해에 10수 이상의 시가 편차된 해가 8번, 1수의 시만 편차된 해가 7번, 1수의 시도 편차되지 않은 해가 9번이다. 물론 1수의 시도 편차되지 않은 해에는 그 해에 선별할 만한 시가 없었던 것이거나, 혹은 그 해에는 남구만이 지은 시가 정말 없었던 것일 수도 있다. 하지만 필자는 이 중에서 왜 그 9년은 1수의 시도 편차되지 않았을 것일까에 주목해 보았다.

1수의 시도 편찬되지 않은 해는 1666년, 1671년,[82] 1672년, 1678년,

81 성당제, 『약천 남구만 문학 연구』, 한국학술정보(주), 2007, 98면.

82 『약천집』에는 1671년 작품이 공식적으로는 하나도 수록되어 있지 않은데, 사실 권1의 〈城津感鄭東溟斗卿詩屛 并序(1673년)〉의 서문에 1671년 11월

1681년과 1682년, 1691년, 1701년, 1708년이다. 이 중에서 1666년 그리고 1681년과 1682년에 1수의 시도 편차되지 않은 것은 충분히 납득할 만한 이유가 있다. 왜냐하면, 남구만은 1665년 4월 12일 부친상을 당한 후 1667년 4월 삼년상을 마치고 형조 참의에 제수 되었으며, 1680년 5월 23일 모친상을 당한 후 1682년 7월 삼년상을 마치고 동지중추부사에 제수되었는데 부모의 삼년상을 치르던 그 시기에는 아무래도 시를 짓기 어려운 환경이었을 것이기 때문이다. 그리고 실질적으로 부친과 모친이 돌아가신 후 각기 그 삼년상 기간 동안에는 단 1수의 시도 편차되지 않았다.[83] 그런데 『약천집』에는 수록되어 있지는 않지만 구치용(1590~1666)[84]의 『우교당유고』 권 6 「부록」에 남구만이 지은 만시가 수록되어 있는데, 구치용은 1666년 6월 별세하고 9월에 장사지냈으므로 만시 역시 이 때 지은 것이다.[85] 남구만이 삼년상을 치르는 동안 시를 다른 때보다 적게 지었을 것이기는 하지만 전혀 짓지 않은 것도 아님을 알 수 있다. 따라서 이 시기에 1수의

정두경의 쓴 병풍시를 보고 그 감회를 읊은 시 1수가 삽입되어 있다. 그리고 『약천집』에는 수록되어 있지 않지만, 南夢賚(1620~1681)의 『伊溪集』 「伊溪先生年譜」에 현종 12년(1671) 4월 남뢰몽이 頭流山으로 유람 떠난다는 소식을 들은 남구만이 병중에 지어 보낸 시 〈病中贈南使君遊山〉이 실려 있다.

83 1665년 작품이 28수 편차되어 있지만 그것은 모두 부친상을 당하기 이전에 지은 시이며 1667년 작품 10수는 삼년상을 마친 후의 것이다. 1680년에 편차된 시 3수는 모친상을 당하기 이전에 지은 시이다.

84 구치용에 대한 자세한 내용은 '황병기, 「우교당 구치용의 생애와 사상」, 『동양고전연구』 61, 동양고전학회, 2015, 107~135면.' 참조.

85 許穆, 〈墓碣銘 并序〉, 「附錄」, 『于郊堂遺稿(具致用)』 권6, "公生於皇明顯宗皇帝萬曆十八年八月廿五日, 歿於上之七年六月十六日, 年七十七, 同年九月廿九日葬于同縣觀音洞先兆之次西向之壟."

시도 편차되지 않은 것에는 어느 정도 편찬자의 의도가 개입한 것임을 알 수 있으며, 그러한 의도에 의한 편차체제는 남구만의 '효孝'정신을 드러내는 효과를 낸다. 물론 부모의 삼년상 기간 동안에 지은 시를 찾아볼 수 없는 것은 비단 남구만의 문집에서만 볼 수 있는 현상은 아니며, 다른 문인의 문집에서도 대부분 그러하긴 하다. 그리고 이러한 사실은 단순히 문집에 수록된 작품만으로는 확인하기 어려운 부분이며 이것을 작가의 생애나 연보를 같이 살펴봐야만 확인할 수 있는 사실이기는 하다. 하지만, 부모의 삼년상 기간 동안 작가가 시를 지었든 짓지 않았든 그 당시의 시를 문집에서 찾아볼 수 없다는 사실은 작품이 아닌 저작연대순 편차체제를 통해 엿볼 수 있는 작가의 '효'정신이라 할 수 있다.

4. 결론

남구만의 『약천집』은 그가 별세(1711년 3월 17일)한 후 12년이 지난 경종 3년(1723) 가을에 34권 17책으로 출간되었다. 『약천집』 「총목」에서 "초고의 시 900여 수에서 276수를 뽑고, 문 1400여 편에서 726편을 추려내었다"고 하므로 시보다는 문에 더 초점이 맞춰져 편집되었음을 짐작할 수 있다. 그런데 필자는 본래 900여 수였던 시가 정작 『약천집』에 수록된 것은 그 1/3도 채 되지 않는다는 점, 남구만의 31세 이후의 시로만 편차된 탓에 31세 이전의 시를 살펴볼 수 없다는 점, 문집에 수록될 시를 남구만 본인이 직접 선별한 것이 아니라는 사실 등은 남구만의 시세계를 살펴보는데 작지 않은 결함이자 한계로 작용할 수도 있기 때문에 문집의 편집 특징이나 편집 의도를 찾아내는 것도 의미 있는 작업이라 생각하여 『약천집』 소재 시의 편집상의 특징에 대해 고찰하게 되었다.

먼저, 『약천집』의 간행 배경 및 경과에 대해 살펴보았다. 남구만이 별세한 후 아들 남학명과 손자 남극관은 바로 『약천집』의 간행을 준비했지만, 이러저러한 이유로 편찬이 지체된 데다가 병신처분(1716)으로 인해 소론인 남구만의 문집 간행이 어려운 상황에 처하게 되었다. 그러나 경종이 즉위한 후 신임옥사(1721~1722)로 소론이 정권을 잡게 되자 손자 남처관은 1723년 할아버지 남구만의 『약천집』, 아버지 남학명의 『회은집』, 형 남극관의 『몽예집』을 거의 동시에 간행할 수 있게 되었다.

다음으로, 『약천집』 「시」의 편집상의 특징에 대해 고찰하였다. 17세기를 기점으로 많은 수의 문인이 자신의 원고를 정리하며 미래에 있을 문집 편찬에 대비한 것이 당시의 추세였던 만큼 남구만 역시 자신의 문집 간행을 염두에 두고 시문을 정리해둔 탓에 『약천집』은 후손에 의해 간행된 일반문집이면서도 자편문집의 특징 또한 가지고 있다. 그리고 『약천집』 소재 시의 편집에는 남극관보다는 남학명의 시세계가 더 많이 반영되었으며 그가 그러한 자신의 시세계를 바탕으로 부친 남구만의 시를 선별하여 편집했을 것이라 유추하였다. 또한 『약천집』 소재 시는 저작 연대순으로 편차되었는데, 이 편차체제는 시가 남구만 31세 이후 그것도 〈효종대왕만사 기해〉부터 편차되었다는 사실에서는 '충'을, 부모님의 삼년상을 모시던 기간에는 단 1수의 시도 편차되지 않았다는 사실에서는 '효'를 드러내는 효과를 낸다.

『약천집』에 수록되지 않은 남구만의 시의 흔적을 찾아내어 그 시들이 문집에 왜 수록되지 않았는지 혹은 문집에 수록되지 않은 시들은 주로 어떠한 성격의 시인지를 확인할 수 있다면 『약천집』 소재 시의 편집상의 특징을 좀 더 분명하게 밝힐 수 있을 것이며, 이는 남구만의 시에 대한 이해와 연구 범위를 넓히는데 적잖은 도움이 될 것이다. 본고는 그러한 목표를 먼저 염두에 두고 진행된 연구로, 본고에서는 우선 『약천집』 권 1~2의 시를 대상으로 그 편집적 특징을 살펴본 것이다. 다음번에는, 본고에서의 미진하고 부족한 부분을 보완하며 『약천집』에 수록되지 않은 남구만의 시의 흔적을 찾아내어 그것을 중심으로 본고에서 언급된 것 이외의 다른 편집상의 특징을 찾아내보고자 한다.

Ⅲ. 『약천집』 소재 시의 편집상의 특징(2)

이황진

1. 서론

필자는 앞 장에서 『약천집』의 간행 배경 및 경과와 『약천집』 소재 시의 편집상의 특징에 대해 고찰한 바 있다.[86] 그 글에서 필자는 『약천집』 소재 시의 전반적인 특징과 편차를 중심으로 하여 편집상의 특징을 찾아내었는데, 본고에서는 그 글의 연장선상에서 『약천집』과 당대의 다른 문인들의 문집에서 찾아낸 남구만 관련 시(시의 제목에 남구만이 들어가 있는 시)를 통해 그 편집상의 특징을 찾아내 보고자 한다.

『약천집』의 초고가 온전히 전한다면 그것과 간행본을 비교해 보며

86 앞 장의 글은 원래 이황진, 「남구만의 『약천집』 「시」의 편집상의 특징 고찰(『국학연구』 33, 한국국학진흥원, 2017.)」을 개고한 것이다. 이 글에서 제시한 편집상의 특징은 1) 자편문집의 특징을 가진 일반문집, 2) 남학명의 시세계가 반영된 편집, 3) '충'과 '효'를 부각시키는 편차체제의 효과이다.

『약천집』 소재 시가 어떠한 편집상의 특징을 보이는지를 좀 더 수월하게 찾아낼 수 있을 것이다.[87] 하지만 그렇지 않은 상태에서는 『약천집』과 당대 문인들의 문집에 수록되어 있는 남구만 관련 시를 통해 그것을 찾아내는 것이 차선책이 될 수 있다. 무엇보다 『약천집』 소재 시의 편집상의 특징을 고찰하는데 있어 도움이 되는 여러 가지 요소가 있다. 「총목」에서 "초고의 시 900여 수에서 276수를 뽑고, 문 1400여 편에서 726편을 추려내었다"[88]며 초고의 양이 본래 얼마였는지를 분명하게 밝히고 있다는 점, 『약천집』에 수록된 시의 수가 300수가 안 되어 시에 대한 분석과 분류가 그리 어렵지만은 않다는 점, 남구만의 일생을 구체적으로 서술해 놓은 『약천연보』가 필사본으로 온전히 전한다는 점, 남구만과 관련된 당대 인물들의 문집에서 남구만 관련 시를 다수 찾아낼 수 있다는 점 등이 그것이다. 본고에서는 이들을 토대로 하여 『약천집』 소재 시의 편집상의 특징을 찾아보기로 하겠다.

기존에는 남구만의 문학론이나 시세계 등 전반적인 측면의 연구가 주를 이루었는데 근래에 들어서는 상소문, 기문, 유배시, 만시, 영물시, 편집상의 특징 등과 같이 그 연구 주제가 세밀화 되고 다양화되는 양상을 띤다.[89] 지금은 '한국고전종합DB'[90] 덕분에 그 작가가 활

87 김수진은 「조선후기 간본문집의 편집경향 - 규장각 소장 자료를 중심으로(『규장각』 42, 서울대학교 규장각 한국학연구원, 2013, 97~127면.)」에서 17세기 이후에 간행된 자료를 중심으로 해서 필사본과의 비교를 통해 간본문집의 편집경향에 대해 연구한 바 있다.

88 南九萬, 「總目」, 『藥泉集』, "草藁詩凡九百餘首, 選二百七十六首, 文凡一千四百餘首, 選七百二十餘首, 爲一千三百九十一板."

89 김지웅, 「藥泉 南九萬 疏箚 硏究」, 고려대학교 석사학위논문, 2015 ; 윤재환,

동했던 당대 인물들의 문집에서 그 작가의 문집에는 수록되어 있지 않은 작품들도 비교적 쉽게 찾아낼 수 있다. 이제는 그 작가의 문집은 물론 그와 관련된 인물들의 문집 속에서 그와 관련된 정보나 작품들을 찾아내어 함께 살피는 것도 필요한 작업이라 여겨진다. 본고는 그러한 노력의 일환이기도 하다.

2. 남구만의 현존시 검토

1) 『약천집』에 수록되어 있지 않은 남구만의 시

『약천집』「총목」에서는 "초고의 시 900여 수에서 276수를 뽑았다"고 밝히고 있다. 하지만 실질적으로 수록된 시는 권 1에 90제 127수, 권 2에 109제 150수로 총 277수의 시가 수록되어 있다. 그런데, 권 1의 〈성진감정동명두경시병 병서城津感鄭東溟斗卿詩屛 幷序(1673)〉의 서문에 1671년에 지은 시가 1수 삽입되어 있으며, 권 2의 〈증주생

「藥泉 南九萬 上疏文의 構成 原理와 展開 樣相」, 『한민족어문학』 74, 한민족어문학회, 2016 ; 신두환, 「藥泉 南九萬의 上疏文에 나타난 선비의식 연구」, 『열상고전연구』 60, 열상고전연구회, 2017 ; 이황진, 「약천 남구만의 유배시 연구」, 『한민족어문학』 75, 한민족어문학회, 2017 ; 하정승, 「약천 남구만의 한시에 나타난 죽음의 형상화와 미적 특질 - 挽詩를 중심으로」, 『동양한문학연구』 47, 동양한문학회, 2017 ; 김묘정, 「藥泉 南九萬의 連作詠物詩 고찰 - 「詠柚詩」 20수를 중심으로」, 『고전과 해석』 22, 고전문학한문학연구학회, 2017 ; 이황진, 「남구만의 『약천집』 「시」의 편집상의 특징 고찰」, 『국학연구』 33, 한국국학진흥원, 2017.

90 한국고전번역원, '한국고전종합DB' http://db.itkc.or.kr/

병서贈朱生 幷序(1688)〉의 서문에 1674년에 지은 시 1수가 삽입되어 있다. 그리고 권 27의 〈증영암권적 강진이복 해남한익주 삼태수시서贈靈巖權迪 康津李馥 海南韓翊周 三太守詩序(1668)〉에 1수, 권 30의 〈답서계 병자구월팔일答西溪 丙子九月八日(1696)〉에 1수가 들어있다. 따라서 『약천집』에 수록되어 있는 남구만의 시는 총 281수가 된다.

필자는 성당제가 기존 연구에서 밝힌 정문부의 『농포집』에 수록된 〈창열사彰烈祠〉 1수와 신익전의 『동강유집』에 수록된 〈만사輓詞〉 1수[91] 외에 9명의 문집에서 11수의 시를 더 찾아내었다. 이를 간략히 표로 나타내어 보면 다음과 같다. 지면 관계상 이들 시에 대한 설명은 표 속의 '참고사항' 부분으로 대신하고 구체적인 분석은 생략한다.

[표 1] 『약천집』에 수록되어 있지 않은 남구만의 시

	所載	詩題	참고사항
1. 鄭文孚(1565～1624) 『農圃集(1708년 간행)』 한국문집총간 71			
①	권 2 附錄	〈彰烈祠 咸鏡監司南九萬〉 鄭公祠傍茂溪湖 湖上青峯一抹孤 九里湖平纖纊息 四圍巒疊畫屛紆 人當板蕩彰忠節 地到窮荒創別區 更讀燭龍書室記 遙思二李望京都	- 『약천집』 권 28 「北關十景圖記」 - 남구만 함경도 관찰사 재임기간 : 1671.4～1674.7
2. 申翊全(1605～1660) 『東江遺集(1690년경 간행)』 한국문집총간 105			
②	권 19	〈挽詞 吏曹正郎南九萬〉	- 『현종개수실록』 '현종 1년 2

91 성당제는 『약천 남구만 문학 연구(한국학술정보, 2007, 57면)』에서 "실제로 문집에 실려 있는 시는 279수(『약천집』 권30, 「答西溪」의 말미에 1首 포함)이고, 또 鄭文孚의 문집인 『農圃集』 권2에 〈彰烈祠〉 1수와 申翊全의 『東江遺集』 권19 「附錄」 3에 〈輓詞〉 1수가 실려 있다. 이들을 합산하면 모두 281수이다."라 하였다.

	附錄三	相國風流遠 維公尙典刑 文章知學冶 詩禮自過庭 位顯家逾罄 身謙德益馨 人亡悲殄瘁 霑袂淚雙熒	월 30일'(1660) 조「前參判申翊全卒記」
3. 具致用(1590～1666)『于郊堂遺稿(1922년 간행)』한국문집총간 속 24			
③	권 6 附錄	〈挽辭 南九萬〉 夫子不遐棄 交遊四十年 許心無貌敬 傾肺有精虔 問訊纔三日 音容忽九泉 白頭愁獨立 揮涕向秋天	-『우교당유고』에는 구치용이 남구만에게 준 시 6제 8수의 시가 수록되어 있음.
4. 南夢賚(1620～1681)『伊溪集(1820년 간행)』한국문집총간 속 35			
④	권 3 附錄	〈病中贈南使君遊山 南九萬〉 聞說頭流山 三韓方丈是 君乘五馬遊 我障一魔戲 那忍獨拈燈 遙憐孤渡水 山靈問病翁 謂待春風至	-『伊溪集』〈伊溪先生年譜〉'(顯宗)十二年辛亥先生五十二歲'(1671)
5. 李震白(1622～1707)『西巖遺稿(1710년경 간행)』한국문집총간 속 36			
⑤	卷上 七言律詩	〈奉贈藥泉南相國〉 附次 自笑身名豕在遼 那能學業鳥遷喬 才踈任重羞高位 罪大誅輕感聖朝 更被鴻恩多借貸 許歸蝸屋免漂搖 西隣舊友休相慰 殘喘枯骸渾欲消	-『西巖遺稿』의 서문「西巖遺稿序(1710)」를 남구만이 씀. -『약천집』권 20〈同知中樞府事李公墓碣銘〉
⑥	卷上 七言律詩	〈與藥泉相國會于逸樂窩 仍同賞峽洞〉 附次 疇昔親知一老存 今行不但爲尋源 華堂新占神仙窟 峻秩還兼齒德尊 相對碧溪心失疾 同遊玉洞眼開昏 歸時更囑山雲道 他日重來莫鎖門	
6. 姜錫圭(1628～1695)『聱齖齋集(1916년 간행)』한국문집총간 속 38			
⑦	권 3 七言律詩	〈與諸益同棲道峰書院 南雲路九萬首拈宗字韻諸君皆和之 余亦不揆譾劣 敢擬效颦〉(3수) 附元韻(1수) 趙君淸範幸相逢 何况風流仰嗣宗 元鎭高名齊禹寶 潘南勁翰敵鰲峰 素知金子聲輝赫 又有阿能譽望重 師友諸賢眞忝竊 疎慵却喜厠仙蹤	-『약천집』권 6「疏箚」「辭職兼陳三獄事箚 乙丑四月十四日(1685)」에 강석규를 변호하는 내용이 담겨있음. - 박세당『西溪集』권 4〈道峯次雲路韻〉도 남구만의 이 시에 차운한 것임.
7. 尹揩(1631～1698)『德浦遺稿(1833년 간행)』한국문집총간 속 40			
⑧	附錄下	〈挽詞 領中樞府事南九萬〉 君能勇退我婆娑 音問雖疎嚮往多 自有淸風爲俗砭 肯將高議與時劘 東山尙繫生民望 西日還傾逝水波 一首哀詞千里外 發聲凄切不成歌	-『숙종실록』숙종 24년 3월 10일 /『숙종실록보궐정오』숙종 24년(1698년) 4월 27일 :「前副提學尹揩卒記」

번호	수록	내용	비고
8. 吳道一(1645~1703) 『西坡集(1729년 간행)』 한국문집총간 152			
⑨	권 4 詩 碧樓錄	〈送姜進士聖復之江陵藥泉相國謫所〉 附次藥泉 滿幅新詩麗以遒 披來頓失久離愁 梅應已動何君閣 詠想初聞沈子樓 明月一天思共對 燕雲萬里憶同遊 羈形不足煩遙問 猶荷寬恩許戴頭	- 남구만의 강릉 유배 : 1689.4 ~1690.4
9. 權絿(1658~1730) 『灘村遺稿(1929년 간행)』 한국문집총간 속 52			
⑩	권 7 謾錄	…… 宋相謫長鬐時 藥泉南相送新曆詩曰 '燭下封新曆 遙傳謫裏翁 天恩天赦日 都在此書中' 林滄溪泳模倣此詩寄曆鶴浦主人詩曰'洛下封新曆 天涯寄所思 從知三百日 太半憶人時'. 南公詩一 時傳誦而集中無之 豈逸而不錄耶. ……	- 송시열이 장기에 위리안치 된 시기 : 1675.6~1679.4 - 이 시는 송시열의 『송자대전』 과 임영의 『창계집』에서도 찾 아볼 수 없음.
10. 趙泰億(1675~1728) 『謙齋集(필사년 미상)』 한국문집총간 189~190			
⑪	권 10 詩	徐僉知塾 少嘗學於藥泉相公者. 老而搆一亭於加 平龍巖之上 請詩于明谷相公. 則明公書贈雲山滿 目風月娛懷八字. 藥泉以其意作一絶曰 "雲山滿目朝還暮 風月娛懷春復秋 此是存齋明谷一号相公語 欲於餘外更何求." 明谷次其韻曰 "少時同學今衰暮 歲月居然四十秋 聞說龍巖開小築 愛君於世少營求." 今者徐之子 祥徵來訪余 以其大人之意 求詩甚懇 謹次本韻以 贈之.	- 『약천집』 권 27 〈龍巖亭記 戊 寅(1698)〉 - 조태억, 『겸재집』 권 5 〈藥泉 相國輓〉 2수. - 李眞望, 『陶雲遺集』 冊3, 〈徐 君祥徵 非素際也. 忽來相訪 手持其所居嘉平朝宗地龍岩 亭藥泉明谷兩相國詩 要以續 和 意甚勤矣 謹步以贈〉
11. 李儁(1631~1695) 『安分齋酬唱錄』 (안분재 이준의 종손가에 비장)[92]			
⑫	권 2	〈甲子至月一日雲路 卽南公九萬〉 附原韻 星軺晩發北風寒 遠近行人指點看 今夜幸陪談笑地 邊憂民計白多端	- 남구만은 1684년 10월 사행을 떠나 12월에 연경에 도착하 였다. 이 시는 사행 가는 길 에 이준에게 지어준 것으로 보인다.
⑬		故人西去雪霜寒 十步回頭五步看 爲問星軺何處到 夢魂時越朔天端	
(참고) 尹拯(1629~1714) 『明齋遺稿(1732년 간행)』 한국문집총간 135~136			
	권 40	'都公慶星에 대한 만사' (「星山都君墓碣銘」에 나오는 남구만이 1693년 11월 都公慶星에 대한 만사를 지어 葬送했다는 내용으로 이 만시의 존재를 알 수 있음)	원문 없음.

92 『약천집』 소재 시에 남구만이 경략 이준의 시에 차운한 시 4수와 이경략의

요컨대 현재까지 필자가 파악한 남구만의 현존시는 『약천집』 소재 281수, 『약천집』에 수록되어 있지 않은 시 13수로 총 294수이다. 물론 필자가 아직 미처 찾아내지 못한 시가 더 있을 것이기에 이후 이 숫자는 더 늘어날 수 있을 것이다.

2) 『약천집』에 수록되어 있지 않은 남구만의 시에 차운한 기타 문인의 시

남구만과 친분이 있었던 인물들의 문집 중에는 남구만의 시에 차운했음을 밝힌 시도 다수 존재한다. 개중에는 남구만의 원운을 부기해 놓은 것도 있지만 그렇지 않은 것이 더 많다. 이 부분에서는 남구만의 시에 차운했음을 밝힌 시이긴 하지만 그 원운을 찾아볼 수 없는 시만을 정리해 보았다. 비록 현재는 남구만의 그 원운시를 볼 수는 없기에 공식적으로는 남구만의 현존시에 포함시킬 수 없지만, 남구만이 어떠한 상황에서 누구와 어떤 시를 주고받았으며 어떠한 운으로 시를 지었는지를 알 수 있게 하기에 현존시에 준하는 참고용 자료로는 삼을 수 있다 여겨져 이 부분에서 함께 제시한다. 이를 간단히 표로 제시하면 다음과 같다.

원운 1수가 수록되어 있다. 정경훈의 논문 「安分齋 李儁과 『安分齋酬唱錄』 연구(『동방한문학』 68, 동방학문학회, 2016.)」을 통해 『안분재수창록』이 존재하며, 그 문집에는 "이준과 시를 주고받았던 40여 명의 인물들의 작품도 함께 실려있다"(323면)는 사실도 알게 되었다. 저자에게 연락을 드려 혹 그 문집에 『약천집』에 수록되어 있지 않은 남구만의 시가 있는지 문의하였더니, 이 칠언절구 두 수 부분을 보내주셨다. 이준의 종손가와 정경훈 선생에게 감사드린다.

[표 2] 『약천집』에 수록되어 있지 않은 남구만의 시에 차운한 시

	所載	詩題	詩體	首
1. 朴世堂(1629~1703) 『西溪集(18세기말 간행)』 한국문집총간 134				
①~④	권 4 詩 「石泉錄 下」	〈碧虛詩軸 次藥泉韻〉 4수	七絶	4
⑤	권 4 詩 「石泉錄 下」	〈次藥泉韻贈信上人〉	七絶	1
⑥	권 4 詩 「石泉錄 下」	〈山人守源來求詩 次雲路相國韻〉	七絶	1
⑦	권 4 詩 「石泉錄 下」	〈次南相國韻 應宗信之求〉	七絶	1
2. 李世華(1630~1701) 『雙栢堂集(1723년 간행)』 한국문집총간 속 39				
⑧	권 1下 「七言律詩」	〈琵琶潭 次藥泉韻〉	七律	1
3. 李敏敍(1633~1688) 『西河集(1701년 간행)』 한국문집총간 144				
⑨	권 3 「七言絶句」	〈次南雲路韻 題景略兄愚川草堂〉	七絶	1
4. 金萬基(1633~1687) 『瑞石集(1701년 간행)』 한국문집총간 144~145				
⑩ ⑪	권 2 詩	〈次南雲路 彝仲遊曹溪詩韻(1662)〉 2수	五律	2
⑫	권 2 詩	〈次南御史見寄之韻(1662)〉	七律	1
5. 申翼相(1634~1697) 『醒齋遺稿(1830년대 이후 필사)』 한국문집총간 146				
⑬	冊 5 詩 「北關錄」	〈望八池 用雲路令公韻〉	七律	1
6. 吳道一(1645~1703) 『西坡集(1729년 간행)』 한국문집총간 152				
⑭	권 3 詩 「後漢渚錄」	〈次藥泉拱北亭詩帖韻〉	七律	1
⑮	권 5 詩 「星山錄」	〈寄和藥泉看月島韻〉	七律	1
7. 崔錫鼎(1646~1715) 『明谷集(1721년 간행)』 한국문집총간 153~154				
⑯	권 1 詩 「蘭臺錄」	〈金友垣卿輔臣再入陟州 敬次美齋南先生韻 以送之. 時李擇之選 方莅陟州(1675)〉	七律	1
⑰	권 5 詩 「蔗回錄」	〈玉田 次藥泉南先生韻 贈玉秀才楫(1697)〉	七律	1
⑱	권 5 詩 「蔗回錄」	〈敬次藥泉南先生韻(1697)〉	七律	1
8. 金構(1649~1704) 『觀復齋遺稿(필사년 미상)』 한국문집총간 속 49				
⑲ ⑳	권 1 詩	〈敬次天儁師卷中藥泉相公韻〉 2수	七絶	2
9. 崔錫恒(1654~1724) 『損窩遺稿(필사본, 1933년 등사)』 한국문집총간 169				
㉑	권 2 詩	〈龍灣舘 次藥泉南相國韻〉	七律	1
10. 尹拯(1629~1714) 『明齋遺稿(1732년 간행)』 한국문집총간 135~136				
㉒	권 3 詩	〈題南子聞遊南海之錦山記後〉[93]	五律	1

93 윤증은 이 시에 대해 "권말에 있는 금산 시 1율은 그의 존군께서 지은 시를

그리고 『약천집』 내에서도 『약천집』에 수록되어 있지 않은 남구만의 시의 흔적을 찾아볼 수 있다. 〈감제법성시축 병소서 을축感題法性詩軸 幷小序 乙丑(1685)〉의 서문에 "신축년(1661)에 내 일찍이 태백산의 승려인 법성 장로의 시축에 시를 썼는데, 지금 그의 수제자인 신항이 내방하여 그 스승의 시축을 보여주니, 한번 보매 자못 여러 해가 흘러간 데 따른 감회가 있었다. 뒤이어 율시 한 수를 써서 그로 하여금 돌아가 그 스승에게 보이게 하는 바이다."[94]라는 내용이 있는데, 이를 통해 1661년 법성 장로에게 시를 지어주었음을 알 수 있다. 그리고 1686년 지은 〈휴가를 받아 비파담에 오니, 산사의 승려인 자심이란 자가 와서 말하기를, 스승인 성호의 시축 가운데에 내가 신축년 모춘에 지은 것이 있다고 하였다. 나는 옛일을 생각하여 다시 그 운에 차운해서 돌아가 그 스승에게 보이게 하는 바이다[乞暇來琵琶潭, 山僧自心者來, 云其師性浩詩軸中, 有余辛丑暮春所題. 感念今昔, 更次其韻, 使之歸示其師, 丙寅.]〉라는 시의 제목을 통해 1661년 스님 성호에게 시를 지어 준 것이 있음을 알 수 있다. 하지만 정작 『약천집』에는 이 시 두 수가 수록되어 있지 않다.

이 부분에서 제시된 20여 수의 시는 『약천집』 편집 과정에서 산삭

자문이 받들어 차운한 것이다. 삼가 그 운을 따라서 그 뒤에 제하여 돌려준다[卷末有錦山詩一律 其尊君所賦 而子聞之奉次者也. 謹步其韻 題其後以歸之]."라고 밝히고 있다. 따라서 이 시의 원운은 남구만의 것임을 알 수 있다. 그리고 이 시의 미련에서 "멋지게 휘둘러 쓴 팔십 글자를, 바닷가에 주옥처럼 남겼으리라[琅琅八十字, 留作海邊珠]."라고 한 것으로 보아 남구만이 당시 오언율시 2수를 지은 것임을 알 수 있다.

94 南九萬, 〈感題法性詩軸 幷小序 乙丑〉, 『藥泉集』 권1, "歲辛丑 曾題太白山僧法性長老之軸矣 今其高足信行來訪 示其師軸 一回披覽 殊有流年之感. 續題一律 使之歸示其師."

된 것으로 보아도 무방할 것이다.

3. 『약천집』 소재 시의 편집의도

1) 권 1과 권 2의 구분 시점에 담겨진 편집의도

『약천집』에서 시는 시체詩體 구분 없이 저작연대 순서대로 편차되어 277수가 권 1과 권 2 두 권으로 나뉘어 수록되어 있다. 권 1에는 31세(1659년)부터 50세(1678년)까지의 시 90제 127수의 시가 수록되어 있으며 (1678년의 시는 한 수도 수록되어 있지 않음), 권 2에는 51세(1679년)부터 별세한 83세(1711년)까지의 시 109제 150수의 시가 수록되어 있다. 일반적으로 시를 두 권의 분량으로 나누어 수록할 경우 가장 간단한 방법은 분량을 반 정도씩 나누거나, 혹은 햇수를 둘로 나누는 방법을 생각해볼 수 있다. 그런데 『약천집』에서 권 1은 20년 동안의 시 127수가 판본으로 31면에 걸쳐, 권 2는 33년 동안의 시 150수가 판본으로 44면에 걸쳐 수록되어 있다. 햇수로도 시의 분량과 판본의 면수로도 다소 불균형을 이루고 있다. 물론 1679년에 편차된 시가 무려 33수나 되기 때문에 이것이 권 1로 편집되어도 불균형을 피할 수는 없다. 하지만 이것을 권 1이 아닌 권 2의 처음으로 편집한 것에는 분명 편집자의 특별한 의도가 있었을 것이라고 생각된다.

필자는 편집자가 권 1을 남구만의 나이 31세 이후 그것도 〈효종대왕만사 기해孝宗大王輓詞 己亥(1659)〉부터 편차를 시작한 것이 남구만이 관직 생활을 처음 시작하게 되었던 시기의 왕이었던 효종에 대한 예우이며 남구만의 '충忠'을 드러내고자 하는 편집자의 의도 때문이었을 것이라는 추측한 바 있다.[95] 그와 마찬가지로 편집자가 권 2를 1679년의 시 그것도 남구만이 처음으로 가게 된 유배길과 유배지에서 쓴 시 33수로 편차를 시작한 것에서도 편집자의 의도를 찾아볼 수 있을 것이다. 그렇다면, 편집자가 권 1과 권 2를 1679년의 유배를 기준으로 하여 나눈 것은 무엇 때문이었을까? 이것은 편집자가 남구만의 정치인생이 처음 유배를 가게 되었던 1679년을 기점으로 전환된다고 여겼기 때문일 것이다.

남구만은 효종 2년(23세, 1651)에 사마시에 합격하고, 효종 7년(28세, 1656)에 별시에 합격하여 가주서로 벼슬길에 오른다. 그 이후 호남 암행어사(1658), 이조정랑(1660), 경상도 진휼어사(1662), 남한산성 시재어사(1663), 형조참의(1664), 청주목사(1670), 함경도관찰사(1671), 형조참판(1674), 형조판서 · 한성부좌윤(1678) 등 중앙과 지방의 주요 관직을 두루 거치며 커다란 굴곡 없이 관직생활을 해나갔다. 하지만, 남구만은 1679년 2월 남인의 영수인 윤휴와 영의정 허적의 서자인 허견을 탄핵하다 그해 3월 거제도(후에 남해로 변경)로 유배를 가게 된다. 그리고 이후로도 남인과 서인, 소론과 노론의 정쟁 속에 3번의 유배를 더 가게 된다.[96] 그럼에도 남구만은 줄곧 숙종의 신뢰와 총애를 받으며 1684년엔 우의정, 1685년엔 좌의정, 1687년엔 영의정이 되며 숙종조 정계의 중심인물로 부상한다. 그리고 서인이 소론과 노론으로 분기分岐된 후 소론의 영수로 지목되기도 한다. 따라서 1679년

95 이황진, 「남구만의 『약천집』 「시」의 편집상의 특징 고찰」, 『국학연구』 33, 한국국학진흥원, 2017, 472~476면.

96 남구만의 4번의 유배에 대해서는 이황진, 「약천 남구만의 유배시 연구」(『한민족어문학』 75, 한민족어문학회, 2017.) 참조.

처음가게 된 유배를 기준으로 남구만의 정치인생을 1막과 2막으로 나눌 수 있을 것이다.

『약천집』을 남구만의 아들인 남학명이 주로 정리하고 편집했다는 사실을 염두에 두면 그러한 추측이 더 가능해진다. 남학명이 부친의 유배지인 남해로 내려가 직접 그를 보필하기도 했다는 사실을 윤증의 〈제남자문유남해지금산기후題南子聞遊南海之錦山記後〉를 통해 알 수 있다.[97] 따라서 부친의 첫 유배형과 유배지에서의 생활을 직접 목도한 남학명이 『약천집』을 편집하며 부친이 처음 유배를 간 1679년에 쓴 시를 권 2의 시작으로 편차함으로써 이 시기가 바로 부친의 정치인생의 전환점이 되었음을 명시하고자 했을 것이라고 유추해 볼 수 있다.

2) '부원운附元韻'과 '부차附次'에 담긴 편집의도

문집에 저자의 시 외에 다른 사람의 시를 함께 수록하는 경우는 일반적으로 세 가지를 생각해볼 수 있다. 저자가 누군가에게 지어준 시 뒤에 그 사람이 차운하여 보내온 시를 '부차附次'라 하고 부기附記하는 경우, 저자가 누군가의 시에 차운하여 지은 시 뒤에 저자가 받은 시를 '부원운附元韻(原韻)'이라 하여 부기하는 경우, 문집의 부록에 저자에 대한 만시가 수록되는 경우가 그것이다. 하지만 만시는 저자

97 尹拯, 〈題南子聞遊南海之錦山記後〉, 「詩」, 『明齋遺稿』 권3, "남학명이 나에게 이 기문을 보내왔는데, 금산은 남해의 섬 안에 있으니 바로 그의 부친께서 유배되었을 때에 그가 모시고 유람했던 곳이다[子聞投余以是記, 蓋山在南海島中, 卽其尊君謫居時所陪遊者也.]."

의 죽음을 애도한 것으로 실질적으로 저자가 그 시의 존재를 알 수 없을 뿐만 아니라 저자의 시문으로 편차된 부분이 아닌 부록 부분에 수록되는 등 앞의 두 경우와는 그 성격을 달리하며, 적잖은 문집에는 그 부록 부분이 아예 없기도 하다.

문집에 다른 사람의 시가 수록되기 위해서는 당연히 문집을 편찬할 당시에 '부차'할 수 있는 차운시나 '부원운'할 수 있는 원운시가 온전히 존재해야만 가능하다. 하지만 설령 그것들이 존재한다고 할지라도 그것을 문집에 전부 다 넣을 수는 없기에 선별하여 넣기 마련이다. 그리고 그 선별 기준에는 그 사람의 사회적 위상, 그 시가 갖는 의의, 저자와의 친분 정도 등이 고려 대상이 될 것이다.

『약천집』 소재 시에도 남구만의 시 뒤로 다른 사람의 시가 부기된 경우가 여럿 있다. 그런데 특이하게도 '부원운'한 경우는 14 차례나 되지만,[98] '부차'한 경우는 단 한 번뿐이다. 물론 상황적으로도, 누군가의 원운과 함께 거기에 차운한 저자 자신의 시까지 보관하고 있을 확률이 저자 자신의 원운과 함께 누군가 거기에 차운한 시까지를 모두 보관하고 있을 확률보다 더 크기는 할 것이다. 따라서 어쩌면 『약천집』을 편찬할 당시 남구만의 원운과 그 시에 차운한 타인의 시까지를 온전히 수집하지 못하였기 때문에 그런 편차적 특징을 보일 수도 있을 것이다. 그렇다고 할지라도 '부차'한 경우가 단 한 번뿐이라는 사실은 편집자가 남구만의 시에 차운한 시를 『약천집』에는 가능한

98 남구만이 고인의 시에 차운한 것 중에는 시의 서문에 그 원운시가 삽입되어 있는 경우가 있는데 이것은 '부원운'에 포함시키지 않았다. 그런 경우는 2제로, 〈鎭川客舍 次韻退陶詩 幷序(李滉의 시에 차운)〉와 〈榛子店壁上 次季文蘭韻 幷序(연행 갔을 때 난주 진자점 벽에 있는 季文蘭의 시에 차운) 2수〉가 그것이다.

한 수록하지 않는 것을 하나의 원칙으로 삼았기 때문일 수도 있다고 생각된다. 왜냐하면 편집자의 입장에서 보자면, 남구만이 다른 사람의 시에 차운한 경우에는 적당한 선에서 그 원운을 수록하는 것이 관례이고 도리라고 생각했겠지만, 초고에 있는 시의 ⅔를 산삭해 버려야 하는 마당에 특별한 경우가 아니라면 굳이 남구만의 시에 차운한 지인의 시까지 다수 수록하며 분량을 늘릴 수는 없었을 것이기 때문이다.

남구만이 지인의 시에 차운한 시 뒤로 '부원운'한 경우는 14제이며 부기된 원운은 모두 26수이다. 그 원운의 저자는 남이성(6수), 박세당(6수), 최석정(5수), 이민서(2수), 박태보(2수), 이경략(1수), 남용익(1), 이경석(1수), 이상진(1수), 숙종(1수)으로 모두 남구만과 상당한 친분이 있던 인물이다. 이 중 특기할 만한 것은, 남구만이 차운한 남이성南二星(1625~1683)의 시 5제에는 모두 원운이 부기되어 있다는 사실이다. 여기에는 편집자인 남학명의 각별한 의도가 담겨있는 것으로 보인다. 남이성은 남구만의 숙부이며 남학명에게는 작은할아버지가 되는데, 남이성의 문집 간행이 별도로 준비되지 않았기에 문집에 수록한 부친의 차운시에 작은할아버지의 원운을 모두 부기해 넣는 것으로 예의를 갖추고 그 아쉬움을 달랬을 것이다.

『약천집』 소재 시에는 남구만의 시에 차운한 다른 사람의 시가 '부차'된 경우는 단 한 번(1수)밖에 없는데 그것은 바로 〈함흥갱차전시부로운시안사 기사咸興更次前示父老韻示按使 己巳(1689)〉에 차운한 박태상朴泰尙(1636~1696)의 시이다. 그렇다면 왜 유일하게 박태상의 이 차운시만 『약천집』에 부기된 것일까? 이것은 그 무엇보다 이 시가 갖는 의미가 크기 때문일 것이다. 이것은 남구만의 함경도 관찰사 경력(1671년 7월~1674년 7월)과 경흥부로 위리안치 되었던 두 번째 유배(1688년 7월 15일~1688년 11월 9일)와 매우 밀접한 관계가 있다. 남구만이 유배지로 가며 함흥을 지나자 그곳의 부로父老들이 수레를 에워싸고 모여 한숨을 쉬며 눈물을 흘리자 남구만은 오히려 〈과함흥증부로過咸興贈父老〉를 지어주며 그들을 위로한다. 당시의 상황을 지켜본 관찰사 박태상은 이 시를 시판詩板으로 만들어 함흥의 향사당에 걸어놓았다고 한다. 『약천집』 권 2에는 이 시의 뒤로 박태상이 쓴 「함흥향사당게시판발咸興鄕射堂揭詩板跋」이 부기되어 있다.

남구만은 넉 달도 채 안되어 유배가 풀렸으며, 돌아가는 길에 다시 함흥을 지나며 앞서 지었던 〈과함흥증부로過咸興贈父老〉에 차운하여 〈함흥갱차전시부로운시안사咸興更次前示父老韻示按使〉를 지어 관찰사 박태상에게 보여준다. 박태상은 그 시에 차운하여 시를 지었는데 이 시가 바로 『약천집』 소재 시에 유일하게 수록되어 있는 남구만의 시에 차운한 다른 사람의 시이다. 시는 다음과 같다.

옥결 차고 추울 때에 바닷가로 오셨는데	玉玦天寒落海瀕
봄에 앞서 큰 은택 해와 함께 새롭습니다	先春霈澤與年新
감당의 남은 사랑 남국에 노래하고	甘棠遺愛謠南國
붉은 신을 다시 보니 북쪽 사람들 위로가 됩니다.	赤舃重瞻慰北人
평소의 계책은 연잎 옷을 지어 입으려 하나	雅計方尋荷芰服
맑은 조정에서 어찌 동량의 신하를 버리겠나이까.	清朝寧舍棟梁臣
큰 번병은 예로부터 명경이 맡아야 하니	雄藩舊待名卿莅
지금 이내 몸에 부절을 차고 있는 것이 부끄럽습니다.[99]	符節今慙屬此身

이 시에는 남구만의 현재와 과거 그리고 미래에 대한 박태상의 인

99 朴泰尙, 〈咸興更次前示父老韻示按使〉, 「次韻」, 『藥泉集(南九萬)』 권2.

상이 모두 담겨있다. 수련에서는 가을에 유배지에 도착하여 해가 바뀌기 전 석방된 현재의 상황을, 함련에서는 남구만이 전에 함경도 관찰사로 있을 당시 선정을 베풀어 북쪽 사람들이 그 은덕을 흠모해 왔는데 다시 보게 되어 위로가 되었다는 과거의 업적을, 경련에서는 남구만은 낙향하여 처사가 되고 싶어 하겠지만 조정에서 이처럼 훌륭한 국가의 동량을 다시 등용하지 않을 리가 없다는 미래에 대한 확신을 말하고 있다. 남구만에 대한 칭송과 존경이 듬뿍 담겨있는 시라 할 수 있다.

남구만에게 자신이 함경도 관찰사로 있던 시절은 여러 모로 의미 깊고 중요한 시기였다. 이 시기에 그의 국방사상과 역사관이 정립되었으며 이 시기의 저술에서는 구토회복舊土回復 의식과 민족주의적 역사관이 드러나고 있다는 평가를 받는다.[100] 『약천집』 권 1에 수록되어 있는 이 당시에 지은 고토古土 관련 시 8수에서 북새北塞문학으로서의 약천의 문학을 확인할 수 있으며,[101] 시조를 번역한 〈번방곡翻方曲〉 11수는 국문시가의 가치를 발양하는 문학적 성과를 보여준다. 권 4에 수록된 소차 「진북변삼사 잉진지도소陳北邊三事 仍進地圖疏(1673)」에는 북방 정책에 대한 견해가 담겨있으며, 권 28에 수록된 기문 「함흥십경도기咸興十景圖記(1674)」·「북관십경도기北關十景圖記(1674)」·「함경조지도기咸鏡道地圖記(1673)」에서는 북방 지역에 대한 강렬한 영토 의식을 확인할 수 있다. 또한 1673년에는 경원, 종성, 온성, 회령의 유생 각각 한 명씩을 감영에 데려다가 교육하는 등 후

100 성백효, 「해제」, 『국역 약천집』, 민족문화추진위원회, 2004.

101 이에 대한 자세한 내용은 성당제의 「약천 남구만의 고토 회복의지 - 변방 음영시를 중심으로(『한문학보』 10, 우리한문학회, 2004.)」 참조.

진 양성에도 힘썼는데,[102] 이들은 남구만이 경흥으로 유배를 오자 처음부터 끝까지 따르며 공경했다고 한다. 이들에게 준 시 〈증오생 병소서贈五生 幷小序(5수)〉[103]와 〈오생개송도종성 우작장률일수이사지五生皆送到鍾城 又作長律一首以謝之〉가 『약천집』 권 2에 수록되어 있다. 게다가 남구만이 관찰사 임기를 마치고 조정으로 돌아가자 북쪽 사람들이 쇠를 주조하여 송덕비를 세우고, "청렴하고 소탈하며 세밀하고 자상하였으며 백성을 사랑하고 학문을 일으켰다[廉簡精詳 愛民興學]."고 명銘하였다 한다.[104]

이러한 사실들을 통해 남구만은 자신이 관찰사로 있었던 함경도에 각별한 애정을 갖고 있었으며, 당시 자신의 선정과 업적에 커다란 자부심을 갖고 있었음을 알 수 있다. 그러하기에 편집자는 〈과함흥증부로過咸興贈父老〉 뒤로 박태상이 쓴 「함흥향사당게시판발咸興鄕射堂揭詩板跋」을 부기하고, 〈함흥갱차전시부로운시안사咸興更次前示父老韻示按使〉 뒤에도 박태상이 쓴 차운시를 부기함으로써 남구만의 함경도 관찰사 시절의 업적을 되새기며 남구만의 애국심과 민족의식과 문학

102 『약천연보』 권2, '45세 계축년(1673, 현종14)'조 참조.

103 이 시의 서문은 다음과 같다. "나는 무진년 8월 8일 유배지인 경흥에 가 있다가 12월 3일 석방되어 돌아왔다. 그 사이 위리안치된 가운데에 처음부터 끝까지 따르던 자가 다섯 사람이 있었으니, 바로 경원의 김생 기홍과 채생 우주, 종성의 주생 익과 온성의 최생 보국, 경원 황동자 정길이었다. 나는 작별에 임하여 각각 절구 한 수를 지어 주면서 그 거주하는 곳을 기록하여 후일 서로 생각하는 뜻을 붙이는 바이다[余戊辰八月八日到慶興, 十二月三日放還. 其間相守圍棘中, 終始者有五人, 慶源金生起泓, 蔡生宇柱, 鍾城朱生橀, 穩城崔生輔國, 慶源黃童子廷吉也. 臨別各贈一絶句, 記其居止, 以寓他日相念之意云爾]."

104 『약천연보』 권3, '46세 갑인년(1674, 현종 15)' 조 참조.

적 성취 등을 부각시키고자 하는 의도로 이러한 편집을 했을 것으로 보인다.

4. 『약천집』 소재 시詩의 편집경향

이 부분에서는 시의 선별 기준과 산삭된 시의 종류를 유추해 봄으로써 『약천집』 소재 시의 편집 경향을 찾아보도록 하겠다. 『약천집』은 초고에서 시는 2/3가 산삭되고, 문은 1/2이 산삭된 채 간행되었다. 이것은 단순하게는 간행비용을 줄이기 위함이기도 했겠지만, 문집의 완성도를 높이기 위한 편집자의 결단이기도 했다. 특히 편찬과 편집을 주도한 남학명은 "문집을 편찬할 때 시문은 간략해야 하고, 편지는 마음을 가장 잘 나타낸 글로 그 인물을 상상할 수 있어야 한다."[105]는 지론을 갖고 있었다. 여기서 '시문은 간략해야 한다'는 말은 작품 자체가 간략해야 한다는 것이 아니라 수집된 모든 시문을 다 수록하기보다는 거기에서 완성도가 높고 적절한 작품만을 선별해 수록해야 한다는 의미일 것이다.

『약천집』의 편집자는 초고에 있던 900여수의 시를 그 1/2 정도로 추려내면서 어떠한 시를 남기고 어떠한 시를 산삭해버려야 할지 적잖은 고민을 했을 것이다. 이 부분에서는 그 선별 기준이나 산삭된 시에는 어떠한 것들이 있을지 그 일부만이라도 유추해 보고자 한다. 초고가 전해져 그것과 간행본을 비교해 본다면 그러한 유추가 한결

105 南鶴鳴, 〈詞翁〉, 「雜說」, 『晦隱集』 권5, "凡纂文集, 詩文宜從簡約, 而書牘最是流出胸中之文, 可以想見其人物."

수월할 테지만, 초고가 없는 상태에서 현재 전하는 1/3만으로 산삭된 2/3를 유추해내는 것은 결코 쉬운 일은 아닐 것이다. 하지만 『약천집』과 필자가 다른 문인의 문집에서 찾아낸 남구만 관련 시, 즉 [표 1] 『약천집』에 수록되어 있지 않은 남구만의 시, [표 2] 『약천집』에 수록되어 있지 않은 남구만의 시에 차운한 기타 문인의 시 그리고 남구만과 친분이 있었던 문인들의 문집에서 찾아낸 '남구만 관련 시'[106]를 통해 그 일부만이라도 유추해낼 수는 있을 것이다.

1) 31세(1659년) 이전의 시는 모두 산삭

『약천집』 소재 시의 편집 특성상 가장 먼저 제시할 수 있는 분명한 선별 기준은 바로 '남구만이 31세(1599) 이전에 지은 시는 모두 산삭'되었다는 것이다. 『약천집』 소재 시는 남구만의 31세(효종 10년, 1659) 이후의 작품부터 편차되었기 때문이다. 그러한 이유가 편찬 당

106 필자는 26인의 문집에서 남구만에게 준 시 69제 108수의 시를 찾아내었다. 이것은 [표 1]과 [표 2]에 포함된 것 그리고 『약천집』과 중복된 것을 제한 숫자이다. 이를 간단히 제시하자면 다음과 같다. 구치용(『우교당문집』에 6제 8수), 김구(『관복재유고』에 1수), 김만기(『석재집』에 2제 2수), 김만중(『서포집』에 1수), 김창협『농포집』에 1수), 남용익(『호곡집』에 4제 12수), 박세당(『서계집』에 14제 28수), 박세채(『남계집』에 2제 3수), 박태보(『정재집』에 2제 2수), 송상기(『옥오재집』에 1수), 송시열(『송자대전』에 1수), 신익상(『성재유고』에 1수), 오도일(『서파집』에 3제 3수), 유상운(『약재집』에 3제 4수), 이단하(『외재집』에 1수), 이민서(『서하집』에 9제 21수), 이세귀(『양와집』에 2제 2수), 임영(『창계집』에 1수), 정두경(『동명집』에 1수), 조정저(『남악집』에 1수), 조지겸(『우재집』에 1제 3수), 최석정(『명곡집』에 1수), 최석항(『손와유고』에 3제 4수), 최창대(『곤륜집』에 1수), 하홍도(『겸재집』에 1수), 홍수주(『호은집』에 1수).

시 수집된 31세 이전의 작품이 없어서였는지 아니면 앞서 밝힌 것처럼 남구만의 '충'을 드러내고자 하는 편집자의 의도 때문이었는지 확단하기는 어렵다.

지금은 31세 이전의 시를 전혀 찾아볼 수는 없지만 그 흔적을 찾아볼 수는 있다. 『약천연보』 권 1 '19세 정해년(1647, 인조25)' 부분에 "10월에 숙부 의졸공이 평강의 임소로 평강 부군을 근친하러 갔는데, 이때 공이 배율 120운을 지었다. 그 내용에 '아름다운 시절 해마다 이르러, 인생의 곳곳마다 만나네[佳節年年至, 人生處處逢]'라고 하였으니, 약관의 나이에 기상과 문리가 갖추어진 것이 이와 같았다."[107]는 내용이 있다. 이로 보아 연보를 편찬할 당시까지만 해도 이 시가 전해졌던 것으로 보인다.

자형이자 절친한 동갑내기 친구였던 박세당(1629~1703)의 『서계집』에는 스무 살 무렵 박세당이 남구만을 그리워하며 지은 시 〈재평강 기운로남상국구만 독서산사在平康 寄雲路南相國九萬 讀書山寺〉와 〈월하회운로月下懷雲路〉가 수록되어 있다.[108] 그리고 구치용(1590~1666)[109]의 『우교당유고』에서도 남구만의 20대 때의 흔적을 찾아볼 수 있다. 『우교당유고』에는 구치용이 남구만의 숙부인 남이성에게 준 시 5수와 남구만에게 준 시 8수가 수록되어 있어 이들이 망년지교忘年之交를 나누었음을 짐작케 한다. 남구만에게 준 시 8수는 권 1에

107 『약천연보』 권1, '十九齡 丁亥', "十月叔父宜拙公歸覲平康府君于平康任所. 公作排律百二十韻. 有曰佳節年年至, 人生處處逢. 氣象詞理之混成於弱齡者如此."

108 朴世堂, 「東行拾囊」, 『西溪集』 권1.

109 구치용에 대한 자세한 내용은 황병기의 「우교당 구치용의 생애와 사상(『동양고전연구』 61, 동양고전학회, 2015, 107~135면)」 참조.

〈유거즉사 기시약천남군운로구만幽居卽事 寄示藥泉南君雲路九萬〉, 〈용전운 부기약천운로보用前韻 復寄藥泉雲路甫(2수)〉, 〈송별남운로送別南雲路〉; 권 3에 〈남약천구만휴제소 내방계상南藥泉九萬携諸少 來訪溪上(2수)〉; 권 4에 〈증남약천구만운로보贈南藥泉九萬雲路甫〉, 〈약천남군래방藥泉南君來訪〉이다. 이 중 적어도 시의 제목에서 남구만을 '운로보雲路甫'와 '남군南君'이라 칭하고 있는 시는 남구만이 정식 벼슬에 나아가기 전인 20대 때에 지어 준 시로 보인다. 물론 남구만이 위의 박세당의 시나 구치용의 시에 대해 답시를 썼는지, 그리고 썼다고 해도 그 시가 『약천집』 편찬 당시 존재했었는지의 여부는 알 도리가 없다. 하지만 이 박세당과 구치용의 시는 남구만의 20대 때의 모습을 떠올릴 수 있게 하는 의미 있는 자료가 된다.

일반 문집은 후손이나 제자들이 저자의 작품들을 모두 수집하려고 노력한 탓에 유년시절의 작품들까지도 수록되는 경우가 많았다[110]는 사실을 고려한다면, 『약천집』에 남구만의 31세 이전의 작품이 수록되지 않은 것은 수록할 작품이 전혀 없었기 때문이라기보다는 편집자의 특별한 의도가 개입한 결과 때문이라고 여겨진다.

2) 특정 인물과 관련된 시 배제

김수진은 조선후기 간본문집의 특징 중의 하나로 '정치적 기휘성과 당파성에 의거한 편집'을 제시한 바 있다.[111] 남구만은 당쟁이 심각했

110 정진웅, 「조선후기 교서관인서체자본 문집의 간행에 관한 연구」, 『서지학연구』 36, 서지학회, 2009, 344~345면.

111 김수진, 「조선후기 문집간행의 추이와 그 특징」, 『어문연구』 41-3, 한국어문

던 시기에 활동한 정치인이며, 특히 서인이 소론과 노론으로 분기 된 후 소론의 영수로 지목되었던 인물이다. 따라서 남구만의 『약천집』 역시 편집과정에서 혹 정치적으로 문제가 될 소지가 있는 인물과 관계된 작품을 배제시키는 것도 하나의 편집 기준이 되었을 것이다. 『약천집』은 남구만 사망(1711) 후 바로 간행 준비에 들어가긴 했지만 경종 3년(1723) 봄 인역印役을 시작하여 그 해 가을에서야 간행된다. 그런데 남구만이 소론의 영수였었다는 점, 숙종말엽은 노소론 간의 날카로운 대립이 지속되던 시기였던 데다가 병신처분丙申處分(1716) 이후 노론이 정국 주도권을 독점하고 있던 상태였다는 점, 경종이 왕위에 오른 후 신임옥사辛壬獄事(1721~1722)로 소론이 정권을 잡게 되며 『약천집』을 간행할 수 있는 여건이 비로소 갖추어졌다는 점, 『약천집』의 편찬과 편집을 주도한 남학명이 1722년 10월 사망하였다는 점 등을 모두 고려해 보면 편집자인 남학명은 그러한 부분을 더 신경쓸 수밖에 없었을 것이다. 하지만 그 초고가 남아있지 않기에 누구와 관련된 시가 그러한 문제로 모두 산삭되었다고 분명하게 말 할 수는 없는 실정이다. 다만, 적어도 서인이 소론과 노론으로 분기되는데 핵심 인물이 된 윤증尹拯(1629~1714)과 관련된 시문은 모두 산삭되었을 가능성이 큰 것으로 추정된다.

남구만과 윤증은 모두 소론의 영수로 지목된 인물이다. 박세당은 남구만의 누이와 결혼하였으며, 박세당의 형 박세후朴世垕(1627~1650)는 윤증의 누이와 결혼하여 이들은 서로 친인척 관계가 형성된다. 그리고 박세당의 친자 박태보朴泰輔(1654~1689)가 후사 없이 죽은 박세후의 양자가 됨으로써 박태보는 남구만과 윤증 모두에게 생

교육연구회, 2013, 121면.

질이 되고, 그들 모두에게 많은 관심을 받으며 매우 가깝게 지낸다. 이는 남구만의 문집 『약천집』과 윤증의 문집 『명재유고』 그리고 박태보의 『정재집』 모두에서 서로 주고받은 시나 편지를 다수 찾아볼 수 있다는 사실에서도 확인된다. 하지만 『약천집』에는 윤증과 관련된 시와 서신이 하나도 없으며, 『명재유고』에는 남구만에 대한 만사가 한 수 수록되어 있을 뿐이다. 그렇다고는 해도 이것만으로 둘의 관계가 소원했으며 시나 편지를 전혀 주고받지 않았다고 단정해 버리기에는 무리가 있다. 『약천집』 권 30에 수록된 「여서계박형 을해삼월이십사일與西溪朴兄 乙亥三月二十四日(1695)」에서는 윤증의 등용 문제에 대해 박세당에게 문의하는 내용이 담겨져 있고, 『약천연보』 권 6 '67세 을해년(1695, 숙종21)' 조에는 "5월 청대하여 윤증의 품계를 더해 주고 주급周急을 내려 줄 것을 청하자, 상이 이를 받아들였다."라는 내용이 있다. 그리고 『명재유고』 권 17에 수록된 조여상에게 보낸 편지 「여조여상 신미정월회일與趙汝常 辛未正月晦日(1691)」에는 조익趙翼(1579~1655)의 묘표墓表를 남구만에게 부탁하기를 바란다는 내용이 담겨져 있다.[112] 게다가 이 둘은 모두 박세당, 이민서, 이경략, 박태보 등과 친밀한 관계를 유지했으며 그들과 관련된 시나 편지는 『약천집』과 『명재유고』 모두에서 찾아볼 수 있다. 특히 남구만의 아들 남학명과 윤증이 매우 가깝게 지냈음을 『명재유고』에 수록되어 있는 시 〈수남자문학명酬南子聞鶴鳴(권 2)〉, 〈제남자문유남해지금산기후題南子聞遊南海之錦山記後(권 3)〉와 권 20에 수록되어 있는 남학명의 서신에 답한 윤증의 글 6편 그리고 윤증에 대한 만사 2수(『명제연

112 조익에 대한 묘표 「浦渚趙文孝公墓表 丁亥(1707)」는 『약천집』 권21에 수록되어 있음.

보』 부록 권 2)의 내용을 통해서 분명히 알 수 있다. 따라서 남구만과 윤증이 당시의 정치적 상황과 분위기로 인해 서로 직접적인 왕래를 조심스러워 했을 수는 있지만 아주 소원한 관계는 아니었을 것이다.

따라서 『약천집』에 남구만과 윤증이 주고받은 시와 서신이 한 편도 수록되어 있지 않은 것은 그런 작품이 하나도 없었기 때문이라기보다는 『약천집』의 편집 과정에서 모두 산삭되었기 때문일 가능성이 더 커 보인다. 이러한 추측은 『약천집』의 편집자인 남학명의 문집 『회은집』에도 윤증과 관련된 시와 서신이 한 편도 수록되어 있지 않다는 사실에 근거한다. 즉 남학명은 부친의 문집 『약천집』의 편집을 주도하고 자신의 문집인 『회은집』을 자편하면서 윤증과 관련된 시와 문을 모두 산삭해 버린 것으로 파악된다. 특히 숙종 말엽에는 노소론 간의 날카로운 대립으로 종종 문집이나 저술을 가지고 공격의 빌미로 삼는 경우가 있었기에, 남학명은 『약천집』을 편집하고 간행을 준비하면서 당시의 이러한 정치적 상황과 분위기를 무시할 수는 없었을 것이다.

3) 만시의 비율 조절

필자는 『약천집』 소재 시의 편집 특징과 편차된 시를 분석하면서 편집자가 다방면에서 그 선별 기준을 정하고 그 기준에 맞춰 『약천집』 소재 시에 수록할 시를 균형 있게 배분하며 선별하였다는 인상을 받았다. 그 중에서도 특히 상당수의 만시가 산삭되었을 것으로 추정된다.

조선후기 문인들의 문집에는 대부분 적지 않은 양의 만시가 수록되어 있는데, 이는 조선중기 이후 상례가 보편화 되며 만시의 창작도 본격화되었다는 문학적 배경에 기인한다.[113] 남구만 역시 생전에 상당량의 만시를 지었을 것인데, 편집자는 『약천집』에 수록할 시를 선별하면서 만시가 차지하는 비중이 과하지 않도록 그 비율을 조절했을 것으로 보인다. 『약천집』 소재 시에는 37제 52수,[114] 즉 37인에 대한 만시가 수록되어 있으며 거기에는 효종, 현종, 장렬왕후가 포함된다. 그 왕족을 제외한 34명 중 17명은 조선왕조실록(『현종(개수)실록』, 『숙종실록(정오보궐)』)에 그들의 '졸기卒記'가 실려 있을 만큼 모두 높은 관직에 올랐던 사람들이다.[115] 남구만이 29세(1657)에 벼슬길에

113 윤재환, 「옥동 이서의 만시를 통해 본 조선조 만시의 일양상」, 『한민족어문학』 66, 한민족어문학회, 2013, 349면.

114 남구만의 만시에 대한 자세한 내용은 하정승의 「약천 남구만의 한시에 나타난 죽음의 형상화와 미적 특질 - 挽詩를 중심으로(『동양한문학연구』, 동양한문학회, 2017.)」 참조. 다만, 하정승은 남구만의 만시를 38제 54수라 하였다는데, 필자는 권 1의 〈子婦李祥祭夜 往彝仲宅 彝仲遭憂 爲營葬往春川. 獨臥愴恨 永夜無寐 見壁間有小紙 出而視之 乃叔父南遷時 路中悼念惠仲 寄彝仲詩及彝仲和章. 反覆悲吟 存亡離合之感 觸境而發 心焉如割 聊次其韻 續成二首 以記此時此夜爲情之難 送獻叔父. 而彝仲方號擗皇皇 不可寄以有韻之文 姑俟異日布焉.(2수)〉를 만시로 셈하지 않았다. 왜냐하면 이 시는 망자(이민서의 모친)에게 바치는 시가 아니라 숙부와 이민서에게 주는 시이기 때문이다.

115 조선왕조실록(『현종(개수)실록』, 『숙종실록(정오보궐)』)에 '졸기'가 실려 있는 17인은 다음과 같으며 졸기가 실린 날짜는 괄호 안에 명시한다. 김시진(1667. 4. 30.), 남노성(1667. 10. 16.), 박신규(1687. 4. 6.), 서문중(1709. 1. 6), 송준길(1672. 12. 5.), 신척익(1661. 6. 26.), 오도일(1703. 2. 14), 이경휘(1669. 6. 17.), 이단하(1689. 3. 30.), 이민서((1688. 2. 2.), 이상진(1690. 6. 22.), 이세귀(1700. 7. 미상), 조속(1668. 8. 4.), 조지겸(1685. 7. 19.), 최관(1695. 2. 2.), 홍명하(1668. 12. 27.), 홍주원(1672. 9. 14.).

오른 후 요직을 두루 거쳐 영의정까지 올랐으며 83세(1711)라는 고령의 나이로 세상을 떠났다는 사실을 염두에 두면 그런 17명에 대한 만사는 오히려 적은 편이라 할 수 있다. 그렇다고 남구만이 벼슬이 높았던 사람들에 대한 만시만 지은 것은 아니다. 그 나머지 17명은 그리 높지 않은 관직에 있던 사람이거나 이웃 사람, 처사, 진사 등으로 남구만은 친분이 있던 보통 사람들을 위해서도 기꺼이 만시를 지어 주었다. 이러한 사실들로 미루어 볼 때 남구만은 적지 않은 만시를 지었을 것이지만, 편집자는 만시가 『약천집』 소재 시에서 차지하는 비중이 너무 크지 않도록 이 37인에 대한 만시만 수록하고 그 나머지는 산삭했을 것이라고 유추해 볼 수 있다.

그런데 『약천집』에는 뜻밖에도 남구만과 상당한 친분을 가진 인물, 즉 정두경(1597~1673), 이경석(1595~1671), 이민적(1625~1673), 남이성(1625~1683), 김만기(1633~1687), 여성제(1625~1691), 남용익(1628~1692), 박세채(1631~1695), 이경략(1631~1695), 이세화(1630~1701), 신익상(1634~1697), 박세당(1629~1703), 유상운(1636~1707), 이진백(1622~1707) 등에 대한 만사가 없어 궁금증을 남긴다. 물론 남구만이 개인사정으로 인해 이들의 만사를 쓰지 않았을 수도 있겠지만, 그 친분 정도를 생각해 본다면 이 중에는 본래 만시를 썼지만 『약천집』 편집 당시 그것이 수집되지 않았거나 있었지만 만시의 비율을 조절하려 했던 편집자가 산삭한 것도 있을 것으로 보인다. 그리고 『약천집』에는 여성제에 대한 신도비명(권 17), 이세화에 대한 신도비명(권 18), 이진백에 대한 묘갈명(권 20), 신익상에 대한 묘지명(권 16)과 제문(권 27), 유상운에 대한 묘갈명(권 21)과 제문(권 27), 박세당에 대한 제문(권 27), 박세채에 대한 제문(권 27)이 수록되어 있는데, 이 때문에 이 인물들에 대한 만사를 산삭했을 수도 있다.

5. 결론

남구만의 『약천집』은 「총목」에서 "초고의 시 900여 수에서 276수를 뽑고, 문 1400여 편에서 726편을 추려내었다"고 밝히고 있어, 시는 초고의 1/3에 해당하는 작품들만 선별되어 수록되었음을 알 수 있다. 이에 필자는 『약천집』 소재 시의 편집상의 특징에 관심을 갖게 되었다. 본고는 남구만의 『약천집』과 당대 문인들의 문집에서 찾아낸 남구만과 관련된 시들을 함께 살펴보며 『약천집』 소재 시의 편집 의도와 편집경향에 대해 고찰하였다.

먼저 남구만의 현존시를 검토하였다. 현재까지 필자가 파악한 남구만의 현존시는 『약천집』 소재 281수, 다른 문인의 문집에 수록되어 있는 시 13수로 총 294수이다.

다음으로 『약천집』 소재 시의 편집의도에 대해 살펴보았다. 『약천집』에서 시는 권 1과 권 2로 나뉘어 수록되어 있다. 필자는 편집자인 남학명이 부친 남구만의 시를 두 권으로 나누면서 부친이 처음 유배를 간 1679년에 쓴 시를 권 2의 시작으로 편차함으로써 이 시기가 바로 부친의 인생에서 전환점이 되었음을 명시하고자 했을 것이라고 보았다. 『약천집』 소재 시에는 남구만의 시 뒤로 다른 사람의 시가 부기附記된 경우가 여럿 있는데 '부원운附元韻'한 경우는 14 차례나 되지만, '부차附次'한 경우는 단 한 번뿐이다. 남구만이 차운한 남이성의 시 5제에 모두 원운이 부기된 것은 작은할아버지인 남이성의 문집 간행이 별도로 준비되지 않았기에 문집에 수록한 부친의 차운시에 작은할아버지의 원운을 모두 부기해 넣는 것으로 예의를 갖추기 위함이었을 것이다. 반면, '부차'된 경우는 〈함흥갱차전시부로운시안사기사咸興更次前示父老韻示按使 己巳(1689)〉에 차운한 박태상의 시 1수뿐이다. 이것은 남구만의 함경도 관찰사 경력과 경흥부로 위리안치 되었던 두 번째 유배와 매우 밀접한 관계가 있다. 편집자는 〈과함흥증부로過咸興贈父老〉 뒤로 박태상이 쓴 「함흥향사당게시판발咸興鄉射堂揭詩板跋」을 부기하고, 〈함흥갱차전시부로운시안사咸興更次前示父老韻示按使〉 뒤에도 박태상이 쓴 차운시를 부기함으로써 남구만의 함경도 관찰사 시절의 업적을 되새기며 남구만의 애국심과 민족의식과 문학적 성취 등을 부각시키고자 했던 편집자의 의도로 보인다.

마지막으로 시의 선별기준과 산삭된 시의 유형을 중심으로 『약천집』 소재 시의 편집경향을 살펴보았다. 『약천집』 소재 시의 편집 특성상 가장 먼저 찾아낼 수 있는 선별 기준은 '남구만이 31세(1599) 이전에 지은 시는 모두 산삭' 한다는 것으로 31세 이전에 지은 시는 1수도 수록되어 있지 않다. 그리고 정치적으로 문제가 될 수 있는 것이나 논란이 될 여지가 있는 인물과 관계된 시를 배제시키는 것도 하나의 선별 기준이 되었을 것이다. 이에 남학명은 부친의 문집 『약천집』의 편집을 주도하고 자신의 문집인 『회은집』을 자편하면서 윤증과 관련된 시와 문을 모두 산삭해 버린 것으로 유추된다. 숙종 말엽에는 노소론 간의 날카로운 대립으로 종종 문집이나 저술을 가지고 공격의 빌미로 삼는 경우가 있었기에 편집자는 당시의 이러한 정치적 상황과 분위기를 무시할 수는 없었을 것이다, 조선후기 문인들의 문집에는 대부분 적지 않은 양의 만시가 수록되어 있는데, 남구만 역시 생전에 상당량의 만시를 지었을 것이지만, 편집자는 『약천집』에 수록할 시를 선별하면서 만시가 차지하는 비중이 과하지 않도록 그 비율을 조절했을 것으로 보인다. 이것은 편집자가 『약천집』에 수록할 시를 균형 있게 배분하며 선별하였음을 짐작케 한다.

IV. 약천 남구만의 유배시

이황진

1. 서론

유배문학은 하나의 문학 갈래로 분류되며 국문학사에서 차지하는 위상이 작지 않다. 특히 여러 가지 복잡한 정치 상황으로 인해 수많은 관료 문인들이 유배를 당했던 조선시대에는 그러한 자신의 유배 경험을 문학작품으로 남긴 문인들이 많았다.

본고에서 살펴보고자 하는 약천藥泉 남구만南九萬(1629~1711)은 효종 · 현종 · 숙종에 걸친 삼조의 대신으로, 숙종(재위 1674~1720) 때에 네 차례 유배를 다녀왔다. 숙종 때는 남인과 서인, 노론과 소론의 정쟁政爭이 치열했던 시기로 경신환국(1680), 기사환국(1689), 갑술환국(1694) 등의 사건이 계속되며 수많은 관료들이 유배를 떠나야했다. 숙종 때에 유배를 간 관료문인 중에서 매산梅山 이하진李夏鎭(1628~1682),[116] 우암尤庵 송시열宋時烈(1607~1689),[117] 정재定齋 박태보朴泰輔(1654~1689),[118] 호곡壺谷 남용익南龍翼(1628~1692)[119] 등의 유배시에 대한 선행 연구가 이루어진 바 있다.

남구만의 유배에 대한 내용은 그의 생애를 살펴본 글들에서 다루어지고 있으나 대부분 개괄적으로 간략하게 다루어졌을 뿐이며, 그의 유배시도 그의 시에 대한 연구에서 부분적으로 다루어지기는 하였다.[120] 하지만 남구만의 유배와 유배시에 대해 그것만을 집중적으로 연구한 글은 아직 보이지 않는다. 이에 필자는 본고에서 남구만의 유배와 유배시가 어떠한 양상을 보이고 있는가를 집중적으로 고찰해 보고자 한다. 남구만은 총 네 차례 유배를 다녀왔으며 각 시기마다 여러 수의 시를 남겼다. 필자는 본고에서 남구만이 유배형을 받고 유배지로 가는 과정에서 지은 시와 사면을 받고 나서 그 감회를 읊은 시까지도 유배시에 포함시킨 바,[121] 총 61수의 시를 유배시로 분류할

---

116 윤재환, 「조선 후기 유배 경험의 시적 형상화 - 매산 이하진의 「운양록」을 중심으로」, 『한문학보』 19, 우리한문학회, 2008, 321～349면.

117 양순필, 「우암 송시열의 제주 유배시 소고」, 『백록어문』, 제주대학교 사범대학 국어교육과 국어교육연구회, 1992, 73～92면.

118 주영아, 「박태보 문학에 나타난 현실 대응 양상 - 충청도 유람시기와 평안도 유배시기의 작품을 중심으로」, 『동방학』 23, 한서대학교 동양고전연구소, 2012, 69～100면.

119 안말숙, 「남용익의 유배시 고찰」, 『수련어문논집』 20, 1993, 93～115면.

120 성당제, 『약천 남구만 문학 연구』, 한국학술정보(주), 2007 ; 양언석, 「남구만의 문학세계」, 『한국문예비평연구』 15, 한국현대문예비평학회, 2004 ; 박영민, 「약천 남구만의 한시 연구」, 『한국 인물사 연구』 13, 한국인물사연구소, 2005 ; 김성언, 「남구만의 시세계」, 『한국한시작가연구』 11, 한국한시학회, 2007 등.

121 허춘(「유배문학 연구의 과제」, 『영주어문』 23, 영주어문학회』 2012, 8면.)은 "유배문학은 '귀양지를 소재로 하거나 귀양지에서 지은 작품'을 일컫는 게 일반적이지만, 유배지에서 겪고 느낀 일 외에도 '유배지로 가고 해배되어 떠나는 과정에서 일어난 사건과 감정을 그린 작품'도 포함하여 그 범위를 넓히는 게 온당하다고 본다."는 견해를 제시한 바 있는데, 필자 역시 이에

수 있었다. 네 번의 유배를 염두에 두면 비교적 적은 양이라 할 수 있지만, 이 유배시를 통해 남구만 시세계의 한 단면을 살펴보는 것도 의미 있는 작업이라 여겨진다.

2. 남구만의 네 차례 유배와 유배시

남구만은 23세(효종 2년, 1651)에 사마시에 합격하고, 28세(효종 7년, 1656)에 별시에 합격하여 가주서로 벼슬길에 올랐다. 이로부터 대사간 · 대사성 · 관찰사 · 형조판서 · 한성부좌윤 · 도승지 · 대제학 · 병조판서 등 요직을 두루 거쳐 59세(숙종 13년, 1687)에 영의정에 올랐으며 79세(숙종 33년, 1707)에 봉조하奉朝賀에 제수되었다. 숙종 37년(1711년 3월 17일)에 세상을 떠났으며, 경종 2년(1722)에 문충文忠의 시호를 받고 숙종 묘정廟廷에 배향되었다. 그는 특히 숙종조 정계의 중심인물로 소론의 영수로 지목되지만, 그는 정치적으로 중립적 입장을 유지했던 인물로 당쟁을 의식하거나 그것을 주도한 인물은 아니었다.

남구만은 숙종의 큰 신임과 많은 총애를 받았음에도 불구하고, 당쟁이 치열하고 정국의 변화가 심했던 시기였던 만큼 여러 가지 이유로 네 차례 유배를 가게 된다. 그 네 번의 유배를 간략하게 정리해 보면 다음과 같다.

동감한다.

유배	기간	종류	유배지	시	敍用
첫 번째 유배(51세)	1679.03.19.~ 1679.10.03.	遠竄	巨濟島 → 南海	35수	1680.04.03 都承旨
두 번째 유배(60세)	1688.07.15.~ 1688.11.09.	圍籬 安置	慶興府	15수	1689.01.16 判中樞府事
세 번째 유배(61세)	1689.04.18.~ 1690.04.27.	中途付處	江陵	8수	1694.04.01 領議政
네 번째 유배(74세)	1702.05.13.~ 1702.11.23. (-1704.05.03)	中途付處 → 放歸田里	牙山縣 →結城 (→放送)	3수	1705.01.02 領中樞府事

약천 남구만의『약천집』은 사후 12년이 지난 경종 3년(1723)에 34권 17책으로 출간되었다.『약천집』권 1에 127수, 권 2에 150수의 한시가 약천이 과거에 합격하여 벼슬길에 나아간 직후인 31세(1659년)부터 83세(1711년)로 운명하기 직전에 지은 〈야우 절필夜雨 絶筆〉까지 연대순으로 편집되어 있다.

1) 첫 번째 유배(51세, 1679년, 남해)와 유배시

남구만이 첫 번째 유배를 가게 된 것은 그의 나이 51세 때로 한성부좌윤으로 있던 숙종 5년(1679)의 일이다. 당시 대사헌 윤휴(1617~1680)가 중신重臣의 자리에 있으면서 불법행위를 자행하고, 영의정 허적(1610~1680)의 서자인 허견(?~1680)이 간악한 짓을 하고 횡포를 부리자, 남구만은 2월 10일 이들을 조사하여 처벌할 것을 요청하는 상소를 올린다. 그러나 남구만은 도리어 그들에게 비방을 당한데다가, 숙종 역시 "남구만이 을묘년(1675, 숙종 원년) 간에 상소를 올려 위를 속이고, 말의 내용이 불미스러웠지만, 티를 씻고 수용한 것은 그가 마음의 혁신을 도모할 것을 바라고 한 일이었다. 좌윤 벼슬이 제수되자 부모의 병 때문에 내려갔는데, 이내 이런 소를 올린 것은 마음씀이 비뚤어졌으며 속마음이 이미 노출된 것이다."라며 3월 19일 남구만을 거제도로 원찬遠竄하라고 명한다.[122]

처음에는 유배지가 거제도로 결정되어 4월 4일 거제도에 도착하였으나 송시열이 장기長鬐로부터 거제도로 옮겨 온 탓에 유배지가 다시 남해로 바뀌었다. 남해로 옮겨 유배생활을 하던 중 그 해 10월 3일 겨울에 우레가 치는 변고로 인해 숙종이 비망기備忘記를 내려 특별히 방면하였다.

첫 번째 유배에 해당하는 유배시는 35수이다.[123]

유배	詩題	편수	詩作時期
첫 번째 유배	〈化城路 自龜山赴巨濟配所. 水使趙令公師錫, 李尙州三錫來送路左. 己未(1679)〉	1	유배길
	〈白江津 沈進士權自浮山寺. 與二客乘小舟來別〉	1	유배길
	〈恩津店 三從弟重夏, 啓夏自尼山. 戚兄金禹鉉, 戚弟崔奎瑞自連山. 冒夜馳來同宿〉	1	유배길
	〈敬次叔父下示韻〉	2	유배길
	〈詠柚詩 二十首 幷序〉	20	유배지
	〈次金生德恒示詩韻 幷序〉	3	유배지

122 『숙종실록』, 숙종 5년 3월 19일, "仍敎曰 南九萬曾於乙卯年間, 陳疏誣上, 語意不美, 而滌瑕收用, 欲其革心改圖. 及除左尹, 以親病下去, 而仍上此疏, 用意傾陷. 心膽已露, 左尹南九萬遠竄." (이하 본고에서 언급되는 『숙종실록』에서 확인한 구체적인 일자가 기록된 사건에 대해서는 그 원문 제시를 생략함.) 여기서 숙종이 언급한 '을묘년의 상소'라 하는 것은 남구만이 숙종 1년(1975) 1월 6일 올린 사직 상소를 말하는 것이다. 이에 대한 구체적인 내용은 『숙종실록』 숙종 1년 1월 6일 기사 참조.

123 본고는 한국고전번역원에서 제공하는 '한국고전종합 DB'의 『약천집(한국문집총간 131집~132집)』을 텍스트로 하였음.

	〈余之南竄也. 崔校理汝和錫鼎 意余行路由鳥嶺 自桀川出迎咸昌. 而余由八良峴以來 故不相値. 到配後汝和寄咸昌二律 次韻以答〉	1	유배지
	〈宿花房寺 贈文眼 · 應森二師〉	1	유배지
	〈登望雲山〉	1	유배지
	〈贈河生尙瑜 幷序〉	1	유배지
	〈赦歸遊龜山僧舍 次叔父下示韻. 庚申(1680)〉	2	사면 후
	소계	35	

처음 유배를 가게 된 남구만은 분명 여러 면에서 적잖은 충격과 타격을 받았을 것이다. 네 차례의 유배 중 이 시기에 쓰이어진 시가 가장 많다는 사실은 차치해두더라도, 이때 지어진 유배시에는 다른 시기에 지어진 유배시에는 보이지 않는 다양한 감정이 깃들어 있음을 보아도 그러함을 알 수 있다.

다음은 『약천집』에 수록되어 있는 첫 번째 유배시로, 기미년(1679, 숙종 5)에 지은 〈화성로化城路〉이다.

이른 새벽 구산을 출발하여	淸曉發龜山
정오에 안령雁嶺을 넘었네.	亭午踰雁嶺
문득 길게 뻗은 숲 아래를 보니	忽見長林下
안장 얹은 말 그림자가 은은히 비추네.	隱映鞍馬影
세심한 두세 명	殷勤二三子
내가 먼 길 떠남을 위로하네.	慰我行路永
내가 습한 곳으로 가는 것을 불쌍히 여기고	憐我就瘴癘
내가 혼정신성昏定晨省 빼먹게 됨을 가엾게 여기네.	閔我曠定省
급작스런 상황에다 호상壺觴도 없어	倉卒無壺觴
이별의 고통만 가득할 뿐이네.	離憂徒炳炳
아름다운 때에 시골마을 마주하니	年芳對野村

울타리에는 복숭아 살구 꽃 활짝 피었네. 籬落明桃杏
소 등에 탄 저 사람 누구인가. 牛背彼何人
이 몸 함정에 빠진 게 더욱 부끄럽네. 益愧身落穽
마부가 갈 길 늦었다고 또 고해오니 僕夫且告晩
엄한 일정이라 잠시라도 아끼는구나. 嚴程惜俄頃
이제부터 산과 바다로 막힐 것이니 從此隔山海
서로 그리워하며 멀리 목을 빼게 되리.[124] 相憶遙延頸

남구만의 시 대부분은 이 시의 제목에서 볼 수 있다시피 시제詩題와 함께 그 시를 짓게 된 배경에 대한 간단한 설명을 병기하거나 아예 병서幷序를 덧붙인 것이 많아 그 시를 감상하고 이해하는데 큰 도움이 된다. 이 시는 구산에서 유배지인 거제도로 가는 길에 수사水使인 조사석趙師錫과 이삼석李三錫이 남구만을 전송하기 위해 그리로 찾아오자 그들과 이별하며 쓴 시이다.

유배를 가게 된 것에 대한 처참함이나 억울함보다는 지인과의 헤어짐에 대한 아쉬움과 이별의 고통이 더 크게 묘사되고 있는데, 이는 남구만의 네 차례의 유배시 전체를 꿰뚫으며 가장 큰 부분을 차지하는 정서이다. 하지만 처음으로 가게 된 유배에 대한 처참함이나 억울함이 전혀 없지는 않았을 것이다. 그런데 그 처참함은 남구만 자신이 아니라 그를 전송하러 온 사람의 입을 통해 드러내고, 유배 가는 자신의 처량한 모습은 시골 마을에 활짝 핀 복숭아꽃 살구꽃과 대비시키는 선에서 감춰두고 있다. 그리고 자신이 이 유배를 가게 된 것은 '함정에 빠졌기 때문이라' 인식하고는 있지만 그렇다고 남을 원망하

124 南九萬, 〈化城路 - 自龜山赴巨濟配所 水使趙令公師錫 李尙州三錫來送路左. 己未(1679)〉, 『藥泉集』 권2.

기보다는 그런 함정에 빠진 자신을 부끄러워한다. 자신이 함정에 빠졌다고 생각하게 된 이유는 『숙종실록』에 기록된 다음과 같은 사실을 말하는 듯하다.

> 갑인년(1674 현종 15년)에 간흉이 정권을 잡으니 鄕曲으로 물러가 있다가, 기미년(1679 숙종 5년)에 좌윤으로 서울에 들어왔다. 이때 역적 허견이 복창군 이정 · 복선군 이남과 결탁하여 모반할 마음을 품어 中外가 어수선하고 두려워하면서도 감히 그 機微의 싹을 꺾는 자가 있지 않았는데, 김석주가 남구만에게 그 간사하고 기만된 일을 발설하도록 권하였더니 남구만이 두려워서 따르지 않자, 김석주가 이에 귀띔하기를, '이것은 內旨이니 다른 우려는 없도록 보장하겠다.' 하였다. 남구만이 이를 믿고 마침내 임금에게 상소하였다가 귀양 가게 되었으니, 이 때문에 명성이 더욱 높아지게 되었으나, 그 일을 아는 자는 이미 그가 군자가 아니라고 의심하였다.[125]

노론계에 의해 기록된 이 숙종실록의 기사에는 남구만을 폄하하고자 하는 의도가 담겨있음을 눈치 챌 수 있지만, 이 기사대로라면 자신이 김석주의 감언이설에 넘어간 사실을 남구만은 함정에 빠졌다고 인식했을 것으로 보인다. 남구만은 비록 자신이 함정에 빠져 유배형을 받게 된 것이라고 인식하기는 했지만, 그렇다고 자신을 함정에 빠뜨린 사람이나 자신을 비방한 정적들의 말만 믿고 자신을 유배 보낸 숙종에 대한 원망을 드러내지는 않는다.

---

125 『숙종실록』, 숙종 37년 3월 17일, "奉朝賀 南九萬 卒記 - 甲寅, 奸兇秉國, 退居鄕曲, 己未, 以左尹入京. 時逆堅結楨枏, 蓄異志, 中外洶懼, 無敢有折其機牙者, 金錫胄勸九萬, 發其姦騙事, 九萬懼不從, 錫胄乃慫之曰 '此內旨也, 保無他憂.' 九萬信之, 遂抗疏被謫, 以此名益重, 而知其事者, 已疑其非君子."

남구만이 유배 가는 길목에서 직접 만나 작별하고자 했던 최석정이 길이 엇갈려 만나지 못하자 나중에 시를 보내왔다. 남해에 도착한 후에야 그 시를 받은 남구만이 그 시에 차운하여 답한 다음 시에는 모든 것을 자신의 허물로 여기며 그저 하늘의 뜻에 순응할 뿐이라는 삶의 태도가 담겨 있다. 이 역시 네 번의 유배를 관통하며 공통적으로 드러나고 있는 요소이기도 하다.

내 사람을 탓하지도 않는데 어찌 하늘을 원망할까. 我不尤人豈怨天
무더운 바닷가로 귀양 온 몸이 된 것도 당연하다네. 竄身炎海職當然
평소 시국을 근심했던 것이 결국 화를 불렀고 憂時有素終招過
도를 배웠으나 이루지 못한데다 권도權道에도 어두웠네. 學道無成且昧權
가마를 받들어 매령梅嶺의 길로 가지 못해 未奉籃輿梅嶺道
헛되이 수조의 옥루편을 읊었다네. 空吟水調玉樓篇
가을 서리 살쩍에 가득한데다 詩마저 쓰지 못하니 秋霜滿鬢詩兼廢
공부가 옛 현인을 저버린 것 깊이 깨닫는다네.[126] 深覺工夫負古賢

남구만이 비록 자신이 유배를 가게 된 것에 대해 그 누구도 원망하지 않았으며, 그저 하늘의 뜻에 따를 뿐이라고 마음먹었을지라도 처음 유배를 가는 그 길에서 겪었던 고초는 쉽게 잊을 수 없었을 것이다. 특히 거제도로 가는 유배 길에 겪었던 고초는 그 후 20년이 지난 후에도 조금도 지워지지 않고 여전히 생생한 기억으로 남아 있었다. 1699년에 지은 시 〈증서숙贈徐塾〉의 소서小序에서 그 때 일을 떠올리며 다음과 같이 적고 있다.

126 南九萬, 〈余之南竄也 崔校理汝和錫鼎 意余行路由鳥嶺 自榮川出迎咸昌. 而余由八良峴以來 故不相值. 到配後汝和寄咸昌二律. 次韻以答〉, 『藥泉集』 권2.

기미년(1679, 숙종 5) 여름 내가 거제도로 유배 갈 적에 첨지 서숙이 통영의 군관으로 있으면서 나를 전송하여 유배 가는 곳까지 따라왔다. 이때 밤이 깊어서 고개를 넘는데, 앞길이 캄캄하고 또 소낙비까지 내렸다. 말에서 내려 고개 위에서 잠시 쉬었는데, 해변의 하늘이 아득하여 색깔을 구분할 수 없었으니, 그때의 상황을 아직도 잊을 수가 없다. 나는 비파담으로 돌아와서 여생을 보내고 있는데, 이제 서첨지가 나를 방문해 왔으므로 지나간 일을 서글피 생각하여 절구 한 수를 지어 주는 바이다.[127]

남해에서 남구만의 유배생활은 병고病苦 때문에 적잖은 어려움을 겪기도 했지만, 향리의 젊은 선비들을 가르치기도 하고 주변을 유람하는 등 유배 신세가 된 여타 문인들이 보이는 일반적인 모습을 보이기도 하였다. 〈영유시 이십수詠柚詩 二十首〉의 병서幷序에서 남구만은 당시의 병고와 적적함을 시로 달랬음을 다음과 같이 적고 있다.

기미년(1679, 숙종 5)에 나는 성상의 명령을 받들고 거제도로 유배 갔다가 남해로 옮겨 갔다. 가을이 깊어 밤이 길어지자 잠이 더욱 적어졌으며, 평소 기력이 허약한데 눈까지 어두워져서 등불을 밝히고 책을 읽을 수가 없었다. 자리에서 전전반측하며 함께 말을 나눌 사람이 없기에 유자를 읊은 시를 지어서 첩운으로 20수를 이루었으니, 이것을 시라고 여겨서가 아니요, 스스로 적적한 마음을 달랬을 뿐이다.[128]

127 南九萬, 〈贈徐塾 幷小序〉, 『藥泉集』 권2, "歲己未夏 我竄巨濟 徐僉知塾以統營軍官 送我行到配所. 夜深踰嶺 前路昏黑 又遭急雨. 下馬少歇于嶺上 海天茫茫 不能辨色 其時景象 猶不可忘. 今者徐僉知來訪我於琶潭歸老之處 慨念往事 贈以一絶."

128 南九萬, 〈詠柚詩 二十首 幷序〉, 『藥泉集』 권2, "歲己未 承恩謫配巨濟移南海. 及秋深夜長 眠睡益少而氣素羸弱 眼且昏翳 不能曉燈讀書. 輾轉枕席 無與晤

그리고 이 〈영유시詠柚詩〉 20수에는 남구만의 애민의식이 담겨있는 시가 여럿 있는데, 이는 여타 문인들의 유배시에서도 일반적으로 찾아볼 수 있는 내용이기도 하다.

남구만은 유배 기간 중 주변을 유람하기도 하였는데, 남해 망운산望雲山에 올라 그 감회를 읊은 다음 시는 남구만의 유배시 중에서 '연군戀君'의 정서를 담고 있는 몇 안 되는 시 중의 하나이다.

칡덩굴과 돌을 움켜잡으며 높은 산에 오른 것은	捫蘿攀石上崢嶸
이 산이 공교롭게도 이런 이름임에 감동해서라네.	爲感玆山偶此名
요 임금의 백성이 임금을 그리워한 뜻이 아니라면	莫是堯民懷帝意
적인걸이 어버이를 사모한 정이 아니겠는가.	將非狄子戀親情
흰 구름 외로이 멀리 날아가니 향정鄕井이 희미하고	孤飛白遠迷鄕井
붉은 구름 한 점 멀어지니 궁성宮城과 막혀 있네.	一朶紅遙隔禁城
다시 큰 바다에 몇 점의 그림자 떠 있으니	更有滄溟浮點影
바람 따라 어느 날에야 서쪽으로 가게 되려나.[129]	隨風何日向西征

남구만이 험한 망운산에 오른 이유는 다름 아닌 '망운산'이란 이름 때문이었다. 그는 본래 적인걸狄仁傑이 흰 구름을 보며 부모님을 그리워했다는 고사를 가져와 그 그리움의 대상을 임금으로까지 확대시키며 부모에 대한 그리움과 함께 '연군'의 정서를 동시에 표출하고 있다. '망운'에 대한 남구만의 이러한 생각은 1685년 생질인 박태유朴泰維가 고산도高山道 찰방 시절 조성한 망운정에 대한 기문인 「망운정기望雲亭記(『약천집藥泉集』 권28)」에 구체적으로 개진되어 있다. 일반

語 因作詠柚詩 疊韻成二十首 非以爲詩 聊自遣意耳."

129 南九萬, 〈登望雲山〉, 『藥泉集』 권2.

적으로 유배시에서 보편적으로 드러나는 정서이자 유배시의 대표적인 정서로 간주되는 '연군'을 남구만 역시 이 시를 통해 읊고 있기에 특이하다고 볼 수는 없다. 하지만, 남구만의 유배시 중에는 연군의 내용을 담은 시가 별로 없는데다, 있어도 그것이 그리 애절한 정도는 아니기 때문에 '연군'이 남구만 유배시의 주된 정서라고 말하기 어렵다는 점에서 오히려 특이한 경우라 할 수 있다.

이렇듯 남구만이 첫 번째 유배시기에 지은 유배시에는 유배로 인해 지인과 헤어져야 하는 이별의 안타까움, 유배 길과 유배지에서 겪게 된 고초, 유배지에서의 생활, 애민, 연군 등 여타 유배 문인들의 유배시에서 보편적으로 찾아볼 수 있는 정서가 두루 담겨 있기는 하다. 하지만 자신이 유배형을 받은 것에 대한 억울함이나 원망 혹은 자신의 결백함 등은 좀처럼 드러내지 않고 있다.

2) 두 번째 유배(60세, 1688년, 경흥)와 유배시

1679년 10월 3일 첫 번째 유배에서 석방된 남구만은 그 이듬해인 숙종 6년(1680) 4월 3월 도승지에 제수되며 서용敍用된다. 이는 경신환국으로 인해 남인이 대거 몰락하고 서인이 득세하게 된 정치적 상황에 의한 것이기도 하다. 하지만 그 해 8월 모친상을 당해 관직에서 물러나 있다가 숙종 8년(1682) 7월에 삼년상을 마쳐 복을 벗고 동지중추부사에 제수되며 다시 관직에 오르게 된다. 숙종 10년(1684) 1월 12일에는 우의정으로, 숙종 11년(1685) 5월 18일에는 좌의정으로, 숙종 13년(1687) 7월 25에는 영의정으로 승진한다. 그리고 1684년과 1686년에는 청으로 사행을 다녀오기도 한다. 이렇듯 첫 번째 유배를 다녀 온 후 남구만은 순탄한 관직 생활을 해나간다.

남구만이 두 번째 유배를 가게 된 것은 그의 나이 60세 때인 숙종 14년(1688년) 7월의 일이다. 숙종의 장귀인張貴人에 대한 총애가 극에 달하고, 종인宗人 동평군東平君 이항李杭이 혜민서제조惠民署提調로 임명되는 전례 없는 특별한 은권恩眷을 입게 되자 이조판서 남계南溪 박세채朴世采가 이에 대해 7월 13일 차자箚子를 올리지만 숙종은 노하여 그를 물리친다. 이에 약천이 박세채를 비호하자 숙종이 대노하여 그를 유배시키도록 명한다. 7월 14일에는 파출罷黜한 남구만과 여성제呂聖齊를 귀양 보내라 하였다가, 그 이튿날인 7월 15일에는 명을 고쳐 남구만은 경흥부에, 여성제는 경원부에 위리안치하게 하였다. 이에 대해 『숙종실록보궐정오』에서는 "영의정 남구만과 우의정 여성제를 귀양 보낼 것을 명하였다가, 곧바로 북쪽 변방에 안치할 것을 명하였는데, 남구만에게 또 천극栫棘을 한 것은 사랑하는 종친 이항李杭의 일을 논했기 때문이다."라고 기록하고 있다.[130] 천극은 '중죄인에게만 적용된 것으로, 유배된 죄인을 가둔 가옥 둘레에 가시 울타리를 쳐서 외출하지 못하게 하는 형벌'이다. 이 해 10월 천둥과 번개가 치고 우박이 내리는 재앙이 일어나자 옥당玉堂에서 차자를 올려 어진 재상이 견책당한 일을 아뢰며 석방을 청하였지만, 숙종은 "겨울철에 이런 놀라운 재앙이 있으니 조용히 그 허물을 생각해 보건대 진실로 나의 덕이 없는 데서 말미암은 것이다. 상세히 경계하고 가르친 것을 깊이 생각하지 않을 수 있겠는가? 다만 현상賢相이 죄 없이 견책을 당했다는 말에 대해서는 내 마음에 끝내 이해하지 못하는 바가 있다."며 불허하였다.[131] 이러한 사실로 미루어 보아, 남구만이 받은 두

130 『숙종실록보궐정오』, 숙종 14년 7월 14일, "命竄領議政南九萬, 右議政呂聖齊, 旋命安置北塞. 九萬又栫棘, 以論嬖宗杭事也."

번째의 유배형은 첫 번째 때보다 더 엄하고 무거운 유배형이었으며, 그만큼 남구만에 대한 숙종의 분노가 더 컸으며 쉽게 누그러들지 않았음을 엿볼 수 있다. 하지만, 유배를 명한지 넉 달도 채 되지 않은 11월 9일 숙종은 남구만과 여성제의 석방을 명한다.

두 번째 유배에 해당하는 유배시는 15수이다.

유배	詩題	편수	詩作時期
두 번째 유배	〈謫慶興過新安〉	1	유배길
	〈過咸興贈父老〉	1	유배길
	〈涪溪分路 贈呂相國聖齊 幷序〉	1	유배길
	〈涪溪朱生榏次余贈呂相國韻贈余 聊復次答〉	1	유배지
	〈贈朱生 幷序〉	1	유배지
	〈次慶興李府使華鎭韻〉	1	유배지
	〈大王大妃殿輓詞 幷序〉	2	유배지
	〈贈五生 幷小序〉	5	사면 후
	〈五生皆送到鍾城 又作長律一首以謝之〉	1	사면 후
	〈咸興更次前示父老韻示按使 己巳(1680)〉	1	사면 후
	소계	15	

남구만의 두 번째 유배지인 경흥부는 그가 43세인 현종 12년(1671) 7월부터 46세인 현종 15년(1674) 7월까지 함경도 관찰사로 있었던 곳

131 『숙종실록』, 숙종 14년 10월 9일, "玉堂因雷變上箚, 陳戒, 深論理慾之分, 末及南九萬、朴世采事曰'大臣以體國之誠, 陳先事之戒, 儒賢之前席奏箚, 直陳其聞見 則究其本心, 出於理乎, 慾乎?' 又曰'自殿下爲此過擧之後, 輿儓下賤, 莫不齎咨發嘅, 俱以爲賢相, 無罪被譴, 儒賢陳忠被斥, 萬口同辭, 人心難誣, 和氣致祥, 乖氣致異, 昭昭降臨之天, 恐因殿下號令之失當, 而乖氣應之也.' 上留其箚于中, 答曰'閉藏之月, 有此可愕之災, 靜思厥咎, 亶由否德, 縷縷誠誨, 可不體念? 第賢相無罪被譴之說, 於予心, 終有所未解也.'"

에 속해 있는 곳으로, 1673년에는 무산부茂山府 사람들이 당시의 공적에 감사해하며 생사당生祠堂을 세운 바 있다. 그 때문인지 이 시기에 지은 시는 유배를 떠나며 지인과 나눈 이별의 정한보다는 유배지에서 만난 사람들과 나눈 시가 주를 이룬다.

두 번째 유배시기에 지은 시 중 『약천집』에 수록된 첫 번째 시는 유배지인 경흥으로 가는 도중 신안을 지나며 쓴 것이다.

유배길 삼천리	謫路三千里
가고 또 간들 어느 때나 다갈까.	行行盡幾時
고개의 구름은 맑은 날에도 비를 데려오고	嶺雲晴帶雨
산의 나무는 누워서 가지가 자라네.	山木臥生枝
더운 계절은 지났는데 의상이 얇으니	餞暑衣裳薄
가을에 놀라 鬢髮이 위태롭네.	驚秋鬢髮危
비록 대궐을 그리워하는 마음 간절하기는 해도	雖多京闕戀
엄한 명령을 어찌 감히 지체하랴.[132]	嚴命敢遲遲

이 시에는 유배지로 가는 길의 멀고 험함에 대한 한탄과 임금을 그리워하는 마음이 함께 담겨져 있다. 60의 나이에 그 멀고 험한 길로 유배 가는 자신의 신세가 처량 맞기는 했겠지만 그렇다고 임금을 원망하기보다는 오히려 임금을 그리워하며 그 명을 지체하지 않으려는 모습을 보여준다. 앞서 살펴 본 바 있는 첫 번째 유배길에서 지은 〈화성로化成路〉에서는 마부가 늦었다고 갈 길을 재촉하는데, 이 시에서는 스스로 길을 재촉한다. 또한 첫 번째 유배 때에는 유배지인 남해의 망운산에 올라서야 임금을 그리워하는 마음을 내비추었는데, 두

132 南九萬, 〈謫慶興過新安〉, 『藥泉集』 권2.

번째 유배 때에는 유배 가는 길부터 바로 연군의 정서를 표출하고 있다. 이러한 사실에서 첫 번째 유배(1679년) 후 두 번째 유배(1688년)를 가기까지 대략 10년이란 세월동안 숙종에 대한 남구만의 충정이 더 깊어졌음을 추측해볼 수 있다. 이는 숙종도 마찬가지라 할 수 있는데, 그렇게 분노하며 남구만을 위리안치 시키라 명을 내렸으면서도 결국은 겨울에 천둥과 번개가 치고 우박이 내린다는 재앙을 구실로 4개월도 못돼 석방을 명하고, 그 이듬해 1월 바로 판중추부사로 서용한다. 이러한 사실을 통해서도 남구만에 대한 숙종의 신임과 총애가 이전보다 훨씬 더 두터워졌음을 충분히 짐작해 볼 수 있다.

다음 시는 함흥을 지날 때에 지은 시인데, 이 시 밑에 당시의 관찰사 박태상朴泰尙이 지은 「함흥향사당게시판발咸興鄉射堂揭詩板跋」이 부기附記되어 있다. 그것에 따르면, "함흥의 부로父老들은 유배 가는 상국의 수레를 에워싸고 모여 구경하며 한숨을 쉬고 눈물을 흘리지 않는 자가 없었다. 지방의 모든 벼슬아치들이 따라가 북쪽 고개 아래까지 전송하니, 공이 마침내 감사의 표시로 시 한 수를 남겨 주었다."[133]고 한다.

승은의 꾸짖음으로 두만강 가로 쫓겨 가는데	遠承恩譴豆江瀕
성천에 이르니 눈이 갑자기 새로워집니다.	行到城川眼忽新
십오 년 전의 관찰사	十五年前觀察使
삼천리 밖으로 유배 가는 사람이 되었습니다.	三千里外放流人
회수가에 왕래한 것 묵묵히 헤아려 보니 소식蘇軾과 같건만	淮中默數同蘇子
영천가에 거듭 임했으나 한漢의 구순寇恂과는 다르군요.	潁上重臨異漢臣

133 朴泰尙, 「咸興鄉射堂揭詩板跋」, 『藥泉集』 권2, "咸之父老擁車聚觀 無不齎咨涕洟. 鄉紳學子追以送之北嶺之下, 公乃留贈一詩以謝焉."

부로에게 감사하다는 말 할 수 없어 도리어 부끄러우니　還愧無言謝父老
태평 시대에 스스로 동이를 이는 죄 지은 몸이 되었습니다.[134]　明時自作戴盆身

이 시에 대해 박태상은 "내 삼가 살펴보니, 상국의 이번 귀양길은 백발에 먼 변방으로 쫓겨 가서 발섭跋涉하여 무한한 고통을 겪었으나 마침내 정화精華가 드러나고 흉금이 평탄하여 일찍이 곤궁을 당하지 않은 자인 듯하며, 또 이 시편을 읽어 보니 충후忠厚하고 정성스런 뜻이 말 밖에 넘쳐서 불평하거나 억울해하는 기운이 전혀 없었다. 무릇 이와 같은 것은 어찌 수양한 바가 있어서 그러한 것이 아니겠는가. 참으로 미칠 수 없는 점이다."[135]라고 평가하였는데, 이 시에 대한 이해와 감상을 돕는 길라잡이라 할 수 있다. 그리고 박태상의 이 말은 이 시 뿐만 아니라 남구만의 유배시 전반에 걸쳐 두루 적용되며 남구만 유배시의 특징으로 지목될 만하다.

이 두 번째 유배기에 지은 시들은 대부분 매우 일상적이고 평온한 편이다.[136] 이러함은 특히 다음 시를 통해서도 분명하게 느낄 수 있다. 이 시는 자신이 위리안치 된 곳으로 찾아온 주생朱生 익榏의 시에 답한 시이다.

나풀나풀 학생들 날마다 앞으로 찾아와　躚躚學子日來前
서로 마주하니 오히려 변경 지대로 귀양 온 것 잊게 하누나.　相對還忘絶塞遷

134 南九萬, 〈過咸興贈父老〉, 『藥泉集』 권2.
135 朴泰尙, 「咸興鄕射堂揭詩板跋」, 『藥泉集』 권2, "余竊覸 相國此行 白首窮邊 跋涉間關 而乃精華映發 襟度夷然 若未始遭困厄者. 及觀是篇 忠厚懇款之意 溢於辭表 絶無侘傺抑鬱之氣. 凡若是者 豈非有所養而能然. 其眞不可及歟."
136 박영민, 「약천 남구만의 한시 연구」, 『한국인물사연구』 13, 한국인물사연구소, 2005, 20면.

북두로 푸고 기성으로 까부르는 일 따윈 명에 맡기고　挹斗揚箕元委命
심항수묵 또한 인연을 따르세나.　尋行數墨且隨緣
평소의 생업 여기서 그칠 뿐이니　生平素業止斯耳
분수 밖의 황비는 일찍이 우연이었을 뿐이네.　分外黃扉曾偶然
누워서 글 읽는 소리 들으며 스스로를 달래니　臥聽伊吾聊自遣
원망과 허물은 결국 사람과 하늘까지는 미치지 않는구나.[137]　怨尤終不及人天

험한 유배 길에서 겪었던 고초는 모두 사라지고 유배지에서 느끼는 평온함과 유유자적하는 일상이 잘 담겨있는 시이다. 이는 남구만 자신이 15년 전 함경도 관찰사로 부임해 있던 곳이었기에 사람도 경물도 풍속도 인심도 모두 친숙하게 느꼈기 때문일 것이며, 그로인해 골머리 아픈 정치판을 떠나 있는 지금 오히려 평안함을 느꼈기 때문일 것이다.

다만, 남구만이 두 번째 유배 시기 중에 유배 중인 자신의 처지를 매우 안타까워하고 한스러워했을 상황이 있었는데, 그것은 바로 대왕대비전(인조의 계비로 자의대비慈懿大妃인 장렬황후莊烈王后)이 승하하셨을 때이다. 관부官府에 모여 곡할 수 없는 죄인의 처지였기에 자신의 현 상황과 유사했던 소식蘇軾이 그 당시에 지은 시에 차운하여 만시 두 수를 지음으로 그 슬픔을 대신하였다.[138]

첫 번째 유배와 세 번째 유배 때의 유배시는 유배형을 받아 유배를 떠나는 길에 지인들과 이별의 안타까움을 나눈 시가 주를 이루는데 반해, 이 두 번째 유배 때는 석방을 받은 후 그곳의 지인들과 나눈 시가 주를 이룬다. 석방된 후 위리안치 된 자신을 처음부터 끝까지

137 南九萬, 〈涪溪朱生楡次余贈呂相國韻贈余 聊復次答〉, 『藥泉集』 권2.
138 南九萬, 〈大王大妃殿輓詞 幷序〉, 『藥泉集』 권2.

따르던 다섯 학생 김기홍·채우주·주槍·최보국·황정길에게 작별에 임하여 각각 절구 한 수 씩을 지어준 〈증오생 병소서贈五生 幷小序〉가 대표적이다.[139] 이것을 두 번째 유배시기 유배시의 특징 중 하나로 지목할 수 있겠다.

이 두 번째 유배의 경우 의문이 드는 부분이 있다. 죄인을 유배시킬 경우 몇 가지 규정이 있는데, 거기에는 죄인의 거주지나 임지였던 곳은 제외시키는 항목도 있다고 한다.[140] 그런데 남구만은 무슨 이유로 자신이 만 3년 동안 관찰사로 부임해 있었던 곳으로 유배를 가게 된 것인지 자못 궁금하다. 그리고 위리안치는 가시나무로 울타리를 치고 중죄인을 가두어 바깥 세계와 철저하게 단절시키는 형벌인데, 그중에서도 가극안치加棘安置는 특히 왕족 또는 중신 등 주로 정치범들에게 많이 적용되었던 형벌로서 그 지역 부사府使나 목사牧使의 철저한 감시 속에서 개인적인 활동과 주민들과의 접촉이 엄격히 금지되었다고 한다.[141] 남구만이 받은 두 번째 유배형은 위리안치 중에서도 천극栫棘, 즉 가극안치인데 그의 유배시를 통해 보면 그가 바깥 세계와 철저하게 단절되지는 않았음을 알 수 있다. 그 이유가 무엇이든 이러한 사실로 미루어 보아 남구만의 이 유배형은 형벌보다는 징

139 南九萬, 〈贈五生 幷小序〉, 『藥泉集』 권2, "余戊辰八月八日到慶興, 十二月三日放還. 其間相守圍棘中, 終始者有五人, 慶源金生起泓, 蔡生宇柱, 鍾城朱生槍, 穩城崔生輔國, 慶源黃童子廷吉也. 臨別各贈一絶句, 記其居止, 以寓他日相念之意云爾."

140 김의환, 「조선 중기의 流配刑과 流配 生活」, 『역사와 실학』 44, 역사실학회, 2011, 43면.

141 신규수, 「조선시대 유배형벌의 성격」, 『한국문화연구』 23, 이화여자대학교 한국문화연구원, 2012, 147면.

계 처분의 성격이 더 강했던 것이라는 인상을 준다.

3) 세 번째 유배(61세, 1689년, 강릉)와 유배시

남구만은 두 번째 유배에서 해배 된 후 두 달여 만인 숙종 15년(1689) 1월 16일 판중추부사에 제수된다. 하지만, 얼마 되지 않아 희빈 장씨의 소생을 원자로 삼는 과정에서 옹호하는 남인과 반대하는 서인 사이에서 벌어진 정치적 문제로 인해 기사환국이 일어난다. 그로 인해 서인이 조정에서 물러나고 다시 남인이 들어오며 인현왕후는 5월 2일 폐위된다. 남구만은 비록 온건한 소론의 신분으로 판중추부사 자리에 있었지만 그 일을 주도한 소론과 함께 한 책임을 지고 파직 당한다. 숙종은 본래 남구만을 삭탈관직하고 문외출송門外出送하려 했으나 4월 18일 양사兩司에서 남구만을 중도부처中途付處할 것을 청하여 남구만은 결국 강릉에 부처된다. 그리고 이 유배형은 1690년 4월 27일이 되어서야 풀린다. 1년이 조금 넘는 기간으로 남구만이 당한 네 차례의 유배 중 가장 긴 시간이기는 하였다. 하지만 당시가 기사환국으로 남인이 정권을 잡고 있던 시기이며 그것이 갑술환국(1694)이 벌어지기 전까지 약 5년 동안 지속되었단 사실을 상기하면 소론의 영수였던 남구만의 이 유배형은 오히려 가벼운 편이었다고 할 수 있다. 남구만은 유배 된지 1년 만인 숙종 16년(1690) 4월 27일 가뭄으로 인해 죄수를 소결疏決할 때에 방면되는데, 여기서도 남구만에 대한 숙종의 총애를 엿볼 수 있다. 하지만 그의 서용은 갑술환국으로 서인이 다시 득세하게 된 후인 숙종 20년(1694) 4월 1일이 되어서야 이루어진다.

세 번째 유배에 해당하는 유배시는 8수이다.

유배	詩題	편수	詩作時期
세 번째 유배	〈四月二十日 承恩謫江陵 李白川景略 崔安東錫鼎 朴甥泰輔賦詩送行 次諸人韻〉(附記 元韻6수 : 景略 1수, 崔錫鼎 3수, 朴泰輔 2수)	4	유배길
	〈路聞李相公季周葬〉	1	유배길
	〈權姪穰自旌善委訪 歸又寄書 聊答一絶〉	1	유배지
	〈放還琶潭偶吟 庚午(1690)〉	2	사면 후
	소계	8	

남구만의 이 세 번째 유배는 다른 때보다 여러 면에서 훨씬 더 힘들었을 것이라고 추측해 볼 수 있다. 기사환국으로 남인이 정권을 장악하게 되며 서인은 큰 타격을 받아 정치적 입지가 매우 불안정한 상황에 놓이게 되었다. 게다가 남구만은 유배지인 강릉에 도착한지 얼마 지나지 않아 생질인 박태보의 부음을 전해 듣고는 그 충격으로 병을 얻어 고생하기도 하였다.[142] 게다가 동해의 습한 기후로 인한 질병 문제, 당해의 큰 흉년으로 인한 의식 문제 등 여러 상황이 엎친 데 덮친 격이 되어 버렸다. 따라서 이 세 번째 유배기는 남구만에게 있어 정치적 · 정신적 · 물질적 · 육체적으로도 매우 힘든 유배기였음은 분명하다.[143] 하지만 이러한 어렵고 곤란한 상황이 유배시에서는 거의 나타나지 않는다.

이 시기에 해당하는 유배시는 비록 8수밖에 안 되지만, 선행연구자

142 기사환국으로 인현왕후가 폐위되자, 박태보는 이를 강력히 간하다가 숙종의 노여움을 사 심한 고문을 받고 귀양 가던 중 노량진에서 죽는다.

143 이에 대한 구체적인 내용은 『약천집』 권32, 「書」의 〈答崔汝和己巳七月七日〉과 『약천연보』 권5 '61세 기사년(1689, 숙종15)' 참조.

들은 남구만의 강릉 유배가 여러 의미에서 중요한 의미를 갖는다고 평가한다. 특히 양언석은 이 세 번째 유배 이후 남구만이 "서민들의 문화를 접하면서 순수한 감성의 노래를 재인식하면서 기존의 모방과 답습, 그리고 위작까지 일삼던 사대부들의 시풍보다는 일반백성들의 진솔한 감성표출의 가치와 효용성을 인식하게 되었다. 이런 인식에서 새로운 조선풍의 민중문화를 창작하게 되었다."[144]며 큰 의의를 부여한 바 있다. 또한 적잖은 연구자들은 남구만의 시조 〈동창이 밝았느냐〉가 이 세 번째 유배 당시 창작된 것으로 보기도 한다.[145]

두 번째 유배의 유배시가 유배지인 경흥부에서 그곳의 지인들과 주고받은 시가 중심이 되는 반면, 세 번째 유배의 유배시는 유배를 떠나면서 지인들과 나눈 시가 중심이 된다. 특히 강릉으로 유배 갈 적에 자신을 전송하는 지인들과 나눈 차운시를 눈여겨 볼 필요가 있다. 『약천집』에는 당시에 남구만이 지은 차운시 4수와 더불어 원운元韻 6수(이경략 1수, 최석정 3수, 박태보 2수)도 함께 수록되어 있다.

동쪽 교외에서 해질 무렵 말을 재촉하니	東郊催馬日斜時
울을 떠나는 외로운 신하 살쩍과 백발 세는구나.	去國孤臣鬢髮危
악어를 멀리 좇아낼 만한 문장 어찌 있겠나.	豈有文章驅鰐遠
다만 일장춘몽임을 알게 하는 노파를 만났을 뿐.	只堪春夢遇婆知

144 양언석, 「남구만의 문학세계」, 『한국문예비평연구』 15, 한국현대문예비평학회, 2004, 197면.

145 장정룡, 「東海市 望祥洞 유적과 藥泉 南九萬 시조작품」, 『강원민속학』 11, 강원도민속학회, 1995, 93면 ; 양언석, 「남구만의 문학세계」, 『한국문예비평연구』 15, 한국현대문예비평학회, 2004, 178면 ; 이승철, 「동해 약천마을과 약천 남구만의 〈시조〉 엿보기」, 『강원민속학』 20, 강원도민속학회, 2006, 49~74면 등.

몸이 신선 바다로 가는 것 오히려 싫지 않고　　身臨僊海猶非惡
운명을 하늘에 맡기니 전혀 의심하지 않는다네.　　命信旻天逈不疑
남은 목숨 용서해주신 은혜 또한 크니　　許貸殘生恩亦大
친한 벗들이여 부질없이 눈물 흘린들 무슨 소용 있겠는가.[146]　　親朋何用浪垂洏

최석정의 시에 차운한 남구만의 이 시에는 지인들과의 이별에 대한 안타까움과 함께 여느 때처럼 운명에 순응하는 모습이 잘 담겨 있다. 이는 남구만의 유배시에서 일관되게 보이는 정서임은 앞에서도 밝힌 바 있다.

유배문학 하면 가장 먼저 떠오르는 것 중의 하나는 '연군'이나 '충절'이다. 이것은 기본적으로 유배자가 비록 자신은 배척되었지만 자기야말로 군왕의 충직한 사람이며 자기를 배척한 반대자들이야말로 불충의 예를 범하고 있는 자들이라고 인식하기에 연군에 대한 강조는 끊임없는 자기 정당화의 수단으로 사용되었기 때문일 것이다.[147] 또한 상실감 · 단절감을 기본 속성으로 하는 유배문학은 그 표출된 양상이 대 사회적 · 국가적 차원에서는 우환의식이나 충절의식으로 나타나기 때문이기도 할 것이다.[148] 하지만 남구만의 유배시에서는 그러한 요소가 그다지 부각되지 않는다. 그렇게 여겨지는 이유는 아마도 남구만 자신이 연군이나 충정을 애절하게 읊은 시가 전하지 않기 때문일 것이다. 이것은 남구만이 본래 그러한 시를 짓지 않았기

146 南九萬, 〈四月二十日 承恩謫江陵. 李白川景略 崔安東錫鼎 朴甥泰輔賦詩送行. 次諸人韻〉 중 제1수, 『藥泉集』 권2.

147 양순필, 「유배문학에 나타난 작가의 사회적 성격고」, 『한남어문학』 13, 한남대학교 한남어문학회, 1987, 21면.

148 윤재환, 「조선 후기 유배 경험의 시적 형상화 - 매산 이하진의 「운양록」을 중심으로」, 『한문학보』 19, 우리한문학회, 2008, 325면.

때문일 수도 있고, 혹은 편집자가 『약천집』을 편집하며 그러한 시들을 산삭해 버린 때문일 수도 있다. 어느 것이 정답인지는 알 수 없지만, 필자는 남구만이 유배 시기에 그런 애절한 연군시를 짓지 않았기 때문일 것이라 추측한다. 그런 연군시가 있었다면 편집자가 굳이 그것을 모두 산삭해 버릴 이유가 없었을 것이기 때문이다. 하지만 그렇다고 『약천집』에 수록된 시들 중 남구만의 충정을 읊은 시가 전혀 없는 것은 아니다. 다만, 그것이 남구만 자신의 시보다는 오히려 함께 병기된 지인들의 시를 통해 보다 더 분명하게 드러나고 있을 뿐이다. 일례로 남구만의 시와 함께 병기된 이경략·최석정·박태보의 시 6수에서 두루 남구만의 충정이 묘사되고 있다. 그 중 박태보의 시 한 편을 제시하면 다음과 같다.

노쇠한 나이에 자주 멀리 유배 가시니	衰年頻作遠遷人
금년도 벌써 지난해 귀양 가셨던 그때가 되었네요.	今歲已兼去歲辰
만 리를 표류하는 나무인형 같고	萬里漂流同汎梗
일생동안 충성하였으나 몸만 위태로울 뿐이시네요.	一生忠愛秖危身
마음은 군주에 매여 있으나 구중궁궐과 막혀 있고	心懸日下重宸隔
하늘 끝에 거주하시니 다른 풍속과 친하시네요.	迹寄天涯異俗親
귀양 가시는 곳이 참으로 명승지여서 마음 기쁘니	剛喜謫居仍勝地
난초로 관복과 바꾸는 것 해롭지 않을 것이에요.[149]	不妨蘭佩褫朝巾

박태보는 자형인 박세당朴世堂의 아들로 남구만의 조카이기도 하다. 이 시에는 유배를 떠나는 남구만에 대한 진심어린 걱정과 위로가

149 南九萬, 〈四月二十日 承恩謫江陵 李白川景略 崔安東錫鼎 朴甥泰輔賦詩送行次諸人韻朴泰輔〉에 첨부된 朴泰輔의 元韻 시 2수 중 제1수, 『藥泉集』 권2.

담겨 있다. 그와 더불어 남구만의 충정에도 불구하고 유배를 가야하는 사실에 대한 안타까움과 답답함도 함께 드러나고 있다. 이 뿐만 아니라 첫 번째 두 번째 유배 시기 남구만의 시와 함께 병기된 원운시에도 남구만의 충정을 읊은 시가 여럿 있다. 이렇듯 다른 사람의 시에 이미 충분히 남구만의 충정을 인정하고 칭송하는 내용이 담겨져 있기에 남구만 자신이 굳이 자신의 입으로 그것을 드러내놓고 강조할 필요는 없었을 것이다. 따라서 이러한 사실이 남구만의 유배시에는 왜 연군과 충정을 읊은 시가 별로 없을까라는 의문에 대한 하나의 해명이 될 수도 있을 듯싶다.

남구만의 한시는 '일상에서 일어나는 평이한 사건을 소재로 하여 매우 평이한 시어로 구성되었다'는[150] 평가를 받는다. 이러한 특징을 가장 잘 보여주는 시로 세 번째 유배에서 풀려난 후 비파담으로 돌아가 읊은 시 두 수를 들 수 있는데, 그 중 제2수는 다음과 같다.

애석하여라 계단 앞 해석류	可惜階前海石榴
풀 사이에 파묻혀 마치 귀양 온 나그네 같구나.	草間埋沒似羈囚
아직 뿌리 밑에 살 뜻 간직하여	尙看根底藏生意
비 온 뒤 새로 난 가지가 한 자나 자랐구나.[151]	雨後新枝一尺抽

이 시에는 그 어떤 전고典故나 어려운 단어는 쓰이지 않았으며, 일상적인 소재와 평이한 시어만으로 해배된 후의 남구만의 감회를 잘 담아내고 있다. 이 시에서 해석류는 남구만 자신을, 계단 앞은 정국政

150 박영민, 「약천 남구만의 한시 연구」, 『한국인물사연구』 13, 한국인물사연구소, 2005, 24면.
151 南九萬, 〈放還琶潭偶吟 庚午(1690)〉 중 제2수, 『藥泉集』 권2.

局을, 풀은 남인을, 비는 정치적 시련을 상징한다고 해석할 수 있다. 즉, 현재 정국은 남인이 차지해 자신은 풀 사이에 파묻혀 그 존재가치를 인정받지 못하는 귀양 온 나그네와 다를 바가 없다. 하지만 아직은 다시 일어서 시국을 바로잡고 자신의 정치적 이상을 펼치고 싶은 뜻은 간직하고 있으니, 비 온 뒤 새로 난 가지가 한 자나 자라난 것처럼 자신도 이 어려운 시기를 이겨내면 그럴 시간과 기회가 반드시 올 것이라는 희망을 갖게 된다. 이것은 남구만이 세 번째 유배 당시 최석정의 서신에 답한 글에서 "나는 더 남은 희망이 없으니, 조만간 홀연히 이 세상을 하직하는 것을 단잠을 자러 가는 것처럼 여길 것이나, 옛사람의 말은 믿을 수 없는 것이 많으니, 이것이 가탄스러울 뿐이오."[152]라며 침울해했던 모습과 상당한 대조를 이룬다. 남구만은 세 번째 유배에서 1년여 만인 1690년 4월 27일 해배되지만, 갑술환국으로 다시 서인이 정권의 중심이 된 이후인 1694년 4월 1일에야 영의정으로 서용된다.

4) 네 번째 유배(74세, 1702년, 아산)와 유배시

숙종 20년(1694) 갑술환국으로 다시 서인이 들어서게 되고 6월 1일 인현왕후가 복위된다. 하지만 이를 시기한 희빈 장씨와 희빈의 오빠인 장희재張希載가 인현왕후를 해치려하다 그 모의가 발각되어 장희재가 사형을 받게 될 처지가 된다. 그러나 남구만은 장희재가 죽게 되면 희빈 장씨가 위태로워져 결국 세자까지 화를 입게 될 것

152 南九萬, 〈答崔汝和, 己巳七月七日〉, 「書」, 『藥泉集』 권32, "僕則更無餘望, 朝夕溘然, 當如就甘寢. 而前人之言, 多有不足信者, 是爲可歎耳."

이라며 장희재를 비호하였으며 그 덕분에 장희재는 사형을 면하고 유배를 가게 된다. 하지만 이로 인해 남구만은 지속적으로 노론의 공격을 받으며 사직과 대명待命, 영의정 제수가 반복되다가 결국 68세(1696) 이후 고향 결성으로 내려가 다시는 재상을 맡지 않았다. 그 해(1696년) 10월 28일 숙종이 결성에 사람을 보내 남구만을 그리워하는 마음을 담은 어제御製 칠언율시를 하사하였는데,[153] 이 시를 통해 남구만에 대한 숙종의 신뢰와 총애가 어떠했는지 충분히 확인해볼 수 있다.

남구만은 숙종 24년(1698) 정월 초하루에 기로소耆老所에 들어간다. 그리고 거듭 치사致仕를 청하였으나 숙종이 허락하지 않았다. 숙종 27년(1701) 8월 14일 인현왕후가 승하하고, 숙종은 10월 8일 승정원에 '희빈 장씨를 내전을 질투하여 모해하려 한 죄로 자진하게 하라'고 하교한다. 이 과정에서 세자의 생모에게 사약을 내리는 일은 종사의 장래를 위해 바람직하지 않다고 주장한 남구만과 유상운柳尙運은 노론의 탄핵을 받아 파직되고, 그 이듬해에 남구만은 5월 13일 아산으로, 유상운은 직산稷山으로 중도부처 보내진다. 1702년 11월 23일 숙종은 남구만과 유상운에게 방귀전리放歸田里를 명하는데, 이것은 10월 13일 숙종이 새로운 중전 인원왕후仁元王后를 맞이하는 대혼大婚을 거행하고 이어 사면령을 내렸기 때문인데 남구만과 유상운의 감형도 이 덕을 본 것이다. 남구만의 네 번째 유배의 기간은 6개월 남짓이지만, 완전히 사면 받은 것은 그로부터 약 1년 반이 더 흐른 후인 1704년 5월 3일이 되어서이다.

네 번째 유배시기에 해당하는 시는 3수이다.

153 南九萬, 〈伏次御賜詩韻 幷小序〉, 『藥泉集』 권2.

유배	詩題	편수	詩作時期
네 번째 유배	〈記夢 壬午(1702)〉	1	유배지
	〈贈碧虛上人 幷小序〉	1	유배지
	〈放還結城 疊前韻贈碧虛 癸未(1703)〉	1	사면 후
	소계	3	

〈기몽 임오記夢 壬午(1702)〉는 남구만이 유상운과 나주의 회진에 모여 고기를 회쳐 먹는 꿈을 꾸고 난 후 그 내용을 시로 읊은 것이며,[154] 나머지 두 수는 벽허스님에게 준 시이다. 벽허스님은 남구만이 세 번째 유배 갔던 강릉으로 방문한 적이 있었으며, 네 번째 유배 때는 아산으로 방문해 와 남구만이 그 의리에 감동한 바 있다. 방귀전리로 감형 받아 고향인 결성으로 돌아온 후 벽허스님에게 준 시를 살펴보면 다음과 같다.

고해는 아득하여 끝을 볼 수 없으니	苦海茫茫不見瀕
누가 각벌을 가져다가 미진을 건너게 해줄까요.	誰將覺筏濟迷津
내 지금 해탈함은 불법佛法 때문이 아니며	吾今解脫非緣法
자재하고 무위함은 한가로이 지내는 사람이기 때문입니다.[155]	自在無爲是散人

앞에서도 살펴본 바 있듯이, 앞선 세 번의 유배 시기에 지은 시에도 줄곧 운명을 받아들이고 하늘의 뜻에 순응하는 모습을 담은 시가 있어왔는데, 이 시에는 거기서 더 나아가 세상의 구속과 방해를 받지 않으며 자연 그대로의 경지에 오른 모습을 보이고 있다. 불교와 74세

154 南九萬, 〈記夢 壬午〉, 『藥泉集』 권2, "在牙山謫所, 夢與柳相國同會羅州會津設膾, 覺而有作. 時相國謫稷山."

155 南九萬, 〈放還結城 疊前韻贈碧虛. 癸未〉, 『藥泉集』 권2.

라는 고령의 나이도 그가 더 이상 세상일에 구애받지 않는 초연한 모습을 갖게 한 요인이 될 것이다. 하지만 이것은 그것보다도 자신은 붕당이니 정쟁이니 하는 것보다도 대의를 우선시하며 마땅한 도리에 따라 행동한 것인데 그것이 도리어 자신에게 화가 되어버린 현실을 보며 재차 세상일이 자신의 뜻과 같지 않으므로 더 이상 그러한 것들에 구애받지 말자는 깨달음의 표출이기도 할 것이다.

남구만은 숙종 28년(1702) 11월 23일 방귀전리로 감형 받았다가 숙종 30년(1704) 5월 3일에는 완전히 석방된다. 숙종 31년(1705년) 1월 2일 숙종이 거듭 남구만을 서용할 것을 명하여 남구만은 영중추부사의 자리에 오르기도 한다. 남구만은 숙종 33년(1707) 봉조하奉朝賀에 제수되며, 숙종 37년(1711) 3월 17일 83세의 나이로 세상을 떠난다.

4. 결론

지금까지 남구만의 네 번의 유배와 당시에 지은 유배시에 대해 살펴보았다. 남구만의 유배와 남구만 유배시의 특징을 간략히 서술하며 이 글을 마치기로 한다.

유배형 자체가 원래 종신형이기 때문에 한번 유배가게 되면 죽을 때까지 고향에 돌아올 수 없는 것이 원칙이었지만 현실은 반드시 그렇지만은 않았다. 나라의 특별한 경사가 있는 경우와 천재지변 등이 발생할 경우 국왕이 사면령을 내려 유배 인사들이 유배지에서 석방되는 일이 많았다. 특히 정치적 이해대립의 소용돌이 속에서 정쟁政爭에 연루되어 유배된 많은 양반관료들은 몇 년 안에 사면되는 사례가 매우 많았다.[156] 남구만의 경우 첫 번째 유배 때에는 겨울에 우레가 치는 변고로 숙종이 특별히 방면해 주었고, 두 번째 유배 때에도 겨울에 천둥과 번개가 치고 우박이 내리는 재앙이 남구만을 석방해 주는 구실로 작용하였다. 세 번째 유배는 기사환국으로 인해 유배를 떠나게 되지만, 남인이 정권을 잡고 있던 당시임에도 불구하고 임금이 가뭄을 민망히 여겨 죄수를 소결疏決할 때에 유배당한지 불과 1년만에 방면되었다. 그리고 마지막 네 번째 유배 때에는 대혼大婚에 의한 사면령에 의해 방귀전리로 감형 받게 된다. 이렇듯 남구만은 총 4번의 유배를 다녀오기는 했지만, 사실 그 유배 기간은 모두 짧은 편이었으며 해배된 후에도 어렵지 않게 서용되었다. 이것은 당시의 정치 상황과도 밀접한 관련이 있겠지만, 그에 못지않게 남구만에 대한 숙종의 신임과 총애가 그만큼 대단했음을 확인시켜 주는 부분이기도 하다. 따라서 남구만이 겪었던 유배는 그에게 그리 가혹한 편은 아니었으며, 그의 정치 경력과 인생에 큰 흠이 되지도 않았으며, 그를 좌절케 하고 절망케 하는 타격이 되지도 않았을 것이라 여겨진다. 그리고 이러한 사실은 현전하는 그의 유배시를 통해서도 확인해 볼 수 있었다.

남구만의 유배시는 '마치 일기를 쓰듯이 시로써 유배의 행로와 만난 사람을 자세히 묘사하고 있으며 시제詩題 아래에 꼼꼼한 해설과 인명까지 붙여 놓아 마치 한 편의 기행문을 대하는 듯한 감을 준다'[157]

156 심재우, 「조선전기 유배형과 유배생활」, 『국사관논총』 92, 국사편찬위원회, 2000, 211면.

157 김성언, 「남구만의 시세계」, 『한국한시작가연구』 11, 한국한시학회, 2007, 260면.

는 평을 받기도 한다. 이러한 식의 시제가 그의 유배시에 대한 감상과 이해에 큰 도움을 주는 것은 사실이다. 하지만 이것은 단지 유배시뿐만이 아니라 그의 시 전반에 걸쳐 나타나는 양상이기도 하다.

남구만의 유배시에서는 유배문학에서 보편적으로 나타는 정서라 여겨지는 여러 요소, 즉 연군이나 충절, 자신이 유배형을 받게 된 것에 대한 억울함이나 울분, 유배로 인한 좌절이나 유배지에서의 신세 한탄 등 그 어느 것도 주된 정서로 부각되지 않는다. 그리고 유배로 인한 격리, 고립, 소외라는 현실적 단절에서 오는 위기의식보다는 단지 친근한 사람들과 헤어져 있어야 하는 아쉬움과 애석함이 주조主調를 이룬다. 이러한 사실들은 남구만이 유배를 사형에 버금가는 극형이라고 받아들이기 보다는 그저 한 순간의 격리로 인식하였을지도 모른다고 추측케 한다. 그리고 자신의 유배를 하늘의 뜻이라고 받아들이는 마음가짐과 삶의 태도도 유배시의 보편적 정서라 여겨지는 것들이 그의 유배시에서는 잘 드러나지 않는 것에 대한 하나의 이유가 될 수 있다. 또한 숙종의 입장에서도 남구만을 유배 보내는 것이 정말로 그를 단죄하기 위한 형벌이었다기보다는 첫 번째와 두 번째 유배의 경우는 잠시 자신의 잘못을 뉘우치고 오라는 정도의 징계적인 성격이 강하였고, 세 번째 유배의 경우는 남인의 압력에 의한, 네 번째 유배의 경우는 노론의 압력에 의한 어쩔 수 없는 조치였던 것으로 보인다. 이러한 사실들이 남구만의 유배시가 유배시의 보편적인 속성이 부각되는 여타 문인들의 그것과는 사뭇 다른 양상을 보이는 이유에 대한 설명이 될 수 있을 것이다.

Ⅴ. 약천 남구만의 연작영물시

김묘정

1. 서론

약천藥泉 남구만南九萬(1629~1711)은 조선 중기 숙종조 시기를 살았던 소론少論의 영수이자 문학에 조회가 깊었던 지성인의 한 사람이다. 그에 따라 약천 문학에 대한 논의는 이미 선행연구에서 일정 부분 이루어졌다고 볼 수 있다. 그러나 현재 시점에서 본다면 약천의 문학 연구는 개괄적인 연구가 축적된 이후 오히려 정체되어있는 형국이라고 논할 수 있다. 자세히 검토해보면 약천의 시세계를 밝힌 선행연구[158] 역시 거시적 형태의 논의만 완성되었을 뿐 시 개별 작품에

158 성당제, 「약천 남구만 시의 품격」, 『韓國漢文學研究』 35, 한국한시학회, 2004, 251~284면; 성당제, 「약천 남구만의 고토 회복의지 - 변방 음영시를 중심으로 -」, 『漢文學報』 10, 우리한문학회, 2004, 143~166면; 성당제, 「藥泉 南九萬 文學의 研究」, 成均館大學校 大學院 박사학위 논문, 2004, 11~170면; 박영민, 「藥泉 南九萬 한시의 연구」, 『한국인물사연구』 13, 한국인물사학회, 2005, 1~30면; 김성언, 「남구만의 시세계」, 『한국한시작가연구』

대한 심도 깊은 연구가 진행되지 않아 여전히 미흡한 실정이기 때문이다. 따라서 필자는 선차적으로 미시적인 연구의 축적 차원에서 개별 작품에 대한 섬세한 접근이 필요하다고 여겼다. 이에 이 글은 약천의 작품 중에서 가장 독특한 형식을 띠면서도 시적 역량을 가장 집약적으로 느낄 수 있는 연작영물시 20수만을 대상으로 면밀히 살펴보고자 기획되었다.

먼저 약천의 영물시를 다룬 기존 연구 성과를 살펴보면, 성당제는[159] 박사학위 논문에서 시세계 연구의 한 부분으로 '영유詠柚를 통한 우의'라는 장을 개설하여 유자를 읊은 영물시 20수 중 7수를 분석 대상으로 삼아 논의한 바 있다. 또한 약천이 『시경詩經』의 비흥比興 수사법을 사용하여 유자를 상세하고 핍진하게 묘사하고, 유자를 통해 자신의 불효 · 실효성과 효용성의 추구 · 우민적 정서 · 유자를 길러낸 정원사의 노고 · 유자세 때문에 겪는 백성들의 고통을 읊었다고 논했다. 다음으로 김성언은[160] 약천 시세계의 특징을 추출하면서, '영물詠物의 솜씨'라는 장을 만들어 영물시 3수를 부분적으로 발췌하여 분석하였다. 약천의 시가 천부적인 언어적 미감, 고전의 숙독과 암기, 도로徒勞로 느껴지는 수많은 습작, 그 외에도 유배라는 고절苦節의 시간과 극복을 위한 노력 등이 합쳐져 비로소 성숙하게 되었다고 논했다. 그러나 3수의 시를 인용하여 간략히 논하였기에 그 특징이 면밀히 드러나지 않았다. 이에 선행연구는 모두 약천의 시세계를 개관하려

11, 한국한시학회, 2007, 253~269면.

159 성당제, 「藥泉 南九萬 文學의 硏究」, 成均館大學校 大學院 박사학위 논문, 2004, 11~170면.

160 김성언, 「남구만의 시세계」, 『한국한시작가연구』 11, 한국한시학회, 2007, 253~269면.

는 작업의 일환으로 영물시를 다루었으며, 내용상에 드러난 주제적 특징에만 치중해 온 양상이다. 그에 따라 영물시라는 장르적 특징에 대한 연구가 충분히 이루어지지 않았을뿐더러 연작이라는 독특한 형식에 대한 접근이 전무한 실정이다.

따라서 이 글에서는 영물시 개념을 규정하는 동시에 약천의 영물시 전체를 개관하는 작업을 필두로 하여, 연작영물시 〈영유시詠柚詩〉의 형식과 구성상의 특징 및 창작 배경을 면밀히 살펴보고자 한다. 더불어 연작영물시에 드러난 형상화 양상을 '영물 외적 이미지의 입체적 묘사', '영물 내적 이미지의 독창적 기술', '영물에 기탁한 개인적 감정 술회', '영물에 의해 촉발된 사회적 의식 표출'로 나누어 다각도로 조명하도록 하겠다. 마지막으로는 약천의 연작영물시가 가지는 의미를 종합적으로 논하고 약천의 연작영물시의 가치를 밝히는 것으로 연구의 소임을 다하고자 한다.

2. 연작영물시 〈영유시詠柚詩〉의 특징과 창작 배경

연작영물시連作詠物詩란 기본적으로 영물시詠物詩의 속성을 가지면서 연작連作이라는 형태적 특징을 가진 작품이라고 할 수 있다. 따라서 선차적으로 영물시란 무엇이며 어떠한 특징을 가지고 있는지 살펴본 뒤 연작이라는 구성이 가지는 형식적 특징을 논의할 필요가 있다.

논의에 앞서 영물시를 간략히 정의해 보면, 영물시는 '물物'이라는 특정한 대상을 '읊은' 작품이라고 할 수 있다. 그러나 '물物'에 대한 개념 자체가 모호하므로 개념을 확인하고 범주를 구획해 주어야 한다. 먼저 영물시의 기원을 소급해 보아야 하는데, 『논어論語』「양화陽貨」편의 기록을 통해 보았을 때 『시경詩經』에서 영물시가 시작되었으며 소재가 확대되었음을 알 수 있다.[161] 그 이후 유재건劉在建(1793~1880)이 『고금영물근체시古今詠物近體詩』에서 영물시를 분류한 바 있는데 사물을 409류類로 나누어 구분[162]하고 있으며 자연물 · 인공물 · 동식물 등을 모두 포괄하여 계절과 기후, 절기 등을 소재로 한 작품들까지 모두 영물시의 범위에 포함시켰음을 확인할 수 있다.[163] 이렇게 본다면 '물物'의 범주는 일정 부분 자연시自然詩 · 산수시山水詩 · 경물시景物詩 · 풍월시風月詩 · 전원시田園詩 · 목가시牧歌詩 등과 같은 다른 많은 유형의 시를 대상으로 하는 '물物'과 범주의 중복을 피하기 어려운 실정이다.[164] 실제로 시 내용에 있어 영물시로 분류할 수 있는 작품까지 폭넓게 포섭한다면 더 많은 작품이 영물시로 귀속될 수 있으나 범주의 혼돈이 야기된다. 따라서 이 글에서는 범주를 좁혀 시제에 명확히 '물物'이 표명되어 있는 것만을 영물시로 규정하고 그에 해당하는 시만을 분석대상으로 삼고자 한다.

대분류	소분류	시제	수량
식물	꿀	石蜜	1제 1수
동물/곤충	새	黃雀	1제 1수
광물	괴석	怪石	1제 1수
광물	돌	廻瀾石	1제 1수
식물	유자	詠柚詩	1제 20수

161 『論語』, 「陽貨」, "小子, 何莫學夫詩. …… 多識於鳥獸草木之名."

162 劉在建, 『古今詠物近體詩』, 아세아 문화사, 1861, 2~3면.

163 김재욱, 『목은 이색의 영물시』, 도서출판 다운샘, 2009, 27~29면.

164 윤재환, 「玉洞 李漵의 詠物詩 硏究」, 『漢文學論集』 40, 근역한문학회, 2015, 86면.

이러한 기준으로 약천의 영물시를 분류하여 보면, 약천의 시 중에서 영물시 범주에 포함되는 작품은 25수정도 임을 알 수 있다. 약천 문집에 수록된 한시가 282수이므로 양적으로 따지자면 9%정도가 영물시에 해당한다.

그러나 이 글에서는 25수 모두를 다루지 않고 영물시 중에서도 특징적인 양상이라고 판단되는 유자를 읊은 연작시 20수만을 집중적으로 고찰하고자 한다. 우선 형식적으로 20수에 해당하는 연작영물시가 흔히 포착되는 양상이 아니며, 영물의 대상이 유자라는 것도 소재 측면에서 특기할 만하기 때문이다. 더불어 연작영물시는 하나의 주제나 제재로 여러 편의 작품을 창작해야 하는 특성상 주제나 제재에 대한 시인 자신의 명확한 인식이 필요한 형식[165]이므로 약천 시세계의 일면을 살펴볼 수 있으리라 여긴다.

다음으로 영물시의 형상화 방식을 살펴보면, 대부분 논의에서 공통적으로 그리지 않은 듯 그리는 수법을 묘처妙處로 삼은 듯하다. 왕사진王士禛의 논의[166]와 위경지魏慶之의 「영물시조어詠物詩造語」를 통해 보았을 때 영물의 외적 이미지를 묘사함에 있어서도 모두 그대로 핍진하게 드러내는 것을 지양[167]했음을 알 수 있기 때문이다. 직접적으로 다 말해주어서 시의 감상적 묘처를 잃게 만드는 것을 경계했으

165 이정은, 「백거이 연작영물시 연구」, 성균관대학교 중어중문학과 석사학위논문, 2007, 88면.

166 王士禛, 『帶經堂詩話』, 인민문학출판사, 1998. 왕사진은 영물시를 논함에 있어 '너무 붙어 있어서도 안 되며 너무 벗어나서도 안 되며 너무 직접적이어서도 안 되며 너무 멀어져서도 안 된다.'라고 평했다.

167 魏慶之, 「詠物詩造語」, 『詩人玉屑』 권6, "詠物詩, 不待分明設盡, 只髣髴形容, 便見妙處."

며, 형체를 핍진하게 드러내는 것으로부터 발생하는 천근함을 경계한 것이다. 이에 필자는 3장에서 약천이 유자의 '외적 이미지'와 '내적 이미지'를 어떻게 형상화했는지 분석함으로써 그의 시적 역량을 들여다보도록 하겠다.

또한 영물시는 영물을 묘사하는 것이 전부라고 할 수 없고, 영물을 매개체로 삼아 자신의 감정 표현 혹은 대의大意를 표현하는 형태를 포괄하는 것으로 보인다. 방회方回가 『영규률수瀛奎律髓』에서 대의를 영물시 안에 자연스럽게 녹여내는 것을 강조[168]한 바 있으므로 영물시는 작가의 정서를 에둘러 표현하는데 가장 적합한 장르라고 논할 수 있겠다. 3장에서 작품을 통해 '영물에 기탁한 개인적 감정 술회', '영물에 의해 촉발된 사회적 의식 표출' 양상이 어떻게 드러나 있는지 살펴보도록 하겠다.

다음으로 영물시의 수사적 기법에 대해 논의해보면, 영물시의 기원이 『시경詩經』에서 비롯되었으므로 『시경』에서 언급한 부비흥賦比興이 구현되어 있다. 『시경』을 살펴보면, 부賦는 직접적으로 내용을 서술하는 방식을 말하며, 비比는 비슷한 사물을 먼저 서술하여 표현하고자 하는 말을 이끌어 내는 방법을 일컫고 있음을 확인할 수 있다. 흥興은 다른 사물을 먼저 서술하여 표현하고자 하는 말을 이끌어 내는 것이라고 할 수 있다.

비흥比興에 관련된 논의는 유협劉勰의 『문심조룡文心雕龍』에서도 포착되는데, 사물과의 접촉을 통해서 정서가 발생하는 것이 흥興의 수법, 비유를 통해 사물의 이치를 드러내는 것을 비比의 수법으로 규정했음을 알 수 있다.[169]

168 方回, 『瀛奎律髓』 권27, "詠物只賦大意, 自然生動 ……."

> 아, 유자는 비록 하찮은 한 물건이나 比興의 體와 멀고 가까운 뜻을 또한 여기에 미룰 수 있으니, 마음이 이끌려 차마 끊어버리지 못함과 말이 중복되는데도 삭제하지 않은 것은 이 때문이다.[170]

약천 역시 〈영유시詠柚詩〉 '병서幷序'에서 비흥比興에 대한 의견을 개진하였는데, 유자를 읊으면서 비흥체比興體를 구사하고자 했음을 확인할 수 있다. 따라서 3장에서 〈영유시詠柚詩〉 작품을 통해 비흥의 수법이 어떠한 형태로 구현되어 있는지 역시 복합적으로 논의하도록 하겠다.

다음으로 연작영물시의 형식상 특징을 살펴보면, 연작의 형태를 갖추고 동일 소재로 구성된 일체형의 모습을 보이면서도 내용 전개에서는 개별적인 양상을 가짐을 알 수 있다. 소재가 같은 경우 주로 한 제목 아래 '기其1, 기其2, 기其3 …….'의 형태로 구성되는 반면 약천의 연작시는 〈영유시詠柚詩〉라는 큰 제목 아래 '병서幷序'를 기술한 후 20수마다 각각 제목을 부여한 독특한 양상을 보인다. 필자는 이러한 형태를 '변형된 일체형'이라고 명명하고자 하는데, 일체형에 개별적 구성이 혼효되어 있기 때문이다.[171] 20수가 내용상 계기적으로 이

169 劉勰, 『文心雕龍註下』, 권8 第36, 香港 商務印書館, 1972, 601면, "故比者, 附也, 興者, 起也. 附理者, 切類以指事, 起情者, 依微以擬議. 起情故興體以立, 附理故比例以生."

170 南九萬, 〈詠柚詩幷序〉의 서문, 『藥泉集』 권2, "噫. 柚雖一微物, 比興之體, 遠邇之義, 亦可於此乎推之, 意之留連而不已, 言之煩複而不刪者, 有以也夫."

171 이정은은 연작시에 속하는 개별 작품의 제재가 연작구성에 있어서 일관적으로 사용되었는지 아닌지에 따라 백거이 연작영물시를 '일체형', '개별형', '혼합형'으로 나누어 두었다. 일체형은 개별 작품에 쓰인 제재가 모두 동일한 것이며, 개별형은 개별 작품에 쓰인 제재가 모두 다른 경우, 혼합형은 둘

어지지 않아 한편의 대서사시라기보다는 단편이 각각 짧은 스토리로 구성되어 있음을 확인할 수 있다. 즉 개별 작품의 시의詩意가 연속되지 않고 단절되는[172] 형태에 가깝다. 그러나 기본적으로 하나의 주제 아래 분절된 형식을 가진 것이므로 각각의 시들이 일종의 공통분모를 가지고 있기에 살펴보도록 하겠다.

연번	「詠柚詩」 20수 제목
1	八月食柚子猶青, 書示學子河瀁, 朴殷輅
2	九月行過前村, 見黃熟者
3	入龍門寺見登盤者
4	入曲浦堡, 見客舍庭前在樹者
5	過蘭浦, 見神祠庭前青黃相雜者
6	入文廟見滿庭蔥鬱者
7	過北村見鄭生家樹有感
8	寓舍手弄有感
9	望見前林方好熟玲瓏者
10	隣翁携贈一籠
11	追憶丙申冬宣政殿御前宣賜有感
12	隣人有以初結自落者挼乾爲冠纓
13	又有挼乾爲棋子者
14	曾聞叔父竄珍島時, 細切柚子皮, 合梨實鰒魚爲葅, 風味超然, 非煙火中人所可食者云. 余亦效而爲之, 停箸有感

이상의 제재를 가진 경우로 분류하였다. (이정은, 「백거이 연작영물시 연구」, 성균관대학교 중어중문학과 석사학위 논문, 2007, 93~94면.) 그러나 약천 영물시는 동일한 제재로 구성되었기에 일체형이면서도 내용 전개에서는 개별적인 모습을 보인다. 따라서 필자는 약천의 영물영작시를 '변형된 일체형'이라고 명명하고자 한다.

172 이정은, 「백거이 연작영물시 연구」, 성균관대학교 중어중문학과 석사학위 논문, 2007, 95면.

15	聞土人言, 數十年前村家柚樹, 處處成林, 每於秋冬之際, 黃色耀林, 望如雲錦, 邇間村民有柚樹者, 自官成籍, 秋熟時遣吏逐樹點數而收之. 民旣多供吏之費, 且有納官之勞, 至或點數後有因風搖落者, 則不免他買而益之, 以充其數. 故除官吏品官稍有力勢者外, 凡下戶小民則皆燒根斫株, 以絶其弊. 以此種柚家比前殆減十之七八云. 余聞而傷之, 此正子美詩, '邦人不足重, 所迫豪吏侵'者也. 欲以聞於處民上者而不可, 因成獨謠
16	邑人云, "前日縣衙軒前, 柚樹甚盛, 結實蕃碩, 雖在深冬, 張羃以防霜雪, 則可經歲不落. 爛熟之久, 美味絶勝於他, 甚可珍也, 近間作馬廐於其側, 糞穢蝕根, 枯死且盡"云. 昔子瞻於萬松亭, 傷來者之不嗣其意, 有'好德無人助我儀'之句, 余亦感此衰盛, 吟以自遣
17	『本草』曰, '柚子去胃中惡氣', 此可知其性味之良. 而今聞土人言, "除濕痰勝瘴氣, 毋踰於柚子." 因此推之, 天之生物, 必有相參而相制, 損之極處, 益之者隨, 害之甚處, 利之者存. 是以豐貂厚貀, 産於慘冽之地, 而得之以禦寒, 椰子檳榔, 生於酷熱之方, 而賴之以解暑. 今以瘴癘之鄕, 又有此衛生之珍果, 夫豈偶然者哉. 有感於此, 漫又一吟
18	『遯齋詩話』云, "凡詠梅多詠白, 而荊公詩獨云'鬚撚黃金危欲墮, 蔕團紅蠟巧能粧.' 不惟造語巧麗, 可謂能道人不到處矣." 今柚非但其實可貴, 其樹亦多可稱者, 而爲實所掩, 人無道之者. 漫又效嚬荊公詠梅, 雖文妙不及, 亦不欲但以狀物爲巧也
19	柚之於橘, 其類一也. 『書經』 孔氏注, "大曰柚, 小曰橘." 『本草』曰, "果之美者, 有雲夢之柚, 橘則乃以洞庭稱焉." 豈雲夢洞庭之間, 亦有土宜之別耶. 此地有柚而無橘, 其香色氣味, 雖不得同盤而鬪品, 小固不可以敵大. 旣得其大者, 遺其小亦可也
20	順天許生稄冬後來訪, 袖中携贈八柚, 感其自陸入島, 吟以遣意

위에 제시된 20수의 제목을 보면, 각각이 완벽한 유기적 의미 구조를 가지지는 못하지만 통일감 있게 배열되어 있음을 확인할 수 있다. 약천은 일체감을 주기 위해 시를 배치하는데 있어서 적지 않은 노력을 했던 것으로 사료된다. 우선 1번째와 2번째 시는 시간의 순서대로 나열되어 있음을 발견할 수 있는데, 1번째 시는 8월의 유자를 그리고 2번째 시는 9월의 유자를 대상으로 읊었다. 이후 3번째부터 9번째 시는 장소 변화에 따른 유자의 여러 모습을 발견한 후 그 감회를 시로 옮긴 것이다. 3번째 시는 용문사龍門寺에서 본 소반의 유자, 4번째는 시는 곡포보曲浦堡 객사客舍 뜰 앞 유자, 5번째 시는 난포蘭浦를 지나다가 본 신사神祠 뜰 앞에 있는 유자, 6번째 시는 문묘文廟 안에 있는 유자, 7번째는 시는 정생鄭生의 집에 있는 유자나무, 8번째는 시는 우거寓居하던 집의 유자나무, 9번째는 시는 앞 숲의 유자나무를

보고 창작한 것이다. 10번째 시는 장소로 구획할 수 없으나 이웃 노인이 가져다준 유자를 보고 감회가 일어 쓴 것이므로 매개체가 유자에서 사람으로 옮겨왔을 뿐이다. 11번째 시는 유자를 매개로 하여 1656년 겨울에 선정전宣政殿의 어전御前에서 선사宣賜하시던 것을 추억하여 감회를 읊은 것이다. 특정 장소에서 어떤 유자를 보았는지 드러나 있지는 않으나 귤과 비슷한 생김새를 한 유자는 과거를 회상하는 매개체 역할을 담당한다.

12번째와 13번째 시 2수는 20수 안에서도 시상의 연결이 돋보이며, 실생활에서 다양하게 활용되는 유자의 모습을 포착했다는 공통점을 가진다. 12번째 시는 유자가 갓끈의 관자貫子로 사용되는 면모를 발견한 것이고, 13번째 시는 〈우유뇌건위기자자又有挼乾爲棋子者〉라고 하여 바둑알 역할을 하고 있는 유자를 본 것이다. 시제에 드러나듯 '우又'라는 부사가 12번째 시와 개연성이 있음을 말해주고 있다. 14번째부터 16번째 시까지는 '증문曾聞', '문토인언聞土人言', '읍인운邑人云'이라고 하여 약천이 이전에 들었던 말이나 지역 사람들의 말을 듣고 감회가 일어 쓴 작품이다. 들었던 내용을 바탕으로 자신의 감회를 기술한 시들이 차례로 배치되어 있다. 17번째부터 19번째 시는 서적을 활용하여 전개하였다는 특징을 가지며, 『본초강목本草綱目』, 『둔재시화遯齋詩話』, 『서경書經』에서 추출한 내용을 시제 서두에 안배했다. 20번째 시는 허생원許生棎이 육지에서부터 섬까지 가져온 유자를 대상으로 읊었는데, 이 시는 감정의 동질화가 이루어져 20수의 결어 역할을 하고 있다고 생각된다.

지금까지 살펴본 바를 토대로 논해보자면, 약천은 일체형이라는 구조 안에서 시상을 유기적으로 안배하면서도 아주 엄격히는 개별형에 가까운 시들을 20수 창작했다. 그렇다면 일반적으로 문인들이 장형보다 단형 영물시를 선호함에도 불구하고 약천이 유독 개별형이라고 볼 수 있는 시들을 연작 형태로 묶은 이유가 무엇인지 밝힐 필요가 있다. 첫 번째로는 '병서幷序' 내용에서 드러나듯 동일 공간 속에 창작되었기 때문일 가능성이 가장 크다. 약천은 1679년에 거제도巨濟島로 유배 갔다가 6일 뒤 남해南海로 이배되면서 6개월의 유배시기 동안 연작영물시 20수를 창작했기 때문이다. 특정한 한 공간에 머물면서 유자라는 동일 소재로 시를 창작했기에 분절된 형태보다는 연작 형태를 더욱 선호했을 수밖에 없었으리라 생각된다. 두 번째로는 남해라는 지역의 특수성에서 기인된 현상이라고 사료된다. 유자를 소재로 한 작품이 많지 않음에도 불구하고 약천이 유독 유자를 연작 영물시 형태로 읊은 것은 실제로 남해라는 지역적 특성상 그 공간에 유자가 풍성했기 때문이라고 할 수 있다.[173] 세 번째로는 약천이 영물 중에서도 특히 유자에 대해 남다른 감회가 촉발되면서 연작이라는 형태로까지 나아가게 되었다고 본다. 그에 따라 약천 연작영물시는 유자의 이미지가 단선화 되어있지 않고 다채로운 면모를 지닐 수 있었다. 이는 유자에 대한 약천의 깊은 애정에서 파생된 결과일 것이다.

약천 연작영물시의 또 다른 특징으로는 제목의 장편화 양상을 들 수 있다. 〈영유시詠柚詩〉라고 제목을 제시한 후 서序를 병기했음에도 불구하고 약천은 20수 각각에 제목을 부기하였는데, 제목이라고 보

173 실제로 약천은 〈詠柚詩幷序〉에서 "이 지역은 바다로 둘러싸여 염분이 많아 풀은 蘭草와 蕙草 같은 것이 없고 나무는 川椒와 계수나무 같은 것이 없으니, 향기로운 것을 마시고 먹으며 향기로운 물건을 차고 입고자 한다면 이 유자 말고 무엇이 있겠는가[此地環海斥鹵, 草無蘭蕙, 樹無椒桂, 如欲飮芳而餐馨, 佩芬而服香, 捨此柚何以.]."라고 언급한 바 있다.

기에는 유달리 장편화되어 있다. 서序를 덧붙이는 이유는 그 작품만으로는 시인의 의도를 충분히 표명하지 못해 이를 보충할만한 장치가 필요했기 때문인데[174] 약천은 서序 이외에도 20개의 시제를 상세히 기술함으로써 창작 의도를 명백히 하고 있다. 창작 시점과 장소 및 의도를 모두 기술해 놓았기에 제목 자체가 일종의 시 해설을 담당하고 있는 양상이다. 약천은 시제에서 다양한 문헌을 말해 자신의 주장을 뒷받침했으며, 『본초강목本草綱目』, 『둔재시화遯齋詩話』, 『서경書經』에서 일부 내용을 발췌해 근거로 삼았다. 그 밖에도 '증문曾聞', '문토인언聞土人言', '읍인운邑人云'이라고 하여 직접 들었던 내용을 인용하거나, "차정자미시此正子美詩, '방인부족중邦人不足重, 소박호리침所迫豪吏侵' 자야者也"라고 하여 자신이 말하고자 하는 바가 응축된 시구를 인용하여 의도를 명백히 했다. 장편화 양상이 두드러지는 이유를 밝혀보자면, 첫 번째로는 약천의 작시 습관이 아닐까 생각된다. 약천의 시 작품을 보면 대체로 시제가 장편화 되어있음을 확인할 수 있기 때문이다.[175] 두 번째로는 연작영물시만 특성이라고도 판단된다. 연작시를 다수 창작한 백거이白居易(772~846)의 경우 12제題의 연작영물시 중 4제題 26수首에 서序가 병기되어 있으며 그 외의 시들에도 자주自注와 같은 형식으로 창작 상황을 기록해두고 있기 때문이다.[176] 더불어 각각의 시제 역시 다양한 활용 양상을 보이고 있다는 특징도 포착된다.

174 이정은, 「백거이 연작영물시 연구」, 성균관대학교 중어중문학과 석사학위논문, 2007, 27면.

175 약천의 시 282수 중 50수의 시제가 장편화 되어 있음을 확인할 수 있다.

176 이정은, 「백거이 연작영물시 연구」, 성균관대학교 중어중문학과 석사학위논문, 2007, 27면.

3. 연작영물시 〈영유시詠柚詩〉의 형상화 양상

이 장에서는 약천 연작영물시의 형상화 양상을 4가지 층위로 나누어 작품을 살펴보고자 한다. 선행 연구의 영물시 유형 구분 방식을[177] 참고하되 약천의 작품을 더욱 선명하게 드러낼 수 있는 양식을 구상하고자 했다. 이에 외적 이미지가 충실히 구현되면서도 감정 기술이 절제된 유형은 '영물 외적 이미지의 입체적 묘사' 부분에서, 영물의 본질과 효용적 활용도를 탐구한 유형은 '영물 내적 이미지의 독창적 기술'에서 다루도록 하겠다. 또한 외적 · 내적 이미지에 작자 자신의 감정을 기탁한 유형은 '영물에 기탁한 개인적 감정 술회' 부분에서, 영물을 통해 발생된 시정에 대한 진술과 감정을 토로한 유형은 '영물에 의해 촉발된 사회적 의식 표출'에서 논하고자 한다.

1) 영물 외적 이미지의 입체적 묘사

외적 이미지는 영물을 마주할 때 가장 먼저 느낄 수 있는 시각적

177 김준옥은 영물시의 성격을 3가지 층위로 나누어 논하였다. 逼肖物象의 詩(시적 자아의 감정이 개입되지 않은 상태로 물의 본체를 直觀에 의해 그림 그리듯이 묘사하는 경우), 撫寫物性의 詩(物性에 대한 묘사에 까지 이르는 경우), 情思可觀의 詩(감정이입을 통하여 물에 일어나는 情思를 표현하는 경우)로 분류한 바 있다. (김준옥, 「영물시의 성격 고찰」, 『한국언어문학』 29, 한국언어문학회, 1991, 259~280면.) 김원준은 이러한 논의를 발전시켜 4가지 층위로 논하였다. 物象의 客觀形容, 物象을 통한 情感表出, 觀照를 통한 物性 具現, 物性을 통한 言志로 나누어 유형별로 작품을 검토하였다. (김원준, 「양촌 권근의 영물시 유형 탐토」, 『한민족어문학』 89, 한민족어문학회, 2005, 107~129면.)

이미지이다. 그에 따라 영물시에는 영물의 핍진한 모습이 가장 풍부하게 형상화되어 있다. 그럼에도 실제로 영물시에서 오로지 외적 이미지만을 그려낸 작품을 찾기는 어려운 실정이다. 어떤 대상을 사실적으로 묘사했다고 하더라도 그 속에는 직관이나 관조를 통한 주관성이 개입될 수밖에 없기 때문이다.[178] 이 장에서는 기본적으로 외적 이미지를 충실히 그려낸 작품을 대상으로 하되, 주관성 개입 문제에 있어 영물로 인해 촉발된 감정이 기술된 작품만을 범주로 삼고자 한다. 외적 이미지가 입체적으로 묘사되었을지라도 약천이 자신의 감정을 술회하기 위한 방편으로 영물을 읊은 작품은 논의의 대상에서 제외했다.

첫 번째로는 외적 이미지가 독특한 방식으로 구현된 작품을 살펴보고자 한다. 외형적 크기에 대한 사실적인 내용을 바탕으로 유자의 모습을 담아내되 유자를 귤과 비교하여 외적 이미지를 입체적으로 말했다.

개화가 이른 것도 아니고 익는 것이 늦은 것이 아니니	開花無早熟無遲
귤에 비교해보면 오직 크고 작은 차이가 있고	比橘唯分大小皮
좋은 맛으로 본래 운몽의 열매를 칭찬하나	美味素稱雲夢實
진귀한 이름이 어찌 동정에서 생산되는 귤에만 있겠는가	珍名何但洞庭肌
추나라 사람이 초나라 사람과 싸우면 끝내 이기기 어렵고	鄒人戰楚終難勝
등나라가 왕도를 행하더라도 다만 스승이 될 뿐이네	滕國行王只作師
좁은 곳에 오히려 두 늙은이가 있다고 들었으니	窄地尙聞容二叟
나는 지금 넓은 집에서 찾고자 하네[179]	廣居吾欲訪今時

178 김원준, 「芝峰 梅花詩 考察」, 『한민족어문학』 39, 한민족어문학회, 2001, 3면.
179 南九萬, 〈詠柚詩 二十首○幷序 중 19수, 柚之於橘, 其類一也. 書經孔氏注,

시제를 살펴보면 유자와 귤을 비교하며 시상을 전개해나가고자 한 작품임을 확인할 수 있다. 수련에서는 개화 시기와 숙성 시기를 조망하여 귤과 유자의 차이를 논하려 했으나 시기차가 크지 않음을 밝히면서, 외적 모습인 '대소大小'의 차이로 귤과 유자를 비교해 두었다. 함련에서는 『본초강목』에, '과일 중에 아름다운 것은 운몽雲夢의 유자가 있고, 귤은 바로 동정洞庭에서 생산되는 것을 으뜸으로 한다.'라고 한 것을 기저에 두고 시구를 구성하였다. 동정에서 생산되는 귤이 널리 알려져 있으나 운몽에서 자라는 유자도 그에 버금감을 말했다. 경련에서는 귤은 작고 유자는 크므로 귤이 유자만 못하다는 것을 추나라와 초나라에 빗대어 논했다. 작은 추나라는 귤을 말하고 크고 강대한 초나라는 유자를 지칭하는 것인데 비유적으로 표현했음을 포착할 수 있다. 또한 약천은 귤을 등나라에 기탁하여 등나라가 왕정을 행하더라도 왕자는 되지 못하고 왕자의 스승만 될 수 있다고 표현했는데 이 역시 유자가 귤보다 나음을 말하고자 한 것이다. 미련에서는 '파촉巴蜀의 공현邛縣에 귤 밭이 있었는데, 서리가 내린 뒤에 장구 모양의 큰 귤이 있으므로 그 귤을 갈라 보았더니, 그 속에 두 노인이 바둑을 두고 있었다.'라는 『유괴록幽怪錄』에 나오는 전고를 집약적으로 안배했다. 전고를 활용하여 귤이라는 '좁은 집'에 두 늙은이 있다고 들었으니 '넓은 집'으로 대변되는 유자에서 찾고자 한다고 표현함으로써 크기의 차이를 독특한 방법으로 드러냈다. 유자에 대한 섬세한 관찰력에서 파생된 이 작품은 크기에 대한 외적 이미지가 입체적

'大曰柚, 小曰橘.' 本草曰 '果之美者, 有雲夢之柚, 橘則乃以洞庭稱焉,' 豈雲夢洞庭之間, 亦有土宜之別耶. 此地有柚而無橘, 其香色氣味, 雖不得同盤而鬪品, 小固不可以敵大. 旣得其大者, 遺其小亦可也〉, 『藥泉集』 권2.

으로 구현되어 있다.

두 번째로 살펴볼 시들은 외적 이미지를 형용해 내면서도 유자를 완상하는 약천의 섬세한 시선이 잘 드러나 있는 작품이다. 그에 따라 온전히 외적 이미지만 구현되어 있지 않고, 외적인 완상에서 비롯된 약천의 심회가 혼효되어 있다는 특징을 지닌다.

늦가을 앞 숲에 경물 드문데	秋晩前林景物遲
이어진 가지에 크고 둥근 껍질 나란히 맺혀있으니	連枝駢結大圓皮
고상한 풍모는 금으로 만든 주머니 같고	高風金鑄鴟夷像
상쾌한 기상은 얼어 엉긴 막고야 피부 같은데	爽氣氷凝姑射肌
무럭무럭 자람은 지력을 따라서라고 하지만	縱道滋榮因地力
이처럼 무성함은 훌륭한 원예사가 있어서임을 알겠네	也知蕃碩賴園師
너를 대하며 나그네 시름 자주 달래노니	覊愁對汝頻消遣
저녁 해에 영롱하게 비칠 때가 가장 아름답구나[180]	最愛玲瓏夕照時

이 작품은 숲에 잘 익어 영롱한 유자의 모습을 보고 지은 시이다. 수련은 계절적 배경이 늦가을로 표상되어 있으며, 앞 숲에 둥글게 나란히 매달려 있는 유자를 포착한 것이다. 함련에서는 유자의 모습을 탁월하게 표현했으며 유자의 아름다움을 격상시키기 위해 미사여구를 활용하여 금으로 만든 주머니에 비유했다. 또한 막고야의 피부 같다고 하여 유자를 신선화 시켰다. 『장자』 「소요유逍遙遊」에 "막고야는 얼음처럼 투명한 피부를 갖고 처녀처럼 생기발랄하고 바람을 호흡하고 이슬을 마시며 구름을 타고 용을 부리면서 사해四海 밖에 노

180 南九萬, 〈詠柚詩 二十首○幷序 중 9수, 望見前林方好熟玲瓏者〉, 『藥泉集』 권2.

닌다."라고 하는데 약천은 유자에게서 이러한 모습을 발견한 것이다. 경련에서 약천은 유자를 완상하는데만 그치지 않고 외적 아름다움을 갖출 수 있었던 이유를 탐구하고 있다. 미련에서는 영물에게서 위안을 얻고 있음을 말하였는데, 자신의 시름을 달래주는 대상으로 삼았음을 알 수 있다. 또한 유자의 가장 아름다운 모습을 묘사하는 것으로 시상을 맺음으로써 유자의 모습을 한 폭의 그림처럼 제시하였다. 이 작품은 영물의 외적 이미지를 입체적으로 구현하되 아름다운 모습을 유지할 수 있게 된 이유까지 들여다보았다는 점에서 완상의 깊이가 느껴진다. 더 나아가 유자의 외적 아름다움이 작자에게 심리적 안식처 역할을 하고 있으므로, 외적 이미지만을 핍진하게 구현하는데 그쳐 묘처妙處를 상실한 여타 영물시의 한계를 극복하고 있다고 볼 수 있다.

말 타고 앞마을 지나면서 일부러 채찍질 더딘 것은	馬過前村策故遲
다만 노랗게 익어 향기로운 껍질 완상하기 위해서인데	秖緣貪賞老香皮
산 안개비에 황금 같은 얼굴을 씻고	山霏洗出黃金面
바다 햇볕에 백옥 같은 피부 이루었구나	海旭烘成白玉肌
들 밖에서는 순령의 자리에 오른 듯 의심하고	野外疑登荀令坐
숲속에서는 자방 선생을 만난 듯 놀라운데	林間驚遇子房師
그 풍미가 귤과 같은 것 알겠으나	知渠風味應同橘
오나라 아이가 소매에 품었던 때에 절로 부끄럽네[181]	自愧吳兒懷袖時

이 작품은 시제에서 알 수 있듯이 9월에 앞마을을 지나가며 노랗게 익은 그 모습을 보고 지은 시이다. 수련에는 약천이 유자를 발견한

181 南九萬, 〈詠柚詩 二十首○并序 중 2수, 九月行過前村見黃熟者〉, 『藥泉集』 권2.

경위가 드러나며, 약천의 완상 태도가 엿보인다. 일부러 채찍질 더디게 하는 것에 대한 원인이 유자로 회귀되면서 유자에 대한 약천의 애정은 깊어짐을 알 수 있다. '노향피老香皮'로 대변되는 유자는 함련에 이르러 더 세밀하게 묘사되는데, 작자는 '황금면黃金面', '백옥기白玉肌'라고 하여 유자의 외적 아름다움을 진술했다. 또한 산 안개비에 얼굴을 씻고 바다 햇볕에 피부를 만들었다고 표현함으로써 유자를 의인화하고 주체적인 생동감을 부여했다. 경련에서는 전고를 인용하여 유자의 향을 우의적으로 말하고 유자를 좋아하던 이를 언급하여 감상의 폭을 확장시켰다. 우선 시에 드러난 '순령荀令'은 '순령향荀令香'을 말하는 것으로 후한 때 상서령尙書令을 지낸 순욱에게서 나는 향을 말한다. 순욱이 앉았던 자리에는 3일 동안이나 향기가 사라지지 않았다고 하는데, 이 시에서는 유자의 향을 언급하기 위해 차용한 것으로 보인다. 다음으로 '자방子房'은 '장량張良'으로 만년에 황로黃老를 좋아하여 신선 벽곡辟穀의 술법을 닦았다는 전고를 차용하여 유자를 신선의 반열로 격상시킨 것이다. 미련에 이르면 작자는 외적 완상의 틀을 벗고, 유자에서 촉발된 감회를 토로하며 시상을 맺고 있다. 시에 보이는 전고는 오나라의 육적陸績이 여섯 살 때 원술袁術을 뵙고는 그가 주는 귤을 품에 넣고 돌아와서 어머니에게 드렸다는 것으로, 작자는 전고를 언급하면서 '자괴自愧'라는 감정을 표출하고 있다. 이는 유배와 있는 약천의 삶에서 파생된 고뇌일 것인데 영물을 완상하면서도 작자는 유자를 완상하며 촉발된 실질적인 회포를 담아내고 있다. 이 작품 역시 영물에서 말미암은 회포를 표출한 것이지 후정後情을 드러내기 위해 전경前景을 제시한 것은 아니기에[182] 외적 이미지

182 김원준, 「양촌 권근의 영물시 유형 탐토」, 『한민족어문학』 89, 한민족어문학

의 입체적 묘사로 볼 수 있다.

2) 영물 내적 이미지의 독창적 기술

약천은 앞서 논한 바 있듯 외적 이미지를 입체적으로 묘사하면서도 또 한편으로는 영물의 내적 이미지를 독창적으로 기술하고자 했기에 살펴볼 필요가 있다. 영물인 유자에 대한 깊은 성찰이 전제되었을 때 영물 안에 담긴 내적 이미지를 구현해 낼 수 있다는 점에서 약천의 〈영유시詠柚詩〉는 높은 수준의 작품이라고 볼 수 있겠다. 약천은 내적 이미지를 기술함에 있어서 고차원적으로는 유자의 본질적 면모를 탐구하고자 했음을 볼 수 있다. 또한 유자의 효용성을 드러내기도 했는데 이는 유자 본연의 특징을 살피고 추후 실생활에 어떻게 활용되고 있는지까지 탐구했다는 점에서 독특한 면모라고 생각된다.

서리 온 뒤라 사찰에 둥근 것 드문데	霜後紺園圓滿遲
前身이 부처님처럼 온통 금빛 피부네	前身大聖渾金皮
고행하며 진리를 구하느라 항상 몸은 매달려 있고	苦求上證常懸體
기쁘게 여러 곳에 희사하느라 또 살을 베는구나	喜捨諸方且割肌
코로 냄새 맡으니 단행자를 불러온 듯 하고	鼻嗅呼來檀行者
눈으로 보니 벽선사가 참석한 듯 한데	眼開參見檗禪師
정과를 만드는 것이 어느 날인지 아는가	修成正果知何日
여왕벌이 꿀을 헌정하는 때를 기다려야 한다오[183]	會待蜂王獻蜜時

회, 2005, 111면.

183 南九萬, 〈詠柚詩 二十首○幷序 중 3수, 入龍門寺, 見登盤者〉, 『藥泉集』 권2.

이 작품은 용문사龍門寺에 들어가서 소반에 올라온 유자를 보고 지은 시이다. 수련에서는 서리 온 뒤 적게 남아 있는 유자의 외적 이미지를 부처의 반열에 올려 비유적으로 말한 것이다. 유자의 빛깔을 표현함에 있어 전신前身이 성인聖人인 부처님처럼 온통 금빛이라고 묘사했다. 유자를 금으로 만든 불상에 비유하여 탁월하게 그 외적 형색을 그려낸 것이다. 이러한 비유는 외적 이미지를 넘어서서 유자의 내적 이미지를 만들어 내고 있다. 함련에서는 부처가 가진 내적 이미지가 유자에 그대로 내재되어 있음을 드러내고자 했다. 나무에 매달려 있는 모양을 고행하는 모습으로 형상화했으며 진리를 구하기 위해 수행하는 장면으로 환치시켜 두었다. 또한 유자가 자신의 몸을 사람들에게 내어준다고 의인화함으로써 부처의 희생정신에 비유하였다. 경련은 유자를 '단행자檀行者', '벽선사檗禪師'로 상징화했는데, 단행자는 보시布施하는 동시에 불도를 닦는 사람이며 벽선사는 황벽선사黃檗禪師로 당 나라 선종宣宗 때 승려를 일컫는다. 불도를 닦으며 고행을 이겨내는 불자의 모습을 유자에 투영시켜 놓았음을 알 수 있다. 미련에서는 정과正果를 만드는 것이 어느 날인지 아느냐는 물음으로 시상이 급격히 전환된다. 여기에서의 정과는 수행의 결과와도 같은 것이라고 볼 수 있겠다. 마지막 구에는 물음에 대한 대답이 드러나 있는데, 약천은 여왕벌이 꿀을 헌정하는 때라고 언급했다. 수행의 결과인 과일을 조려 만드는 정과가 완성되기 위해서는 꿀이 필수적인 요소이기 때문이다. 이 작품은 약천이 깊은 관조를 통해 유자의 내적 이미지를 부처로 만들어 주었다는 점에서 가치를 가진다. 외적 이미지를 넘어서는 내적 속성에 대한 심도 깊은 고민이 이루어졌기에 가능한 것이다. 더 나아가 궁극적으로는 약천이 지향하는 지점과 맞닿아 있다고도 보여 지는데, 유자를 고행을 실천하는 불자로 표현한 것은 자신의 처지와도 무관하지 않기 때문일 것이다.

울창하게 숲을 이루어 늦도록 푸르니	鬱鬱成林晩色遲
푸른 구름 잎이 되고 푸른 동이 피부 되었는데	綠雲爲葉碧銅皮
가시 많아 벌레와 새들 오지 못하고	刺多不許來蟲鳥
오래 살아 뼈와 살 단련되었으리라	壽久還應練骨肌
담박한 꽃은 문식이 적은 재상과 같고	淡素花如文少相
곧은 가지는 절개 높은 스승에 견줄 수 있네	堅貞枝比節高師
더욱 사랑스러운 것은 대나무와 서로 이웃하여	更憐孤竹相隣近
한결같이 사시사철 푸르른 것 이라네	一體靑靑貫四時

『遯齋詩話』에 이르기를, '무릇 매화를 읊을 때는 대부분 백색을 읊으나, 荊公의 시에는 홀로 '황금의 수염 흔드니 위태로워 떨어지려 하고, 꼭지에 붉은 납이 맺혔으니 공교하게 단장하였네.(鬚撚黃金危欲墮 蔕團紅蠟巧能粧)'라고 하였으니, 造語가 교묘하고 화려할 뿐만 아니라 보통 사람들이 말할 수 없는 부분을 말했다고 이를 만하다.'고 했다. 지금 유자의 열매를 귀하게 여겨 그 나무 또한 칭찬할 만한 점이 많으나 열매에 가려서 나무에 대해 말하는 자가 없다. 이에 부질없이 또 매화를 읊은 형공을 흉내 내니, 비록 문장의 묘함은 그만 못하나 또한 단지 물건을 형용하는 것으로 재주를 삼으려 하지는 않는다.[184]

184 南九萬, 〈詠柚詩 二十首○幷序 중 18수, 遯齋詩話云, "凡詠梅多詠白, 而荊公詩獨云'鬚撚黃金危欲墮, 蔕團紅蠟巧能粧.' 不惟造語巧麗, 可謂能道人不到處矣. 今柚非但其實可貴, 其樹亦多可稱者, 而爲實所掩, 人無道之者. 漫又效嚬荊公詠梅, 雖文妙不及, 亦不欲但以狀物爲巧也〉, 『藥泉集』 권2.

이 작품은 위 시제에서 볼 수 있듯 유자열매가 아닌 유자나무를 소재로 삼아 쓴 것이다. '지금 단지 유자의 열매만을 귀하게 여겨 그 나무 또한 칭찬할 만한 점이 많으나 열매에 가려서 나무에 대해 말하는 자가 없다.'라고 한 것을 보아 예찬의 대상에서 벗어나 있는 나무를 대상으로 그 이면을 살펴보고자 했음을 알 수 있다. 또한 시제에서 '부질없이 또 매화를 읊은 형공을 본떠 보지만, 비록 문장의 묘함은 그만 못하나 또한 단지 물건을 형용하는 것으로 재주를 삼으려 하지는 않는다.'라고 논하였으니, 약천은 이 작품에서 묘사하거나 형용하는 것을 중시하기보다는 그 내적 이미지인 본질을 들여다보고자 했음을 엿볼 수 있다.

수련에서는 유자나무 잎의 푸름을 예찬했으며, 함련에서는 나무의 외적 특징을 말하는 동시에 내적 이미지라고 할 수 있는 고고하고 견고한 본연의 성질을 밝히고 있다. 또한 가시가 많았기에 벌레와 새로부터 자유로웠으며, 오랜 세월 동안 굳건했기에 유자나무가 난련된 자태를 뽐내고 있음을 포착했다. 경련에서는 유자꽃의 담박한 아름다움을 문식이 적은 재상에 비유하여 내적 이미지를 만들어주었으며, 곧은 가지를 절개 높은 스승에 견주어 본질을 포착하고자 했다. 미련에서 약천은 유자나무에 대한 애정을 드러냈는데, 가장 사랑스러운 면모는 오직 본연의 푸름 그 자체라고 언급했기 때문이다. 또한 사시사철 푸름을 간직한 유자나무를 대나무와 견줌으로써 그 절개를 드러내 내적 이미지를 부여해 주었다. 이러한 유자나무의 내적 이미지는 한편으로 약천 자신의 모습과도 닮아 있음을 알 수 있다.[185] 지금

185 많은 가시는 유배에 처했던 약천의 원만하지 못한 삶과 교차되며, 굳건한 모습은 오랜 세월동안 온갖 시련을 겪고 단단해진 약천의 모습을 떠올리게

까지 살펴본 바 있듯 약천은 영물의 본질을 탐구하여 내적 이미지를 부여해 주고자 했음을 알 수 있다. 더 나아가 유자의 내적 이미지는 자신의 정신적 지향점과 일치하는 양상이라고도 파악된다. 영물 본질에 대한 깊은 탐구는 결국 작자 본연의 가치관으로 회귀될 수밖에 없기 때문일 것이다.

다음으로 유자의 효용성을 드러내기도 했는데 이는 영물 본연의 본질적 특징이 실생활에 어떻게 활용되고 있는지까지 탐구했다는 점에서 특기할 만하다. 물성에서 파생된 효용성을 논의하였기에 이 역시 내적 이미지에 대한 탐구라고 판단되어 이 장에서 함께 살펴보도록 하겠다.

바다 밖에서 반도가 들어오려 해도 더딘 것은	蟠桃海外苦來遲
동산 가운데에 좋은 열매가 있어서인데	自有園中好實皮
치아에 닿으니 깨끗한 샘물로 위를 씻어내는 듯 놀랍고	激齒淸泉驚滌胃
목구멍에 삼키니 향기가 가만히 살에 배어드네	嚥喉香霧暗滋肌
아름다운 이름은 신농의 기록에 실려 있고	佳名已載神農筆
신묘한 쓰임은 채약하는 사람에게 들었노라	妙用今聞採藥師
瘴毒이 있는 지방에 이 물건 자라게 하였으니	必使瘴鄕生此物
하늘의 어진 마음 이때에 알 수 있네	天心仍可認玆時

『본초강목』에 이르기를, "유자는 胃 속의 나쁜 기운을 없앤다." 하였으니, 그 性味가 훌륭함을 알 수 있다. 그리고 지금 이 지방 사람들의 말을 들으니, "濕痰을 제거하고 瘴氣를 이기는 데 유자보다 더 좋

한다. 역시 약천의 삶과 일면 맞닿아 있는데 화려하지는 않지만 담박한 문학적 성취를 이루었고, 절개를 지킨 약천의 성품과 유사한 점이 보인다.

> 은 것이 없다."라고 하였다. 이것을 가지고 미루어 보니, 하늘이 물건을 낼 때에 반드시 서로 도와주고 서로 제재하는 것이 있어서, 損이 지극한 곳에는 유익함이 따르고 害가 심한 곳에는 이롭게 하는 것이 있었다. 털이 많은 담비와 털이 푹신푹신한 살쾡이가 매우 추운 지방에서 생산되어 사람들이 이것을 얻어 추위를 막을 수 있고, 椰子와 檳榔이 매우 더운 지방에서 생산되어 사람들이 이것을 힘입어 더위를 풀 수가 있다. 지금 瘴毒이 있는 지방에 또 이처럼 건강에 유익한 진귀한 과일이 있으니, 어찌 우연이겠는가. 이에 감동함이 있어서 부질없이 또 한 번 읊조린다.[186]

우선 제목을 살펴보면 앞서 구성상의 특징에서도 논한 바 있듯 주석 형식으로 상세히 서술되어 있음을 확인할 수 있다. 약천이 유자를 소재로 활용하는데 있어 학문적 자세를 겸비해 유자의 효용적 물성을 탐구하고자 노력했음을 알 수 있다. 그 밖에도 지역 사람들의 의견을 듣고 당시 민간에서 전해지는 이야기를 기술하여 영물에 관한 다양한 정보를 담아내려 했다. 그에 따라 시 자체가 정보전달 역할을 하고 있는 실정이며, 유자 본연의 효용적 가치가 시상을 지배하고 있다.

수련에는 반도蟠桃가 남해에 이르지 못하는 이유가 드러나 있는데, 유자가 이곳에 있으므로 반도가 들어오지 못한다고 언급했다. 반도

---

186 南九萬, 〈詠柚詩 二十首○幷序 중 17수, 本草曰, "柚子去胃中惡氣." 此可知其性味之良. 而今聞土人言, "除濕痰勝瘴氣, 毋踰於柚子." 因此推之, 天之生物, 必有相參而相制, 損之極處, 益之者隨, 害之甚處, 利之者存. 是以豐貂厚貀, 產於慘冽之地, 而得之以禦, 椰子檳榔, 生於酷熱之方, 而賴之以解暑. 今以瘴癘之鄕, 又有此衛生之珍果, 夫豈偶然者哉. 有感於此, 漫又一吟〉, 『藥泉集』 권2.

가 선경에서 자라며 삼천 년 만에 한 번 열매를 맺는다고 알려진 전설의 과일임에도 약천은 반도가 있다고 하더라도 유자에 미치지 못한다고 표현하여 유자를 반도보다 높은 반열에 올려두고자 한 것이다. 함련은 유자즙을 맑은 샘물에 비유하여 유자의 효능을 간접적으로 담아냈다. 또한 향기가 살에 배어든다고 표현함으로써 뛰어난 향과 성미性味의 훌륭함을 강조했다. 경련에는 정보를 얻게 된 경위를 옮겨두었는데, 『본초강목』을 열람하고 채약사에게 자료를 얻고자 했음을 볼 수 있다. 미련은 장독瘴毒이 있는 지방에 진귀한 과일이 있음을 표현한 것인데, 약천은 손損이 발생한 곳에는 유익함을 주고 해害가 심한 곳은 이롭게 해주는 하늘의 이치를 깨닫고 그 감동을 토로했다. 약천은 내적 물성을 비유적으로 만들어주는 것에 머물지 않고, 실제로 효용성 측면에서의 내재적인 영물의 고유한 특성을 능동적으로 탐구했으며 그 결과물을 영물시로 표현해냈다는 점에서 영물시의 주제의 범주를 한층 넓히고 있다고 본다.

3) 영물에 기탁한 개인적 감정 술회

약천은 1679년에 거제도巨濟島로 유배 갔다가 남해南海로 이배되면서 6개월 동안 연작영물시 20수를 남겼다. 1679년(숙종5) 3월 19일 2번째 기사[187]를 통해 약천의 유배 경위를 살펴볼 수 있는데, 약천은 앞서 올렸던 윤휴尹鑴의 소나무 채벌과 허견許堅의 폭행 사건을 탄핵

187 『숙종실록』, 숙종5 3월 19일, "仍教曰, 南九萬曾於乙卯年間, 陳疏誣上, 語意不美, 而滌瑕收用, 欲其革心改圖. 及除左尹, 以親病下去, 而仍上此疏, 用意傾陷. 心膽已露, 左尹南九萬遠竄."

하는 상소가 빌미가 되어 도리어 이들의 비방을 받게 되면서 유배되었음을 확인할 수 있다.

> 1679년(숙종 5)에 나는 성상의 명령을 받들고 巨濟島로 유배 갔다가 南海로 옮겨 갔다. 가을이 깊어 밤이 길어지자 잠이 더욱 적어졌으며, 평소 기력이 허약한데 눈까지 어두워져서 등불을 밝히고 책을 읽을 수가 없었다. 자리에서 전전반측하며 함께 말을 나눌 사람이 없기에 유자를 읊은 시를 지어서 疊韻으로 20수를 이루었으니, 이것을 시라고 여겨서가 아니요, 애오라지 스스로 적적한 마음을 달랬을 뿐이다. …… 아, 유자는 비록 하찮은 한 물건이나 比興의 體와 멀고 가까운 뜻을 또한 여기에 미룰 수 있으니, 마음이 이끌려 차마 끊어버리지 못함과 말이 중복되는데도 삭제하지 않은 것은 이 때문이다.[188]

유배에 처하게 된 심경과 창작 경위는 「영유시병서詠柚詩幷序」에 면밀히 나타나 있는데, 잠이 줄고 눈이 어두워져 책을 읽지 못하고 답답한 심정을 풀 곳이 없게 되어 시를 창작했음을 알 수 있다. '스스로 적적한 마음을 달랬을 뿐이다.'라고 했듯이 약천은 유배지에서 유자를 읊어 시름을 달랬던 것이다. 그에 따라 시 이면에 담긴 약천의 섬세한 감정을 추적해 볼 필요가 있겠다. 첫 번째로 살펴볼 시는 작자 자신의 감정을 토로하기 위해 유자의 외적 이미지를 묘사한 경우

188 南九萬, 〈詠柚詩二十首○幷序〉, 『藥泉集』, 권2, "歲己未, 承恩譴配巨濟移南海. 及秋深夜長, 眠睡益少而氣素羸弱, 眼且昏翳, 不能曉燈讀書. 輾轉枕席, 無與晤語, 因作詠柚詩, 疊韻成二十首, 非以爲詩, 聊自遣意耳. …… 噫. 柚雖一微物, 比興之體, 遠邇之義, 亦可於此乎推之, 意之留連而不已, 言之煩複而不刪者, 有以也夫."

다. 영물을 찾아 감정을 의탁했으므로 비比의 수사법으로 창작되었다고 할 수 있다.

팔월인데 남쪽 고을에 가을이 늦으니	八月南州秋事遲
산해의 진귀한 과일 아직도 껍질이 푸른데	海山珍果尙靑皮
도리어 팔랑팔랑 향기를 내뿜고	還能簌簌噴香霧
이미 차곡차곡 연한 살이 가득히 찬 것 보이네	已看盈盈孕嫩肌
숲 아래에서 소식처럼 먼저 먹는 것 부끄럽지만	林下愧先蘇子食
영 땅의 굴원 스승에게 멀리 견줘보네	郢中遙擬屈平師
따라서 다시 인물을 구하려 하건만	因玆更欲求人物
누가 구책을 배울 때가 아니라고 하겠는가[189]	誰是區生未學時

이 작품은 제목에 표명되어 있듯 학생學生 하장河漳 박은로朴殷輅에게 써서 보여 준 시이다. 수련은 계절적 배경과 유자의 외적 모습을 말한 것으로, 가을이 당도하지 않아 유자 껍질이 아직 푸른색임을 포착한 것이다. 함련은 유자의 향기와 육질을 읊은 것이며, 의태어인 '속속簌簌', '영영盈盈'이 대구를 이루고 있어 시의 미감이 배가 되고 있다. 유자에 대한 애정에서 말미암은 관찰자적 시선이 시에 그대로 탁월하게 드러나 있다. 수련과 함련에는 유자의 외적 이미지가 시인의 관조 안에서 아름답게 표현되어 있다.

경련에 이르면 약천은 전고를 이용하여 은연중에 자신의 견해를 피력하고 있다. 먼저 약천은 소식처럼 먼저 먹는 것이 부끄럽다고 말하였는데, 이는 소식蘇軾의 〈식감시食柑詩〉 중 '한 쌍의 비단 보자

---

189 南九萬, 〈詠柚詩 二十首○幷序 중 1수, 八月食柚子猶靑, 書示學子河漳, 朴殷輅〉, 『藥泉集』 권2.

기로 진귀한 물건 나누어 주지 않았는데, 숲 아래에서 먼저 맛보니 쫓겨난 신하 부끄럽네[一雙羅帖未分珍, 林下先嘗怪逐臣].'라는 시 구절과 관련이 있다. 궁중에서 주로 임금이 신하들에게 귤이나 밀감을 하사하곤 했기에 약천은 유배 온 처지에 유자 맛을 보게 되어 부끄러운 심정을 전고를 통해 말하고자 한 것이다. 또한 굴원屈原을 언급하고 있는데 굴원이 지은 「귤송橘頌」과 관련지어 봤을 때, 약천은 유자를 읊은 이 시를 은연중에 굴원의 작품에 견주면서 자신의 문학적 재주를 언급하는 동시에 임금을 향한 절개를 담아낸 것으로 보인다. 미련에 이르면 이 작품이 기본적으로 학생學生 하장河漳 박은로朴殷輅에게 준 시이므로 전달 의도가 담겨있음을 포착할 수 있다. 구생區生은 구책區冊으로 소식이 황주黃州로 유배 갔을 때 그의 문하 아래 처음 수학한 생도生徒이므로 약천은 이를 언급해 박은로에게 구책처럼 학문을 수학하고 진보할 것을 당부한 것이다. 약천은 이 시에서 선차적으로 유자의 외적 이미지 언급하고, 그와 유사한 귤에 얽힌 내용을 말하여 자신의 견해를 피력하려 했다. 결과적으로 유자를 통해 자신의 절개를 말하는 동시에 박은로에게 유배지에 처했던 스승을 둔 구책을 언급하여 자신의 감정을 토로하고자 한 것이다. 이 작품은 쓴 목적이 분명하고 후정後情을 드러내기 위해 전경前景을 제시했다는 점에서 '외적 이미지의 입체적 묘사'에서 살펴본 시와는 차이가 있다.

두 번째로 살펴볼 시는 비比의 기법으로 구성되어 있으면서도 유자의 내적 이미지에 작자 자신의 감정을 기탁한 경우다. 자신의 모습을 닮은 유자를 들어 말하고자 하는 바를 비유적으로 표출하고 있음을 확인 할 수 있다.

순천의 나그네 어째서 늦게 왔는가 하니	昇平客子到何遲
소매 속에 넣어 여덟 개의 노란 유자 가져왔네	袖裏攜來八老皮
어려운 길 건너왔는데도 모양이 아름답고	路涉艱難猶好面
추운 절기 당했는데도 오히려 살이 많네	節當寒瘦尙豐肌
바다에 들어와 선약을 구하고자 하지 않았으니	曾非入海求僊藥
어찌 공자를 따라 뗏목을 타고 온 것이겠는가	豈是乘桴逐聖師
이곳에도 유자 너희들과 같은 것 많으나	此地亦多如汝輩
타향 떠도는 것을 가엾게 여겨 한동안 어루만지노라[190]	獨憐流落撫移時

이 작품은 순천의 허생원許生楥이 소매 속에 가지고 온 유자 여덟 개를 대상으로 쓴 시이다. 수련에는 허생원이 육지에서 섬으로 들어오면서 유자를 가져온 경위가 담겨있다. 함련에는 유자의 외적 이미지가 그려져 있는 동시에 약천이 자신의 감정을 기탁해 두었음을 볼 수 있다. 먼 길 왔는데도 아름답고 겨울의 추위 속에서도 살이 많은 유자의 강인한 모습은 온갖 고초를 겪으면서도 자태를 잃지 않은 약천 자신의 모습과 닮아 있다. '유猶', '상尙'의 글자 안배로 험난한 현실과 유자의 온전한 모습이 극적 대비를 이루고 있다. 미련에 이르면 약천은 유자와 자신을 동일화 시키는 데까지 나아간 것으로 보인다. 마지막 구절에서 약천은 고향을 떠나 타향을 떠도는 유자의 상황을 처연하게 여기고 있음을 포착할 수 있기 때문이다. 시 표면적으로는 유자만이 가여운 존재로 드러나 있으나 그 이면에는 약천이 스스로의 처지를 안타까워하고 있음을 느낄 수 있다. 유배지에 처해있는 약천의 고뇌와 번민이 온통 유자에 대한 애틋한 감정으로 옮겨져 있는

190 南九萬, 〈詠柚詩 二十首○幷序 중 20수, 順天許生楥冬後來訪, 袖中携贈八柚, 感其自陸入島, 吟以遣意〉, 『藥泉集』 권2.

형국이다. 약천의 영물시는 직설적으로 개인적 감정을 노출한 경우는 거의 없고, 자신의 감정을 비유적으로 영물에 기탁한 경우가 많다. 이 시 역시 유자의 처지에 작자 자신의 감정을 은연중에 기탁한 것으로 감정을 직설적 토로한 작품보다 오히려 약천의 심경이 더욱 곡진히 묻어난다.

4) 영물에 의해 촉발된 사회적 의식 표출

약천은 영물에 의해 촉발된 사회적 의식을 드러냈으며, 유자를 거시적인 시야 안에서 조망함으로써 시정에 대한 사실적 진술을 개진하고자 했다. 경세제민 의식에 근거하여 현실적 폐단을 드러내고 현재의 생활상을 시로 옮겨두면서 문제점을 부각시켰다. 더 나아가 우민의식을 표출하고 변화된 현실을 갈망하기도 했다. 특히 이 장에서 살펴볼 시들은 영물에 접촉하면서 정이 일어난 양상이므로 흥興의 수법으로 구성되어 있다고 볼 수 있다. 기본적으로 영물을 통한 비흥比興수법의 기본 정신에는 유가의 사회 교화敎化에 근거하여[191] 정치득실에 대해 찬미 혹은 폭로하는 '미자美刺 사상'이 포함되어 있으며 이것을 '미자비흥美刺比興'이라 하는데, 약천은 시경의 미자비흥 영향을 받아 이를 계승했다고 볼 수 있다.[192] 그에 따라 약천은 유자를 접하

---

191 『詩經』, 「毛詩序」, "윗사람은 풍으로 아랫사람을 교화하고,아랫사람은 풍으로 윗사람을 풍자하니 문사를 주로 하여 완곡하게 충고하므로, 말한 사람은 죄가 없고 듣는 사람은 충분히 경계할 수 있다[上以風化下, 下以風刺上, 主文而譎諫, 言之者無罪, 聞之者足以戒.]."

192 이정은, 「백거이 연작영물시 연구」, 성균관대학교 중어중문학과 석사학위 논문, 2007, 76면.

고 유자세 때문에 고통 받는 이들의 애환을 폭로하고자 했으며, 사회적으로 이전의 좋은 풍습이 변모하여 쇠하였음을 지적하여 그 뜻이 계승되지 못함을 안타까워했다.

천 그루의 유자나무를 심고 십 년 동안 기다렸는데	千奴栽得十年遲
무슨 일로 뿌리를 불태우고 줄기에 도끼질을 하는가	何事燒根且斫皮
茶綱만이 고을의 원망을 부르는 것 아니니	不獨茶綱招邑怨
예로부터 귤세가 백성들의 살을 베어 갔네	從來橘稅割民肌
꺾고 파괴하는 것은 아름다움을 시기하는 여자 만난 듯하고	摧殘似遇猜桃女
황폐하게 하는 것은 참으로 가시나무를 기르는 원예사 된 듯 한데	荒廢眞成養棘師
이 말을 듣고 마음이 몹시 서글퍼지니	我聽此言心惻惻
풍속이 순박하고 물건이 풍성할 때는 언제인가[193]	風淳物阜在何時

이 작품은 제목에서 드러나듯 이 지역 사람들이 하는 말을 기저로 쓴 시이다. 수련에는 수십 년 전에 유자나무가 숲을 이룰 정도로 많았으나, 현재 백성들이 스스로 유자나무에 불을 지르고 베어서 그 폐단을 없애고자 했음이 장면화 되어 있다. 함련에서는 유자세로 인해 백성들이 극심한 고통을 겪었음을 볼 수 있다. 제목에서 이미 전술된 바 있듯 관청에서는 장부를 만들어 유자가 있는 집을 등재시키고, 유자가 익는 가을철에 아전을 보내 나무마다 숫자를 세어 두었다가 유

193 南九萬, 〈詠柚詩 二十首○幷序 중 14수, 聞土人言, 數十年前村家柚樹, 處處成林, 每於秋冬之際, 黃色耀林, 望如雲錦, 邇間村民有柚樹者, 自官成籍, 秋熟時遣吏逐樹點數而收之. 民旣多供吏之費, 且有納官之勞, 至或點數後有因風搖落者, 則不免他買而益之, 以充其數. 故除官吏品官稍有力勢者外, 凡下戶小民則皆燒根斫株, 以絶其弊. 以此種柚家比前殆減十之七八云. 余聞而傷之, 此正子美詩, '邦人不足重, 所迫豪吏侵'者也. 欲以聞於處民上者而不可, 因成獨謠〉, 『藥泉集』 권2.

자세를 거두었던 것이다. 백성들은 아전과 관청에 많은 비용을 지불해야 했으며 심지어는 숫자를 세어 간 뒤 떨어진 것이 있으면 그 주인이 사다가 그 숫자를 채워야 할 정도로 혹독했음 볼 수 있다. 경련에는 유자세에서 벗어나기 위해 백성들이 스스로 유자나무를 베는 심정을 비유적으로 잘 묘사해 두었다. 백성들은 제 손으로 길렀던 유자나무를 아름다움을 시기하는 여자처럼 꺾고 파괴했으며, 가시나무를 기르는 원예사처럼 황폐화시켰던 것이다. 미련에서는 유자세 때문에 유자나무를 심는 집이 예전에 비해 현격히 줄었다는 말을 듣고 촉발된 감정을 '심측측心惻惻'이라고 토로했음을 볼 수 있다. 더불어 이 작품은 변화된 현실에 대한 갈망을 표출했다고도 볼 수 있는데, 제목에서 '백성의 윗사람 된 자들에게 알리고 싶었으나 방법이 없으므로 시를 지어 홀로 읊었다.'라고 하였기 때문이다. 이 시는 그 자체로써 약천이 가진 백성에 대한 우환의식과 현실 개혁 의지를 보여주는 동시에 비록 유배된 처지일지라도 백성의 현실에 대한 책임을 등지지 않았던 그의 태도를 말해준다.

제거하기는 용이하나 기르기 더욱 더디니	除雖容易養曾遲
관아 정원의 대지 깎아낸 것 한탄스럽고	歎息官園剗地皮
연이은 마구간에는 단지 날뛰는 駿馬만 보일 뿐	但見連槽騰駿骨
천막 치고 향기로운 살 보호하는 이는 보이지 않네	更無張羃護香肌
지금 사람들은 옛 사람과 멀어져 미치지 못하니	今人不及古人遠
예전 일을 누가 본받아 후사의 스승이 될까	前事誰敎後事師
동헌 또한 일찍이 마구간이 되었으니	東閣亦曾爲馬廐
예로부터 물은 성하면 쇠할 때가 있다네	從來物盛有衰時

고을 사람들이 말하기를, "예전에는 고을의 衙門과 東軒 앞에 유자

나무가 무성하게 자라 열매가 매우 많이 크게 맺혔고, 비록 한겨울이라도 천막을 쳐서 서리와 눈을 막아주면 한 해를 지나도 떨어지지 않았다. 유자가 익은 지가 오래되면 그 맛이 다른 것보다 월등히 좋아서 매우 진귀하게 여길 만하였는데, 근래에는 그 옆에다 마구간을 지어 말똥이 뿌리를 부식시켜서 유자나무가 말라죽어 장차 다 없어지려 한다." 하였다. 옛날 子瞻은 萬松亭에서 後人들이 그 뜻을 계승하지 못함을 슬퍼하여 '덕을 좋아하여 내 모습 돕는 이 없다[好德無人助我儀].'라는 시구가 있었으니, 나 또한 성하고 쇠함에 감동하여 시를 읊어서 스스로 마음을 달래는 바이다.[194]

이 작품은 기본적으로 위 시제에 드러나듯 예전과 달리 유자나무가 더 이상 관아 정원에서 잘 자랄 수 없는 환경에 처해져 있음을 안타까워 한 것이다. 우선 시제를 살펴보면 약천은 자신의 의도를 알리기 위한 이중 장치인 다른 문인의 시 구절을 시제에 인용해 둠으로써 자신의 의도를 명백히 하고자 했다. 차용한 시는 소식蘇軾(1036~1101)이 만송정萬松亭에서 지은 작품으로, 그 시의 서문을 살펴보면 "마성현령麻城縣令 장의張毅가 길가에 수많은 소나무를 심어 길 가는 자들을 쉬게 하고 또 정자의 이름을 만송정이라 하였는데, 그가 떠난 지 10년이 못 되어 남아 있는 소나무가 3, 4할에도 미치지 못하였다. 나는 그의 뜻을 계승하지 못함을 서글퍼 이 시를 지었다." 라고 되어있음을 볼 수 있다. 인용해 둔 소식 작품의 시상이 약천이

194 南九萬, 〈詠柚詩 二十首○幷序 중 16수, 邑人云, "前日縣衙軒前, 柚樹甚盛, 結實蕃碩, 雖在深冬, 張羃以防霜雪, 則可經歲不落. 爛熟之久, 美味絶勝於他, 甚可珍也, 近間作馬廐於其側, 糞穢蝕根, 枯死且盡"云. 昔子瞻於萬松亭, 傷來者之不嗣其意, 有'好德無人助我儀'之句, 余亦感此衰盛, 吟以自遣〉, 『藥泉集』 권2.

이 작품을 쓸 당시 느꼈던 감정과 상당히 유사함을 발견할 수 있다. 약천은 사회적 변천에 따라 변화한 유자의 모습을 포착한 뒤, 성쇠盛衰에 대한 거시적 사유를 진행하면서도 자신이 겪은 상황과 유사한 내용을 모티브로 삼은 소식의 작품까지 떠올리게 된 것이다. 이렇듯이 작품은 유자라는 영물에서 흥기된 여러 시상이 흥興의 수법으로 구현되어 있다.

이를 바탕으로 시를 살펴보면, 수련에는 변모된 환경에 대한 탄식이 드러나 있으며, 함련에는 유자나무는 사라지고 마구간만이 즐비하게 늘어서 있는 모습이 대조적으로 배치되어 있음을 볼 수 있다. 경련에서는 '금인今人'과 '고인古人'을 말하여 그 간극의 차이를 언급하면서 예전 일을 본받아 이끌어 갈 인물이 없음을 탄식하고 있다. 미련에서는 정원이 사라졌을뿐더러 동헌東軒조차 마구간으로 변모하였음을 그려내 그 변모 양상을 더욱 곡진히 드러냈다. 마지막 구절에 이르면 약천이 성쇠에 대한 깨달음으로 시상을 맺고 있음을 포착할 수 있는데 유자를 통해 사회적인 변천 양태를 포착하고 거시적 논의로까지 나아갔음을 확인할 수 있다.

4. 결론

지금까지 필자는 선차적으로 영물시의 개념을 규정하고 약천의 영물시를 개관하는 작업을 필두로 연작영물시의 형식과 구성상의 특징을 면밀히 살펴보았다. 이에 약천 연작영물시가 '변형된 일체형' 구조를 가진다고 규정하고 시 배치 양태와 구성 양상을 고찰하였다. 유독 개별형이라고 볼 수 있는 시들을 연작 형태로 묶은 이유를 검토했으며, 제목 장편화 양상의 특징을 밝히고 그 이유를 추적해 보았다. 약천은 영물시에 주석이라고 할 수 있을 정도로 길고 상세한 제목을 첨기함으로써 정보 전달의 역할을 충실히 구현하면서도 서적이나 다른 입증 자료를 부기했다는 특징을 보인다. 이는 이념적理念的이라기보다는 고증적考證的이고 객관적客觀的인 약천의 학문 경향과[195] 역사를 면밀히 고증하고 따졌던 그의 성향[196]과도 일치해 보인다. 고증적 면모는 소론계의 특징이라고 생각되는데[197] 이와 관련해서는 추후 연구가 더 필요한 실정이다.

다음으로 연작영물시에 드러난 형상화 양상을 살펴보고자 하여 '영물 외적 이미지의 입체적 묘사', '영물 내적 이미지의 독창적 기술', '영물에 기탁한 개인적 감정 술회', '영물에 의해 촉발된 사회적 의식 표출'이라는 4가지 층위를 나누어 고찰하고자 했다. 전반적으로 논의해보면 약천 연작영물시의 가장 큰 특징은 관조의 깊이가 깊을뿐더러 다양한 시선으로 유자를 바라보았다는 점이다. 외적 이미지만을 입체적으로 묘사하면서도 그로 인해 발생한 감정을 혼효시켜 드러내기도 하였으며, 내적 이미지인 유자의 본질적 면모를 독창적인 방법으로 비유해냈다. 본질에 대한 관조가 깊어지면서 유자의 본질적 면

195 김영주, 「약천 남구만의 문학론 연구」, 『퇴계학과 유교문화』 33, 경북대학교 퇴계학연구원, 2003, 211면.

196 박인호, 「南九萬과 李世龜의 歷史地理 硏究 ; 南九萬의 〈東史辨證〉 · 李世龜의 〈東國三韓四郡古今疆域說〉을 중심으로」, 『역사학보』 138, 역사학회, 1993, 484~489면 참조.

197 김묘정, 「丙寅燕行日乘 에 나타난 吳道一의 대청의식 표출 양상 검토」, 『한문학논집』 43, 근역한문학회, 2016. 262면.

모라고 묘사된 내용이 일면 약천의 내면세계와 일치하게 되었다고도 풀이가 가능한데, 관조의 단계가 깊어지면 깊어질수록 대상이 지니고 있던 상징과 이미지가 약천의 의도에 의해 자신의 내면과 일치하게 되는 것은[198]자연스러운 결과라고 본다. 그러나 이는 분명 목적 측면에서 유자 본질에 대한 탐구의 결과이므로 관조의 깊이를 말해줄 뿐, 영물에 기탁한 개인적 감정 술회로는 규정할 수는 없을 듯하다. 그밖에도 약천이 영물의 본질에서 파생된 효용성을 탐구했다는 점에서 그가 관조 이상으로 유자를 학문적으로까지 탐구했음을 볼 수 있었다.

또한 유자에 기탁해서 유자의 상황을 자신의 상황으로 환치시켜두기도 하였는데 이 역시 직접적인 토로 없이 영물에 개인적 감정을 담아냈다는 점에서 약천이 내면을 표면적으로 드러내는 것을 허용하지 않았다고 논할 수 있다. 약천의 연작영물시는 시 전반에 걸쳐 한 구절마다 전고가 장치화 되어 있는 경우도 있을 정도로 전고의 사용이 두드러지는데, 약천은 전반적으로 평이한 시어를 사용하여 유자를 묘사하지 않았다. 그렇다고 하여 이 특징으로 인해 약천이 영물시 창작에 있어 당시唐詩보다 송시宋詩를 선호하였다고[199] 단정하기에는 어려워 보인다. 이러한 면모가 경향성을 담보할 수는 없다고 보기 때문이다. 오히려 〈영유시詠柚詩〉에 유독 소식蘇軾과 관련된 시 구절이나 내용이 여러 곳에서 포착되기에[200] 이를 통해 약천의 성향을 유추

198 윤재환, 「玉洞 李漵의 詠物詩 硏究」, 『漢文學論集』 40, 근역한문학회, 2015, 100면 참조.

199 성당제, 「藥泉 南九萬 文學의 硏究」, 成均館大學校 大學院 박사학위 논문, 2004, 98면. 성당제는 「詠柚詩」에 典據가 많이 쓰인 것을 확인할 수 있으며, 이는 약천의 시가 宋詩적 성향을 띄고 있음을 말해준다고 논했다.

해 보는 것이 합당하다고 생각된다. 자명한 것은 약천이 영물에 대한 관조가 뛰어났고 표현력이 독창적이었으며 다채로운 영물시를 구사해냈다는 것이다. 그 밖에도 약천은 영물에 의해 촉발된 사회적 의식 표출하였는데 약천이 여타 우민시에서 현실을 극복할 수 있는 실용적인 방법을 제시하고 백성에 대해 책임의식을 가졌던 면모[201]와 유사하다. 작가의 성향이 영물시에도 그대로 반영되어 있어 현실을 바라보는 그의 시선과 태도를 곡진히 느낄 수 있었다. 약천은 수사 측면에서 연작영물시 안에 비흥比興의 체體를 구사하여 비유적으로 자신의 생각을 개진하면서도 자신의 감정을 유자에 기탁하거나 유자를 통해 자신의 생각을 표출했음을 확인할 수 있었다. 이는 분명 그의 문학론에 드러나는 '미자美刺 사상'과도 관련이 있어 보인다.

지금까지 필자는 약천의 연작영물시를 살펴보았는데, 영물시에서 느껴지는 다채로우면서도 깊고 섬세한 관조의 틀이 약천의 시적 역량을 대변해주고 있다고 생각된다. 약천 연작영물시 연구를 통해 비록 일부이지만 그의 시세계의 일면 조명했다는 점에서 이 글의 최종적인 의미를 찾고자 한다. 다만 우리나라 문인을 대상으로 연작영물

200 南九萬, 〈詠柚詩 二十首○幷序 중 1수, 八月食柚子猶青, 書示學子河漳, 朴殷輅」, 「八月食柚子猶青, 書示學子河漳, 朴殷輅」, 「邑人云, "前日縣衙軒前, 柚樹甚盛, 結實蕃碩, 雖在深冬, 張冪以防霜雪, 則可經歲不落. 爛熟之久, 美味絶勝於他, 甚可珍也, 近間作馬廐於其側, 糞穢蝕根, 枯死且盡"云. 昔子瞻於萬松亭, 傷來者之不嗣其意, 有'好德無人助我儀'之句, 余亦感此衰盛, 吟以自遣〉·〈詠柚詩 二十首○幷序 중 14수, 曾聞叔父竄珍島時, 細切柚子皮, 合梨實鰒魚爲葅, 風味超然, 非煙火中人所可食者云. 余亦效而爲之, 停箸有感〉, 『藥泉集』 권2.

201 성당제, 「藥泉 南九萬 文學의 硏究」, 成均館大學校 大學院 박사학위 논문, 2004, 61～63면 참조.

시를 논한 선행 연구가 없는 실정이라, 연작영물시라는 거시적인 틀에서 약천의 작품을 조망하지 못한 점이 아쉬움으로 남는다. 확인한 바로는 단편적으로 유자를 시 안에서 일부 언급하고 있는 작품은 존재하나, 유자만을 대상으로 삼으면서도 연작의 형태를 가진 것은 약천의 〈영유시詠柚詩〉가 유일한 듯하다. 그에 따라 소재를 유자로 국한하여 여러 문인의 연작영물시 계보를 만들기는 어려운 상황임을 밝혀두는 바이다. 대신 범주를 넓혀 다양한 소재의 작품을 포섭하여 연작영물시의 계보를 만드는 것은 가능해 보이므로, 이는 필자의 추후 과제로 남겨두고자 한다.

VI. 약천 남구만의 차운시

김효정

1. 서론

약천藥泉 남구만南九萬(1629~1711)은 17세기 후반에서 18세기 초까지 50여 년간 관직에 있었던 대표적인 관각문인으로 소론의 영수이자 당대의 명문장가로 알려진 인물이다. 남구만은 28세인 1656년(효종 7) 별시에 합격하여 출사한 후 50년 동안 효종·현종·숙종 세 명의 임금을 보필하며 영의정까지 지냈으며, 일찍이 문장이 빼어나 문명을 떨쳤다. 그의 졸기에는 "남구만은 젊어서부터 문재가 있었고, 필법도 공교하고 아름다웠다.",[202] "문사가 법도 있고 아름다웠으며, 필획 또한 예스럽고도 힘찼다."[203]라고 평하고 있어 그가 뛰어난 문인이었음을 확인할 수 있다.

조선시대 문인들의 교유 관계에서 시는 매우 중요한 매체였다. 서

202 『숙종실록』, 숙종 37년 3월 17일, "九萬少有文才, 筆法亦工媚."
203 『숙종실록보궐정오』, 숙종 37년 3월 17일, "文辭典麗, 筆畫古健."

로에게 일어난 희·노·애·락의 일상사와 심정을 시로써 전달하여 서로의 마음을 읽으며 교유의 폭과 깊이를 더해 나갔다. 이들이 교유 과정에서 주고받은 시에는 작가의 상황과 심정, 상대방과의 정서적 교감, 문학적 성향까지 담겨 있다. 특히 차운시는 문인들의 교유 과정에서 활용빈도가 매우 높았다. 차운次韻은 상대방의 시에 화답하는 화운和韻의 일종으로 보편적인 한시 창작방법 중의 하나로 문인들 사이에 매우 활발하게 활용되었다. 화운은 운韻의 활용 양상에 따라 차운·의운依韻·용운用韻으로 나눌 수 있다.[204] 의운은 원작의 운과 같은 동운자同韻字에 해당하는 운자韻字중 아무거나 운으로 사용하는 경우이고, 용운은 원작과 같은 운을 사용하지만 운을 놓는 순서는 창화자唱和者가 임의대로 바꿀 수 있는 경우이다. 차운은 원작과 동일한 운자를 사용하고 운을 놓은 순서까지 똑같은 경우로 가장 엄격하고 까다로운 형식적 제약을 받는다. 언뜻 생각하면 의운이 가장 수월한 창작기법이라 널리 운용이 되었을 것으로 생각되지만 실제로는 형식적 제약이 가장 많은 차운이 널리 행해졌고 지금까지도 그 명맥이 유지되고 있다.

원운을 함께 공유해야하는 제약은 오히려 원운자에 대한 존중의 의미를 보여주는 표현이 되기도 하고 동류의식을 형성하여 교유 관계를 더욱 돈독하게 유지시키는 매개 역할을 하기도 하였다. 이외에도 문인들은 차운시를 통해 시재詩才를 뽐내기도 하고, 자신이 좋아하는 전대前代 시인의 시에 차운함으로써 고인古人에 대한 흠모의 정도를 나타내기도 하였다.[205] 또한 시를 학습하는 초보단계에서는 학시學詩

---

204 劉攽, 「中山詩話」, 『역대시화』 3, 소명출판, 2013, 86면, "唐詩賡和, 有次韻先後無易, 有依韻同在一韻, 有用韻用彼韻而不必次."

의 수단으로 활용되었다. 이처럼 차운은 후대로 내려올수록 더욱 확산되고 보편화되어 일상적인 시작詩作 기법으로 자리하게 되었다.

남구만의 문집 『약천집藥泉集』 권1과 권2에는 281수[206]의 시가 수록되어 있는데 그중 약 30%에 해당하는 62제 82수가 차운시다. 현전하는 시의 ⅓에 해당하는 시가 차운의 형태를 띠고 있다는 점은 주목을 요한다고 하겠다.

남구만은 당대의 명문장가로 이름이 드높았고 『약천집』에 적지 않은 분량의 시詩·서書·기문記文·소疏 등 다양한 시문들이 남아있었음에도 불구하고 그의 시문에 대한 연구는 2000년대 들어서야 이루어지기 시작하였다. 김영주의 문학론 연구[207]를 시작으로 문학론과 전반적인 시세계 연구[208]들이 선행되었고, 최근에는 교유 양상[209]·

---

205 강성위, 「和韻詩의 類型과 特性考」, 『중국문학』 30, 한국중국어문학회, 1998, 175면.

206 『약천집』 「총목」에는 900여 수의 초고 시 중 276수를 뽑은 것(草稿詩凡九百餘首, 選二百七十六首)으로 기록되어 있으나 실질적으로 『약천집』에 수록된 시는 권1에 90제 127수, 권2에 109제 150수로 총 277수의 시가 수록되어 있다. 또 권1의 〈城津感鄭東溟斗卿詩屛 幷序〉(1673년작)의 서문에 1671년에 지은 시가 1수 삽입되어 있으며, 권2의 〈贈朱生 幷序〉(1688년작)의 서문에 1674년에 지은 시 1수가 삽입되어 있다. 그리고 권27에 〈贈靈巖權迪 康津李馥 海南韓翊周 三太守詩序〉(1668.12.20.) 1수, 권30에 〈答西溪丙子九月八日〉)(1696.9.8.) 1수가 수록되어 있어 『약천집』 소재 남구만의 시는 총 281수가 된다(이황진, 「남구만의 『약천집』 「시」의 편집상의 특징 고찰(2)」, 『국학연구』 35, 한국국학진흥원, 2018, 227~230면.).

207 김영주, 「약천 남구만의 문학론 연구」, 『퇴계학과 한국문화』 33, 경북대학교 퇴계연구소, 2003.

208 성당제, 「약천 남구만 문학의 연구」, 성균관대학교 박사학위논문, 2005 ; 성당제, 「약천 남구만 시의 품격」, 『한국한문학연구』 35, 한국한문학회. 2005 ; 성당제, 「약천 기문의 산수미 형상과 서술적 특징 : 「함흥십경도기」와 「북

유배시[210] · 만시[211] · 영물시[212] · 상소문[213] · 기문[214] · 편집 특징[215] 등 다양한 방면으로 세분화된 연구가 진행되고 있다. 특히 문장가로 알려진 남구만의 시세계에 대한 연구가 활발하게 진행되고 있는 점은 그가 시인으로서도 상당한 역량을 지닌 인물임을 시사하는 것이라 할 수 있다.

그러나 남구만의 시에서 가장 많은 분량을 차지하고 있는 차운시에 대한 연구는 아직 진행된 바가 없다. 차운의 대상과 원운이 존재

관십경도기」를 중심으로」, 『어문연구』 33, 한국어문교육연구회, 2005 ; 박영민, 「약천 남구만 한시의 연구」, 『한국인물사연구』 3, 한국인물사연구소, 2005 ; 유권종, 「약천 남구만의 유학사상」, 『한국인물사연구』 3, 한국인물사연구소, 2005 ; 이승철, 「동해 약천마을과 약천 남구만의 〈시조〉 엿보기」, 『강원민속학』 20, 강원도민속학회, 2006 ; 김성언, 「남구만의 시세계」, 『한국한시작가연구』 11, 한국한시학회, 2007.

209 최윤정, 「書簡을 통해 본 박세당과 남구만의 교유 양상」, 『한국고전연구』 24, 한국고전연구학회, 2011.

210 이황진, 「약천 남구만의 유배시 연구」, 『한민족어문학』 75, 한민족어문학회, 2017.

211 하정승, 「藥泉 南九萬의 한시에 나타난 죽음의 형상화와 미적 특질 - 挽詩를 중심으로」, 『동양한문학연구』 47, 동양한문학회, 2017.

212 김묘정, 「藥泉 南九萬의 연작영물시 고찰 - 「영유시」 20수를 중심으로」, 『고전과 해석』 22, 고전문학한문학연구학회, 2017.

213 김지웅, 「약천 남구만 소차 연구」, 고려대학교 석사학위논문, 2015 ; 윤재환, 「藥泉 南九萬 上疏文의 構成 原理와 展開 樣相 - 『章疏彙攷』와 『疏箚可則』 所在 辭職上疏文을 中心으로 -」, 『한민족어문학』 74, 한민족어문학회, 2016.

214 권진옥, 「藥泉 南九萬의 記文 연구」, 『한민족어문학』 75, 한민족어문학회, 2017.

215 이황진, 「남구만 『약천집』 「시」의 편집상의 특징 고찰」, 『국학연구』 33, 한국국학진흥원, 2017 ; 「남구만 『약천집』 「시」의 편집상의 특징 고찰(2)」, 『국학연구』 35, 한국국학진흥원, 2018 ; 「남구만의 교유 인물과 『약천집』 「시」의 편집성향」, 『우리문학연구』 59, 우리문학회, 2018.

한다는 점은 자유로운 시 창작을 제한하는 요소가 될 수 있지만 원운시와 같은 운을 사용하더라도 전개되는 시의 시상은 작가 개인의 심상에서 벗어날 수 없고, 작가의 역량에 따라 원운시와 다르게 표현된다는 점에서 차운시는 작가의 의식과 문학적 역량을 살필 수 있는 장르가 된다고 생각한다. 차운의 대상을 통해 시인의 사적·공적 관계망을 살펴볼 수 있고, 그 관계망 속에서 공유하는 상황과 감정 속에서 작가의 의식을 살펴볼 수 있기도 하다. 이에 본고에서는 남구만의 차운시를 고찰하여 차운의 대상을 분석하고 형상화 양상을 살펴 그의 시세계에 대한 연구를 확장하고자 한다.

2. 『약천집』과 남구만의 차운시 개관

『약천집』은 남구만 사후 12년 후인 1723년(경종 3)에 34권 17책으로 출간되었는데, 권1과 권2에 1659년 31세 때의 작품부터 1711년 졸할 때까지 53년 동안 지은 시들이 창작 연대순으로 수록되어 있다. 전체 34권 중 시가 2권에 불과하다는 것은 『약천집』이 문文을 중심으로 간행되었음을 말해준다. 『약천집』은 남구만의 아들 남학명南鶴鳴(1654~1722)과 손자 남극관南克寬(1689~1714)이 편집하여 간행하였는데, 『약천집』「총목總目」에 "초고의 시 900여 수에서 276수를 뽑고, 문 1,400여 편에서 726편을 추려내었다."[216]라고 밝히고 있어 본래 남아있는 시문의 ⅔를 산삭했음을 알 수 있다. 83년이라는 남구만의

216 南九萬, 「總目」, 『藥泉集』, "草藁詩凡九百餘首, 選二百七十六首, 文凡一千四百餘首, 選七百二十餘首, 爲一千三百九十一板."

긴 생애를 비추어 볼 때 900여 수의 시작詩作은 많은 편이라고 할 수 없다. 이는 남구만이 시가 필요한 경우에만 창작했음을 짐작하게 한다.

『약천집』의 편집자인 남학명은 "문집을 편찬할 때 시문은 간략해야 하고, 편지는 마음을 가장 잘 나타낸 글로 그 인물을 상상할 수 있어야 한다."[217]라고 밝히고 있어 『약천집』의 선별 기준을 짐작할 수 있다. 이황진은 『약천집』의 편집 체제와 편집 의도에 대해서 고찰하고 몇 가지 선별 기준을 제시하기도 하였다.[218] 『약천집』 소재 시는 편집자인 남학명과 남극관의 시관과 정쟁이 치열하던 당대 정치적 상황, 그리고 남구만의 정치적 위상 등이 복합적으로 고려되어 선별된 것으로 남구만을 존숭하는 후손들의 시선이 담겨있는 것이라 하겠다.

『약천집』 소재 시들이 비록 편집자의 편집 의도에 의해 선별되어 편차된 것이지만 시 속에 담긴 정서는 남구만의 삶과 생각을 오롯이 담고 있다는 점에서 작가만의 고유성을 지닌 것이라고 할 수 있다. 남구만은 상대방과의 차운을 통해 상황과 감정을 공유하고 소통함으로서 친밀감을 높이기도 하였고, 고인의 시에 차운하거나 자신의 시

217 南鶴鳴, 〈詞翁〉, 「雜說」, 『晦隱集』 권5. "凡纂文集, 詩文宜從簡約, 而書牘最是流出胸中之文, 可以想見其人物. 如畫像之不取貌美. 只以恰似爲準之義也."

218 이황진은 『약천집』 소재 시의 편집 체제와 특징에 대해 자세히 검토하였는데 다음의 논문이 참고가 된다(이황진, 「남구만 『약천집』 「시」의 편집상의 특징 고찰」, 『국학연구』 33, 한국국학진흥원, 2017 ; 「남구만 『약천집』 「시」의 편집상의 특징 고찰(2)」, 『국학연구』 35, 한국국학진흥원, 2018 ; 「남구만의 교유인물과 『약천집』 「시」의 편집성향」, 『우리문학연구』 59, 우리문학회, 2018.)

에 재차 차운하면서 자신을 돌아보기도 하였다.

『약천집』 소재 남구만의 차운시는 62제 82수로 전체 281수의 약 1/3에 해당하는 적지 않은 분량이다. 『약천집』에는 31세 때인 1659년 이후의 작품부터 수록되어 있으므로 전 생애에 걸쳐 실제 창작한 차운시는 훨씬 더 많았을 것으로 추정된다. 차운시의 목록을 살펴보면 다음과 같다.[219]

[표 1] 남구만 차운시 목록

	제 목	시수	형식	창작 시기	원운자/문집	관계	비고
1	次韻贈崔生錫萬後改錫鼎	1	7언배율	1660년	崔錫鼎, 『明谷集』	제자	
2	鎭川客舍, 次韻退陶詩 并序	1	7언율시	1662년	李滉, 〈鎭川東軒〉, 『退溪集』 卷1. 〈원운 제시〉	고인	
3	密陽次彝仲寄示韻	1	5언율시	1662년	李敏敍, 〈寄贈南雲路 二首, 時以癘祭官往嶺南, 雲路以賑恤御史在本道〉, 『西河集』 卷3.	친구 (사돈)	
4	梁山次韻鄭誧黃山歌	1	7언배율	1662년	鄭誧, 〈荒山歌〉, 『雪谷集』下	고인	
5	長鬐客舍, 次壁上韻	1	5언율시	1662년	미상	-	
6	安東次成使君後卨映湖樓韻	2	7언율시	1662년	成後卨(1615~1673)	동료	
7	直廬愁寂, 疊前韻懷僚友	1	5언율시	1663년	南九萬, 〈蕩春臺〉, 『藥泉集』 卷1.	본인	
8	大王大妃殿患候平復後, 次白軒李相國 景奭韻	2	7언절구	1664년	李景奭, 『白軒集』, 〈원운 수록〉	동료	
9	送修上人歸金剛, 次軸中韻 并序	1	5언율시	1664년	修上人(?~?)	지인	
10	李評事季周端夏 將發北塞之行. 余與洪都尉得箕, 申寅伯最, 李彝仲, 出送于東郊, 薄暮還入都門, 城頭皎月初上.	1	7언율시	1664년	李敏敍, 〈東門送松磵北幕之行 與諸友因登城樓翫月〉, 『西河集』 卷4.	친구 (사돈)	

219 차운은 화운의 일종이므로 남구만의 차운시에는 화운시와 자작시에 차운한 첩운시까지 포함하여 살펴보았다.

	因同上城樓, 呼韻賦詩, 縱飮極醉而歸. 彝仲追成一詩, 以記其事, 李景略慊恨不與會, 次其韻以示余, 聊獲答之						
11	次韻丁縣令詩 南大川石壁刻一絶曰 ; 萬古經過地, 山川幾換名, 從今多歲月, 誰記此金城, 嘉靖戊申秋, 縣令丁玉精.	1	5언절구	1665년	丁玉精(1545~?), 〈원운 제시〉	고인	
12	金益亨言, 渠少時受學於鄭玄谷百昌, 其時鄭公寓居楊根江上. 任疏菴叔英 · 李澤堂植俱斥於時, 居止相近, 從遊甚樂. 唱酬篇什, 溢於几案云. 余聞而感焉. 使金生誦所記三公詩各一章, 輒步其韻以識之	3	7언절구	1665년	鄭百昌(1588~1635) 任叔英(1576~1623) 李 植(1584~1647)	고인/ 고인/ 고인	
13	彝仲出錦城, 永叔寄詩, 彝仲次其韻, 要余屬和, 伊時永叔又出舒川, 不勝悵悵, 情見于辭.	1	5언고시	1667년	金萬基, 〈夜月憶彝仲, 仍敍感懷〉, 『瑞石集』 卷3.	친구 (사돈)	
14	白巖寺次圃隱韻	1	7언율시	1668년	鄭夢周, 〈長城白嶽寺雙溪寄題〉, 『圃隱集』 卷2.	고인	
15	次韻白軒李相國賜几杖榮恩詩	1	7언배율	1668년	李景奭, 〈賜几杖, 謹識感祝之意 賦七言律十韻〉, 『白軒集』 卷52 別稿	동료	
16	將築廣陵之居, 次李惠仲敏迪韻述懷.	1	7언율시	1669년	李敏迪, 『竹西集』	친구	
17	惠仲嗜酒不已, 將成病, 余屢以爲戒, 未嘗不心折而輒復陶然. 昨者洪都事宇熙一醉不起. 余聞之瞿然, 聊次陶靖節止酒詩韻以贈, 若有味斯言, 則必有戚戚于中者矣	1	5언배율	1669년	陶淵明, 〈止酒〉	고인	
18	次李承旨季周韻	1	7언절구	1671년	李端夏, 『畏齋集』	친구	
19	次李評事樂甫蕙寄示之作, 兼奉都事判官	1	7언율시	1673년	李蕙(1628~1679)	동료	
20	玉連堡, 次荷谷韻	1	5언배율	1673년	許篈, 〈題玉連堡, 在富寧府西南四十里許, 設萬戶〉, 「續補遺」, 『荷谷集』	고인	
21	病臥北行營, 次朴評事泰尙投示之韻, 兼簡鏡城朴判官信圭.	1	7언율시	1674년	朴太尙(1636~1696)	동료	

22	子婦李祥祭夜, 往彝仲宅, 彝仲遭憂, 爲營葬往春川. 獨臥愴悢, 永夜無寐, 見壁間有小紙, 出而視之, 乃叔父南遷時, 路中悼念惠仲, 寄彝仲詩及彝仲和章. 反覆悲吟, 存亡離合之感, 觸境而發, 心焉如割, 聊次其韻, 續成二首, 以記此時此夜爲情之難, 送獻叔父. 而彝仲方號擗皇皇, 不可寄以有韻之文, 姑俟異日布焉	2	7언절구	1674년	南二星(1625~1683), 〈원운 수록〉; 李敏敍, 〈次寄宜拙謫居〉, 『西河集』 卷2.	숙부 친구	
23	重到洗夢齋, 次前韻	1	7언절구	1675년	南九萬, 〈名廣津新齋曰洗夢〉, 『藥泉集』 卷1.	본인	
24	次韻答李燕岐景略	1	7언절구	1675년	李㒞(1631~1695)	친구	
25	省叔父于白川謫所, 歸時相送于江西寺, 叔父贈一律, 敢次韻以呈. 前秋亦相送于此	1	7언율시	1676년	南二星, 〈원운 수록〉	숙부	
26	至船頭. 叔父又題絶句于扇, 謹次韻呈上	1	7언절구	1676년	南二星, 〈원운 수록〉	숙부	
27	廣津別墅, 次西溪朴兄季肯世堂韻	4	7언절구	1676년	朴世堂, 〈藥泉別業, 贈南雲路〉, 「石泉錄」 上, 『西溪集』 卷2. 〈원운 수록〉	인척(자형)	
28	蘆谷村舍溪邊. 次李錫余三錫韻	1	7언율시	1676년	李三錫(1624~?)	친구	
29	酬南尙書雲卿龍翼見懷之作, 次其韻.	1	5언고시	1677년	南龍翼, 〈八哀四懷詩〉, 『壺谷集』 卷10. 〈원운 수록〉	인척	
30	和光州李使君彝仲白巖感舊寄示之作	1	7언율시	1677년	李敏敍, 『西河集』	친구	
31	敬次叔父下示韻	2	7언절구	1679년	南二星, 〈送舍姪于扶餘還寓悵吟〉, 〈원운 수록〉	숙부	
32	次金生德恒示詩韻 幷序	3	7언율시	1679년	金德恒(?~?) 〈원운 제시〉	지인	
33	余之南竄也. 崔校理汝和錫鼎, 意余行路由鳥嶺. 自榮川出迎咸昌, 而余由八良峴以來, 故不相値, 到配後汝和寄咸昌二律, 次韻以答	2	7언율시	1679년	崔錫鼎, 〈奉寄南先生南海謫所〉, 「榮州錄」, 『明谷集』 卷2. 〈원운 수록〉	제자	
34	赦歸遊龜山僧舍, 次叔父下示韻	2	7언율시	1680년	南二星, 〈원운 수록〉	숙부	
35	酬大學士西河李彝仲傳硯詩	1	7언율시	1683년	李敏敍, 〈贈太學士藥泉〉,	친구	

					『西河集』 卷5.	(사돈)
36	榛子店壁上, 次季文蘭韻 幷序	2	7언절구	1684년	季文蘭, 〈원운 제시〉	고인
37	路中又次韻	2	7언절구	1684년	季文蘭, 〈원운 제시〉	고인
38	次李景略韻	1	5언율시	1686년	李儶(1631～1695)	친구
39	乞暇來琵琶潭, 山僧自心者來. 云其師性浩詩軸中, 有余辛丑暮春所題, 感念今昔, 更次其韻, 使之歸示其師	1	7언절구	1686년	南九萬(辛丑年(1661)에 지은 시에 차운했다고 밝히고 있으나 원운은 수록되어 있지 않음)	본인
40	豐潤次谷文張贈詩韻	1	7언율시	1686년	谷文張, 〈원운 수록〉. 남구만의 『藥泉集』 卷29. 「雜著」 〈燕行雜錄〉에 수록되어 있다.	지인
41	次書狀韻	1	7언율시	1686년	吳道一, 〈寄呈正使 2首〉, 『西坡集〉 卷3, 「燕槎錄」	동료
42	次韻金領相壽恒助祭太廟, 扈還雨下頌禱之作	1	7언율시	1687년	金壽恒(1629～1689), 『文谷集』	동료
43	次雲卿大學士丙寅秋宗會詩韻	1	7언율시	1687년	南龍翼, 〈題同宗稧卷〉, 『壺谷集』 卷3.	인척
44	七夕後二日, 成宗會于壺谷大學士宅, 主翁先成一律要和. 牽率奉次。是日前掌令弼星, 軍資判官得箕, 啓夏, 受萬, 狼川縣監尙熏, 前驪州牧使益熏, 弘文校理致熏, 聖基 · 聖兪 · 磐 · 鶴鳴, 戶曹佐郎正重, 進士就明, 世重來會. 長興居極瞻亦不期而至	1	7언율시	1687년	南龍翼, 『壺谷集』	인척
45	涪溪朱生楡次余贈呂相國韻贈余, 聊復次答	1	7언율시	1688년	南九萬, 〈涪溪分路, 贈呂相國聖齊〉, 『藥泉集』 卷2.	본인
46	贈朱生 幷序	1	7언절구	1688년	南九萬, 『藥泉集』, 〈원운 제시〉	본인
47	次慶興李府使華鎭韻,地主李使君贈余以詩, 且手寫平日所爲詩雜體三四十首示余, 頗有不遇之歎.	1	7언율시	1688년	李華鎭(1626～1696)	동료
48	咸興更次前示父老韻示按使	1	7언율시	1689년	南九萬, 〈過咸興贈父老〉, 『藥泉集』 卷2.	본인
49	待罪氷江, 領樞李公尙眞, 亦屛處露梁, 有詩寄來, 奉次以答	1	5언절구	1689년	李尙眞, 〈원운 수록〉	동료
50	景略來訪, 次其韻	1	7언율시	1689년	李儶(1631～1695)	친구

51	四月二十日, 承恩謫江陵, 李白川景略・崔安東錫鼎・朴甥泰輔賦詩送行, 次諸人韻	4	7언율시	1689년	1수: 崔錫鼎, 〈典農村舍, 送別藥泉南先生江陵謫行〉, 「徒維錄」, 『明谷集』 卷3. 〈원운 수록〉. 2수: 李景略, 〈원운 수록〉. 3수 : 朴泰輔, 〈典農村舍, 奉別舅氏藥泉南廂公江陵謫行.其三〉, 『定齋後集』 卷1. 〈원운 수록〉. 4수: 崔錫鼎, 〈又次朴士元韻〉, 「徒維錄」, 『明谷集』 卷3. 〈원운 수록〉	제자 친구 조카 제자	
52	五月將望, 延安府伯崔汝和來訪, 有詩次答	1	7언율시	1690년	崔錫鼎, 『明谷集』	제자	
53	龍里新居成, 次人贈詩韻	1	7언율시	1693년	미상	-	
54	次韻答尹承旨世紀	1	5언율시	1696년	尹世紀(1647~1712)	동료	
55	次韻答金承旨世翊	1	7언율시	1696년	金世翊(1634~1698)	동료	
56	伏次御賜詩韻 幷小序	1	7언율시	1696년	肅宗, 『列聖御製』, 〈원운 제시〉	임금	
57	中秋會西溪老兄於晦雲洞溪邊, 臨別蒙贈, 謹此奉酬	2	7언절구	1698년	朴世堂, 〈藥泉相公, 將歸琶潭〉, 「石泉錄」下, 『西溪集』 卷4. 〈원운 수록〉	인척 (자형)	
58	春宮痘患平復, 和崔學士昌大喜慶之作	1	7언율시	1699년	崔昌大, 『崑崙集』	제자	
59	次韻松月軒詩 幷序	2	7언절구	1699년	心彦光(1487~1540), 『漁村集』, 〈원운 제시〉	고인	
60	放還結城, 疊前韻贈碧虛	1	7언절구	1703년	南九萬, 〈贈碧虛上人〉, 『藥泉執』 卷2.	본인	
61	自結城歸琶潭, 趙生國藎送至牙山有詩, 次韻留別	1	7언율사	1706년	趙國藎(?~?)	지인	
62	次韻題西溪贈外孫李後翁詩帖	1	5언고시	1710년	朴世堂, 〈贈外孫李後翁〉, 「補遺錄」, 『西溪集』 卷4.	인척 (자형)	
	총 62제	82					

위의 [표 1]에 나타난 62제 82수의 차운시를 차운 대상을 중심으로 살펴보면 인척, 동료와 같은 당대 지인과의 교유 과정에서 차운한 경

우가 58수로 가장 많고, 과거 고인古人들의 시에 차운한 경우가 14수, 그리고 자신의 자작시에 다시 첩운한 경우가 7수이다. 차운의 대상인 원운原韻의 인물들은 총 38명으로 이중 11명은 고인古人이고 나머지 28명은 당대 직접 교유하던 인사들이다. 이중 중국인은 고인인 도연명과 계문란, 그리고 사행길에서 만났던 곡문장 3명뿐이다. 남구만 차운시의 대상은 크게 당대 교유 인물, 고인, 본인으로 나누어 볼 수 있다.

1) 당대 교유 인물의 시에 차운한 경우

남구만이 차운한 당대 인물은 28명으로 이들과 주고받은 차운시는 58수에 이른다. 이는 전체 차운시 82수의 약 70%에 이르는 분량이다. 당대 인물과 나눈 차운시가 가장 많은 것은 평소 남구만이 당대 인사들과 교유 과정에서 차운시를 적극 활용하였음을 말해준다. 이는 남구만이 시를 교유관계를 이어주는 연결고리로 인식하고 있었음을 보여주는 것이라 할 수 있다.

차운의 대상과 시수를 구체적으로 살펴보면 남이성南二星(1625~1683) 7수・박세당朴世堂(1629~1703) 7수・이민서李敏敍(1633~1688) 5수・최석정崔錫鼎(1646~1715) 6수・이준李儁 4수・남용익南龍翼(1628~1692) 3수・이경석李景奭(1595~1671) 3수・성후설成後卨(1615~1673) 2수・김덕항 3수 그리고 1수씩 차운한 대상이 19명으로 나타난다. 이중 임금인 숙종과 승려 수상인, 관직 여부가 불분명한 김덕항, 조국진, 미상 1명을 제외한 23명의 인물이 모두 관직에 있었던 인물이다. 이는 50여 년을 관직에 있었던 남구만의 생애와 연관이 있을 것으로 생각되지만 소론의 영수이자 영의정의 지위에 까지 올랐던 남구만의 정치적 위상을 고려한 편집자의 편집 의도가 반영된 것으로 생각된다.

차운의 주요 대상을 살펴보면 숙부인 남이성, 절친한 벗이자 사돈인 이민서와 그의 형 이민적李敏迪(1625~1673), 그리고 자형인 박세당, 조카 박태보朴泰輔(1654~1689), 종친 남용익 등으로 인척관계에 있는 인물들이 많다. 그리고 제자인 최석정崔錫鼎(1646~1715)과 최창대崔昌大(1669~1720) 등을 포함하면 인척과 문인 관계에 있는 이들이 남구만 차운시의 주요 대상이 된다.

이들은 차운시를 통해 서로의 처지와 감정을 공유함으로써 친밀감을 높여 나갔는데, 친족과 지기를 향한 걱정과 이별로 인한 아쉬움, 그리움 등이 주요 시상을 이룬다. 특히 차운의 빈도가 높은 남이성, 이민서, 박세당은 남구만과 인척관계에 있는 인물로 매우 친밀한 사이였음을 짐작할 수 있다.

평생 관직에 있었던 남구만에게 함께 정사를 의논했던 동료들 또한 차운의 주요 대상이었다. 김수항金壽恒(1629~1689), 성후설, 이경석, 이훤李藼(1628~1679), 이화진李華鎭(1626~1696), 이상진李尙眞(1614~1690) 등과 나눈 차운시는 상대의 공적을 치하하거나 현재 처한 어려운 상황에 대한 위로와 격려, 부탁 등이 주요 시상을 이루고 있다.

이처럼 남구만의 차운시가 친인척과 당대 지인들과의 교유 과정에서 중점적으로 창작된 것은 그가 차운시를 교유 관계를 돈독하게 이어주는 연결고리로 여겼으며 이는 시의 순문학적 측면보다는 시의 효용적 측면을 중시했던 그의 시관詩觀[220]이나 학문의 실용적인 측면

220 南九萬, 〈琴湖遺稿序〉, 「序」, 『藥泉集』 권27, "余於詩, 所謂四聲八病者則誠

을 중요시했던 학문관學文觀[221]과도 부합된다고 하겠다.

2) 고인古人의 시에 차운한 경우

남구만의 차운시에서 고인의 시에 차운한 경우는 11제 16수로 전체 82수 중 약 18%의 분량이다. 고인은 11명이 등장하는데 이들을 자세히 살펴보면 고려의 문인은 정포鄭誧(1309~1345)와 정몽주鄭夢周(1337~1392) 등 2명, 조선의 문인은 이황李滉(1501~1570)·정옥정丁玉精(1545~?)·정백창鄭百昌(1588~1635)·임숙영任叔英(1576~1623)·이식李植(1584~1647)·허봉許篈(1551~1588)·심언광沈彦光(1487~1540) 등 7명, 그리고 중국 시인 도연명陶淵明(365~427)과 계문란 2명이다. 이중 중국의 전대前代 문인은 도연명이 유일하다.[222] 대개의 문

非所習, 若所謂溫柔敦厚之敎, 亦嘗略聞之矣. 詩之爲敎, 本欲以溫柔敦厚者, 理性情而形風化, 感人心而裨世程. 然而學詩者, 或凄淸以爲工, 或詰屈以爲奇, 或雕鏤以爲巧, 或枯槁以爲高, 詩之爲敎, 豈亶使然哉."

221 崔昌大, 〈領議政藥泉南公墓誌銘〉, 『崑崙集』 권17, "公家居廉儉, 性好學. 至耋老, 手不去書, 貫通經史, 而務致於實用."; 南鶴鳴, 〈先考遺事〉, 「遺事」, 『晦隱集』 권4, "公居常不談天人性命, 終日看書沈潛, 一以躬行心得爲務. 夷考其立志勑身, 勤勞盡瘁, 簡潔自守."

222 남구만이 차운한 도연명의 시는 〈止酒〉이다. 남구만은 친구인 李敏迪(1625~1673)이 술 때문에 건강을 해친 경우가 여러 차례 있었음에도 좀처럼 술을 끊지 못하자 도연명의 시 〈지주〉에 차운한 시 〈惠仲嗜酒不已, 將成病, 余屢以爲戒, 未嘗不心折而輒復陶然, 昨者洪都事宇熙一醉不起, 余聞之瞿然 聊次陶靖節止酒詩韻以贈, 若有味斯言, 則必有戚戚于中者矣〉를 지어주며 금주하기를 바라는 간절한 마음을 전하였다. 남구만이 〈지주〉를 차운한 것은 도연명에 대한 흠모보다는 〈지주〉라는 시가 갖고 있는 의미에 무게를 두고 있는 것이라고 할 수 있다.

인들이 두보나 소식과 같은 중국 문인들의 시를 다량으로 차운하는 경우[223]와는 사뭇 다른 모습이다.

이와 같은 양상은 남구만이 옛 문인들을 흠모하거나 숭상하는데 차운시를 활용하기 보다는 당대 지인들과의 교유 관계를 이어주는 연결고리로 활용하였기에 나타난 것으로 보인다. 이는 시의 효용성을 중요시 여겼던 남구만의 시관詩觀과 관련이 있을 것으로 짐작되지만 31세 이전의 시들이 단 1수도 실려 있지 않아 학시學詩 단계의 시를 살펴볼 수 없는 『약천집』의 편집 체제와도 관련이 있는 것으로 생각된다.

고인의 시에 차운한 경우는 작가의 감정을 일방적으로 전하는 형식을 취하게 된다. 특히 고인의 시가 남아있는 공간과 그가 시를 지었던 상황은 작가의 감정을 촉발하여 시를 짓게 하는 주요 동기로 작용한다. 더욱이 고인이 시를 지었던 상황이 자신이 처한 현실의 상황과 비슷할 경우 시간을 초월한 공감대를 형성하여 고인의 시에 화답하게 된다.

남구만이 고인의 시에 차운한 11제 16수 중 7제 10수가 고인의 흔적이 남아있는 진천객사鎭川客舍·양산梁山·남대천 석벽南大川石壁·백암사白巖寺·옥련보玉蓮堡·진자점榛子店·송월헌松月軒과 같은 특정한 공간에서 창작되었다는 특징을 보인다. 같은 공간에서 마주한 고인의 시에 담긴 당시의 상황과 고인의 처지는 현재 자신의 처지와

---

223 退溪 李滉은 도연명, 주자, 소식 등 중국문인 12명의 시를 50여수 이상 차운하였다.(장세후, 「퇴계의 중국문인 차운시」, 『퇴계학논집』 3, 영남퇴계학연구원, 2008, 1면.) 또한 旅軒 張顯光은 중국문인 文天祥의 시 39수를 차운하였는데 이는 전체 160여 수중 약 4분의 1에 해당하는 비중이다.(장세후, 「여헌 장현광 차운시 소고」, 『퇴계학논집』 1, 영남퇴계학연구원, 2008, 1면.)

오버랩 되면서 공감과 동질감을 느끼게 했을 것이다.

예를 들어 〈진천객사에서 퇴도의 시에 차운하다[鎭川客舍, 次韻退陶詩]〉는 진천의 객사에서 우연히 보게 된 이황의 시에 차운한 시이다. 이 시는 임인년(1542년)에 이황이 구휼어사로 이곳에 왔었음을 알고 예전 임인년의 굶주림이 현재의 임인년(1662년)에 또다시 반복되고 있는 현실을 안타까워하며 지은 시이다. 남구만은 이황의 시를 보면서 그에 대한 존경과 함께 굶주린 백성을 구휼하고자 하는 의지를 굳게 다졌다. 또한 〈옥련보에서 하곡의 시에 차운하다[玉連堡, 次荷谷韻]〉는 1673년(현종 14) 남구만이 함경도 관찰사로 재직할 당시 함경도 부령지역의 옥련보에서 허봉의 시 〈옥련보에서 쓰다[題玉連堡]〉에 차운한 것이다. 〈옥련보에서 쓰다[題玉連堡]〉는 1577년 허봉이 함경도 어사 시절에 지은 시로 북방의 경계를 다지고 임금께 충정을 다지는 내용을 담고 있다. 남구만이 함경도에 부임했을 당시 흉년이 들어 백성들의 고통이 극심하였는데 남구만은 허봉의 시에 차운하면서 백성을 구휼하고 국경의 경계를 지키고 넓히는 일을 게을리 할 수 없다는 책임의식과 나라를 걱정하는 마음을 굳게 다졌다.

이처럼 남구만이 고인의 시에 차운한 시는 고인이 시를 지었던 같은 공간에서 고인의 시에 대한 공감을 바탕으로 창작되었다는 특징을 보인다.

3) 본인의 자작시에 첩운疊韻한 경우

자신의 자작시에 차운한 것을 첩운이라고 하는데 남구만이 첩운한 시는 7제 7수이다. 첩운을 하는 경우는 대개 스스로에게 말하는 '독백'의 성격을 띠며, 내적 정서를 표출하게 된다.[224] 남구만의 첩운시 역시 이러한 경향을 보인다. 〈숙직하는 곳이 너무 쓸쓸하여 앞의 시에 첩운하여 동료를 그리다[直廬愁寂, 疊前韻懷僚友]〉에서는 관리로서의 부족함을 스스로 질책하기도 하고, 〈휴가를 받아 비파담에 오니, 산승인 자심이 와서 스승인 성호의 시축 중에 내가 신축년 봄에 지은 것이 있다고 하였다. 나는 옛일을 생각하여 다시 그 운에 차운하고 돌아가 그 스승에게 보이게 하였다[乞暇來琵琶潭, 山僧自心者來. 云其師性浩詩軸中, 有余辛丑暮春所題, 感念今昔, 更次其韻, 使之歸示其師]〉에는 관직에 있는 것이 부끄럽다는 자기 반성적인 마음이 담겨있다.

특히 7수의 첩운시 중 4수는 유배기에 첩운한 시이다.[225] 남구만은 4차례의 유배를 겪었다.[226] 유배라는 특별한 상황은 자신이 살아온 삶을 되돌아보게 한다. 〈함흥에서 다시 앞에 지어준 부로의 시에 차운하여 관찰사에게 보여주다[咸興更次前示父老韻示按使]〉에서는 자조적인 읊조림 속에서 자신을 굴원에 비유하기도 하고, 〈주생에게 주다[贈朱生] 병서(幷序)〉에서는 과거 함경도 관찰사 시절에 만났던 지인을 유배객의 처지가 되어 다시 만나 인생의 만남과 헤어짐의 서글픈 회포를 담아내기도 하였다.

남구만이 자작시에 첩운한 경우는 많지 않으나 자신의 내적 정서를 진솔하게 담고 있다는 점에서 시의 본질을 충실히 구현하고 있다고 하겠다.

---

224 신은경, 「차운시의 상호텍스트적 성격 - 윤선도의 시를 대상으로」, 『동양학』 67, 단국대학교 동양학연구소, 2017, 17면.

225 유배기에 쓴 첩운시는 〈涪溪朱生楡次余贈呂相國韻贈余, 聊復次答〉·〈贈朱生幷序〉·〈咸興更次前示父老韻示按使〉·〈放還結城, 疊前韻贈碧虛〉 등이다.

226 이황진, 「약천 남구만의 유배시 연구」, 『한민족어문학』 75, 한민족어문학회, 2017, 106면.

3. 남구만 차운시의 형상화 양상

산삭된 시가 2/3에 달하는 『약천집』 소재 시만으로 남구만의 시세계 전모와 창작 의도를 온전히 파악하는 것은 어려운 일이다. 더욱이 편집자의 시관과 당대의 정치적 상황, 그리고 남구만의 정치적 위상 등이 복합적으로 반영된 편집 의도 또한 남구만의 시세계를 온전히 파악하기 어려운 한계로 작용한다. 하지만 편집자인 남학명 역시 시를 잘했던 문인이었으므로 부친의 시를 선별하는 과정에서 편집 의도에 벗어나지 않으면서 시작 수준이 뛰어난 작품들을 중심으로 선별하였을 것이다. 차운시는 원운을 엄격히 준수하면서도 작가만의 심상을 온전히 드러낼 수 있어야 하므로 능숙하고 수준 높은 시작 능력을 요구한다. 원운이 있다는 제약이 오히려 시적 재량을 드러낼 수 있는 요소가 되는 셈이다.

이 장에서는 남구만 차운시의 형상화 양상을 사적 기억의 공유를 통한 공감의 극대화, 서술적 표현에 의한 감정의 직접적 표출, 시제詩題와 병서幷序를 통한 차운 대상과 창작 배경의 노출로 나누어 살펴보고자 한다.

1) 사적 기억의 공유를 통한 공감의 극대화

남구만의 차운시는 당대 인물과 직접 교유하며 차운한 시가 많다는 특징을 보인다. 남구만은 차운시를 통해 원운자와의 친밀감과 유대감을 높였다. 특히 원운자와 함께 겪었던 직접적인 경험은 두 사람만이 공유하는 사적 기억으로 저장되어 오래도록 서로의 관계를 유지시켜주는 끈이 된다. 이들이 서로 공유하는 사적 기억은 공감을 극대화 시켜 친밀도를 더욱 높여준다. 사돈이자 절친한 벗이었던 이민서의 시에 차운한 시는 6수가 남아있는데 이중 5수는 이민서의 문집 『서하집西河集』에도 수록되어 있어 두 사람이 공유했던 기억과 감정을 확인할 수 있다.

(가)

임금의 명으로 수레 타고 이곳에 함께 와서	乘軺同此地
팔을 맞잡았었는데 끝내 서로 헤어졌지	交臂竟相違
늦게 출발했던 그대는 돌아갔는데	後發君能返
먼저 왔던 나는 아직 돌아가지 못하고 있네	先行我未歸
산의 꽃은 피었다가 다시 지고	山花開又落
강 위의 달은 이지러졌다 다시 차는데	江月缺還圍
조계의 약속 도리어 떠오르니	却憶曹溪約
봄을 찾아 나서는 일 이미 그르쳤구려.[227]	尋春事已非

〈元韻〉

고개를 넘어가 서로 만났었는데	過嶺宜相見
수레를 돌리니 처음의 바람과 어긋났네	回車始願違
복성인 그대 절로 괴로울텐데	福星君自苦
밝은 달빛에 나만 먼저 돌아왔네	明月我先歸
강은 단양에서부터 좋고	江自丹陽好
산은 죽령을 따라 에워쌌네	山從竹嶺圍
조각배로 봄빛을 좇을 수 있으니	扁舟逐春色
꽃구경 완전히 그르친 것 아니라네.[228]	花事未全非

227 南九萬, 〈密陽次彝仲寄示韻〉, 『藥泉集』 卷1.

228 李敏敍, 〈寄贈南雲路 二首, 時以癘祭官往嶺南, 雲路以賑恤御史在本道〉, 『西河集』 卷3.

(나)

지난해 백암사의 승려를 찾아갔다가	昔年曾訪白巖僧
우연히 그대의 시를 이었는데 기억하지 못했었지	偶續君詩記不能
세상일이 중간에 비바람처럼 지나가고	世事中間風雨過
귀밑머리 오늘도 눈서리처럼 늘어만 가네	鬢毛今日雪霜增
땅이 다한 서호는 조수 소리 가까운데	西湖地盡潮聲近
먼 하늘 남쪽은 하늘빛이 맑겠지	南國天長霽色澄
홀연히 새로 지은 시 멀리서 부쳐주니	忽荷新題遙寄示
도리어 깨끗한 경지에 다시 오르는 듯하네.[229]	却疑淸境再攀登

(가)는 남구만의 〈밀양에서 이중이 보내온 시에 차운하다[密陽次彜仲寄示韻]〉와 이민서의 원운시 〈남운로에게 부치다[寄贈南雲路]〉 2수 중 첫 번째 수이다. 남구만은 1662년 경상도 진휼어사가 되어 밀양에 있었는데 이때 여제厲祭를 지내기 위해 잠시 영남 지역에 왔던 이민서와 만났다. 남구만의 시는 이민서와 밀양에서 헤어지던 순간의 기억을 소환하고 그때의 심정을 핍진하게 그리는 것으로 시작하고 있다. 절친한 벗과 헤어지던 순간이 강렬한 기억으로 남아있는 것이다. 이는 이민서와 함께 공유하는 기억이기도 하다. 이민서가 보낸 원운시에도 고개를 넘으며 멀리 밀양까지 가서 남구만을 만났다가 혼자만 돌아와야 했던 그때의 기억과 아쉬운 마음을 잘 드러나 있다. 먼 타향에서 오랜 지기를 만난 두 사람의 기쁨은 매우 컸을 것이다. 하지만 짧은 만남 뒤 홀로 남아 벗을 보내야하는 이별의 슬픔은 만남의 기쁨보다 더욱 컸을 것이다.

이민서의 시가 함련에서 단양과 죽령의 외적인 풍광을 그린 것에

229 南九萬, 〈和光州李使君彜仲白巖感舊寄示之作〉, 『藥泉集』 권1.

비해 남구만의 시에는 꽃이 피고 지고, 달이 찼다 이지러지는 시간의 흐름을 묘사하여 홀로 남아 덧없이 흐르는 세월의 야속함과 헤어짐의 안타까움을 더하고 있다. 아마 두 사람은 조계에서 봄놀이를 하자고 약속했었던 것으로 보인다. 이민서는 한양으로 돌아와 남구만에게 시를 보내며 봄이 다 가기 전에 꽃놀이라도 할 것을 권하였다. 하지만 남구만은 미련에서 함께 할 벗이 없으니 봄을 찾아 나설 일이 없다는 화답을 하고 있어 이민서에 대한 그리움의 크기가 컸음을 짐작할 수 있다. 두 사람의 시에는 먼 타향에서 조우했던 기쁨과 이별의 아쉬움으로 애틋했던 서로의 기억을 더듬으며 그리워하는 절절한 심정이 잘 나타나있다.

(나)는 〈광주에서 사군 이이중이 백암사에서 옛날을 생각하여 보내온 시에 화답하다[和光州李使君彝仲白巖感舊寄示之作]〉로 1677년 이민서가 광주 목사로 있을 때 보낸 시에 차운한 것이다. 이 시의 원운은 남아있지 않지만 시를 통해 두 사람이 예전 백암사를 찾아 함께 시를 지으며 시간을 보낸 적이 있음을 짐작할 수 있다. 백암사는 전남 장성에 있는데 포은 정몽주가 이곳에 들러 〈장성 백암사 쌍계루에서 지어 부치다[長城白嵒寺雙溪寄題]〉를 짓기도 하였다.

이민서는 백암사에 들렀다가 남구만과의 추억이 떠올라 시를 지어 보냈던 것이다. 남구만은 이민서의 시에 화답하면서 작년에 백암사를 방문했었을 때 스님과 그대의 시를 이어서 외워보았는데 기억하지 못했다는 에피소드를 전하면서 예전에 백암사에서 시를 지었던 기억을 소환하여 공감력을 높이고 있다. 정쟁政爭이 치열한 정국에서 노심초사하며 시간을 보내다보니 어느새 머리가 하얗게 늙어버려 벗의 시조차 순간적으로 기억하지 못하는 것이 못내 미안하고 서글픈 마음이 함련에 잘 나타난다. 경련과 미련에는 멀리 광주에 있는 이민서를 그리는 마음과 벗이 보내온 새로운 시에 위로받으며 기뻐하는 시인의 마음이 잘 나타나 있다.

다음의 두 시는 남구만이 숙부인 남이성의 시에 차운한 시와 남이성의 원운시이다.

두 번 은천에 이르렀다가 두 번 홀로 돌아가는데	再到銀川再獨歸
이별의 회환 담은 술잔 마주하니 발걸음 더욱 더뎌지네	離懷對酒更遲依
차가운 구름 오늘아침 헤어짐을 막지 못하고	寒雲不禁今朝散
낙엽은 지난해 날아갔다 돌아온 것 같네	落葉還如去歲飛
강의 물고기 바다 가까이 통함을 기뻐하고	尙喜江魚通海近
가을 기러기 남쪽 향함이 드문 것을 어찌 근심할까	豈愁秋雁向南稀
이별할 때에 축원하는 다른 말 하지 않으리니	臨分獻祝無他語
노년에 술잔 비우는 일 삼가십시오.[230]	垂老杯觴且愼揮

〈元韻〉

쓸쓸한 절에서 해마다 돌아가는 너를 전송했는데	蕭寺年年送爾歸
한잔 술 서로 권하니 도리어 의연해지네	一杯相屬轉依依
서강에 해 지니 물결 더욱 거세지고	西江日夕波逾起
남쪽에 가을바람 부니 기러기 홀로 날아가네	南國秋風雁獨飛
늙어서도 명예와 절개 갖추길 서로 기약하고	晩境相期名節在
먼 길에 편지 드문 것 원망하지 마라	長途休怨信書稀
심원강 가에서 그때 흘린 눈물	深源江渚當時淚
어찌 다만 구구하게 이별에 뿌리겠는가.	可但區區惜別揮

230 南九萬, 〈省叔父于白川謫所, 歸時相送于江西寺. 叔父贈一律, 敢次韻以呈, 前秋亦相送于此〉, 『藥泉集』 권1.

위의 첫 번째 시는 〈배천의 유배지에 계신 숙부를 뵙고 돌아올 때 강서사에서 서로 전송하였다. 숙부께서 율시 한 수를 주셔서 감히 차운하여 올리니, 지난해 가을에도 이곳에서 전송하였다[省叔父于白川謫所, 歸時相送于江西寺. 叔父贈一律, 敢次韻以呈, 前秋亦相送于此.]〉로 숙부인 남이성南二星(1625~1683)의 시에 차운한 것이고, 두 번째 시는 남이성의 원운시이다. 남구만은 4살 연상인 숙부 남이성에 대한 정이 유달리 깊었다. 남이성은 1675년(숙종 1) 인조의 계비 자의대비의 복상 문제로 영의정 김수항金壽恒(1629~1689)이 중도부처 되자 이를 변호하는 상소를 올렸다가 진도로 유배되었다. 이후 황해도 배천으로 이배되었는데 1677년 남구만은 숙부의 유배지인 배천까지 직접 가서 그의 안부를 걱정하고 건강에 유의할 것을 거듭 당부하였다. 배천은 현재 황해도 연백지역으로 은천銀川으로도 불렸다.

남이성은 원운에서 두 번이나 유배지까지 찾아와 자신을 걱정해주는 조카에게 명예와 절개를 지킬 것을 서로 기약하고 소식이 드물더라도 원망하지 말 것을 당부하였다. 그리고 예전 심원강深源江가에서 함께 눈물을 흘렸던 일을 기억을 끌어오며 지금 이별의 슬픔은 눈물을 흘릴 정도가 아니라고 하였다. 심원강의 정확한 위치는 알 수 없으나 과거 이곳에서 눈물을 흘려야 할 만큼 서글픈 일은 두 사람이 공유하는 기억임에는 틀림없다. 그때의 슬픔에 비하면 지금의 헤어짐이 큰 슬픔이 아니라는 말에서 자신을 두고 차마 떨어지지 않는 발길을 돌리는 조카를 위로하려는 마음이 잘 나타난다.

남구만은 강서사江西寺에서 숙부와 헤어지며 그의 시에 차운하였는데 시제詩題와 수련의 내용을 통해 이번의 방문이 두 번째 임을 알 수 있다. 하지만 만날수록 헤어짐의 아쉬움 또한 두 배로 커질 뿐이다. 두 번의 방문과 헤어짐은 두 사람이 공유하는 기억으로 이를 시에서 서술한 것은 이별의 서글픔을 더욱 공감하게 되고 증폭시키는 장치가 된다. 경련은 배천이 바다와 가까워 기러기가 없어도 소식을 쉽게 전할 수 있는 곳임을 말하며 먼 길에 소식이 드문 것을 원망하지 마라는 숙부의 걱정을 위로하며 답변하고 있다.

2) 서술적 표현에 의한 감정의 직접적 표출

『시경詩經』에서는 시의 체재體裁와 서술방식을 부賦·비比·흥興으로 구분하고 있다. 부賦는 어떤 일을 그대로 서술하여 말하는 것이고, 비比는 비유하는 표현을 말하는 것이고, 흥興은 다른 사물을 빗대어 읊은 것을 말한다. 남구만의 차운시는 부의 형식을 차용하여 표현한 것이 많다. 차운 대상과 있었던 일, 혹은 하고 싶은 말들을 차분히 서술하면서 자신의 감정을 직접적으로 드러내어 표출하는 양상을 보인다. 이 경우 작가의 심상이 분명하고 선명하게 진달된다. 벗과의 지낸 세월을 서술하면서 그리움을 표현하기도 하고, 가문의 내력을 서술하면서 결속 의지를 드러내기도 하며, 공적 관계에 있는 동료의 공적을 칭찬하며 상호 관계를 이어나가길 바랐다.

다음의 시는 김만기金萬基(1633~1687)의 원운에 이민서가 차운하여 보내온 시에 차운한 시이다. 절친한 벗인 두 사람이 각각 나주와 서천의 수령으로 나가게 되어 헤어지게 되자 함께 지나온 세월을 담담하게 서술하며 이별의 아쉬움을 달래고 있다.

내가 태어난 지 삼십구 년	我生三十九
겪은 세월이 오래되지 않은 것 아니나	閱歲非不久
자질의 고루함이 심한 것 어찌할 도리 없어	無柰質固甚

도를 창으로도 엿보지 못하였는데	於道未窺牖
저 눈먼 봉사가 도움을 얻은 듯	譬彼瞽得相
다행히 두세 친구에게 의탁하여	幸託二三友
문장의 옳고 그름을 경계하고	文章砭是非
의리의 가부를 연마하였네	義理研可否
시절을 걱정하여 격렬히 일어나기에 힘썼고	憂時勉激揚
임금을 사랑하여 잘못을 바로잡기를 기약했었는데	愛君期繩糾
彝仲이 갑자기 금성으로 나가고	彝忽出錦城
永叔 또한 호남의 수령이 되니	永又宰湖右
홀로 남은 나는 어쩔 줄 몰라	悵悵我獨留
멍하니 양손을 잃은 듯하네	恍若失兩手
송별시를 거듭 읊고	重吟送行詩
송별 자리의 술에 거듭 취해도	再醉離筵酒
근심이 귀밑머리에 모여 있음을 되려 깨달으니	轉覺愁集鬢
웃으며 입을 여는 것이 어려워지겠구나	難成笑開口
절로 가련하구나, 기성에 숙직함이여	自憐騎省直
어찌 회계의 벼슬과 다투겠는가	爭如會稽綬
제멋대로 전원의 즐거움 품었으면서도	縱懷田園樂
오히려 세상일에 유혹되었으니 부끄럽네	猶慙塵事誘
귀거래사 지으며 그대를 기다릴테니	待君賦歸來
나와 짝해 농사짓는 것 허락해 주겠는가[231]	許我耕而耦

이 시는 〈이중이 금성으로 나가자 영숙이 시를 부쳐 보냈는데, 이중이 그 시에 차운하고 나에게 화답할 것을 요구하였다. 이때 영숙

231 南九萬, 〈彝仲出錦城, 永叔寄詩, 彝仲次其韻, 要余屬和. 伊時永叔又出舒川, 不勝悵悵, 情見于辭〉, 『藥泉集』 권1.

이 다시 서천으로 나가니, 나는 외로운 마음을 이길 수 없어 서운해하는 정이 나타나 있다[彝仲出錦城, 永叔寄詩, 彝仲次其韻, 要余屬和. 伊時永叔又出舒川, 不勝倀倀, 情見于辭]〉로 오랜 지기인 이민서와 김만기가 지방 수령이 되어 떠나자 혼자 남은 심정과 이들에 대한 그리움, 귀거래의 희망을 담아 김만기 시에 차운한 시이다. 이 시의 원운은 〈한밤중 달빛에 이중이 떠올라 이내 감회를 쓰다[夜月憶彝仲, 仍敍感懷]〉[232]로 김만기의 문집 『서석집瑞石集』에 수록되어 있다. 이중彝仲은 이민서를, 영숙永叔은 김만기를 가리킨다.

이 시는 남구만이 두 사람을 만나기 전 모습, 만나서 학업을 함께 연마하던 시기, 그리고 이별하던 순간과 이별 후의 현재 모습, 앞으로의 함께 할 미래까지 시간의 흐름에 따라 벗에게 말하듯이 담담한 어조로 서술하고 있다. 1~4구는 벗들을 만나기 전 자질과 도가 부족했던 자신의 모습을 그렸고, 5~10구는 벗들을 만나 함께 공부하며 충신이 되고자 기약했던 모습을 그리고 있다. 11~14구는 이별하던 순간의 심정을 그린 것이다. 특히 13~14구의 '倀倀我獨留, 怳若失兩手'는 이들과의 헤어지고 홀로 남겨진 허전함이 얼마나 컸었는지 잘 보여준다. 15~20구는 벗들과 이별한 후 홀로 한양에 남은 현재의 모습을 그리고 있다. 당시 남구만은 기성騎省인 병조에서 근무하고 있었다. 이별 후 그리운 마음을 견디지 못해 했던 일들을 하나하나 토로

232 金萬基, 〈夜月憶彝仲, 仍敍感懷〉, 『瑞石集』 권3, "重露零如雨, 星回夜已久. 圓景度南榮, 流光入戶牖. 持之比顏色, 憶我平生友. 懸知千里共, 對此相思否. 迢迢間山川, 誰與舒窈糾. 別來歲晼晚, 落葉紛坐右. 皐蘭日以瘁, 採掇不盈手. 感懷劇含梗, 沈憂似中酒. 冥行蹈危機, 謂余增多口. 低垂困米監, 念子嬰黃綬. 逸人超世網, 達士輕外誘. 何當歸去來, 共學沮溺耦."

함으로서 벗들에 대한 그리움의 깊이가 얼마나 깊었는지 전하고 있다. 21~24구는 항상 귀거래歸去來 하겠다는 마음을 품었으면서도 현실의 삶에 얽매여 이를 실천하지 못하는 자신의 처지를 부끄러이 여기며 향후 벗들과 함께 밭을 갈며 살기를 청하고 있다.

이처럼 남구만은 마치 상대가 앞에 있는 것처럼 평이한 시어로 담담하게 말하듯이 서술하면서 자신의 감정을 그대로 노출하고 있어 진실된 마음을 보여주고 있다.

다음의 시는 호곡壺谷 남용익南龍翼(1628~1692)의 시에 차운한 시이다. 남구만과 남용익은 의령宜寧 남씨로 종친 사이이다. 두 사람은 서로 아끼고 위하는 정이 남달랐다. 『약천집』에는 남용익의 시에 차운한 시가 3수 있는데 대개 종친의 친목을 다지는 내용을 담고 있다.

우리 선조는 여남에서 왔다고 들었는데	聞道吾先自汝南
이때 우리나라는 삼국으로 나뉘어 있었지	維時東土國分三
의령으로 본적을 옮기니 지류가 멀어졌지만	宜寧移籍支流遠
충경공의 집안 전해져 베풀어 준 은혜가 넘치네	忠景傳家德澤湛
남아있는 후손들 함께 화목해야 하니	凡在後孫須共睦
새로 만든 하나의 계에 모두 참여하세	新修一契許皆參
이제부터 술통 들고 봄가을로 만나길 약속하니	從玆挈榼春秋約
본래 돈독한 정을 위함이지 취하기 위함이 아니라네.[233]	本爲敦宗不爲酣

이 시는 〈운경 태학사가 병인년 가을 종회에서 지은 시에 차운하다[次雲卿大學士丙寅秋宗會詩韻]〉로 남용익이 병인년(1687년) 종회에서 쓴 시에 차운한 것이다. 의령 남씨인 두 사람은 종회를 통해 집

233 南九萬, 〈次雲卿大學士丙寅秋宗會詩韻〉, 『藥泉集』 권2.

안의 친목과 결속을 다지고자 하였다. 이 시의 원운은 〈동제계권에 쓰다[題同宗稧卷]〉[234]로 남용익의 문집 『호곡집壺谷集』에 수록되어 있다.

이 시의 차운 대상은 남용익이지만 시의 청자聽者는 후손들로 확장되어 있다. 수련과 함련은 의령 남씨의 시조부터 현재 본관이 의령이 된 가문의 역사를 후손들에게 설명하듯이 직접 서술하고 있다. 의령 남씨의 시조는 중국 당나라 봉양부 여남汝南 출신 남민南敏으로 일본에 사신으로 갔다가 귀로에 태풍을 만나 신라에 정착했다고 알려져 있다. 이후 남씨는 고려 후기에 영양, 의령, 고성으로 본관이 나뉘어졌는데 의령 남씨의 관조貫祖는 고려 충렬왕 때 통헌대부通憲大夫 추밀원직부사樞密院直副使를 지낸 남군보南君甫이다. 충경공忠景公은 조선 개국 공신이자 명재상이었던 남재南在(1351~1419)를 가리킨다. 의령 남씨 가문이 지금처럼 번성할 수 있었던 것은 남재로부터 비롯된 것이라 할 수 있다

수련과 함련이 일방성을 띤 설명의 형태라면 경련과 미련은 후손들에게 화목과 종회 참석을 당부하고 동의를 구하는 양방향성의 어투로 전환된다. '돈종敦宗'은 '숭조돈종崇祖敦宗'을 말하는데 "조상을 숭배하고 종친끼리 돈독한 정을 가져야 한다"는 의미이다. 향후 종친들과 정기적인 만남을 기약하고 이를 독려하는 행동에서 종회를 잘 이끌어가고자 하는 뜻을 보여주고 있다. 다음의 시는 이단하의 시에 차운한 것으로 자신의 목도한 현실의 모습을 핍진하게 그리고 있다.

---

234 南龍翼, 〈題同宗稧卷〉, 『壺谷集』 권3, "惟我東方大姓南, 一人其始派分三. 宗支漸別疏仍遠, 稧事將脩樂且湛. 長幼序倫分席坐, 春秋立約挈壺參. 門闌舊好從玆篤, 莫惜佳辰盡日酣."

골짜기에 버려지고 길가에 쓰러진 이들로 도랑이 채워지니	渠塡壑棄與途僵
이같은 일 예전에 어찌 일찍이 보았던가	此事從前見豈嘗
다행히 승선이 들어가 임금께 아뢰었다니	賴有承宣方入奏
기름진 은택으로 굶주린 백성들 배부르길 바라네.[235]	願將膏澤潤枯腸

이 시는 〈승지 이계주의 시에 차운하다[次李承旨季周韻]〉로 1671년 7월 함경도 관찰사로 부임하기 직전인 6월경에 쓰인 것으로 보인다. '계주季周'는 이단하李端夏(1625~1689)를 가리킨다. 그는 택당澤堂 이식李植(1584~1647)의 아들로 남구만과 친분이 두터운 벗이었다. 이단하는 송시열의 문인으로 부친 이식과 더불어 서인을 대표하는 인물이지만 남구만과 이단하는 당파를 넘어서 교유하였다.

남구만은 1670(현종 11) 7월부터 1671년 6월까지 청주 목사로 재임하였다. 당시 연속적으로 흉년이 들어 전국적으로 기근이 심했다. 대기근으로 인하여 거리에는 굶어죽은 시체들이 넘쳐났다. 기구는 이때의 참상을 사실적으로 묘사하고 있다. 당시 청주 목사였던 남구만은 중앙조정에 구휼을 청하는 장계와 상소를 여러 차례 올려 기근 구제에 힘썼다.[236] 하지만 지방에서 올린 장계가 심의를 거쳐 시행되기까지는 시일이 오래 걸렸다. 승구는 이러한 안타까움에 발을 동동 구르는 남구만의 마음을 짐작하게 한다. 이에 이단하는 굶주린 백성을 구제하는 구휼정책을 상소[237]하였다. 전구는 이때의 일을 서술한

235 南九萬, 〈次李承旨季周韻〉, 『藥泉集』 권1.

236 『현종개수실록』, 현종 11년 12월 29일, 첫 번째 기사, "淸州牧使南九萬上疏, 請田稅及大同餘米, 捧留本邑, 以充賑資, 束伍仍給復戶, 毋失其心. 且停訓局別隊保人徵捧米布之令, 毋失其信. 上下其疏于備局. 議啓, 束伍給復外, 皆從其言."

237 『현종개수실록』, 현종 12년 6월 7일, "執義李端夏上疏, 請變通軍政, 以裕國

것이다. 결구는 임금의 은덕으로 백성들이 굶주림에서 벗어나길 바라는 마음을 간곡히 전하고 있다.

3) 시제詩題와 병서幷序를 통한 차운 대상 소개와 시작詩作 배경의 노출

『약천집』 소재 남구만의 시에는 시제가 길고, 병서가 부기된 경우가 상당히 많다. 『약천집』 소재 남구만의 시에는 시제가 길고, 병서가 부기된 경우가 상당히 많다. 시제가 긴 경우가 약 50제, 병서가 부기된 경우가 20제로 전체 200제의 시제 중 약 25%에 해당된다. 문인들의 시에서 시제가 길고 병서가 부기된 경우는 종종 있지만 남구만의 경우처럼 전체 시에서 적지 않은 분량을 차지하는 것은 흔하지 않은 양상이라고 할 수 있다.[238] 이는 남구만 시의 중요 특징 중의

儲；勸民殖穀, 以衍私儲. 且陳務農賑飢之策, 縷縷累千言, 上優批答之, 令廟堂議處."

238 남구만과 친분이 두텁고 동시대에 시문이 뛰어났던 이민서, 박세당, 남용익 등의 시에는 긴 詩題와 병서의 활용이 크게 나타나지 않는다. 이민서의 『서하집』에는 480여 수의 시가 수록되어 있는데 긴 시제를 지닌 시는 없고, 병서가 부기된 시는 〈六隱詩〉 1수에 불과하다. 박세당의 『서계집西溪集』에는 800여 수의 시가 수록되어 있는데 병서가 부기된 시는 없고, 시제가 긴 경우는 12제로 나타난다. 이중 차운시는 2제(〈伏蒙聖朝追謚先祖潘南先生, 賜祭于墓, 諸孫集而待, 事旣畢散歸, 和叔有詩讚述盛典, 謹次其韻〉, 〈自去歲, 經始東峯影堂于此, 湖南徐處士聞而喜之, 次前輩詠東峯事詩韻及自占韻, 長短絶句, 律古詩凡七首, 旣以抒其深感, 而兼寓奬歎之意, 三復歆聳, 隨之愧恧, 輒此攀和, 處士素不識余, 而余之獲和其詩者, 今再矣. 自以爲過當之幸云. 八首〉, 「石泉錄」中, 『서계집』 권3.)에 불과하다. 남용익의 『호곡집』에는 1,220여 수의 시가 수록되어 있는데 시제가 긴 시가 약 30제, 병서가 부기된 경우는 22제에 이른다. 남구만의 경우 긴 시제가 50제, 병서가 부기된 경우가

하나라고 여겨진다.

차운시에도 이러한 양상이 나타나는데 시제나 병서를 통해 시를 차운하게 된 상황이나 창작 이유, 차운 대상에 대해 자세히 밝히고 있다. 총 62제의 차운시 중 시제와 병서를 통해 창작 배경과 동기를 쉽게 알 수 있는 경우는 22제에 이른다. 이는 전체 차운시의 30%에 이르는 양이다. 차운시의 특성상 원운자와 창화자 사이에서만 있었던 상황을 밝히지 않으면 시를 이해하기 힘든 경우가 많으므로 시제와 병서를 통해 이를 밝힘으로써 독자들이 쉽게 시를 이해하도록 편의를 제공하고 있는 것이라 할 수 있다.

병서가 부기된 차운시는 7제[239]인데 〈수상인이 금강산으로 돌아가는 것을 전송하고 시축에 차운하다. 병서[送修上人歸金剛, 次軸中韻 幷序]〉를 제외한 6제의 시에는 병서에 원운을 함께 제시하고 있어 독자들이 자신이 차운한 시에 대한 이해와 공감을 얻는데 도움을 주고 있다.

병서에는 차운 대상에 대한 소개와 시를 짓게 된 상황을 상세하게 기술하고 여기에서 촉발된 감정이나 시를 짓게 된 이유를 명확하게

22제이므로 전체적인 양으로 보면 크게 차이나지 않지만 남구만의 시가 281수라는 점을 상기한다면 전체 시에서 차지하는 비중이 사뭇 다름을 알 수 있다. 남용익의 경우 긴 시제와 병서가 부기된 시 중 차운시는 15제(긴 시제 5제, 병서 부기 10제)가 있지만 남구만의 경우처럼 병서에 원운자에 대해 상세히 소개하거나 원운을 수록하여 제시한 경우는 없다(시 본문에 원운을 수록한 경우는 〈疊用道春前後韻, 要和. 幷序〉 1수에 불과하다).

239 병서가 부기된 7제의 시는 〈鎭川客舍, 次韻退陶詩 幷序〉·〈送修上人歸金剛, 次軸中韻 幷序〉·〈次金生德恒示詩韻 幷序〉·〈榛子店壁上, 次季文蘭韻 幷序〉·〈伏次御賜詩韻 幷小序〉·〈贈朱生 幷序〉·〈次韻松月軒詩 幷序〉이다.

적시하고 있다. 친분이 있는 인물에 차운한 시는 시를 짓게 된 상황을 중심으로 기술하고 있는 반면 원운자가 잘 알려지지 않거나 친밀도가 높지 않은 경우 인물에 대한 소개와 일화를 상세히 서술함으로서 창작 배경을 자세히 기술하고 있다. 또한 원운을 병서에 수록하고 있는 점도 특징이라고 할 수 있다.

다음의 인용문에서는 시의 전문은 각주로 소개하고 시제와 병서만을 인용하도록 하겠다. 먼저 두 개의 시제는 시를 지은 상황과 동기를 시제 속에 상세히 밝히고 있는 경우이다.

> 자부 이씨의 상제를 지내던 밤에 내 이중의 집에 갔으나 이중이 親喪을 당하여 장례를 치르기 위해 춘천에 가고 없었다. 나는 홀로 누워 슬퍼하며 긴긴밤 잠을 이루지 못하였는데, 벽 사이에 작은 종이가 있으므로 꺼내어 보니, 바로 숙부께서 남쪽으로 유배 가실 때에 도중에 죽은 혜중을 슬피 생각하여 이중에게 부쳐준 詩와 이중이 화답한 시였다. 반복하여 슬피 읊조리니 存亡과 離合의 감회가 이에 촉발되어 마음이 에이듯이 슬퍼지므로, 시운에 차운하여 계속해서 두 수를 지어 이때 이 밤에 가누기 어려운 심정을 기록하여 숙부에게 보내드렸다. 그러나 이중은 현재 울부짖고 가슴을 치느라 경황이 없으므로 韻이 있는 글을 부칠 수 없기에 우선 후일을 기다려 전하려 한다.[240]

240 南九萬, 〈子婦李祥祭夜, 往彝仲宅, 彝仲遭憂, 爲營葬往春川. 獨臥愴恨, 永夜無寐, 見壁間有小紙, 出而視之, 乃叔父南遷時, 路中悼念惠仲, 寄彝仲詩及彝仲和章. 反覆悲吟, 存亡離合之感, 觸境而發, 心焉如割, 聊次其韻, 續成二首, 以記此時此夜爲情之難, 送獻叔父. 而彝仲方號擗皇皇, 不可寄以有韻之文, 姑俟異日布焉〉, 『藥泉集』, 권1.

이 시는 숙부인 남이성의 시에 차운하여 보낸 시이다. 칠언절구 2수로 구성된 시에 비해 오히려 시제가 긴 형식을 취해 시를 짓게 된 배경을 매우 자세히 밝히고 있다. 이 시의 원운자와 시를 받는 대상은 남이성이지만 그 내용은 '죽음'이라는 인간사 최대의 슬픔을 겪고 있는 절친 이민서에 대한 안타까움과 슬픔의 마음을 담고 있다.

남구만은 이민서의 딸을 며느리로 맞았는데 젊은 나이에 일찍 세상을 떠났다. 마침 그 기일이 되어 딸을 잃은 이민서를 위로하고자 그를 찾아갔던 것으로 보인다. 그런데 이민서는 친상을 당해 춘천에 가고 없었다. 집에 돌아와 우연히 발견한 것은 1674년 숙부인 남이성이 진도로 유배 가는 도중 작년에 죽은 이민서의 형 이민적의 죽음을 애도하며 이민서에게 보내준 시와 이에 화답한 이민서의 시였다. 몇 해 전 딸을 잃고 작년에 형을 잃은데 이어 오늘 친상까지 당한 벗의 통곡하는 심정을 생각하니 남구만은 잠을 이루지 못할 정도였다. 짧은 시에 인생사의 허망과 슬픔을 다 녹여낼 수 없어 다소 긴 시제에 애절한 마음을 담아 기억하고자 했던 것으로 생각된다.

> 평사 계주 이단하 가 북쪽 변방으로 가게 되었다. 나는 洪都尉 得箕, 申寅伯 最, 李彝仲과 함께 동쪽 교외로 나가 전송하고 저물녘에 다시 도성 문으로 들어오니, 성 위로 밝은 달이 막 떠올랐다. 다 같이 성루에 올라가 운을 불러 시를 지으며 술을 마시고 매우 취하여 돌아왔다. 이중이 추후에 시 한 수를 지어 이 일을 기록하였는데, 李景略 㒞이 모임에 참여하지 못함을 안타까워하며 그 시에 차운하여 나에게 보여주었으므로, 이에 답하였다.[241]

241 南九萬, 〈李評事季周端夏 將發北塞之行. 余與洪都尉得箕, 申寅伯最, 李彝仲, 出送于東郊, 薄暮還入都門, 城頭皎月初上. 因同上城樓, 呼韻賦詩, 縱飮

이 시는 1664년 이단하가 북방으로 나가게 되자 평소 친분을 나누었던 홍득기洪得箕(1635~1673), 신정申晸(1628~1687), 이민서와 함께 이단하를 송별하는 자리에서 이민서가 지은 시에 차운한 시이다. 하지만 이 시는 송별하는 자리에서 바로 차운한 것이 아니라 그날 자리에 함께 하지 못한 이준李儁이 아쉬운 마음에 이민서의 시에 차운하고 자신에게 화운할 것을 요구하여 지은 시이다.

만약 이렇게 시제에서 밝혀 놓지 않았다면 먼 훗날 남구만은 이 시를 송별자리에서 바로 지은 시라고 착각했을지도 모른다. 다소 긴 시제에 시작 배경을 서술하는 것은 그때의 기억을 오래도록 기억하고 상세히 떠올릴 수 있는 방법이 되기도 한다.

다음은 병서를 이용해 차운의 대상과 시작의 배경과 동기를 상세하게 서술하고 있는 경우이다. 아래는 시 〈금강산으로 돌아가는 수상인을 전송하며 시축 가운데 운에 차운하다[送修上人歸金剛, 次軸中韻] 병서幷序〉의 병서이다.

> 남한산성에 성수화상이란 자가 있는데, 지난 을축년(1625, 인조 3) 처음 이 성을 쌓을 때 승려들을 모아 공역한 수고가 있었고, 병자호란 당시 이 성이 포위되었을 때 장졸과 함께 城을 지켜 戰功이 매우 많았다. 조정에서는 嘉義大夫의 품계를 내렸다. 금년에 나이가 79세여서 이미 늙었으므로 장차 금강산 丈室에 들어가 오랜 뜻을 이룩하고자 하였다. 마침 내가 公事로 남한산성에 머물고 있었는데, 그가 떠날 때에 와서 작별을 고함으로 내가 "아, 화상은 이미 출가했는데 또 창과 방패를 잡고 나라를 호위하였으니, 白衣를 입은 山人보다 더욱

極醉而歸. 彝仲追成一詩, 以記其事, 李景略儁恨不與會, 次其韻以示余, 聊獲答之.〉, 『藥泉集』 권1.

훌륭하다. 이미 공을 이루고 또 옛 산사로 돌아가 초심을 지키려 하니, 이는 赤松子를 따르는 자와 무엇이 다르겠는가."라고 하였다. 화상이 圓通하고 普滿하며 不二의 경지에 들어가고 上乘을 초월한 것에 대해서는 내가 화상의 무리가 아니어서 잘 알 수가 없으나, 그의 出處와 行藏이 나의 존경심을 크게 일으켰다. 그러므로 내가 그 시축 가운데 운에 차운하여 그가 떠나는 것을 전송하고, 또 후일의 기약을 맺었다.[242]

위의 병서에는 성수상인에 대한 자세한 이력과 스님의 시축에 차운하게 된 이유를 서술하고 있다. 조선시대 승려는 천인 계층으로 취급받았다. 문인들이 스님의 시축에 차운하는 경우는 종종 있어왔다. 하지만 대개 스님의 법명만 시제에 기록되어 있을 뿐 그가 어떤 인물인지 짐작할 수 있는 내용은 거의 담고 있지 않다. 하지만 시에 부기附記된 병서를 통해 원운자인 성수상인이 남한산성을 쌓는데 승려들을 모아 힘을 썼고, 그 공을 인정받아 가의대부라는 품계를 받을 만큼 나랏일에 충심을 다했음을 알 수 있다. 또한 금강산으로 돌아가 승려의 본분을 다하고자 하는 모습에서 성수상인이 유가儒家에서 중시 여기는 출처出處와 행장行藏이 분명한 면모를 갖춘 인물임을 알려주고 있다. 이러한 점은 성수상인이 비록 승려라는 하층 계급이지만

242 南九萬, 〈送修上人歸金剛, 次軸中韻, 幷序〉, 『藥泉集』 권1, "南漢山城, 有性修和尙者, 昔在乙丑歲始築斯城也. 聚師徒相工役有勞, 當丙子被圍也, 與將卒守堞, 戰功甚多. 朝廷酬爵嘉義, 今年七十九, 已老矣. 將入定於金剛丈室, 以償夙志. 適余方以公事住山城, 故於其行, 來告別, 余曰, 嗟乎和尙, 旣出世矣. 又能執干戈衛國家, 擬之於衣白山人有多矣. 旣成功矣, 又能歸故山守初心, 此與從赤松者何異. 凡和尙圓通普滿入不二超上乘者, 則余非和尙之徒, 有不得與知者, 而其出處行藏, 深有以起余之敬, 故余次其軸中韻以送其行, 且結後期焉."

존경을 받기에 충분한 인물임을 남구만은 병서를 통해 밝히고 있는 것이다.

다음은 남구만이 남해로 유배 갔을 당시 자신을 찾아와 여러 가지 도움을 준 김덕항의 시에 차운한 시의 병서로 차운의 대상과 시작의 배경과 동기를 상세하게 서술하고 원운까지 수록하고 있는 경우이다.

> 나는 남해로 유배 와서 여러 달 동안 병을 앓았다. 진주의 선비 金德恒이 越人의 기술에 익숙하다는 말을 듣고 만나볼 것을 청하였더니, 김군은 三飧의 길을 멀다고 여기거나 바다를 험하다고 여기지 않고 찾아와서 이틀 동안 머물렀다. 그와 함께 책력을 계산하는 법을 강론하고 詩章의 문예를 변론하여 재미있게 이야기하니, 사람으로 하여금 피로함을 잊게 하였다. 이에 나는 그가 배운 것이 해박하여 비단 의술에만 치중하지 않음에 놀랐다. 이곳에는 더불어 말할 선비가 없었는데 마침내 군을 만나니, 한공의 이른바 '여러 걱정 속에서 혼자 웃음이 나온다[發孤笑於群憂]'는 것이 바로 나의 뜻이다. 군은 또 자신이 손수 쓴 『당송연주시격唐宋聯珠詩格』이란 책을 보여주며, "제가 지금 늙어 세상에 할 일이 없습니다. 여기에 좋아하는 바가 있어서 이것으로 여생을 마치고자 하는데, 고향의 이웃들이 모두 저를 비웃었습니다. 이 때문에 시 한 수를 지어서 스스로 위로하였으니, 그 시에 '봄 지렁이와 가을 뱀 모이니 여러 모양인데, 한가로운 틈에 당송시를 베껴 쓰네. 사람들이 노안을 재촉하는 일이라 말하지만, 나는 가난한 집이 갑자기 부자가 되는 재산이라 말하네. 다만 앞으로 몇 년을 더 볼 것인가에 웃을 뿐이니, 뒤의 아득한 궁기의 가업 돌아보겠는가. 오히려 오십 년 동안 게으름 뉘우치고, 때로 흰 수염 쓰다듬으며 쾌하게 읽는다네[春蚓秋蛇集衆姿, 偸閒手寫宋唐詩. 人言老眼催昏術, 我謂貧家暴富資. 但笑前瞻幾甲子, 其將後顧杳弓箕. 猶懺五十年來懶, 時撚霜髭快讀之.].'라고 하고 나리께서 한 말씀을 해 주시어

> 저의 뜻을 밝히고 사람들의 미혹을 풀어 주시기 바랍니다."라고 하였다. 나는 "그러겠다. 그러겠다." 하고, 그 시에 차운하여 三疊의 시를 지어 주었다.[243]

위의 병서에는 원운자인 김덕항에 대해 자세히 소개하고 있다. 그가 사는 곳, 자신을 위해 일부러 먼 곳에서 찾아와 준 일, 그리고 그가 매우 박식하고 의술에 뛰어난 인재임을 소개하고 있다. 또한 그가 지은 칠언율시를 병서에 소개하며 이 시에 차운해 삼첩의 시를 지어 주었음을 밝히고 있다.

위와 같이 병서에 시를 짓게 된 상황과 더불어 원운이 함께 있는 경우 두 사람이 시를 주고받은 정황과 감정을 쉽게 파악할 수 있어 시를 이해하는데 도움이 된다. 원운이 따로 부기되는 경우도 있지만 『약천집』의 경우 원운이 부기된 경우는 대개 평소 친분이 두텁고 자

243 南九萬, 〈次金生德恒示詩韻, 幷序〉, 『藥泉集』 권2, "余竄南海, 抱疾連月, 聞晉州士人金君德恒習越人之術, 請與相見, 金君不以三餐爲遠, 滄溟爲險, 惠然來顧, 留之二日. 得其從容講乎曆算之法, 辨乎詩章之藝, 談之亹亹, 令人忘倦, 於是乎余驚其所學之博, 不但醫道, 爲可重也. 此地無人士與語者, 而乃得見君, 韓公所謂發孤笑於群憂者, 正余意也. 君又出示其手寫唐宋聯珠詩格一卷曰, 吾今年老, 無所爲於世矣, 於此竊有所好, 欲以之終年, 鄕隣皆以吾爲笑,故作一詩以自慰, 其詩曰 '春蚓秋蛇集衆姿, 偸閒手寫宋唐詩. 人言老眼催昏術, 我謂貧家暴富資. 但笑前瞻幾甲子, 其將後顧杳弓箕. 猶懺五十年來懶, 時撚霜髭快讀之.' 願吾子加惠以一言, 明吾之志而解人之惑. 余曰唯唯. 因次其詩韻, 爲三疊以贈之. '其一 嗜癖由來本性姿, 世人休怪子耽詩. 鳥飛魚泳初非勉, 秋奕僚丸豈待資. 江石不無欣雨燕, 天星亦有好風箕. 惟其酷愛方深造, 未必安排始識之. 其二 細聽高談接雅姿, 知君非特長於詩. 心通治曆明時法, 術蘊回生起死資. 自古醫方先本素, 從來數學始羲箕. 還須向上窮源盡, 莫謂吾衰恐後之. 其三 憔悴形容骯髒姿, 南來一歲廢題詩. 病思陸氏醫方集, 貧乏蘇公竹節資. 此地不須文弔屈, 意天其以我爲箕. 只緣感子勤渠問, 强把荒蕪報贈之."

주 시를 수창했던 인물의 원운으로 한정되어 있다. 이처럼 원운이 병서에 함께 기록되어 있는 경우 원운이 유실되지 않고 자연스럽게 원운과 차운시를 함께 볼 수 있다는 장점이 있다.

이처럼 남구만은 시제와 병서를 통해 원운자에 대한 소개와 창작배경 등을 자세히 드러내고 있어 독자들이 시를 이해하는데 큰 도움을 주고 있다. 또한 이는 독자뿐만 아니라 작가 자신에게도 시를 지을 당시의 상황과 감정을 오래도록 기억하고 회상할 수 있는 하나의 장치가 된다.

4. 결론

남구만은 1656년(효종 7) 28세 되던 해에 별시에 합격하여 출사한 후 대사성, 함경도 관찰사, 병조판서 등을 두루 거쳐 영의정을 지냈던 관료 문인이다. 50여 년의 관직생활 동안 4차례의 유배와 수없이 반복됐던 삭탈관작은 순탄치 않았던 그의 환로宦路를 보여준다. 하지만 그는 예송논쟁과 치열한 당쟁, 그리고 4차례에 걸친 환국 등으로 조선 정치사에서 가장 혼란했던 시기에 공정을 잃지 않으며 당파에 휘둘리지 않는 소신 있는 행동[244]으로 효종·현종·숙종의 총애를 받았다.

244 丁若鏞, 〈海美南相國祉堂記〉, 「詩文集」 권14, 『與猶堂全書』 第1集, “自黨禍之作, 端委廟堂之上, 秉匀軸而操權衡者, 其立心持論, 率多偏陂傾側, 有不能厭伏人志者. 獨藥泉相國南公則不然, 自爲諫官時, 其所排擊與其所營救, 必皆不失於公正, 及爲相, 其調劑酸鹹左右維持者, 又足以服衆心而護國脉. 其所秉執卓然, 然未嘗爲危言激論, 望之若可以提挈, 要之賁·育終莫之奪, 處至難之會, 而竟得以淸節完名終, 蓋間世之偉人也.”

『약천집』 소재 남구만의 시 281수 중 82수의 작품이 차운시이다. 이는 전체 시수의 30%에 해당하는 적지 않은 분량이다. 본고는 남구만의 차운시에 주목하고 이를 고찰하여 차운시의 대상을 개관하고 형상화 양상을 살펴보았다. 남구만의 차운시는 당대 교유 인물을 대상으로 차운한 경우가 가장 많았으며, 그 다음이 고인의 시에 차운한 경우, 본인의 자작시에 첩운한 경우 순으로 차운의 빈도가 높게 나타났다. 대개의 문인들에게서 흔히 볼 수 있는 중국 문인의 시를 차운하는 경우는 거의 나타나지 않았다. 이러한 경향은 그의 시가 31세 이후의 것만 남아있다는 특수성에 기인하지만 그가 차운시를 교유 관계를 돈독히 다져주는 매개체로 적극 활용하였음을 짐작하게 한다. 지인들과 함께 나누는 차운시는 당시의 상황과 운韻을 공유함으로써 친밀감과 유대감을 높일 수 있고, 양방향으로 소통한다는 점에서 남구만은 일방향성을 지닌 송시送詩나 증시贈詩[245]보다 차운시를 통해 교유 관계를 돈독히 이어 나간 것으로 여겨진다.

245 차운시 이외에 교유 관계를 파악할 수 있는 시로는 送詩와 贈別詩가 대표적이다. 『약천집』 소재 송시는 권1에 〈送洪端川錫龜之郡任〉·〈送別李寧叔觀成至白鷺洲〉·〈送族叔北青判官夢星〉·〈送皓卿〉〈送洪靈光錫箕之郡任〉과 권2에 〈送懷認禪師往謁松山南尚書雲卿閒居〉·〈送崔文叔奎瑞使燕〉·〈送永柔吳使君命峻〉·〈送赴燕使李判尹光夏〉·〈送副使李參議壄〉·〈送姜書狀履相〉·〈送崔評事昌大 赴北〉 등 12제가 있으며, 증별시는 권1에 〈將赴清州廣津別墅. 別寧叔吳弟〉와 권2에 〈白江津, 沈進士權自浮山寺。與二客乘小舟來別〉·〈宿花房寺. 贈文眼, 應森二師〉·〈贈河生尚瑜并序〉·〈鴨江舟中別灣尹〉·〈贈朱生〉·〈贈五生〉·〈文江城益漸始播木綿於吾東, 有衣被之功, 吾八世祖左相公按嶺, 以文祭其墓, 昨年余謫江陵, 江城後裔來乞詩, 病未能塞其請, 今又勤訪琶潭, 以一篇題贈〉·〈鄭生復先當寒遠訪書贈〉·〈贈晦雲菴僧敬璉〉·〈贈別朱生楹〉·〈贈徐塾〉·〈贈碧虛上人〉·〈贈視疾御醫辛卯〉 등 14제가 있다.(차운하여 준 시의 경우 차운시에 포함하였다.)

차운의 주요 대상은 친족과 오랜 지기知己, 그리고 문인門人 등 이었으며 이들과 함께 공유했던 사적 기억을 기반으로 한 이별의 아쉬움과 그리움 등이 주요 정서로 나타났다. 또한 고인의 시에 차운한 경우는 고인의 시를 접했던 공간에서 고인이 시를 지었던 상황에서 촉발한 감정이 주요 창작동기로 작용하였다. 또한 자신의 시에 첩운한 경우는 지난날을 돌아보며 독백하듯 진솔한 감정을 담고 있었다.

남구만은 차운시를 통해 원운자와 함께 했던 사적 기억을 함께 공유함으로서 서로의 공감대와 친밀도를 높였고, 비比나 흥興과 같은 간접적인 수사법 보다는 부賦와 같은 직접적인 서술방법을 선택하여 마치 원운자에게 말하듯이 감정을 표출하는 양상을 보였다. 또한 시제詩題와 병서幷序를 통해서 차운 대상에 대해 소개하고 시작詩作의 배경을 노출함으로서 독자들이 시를 이해하는데 도움을 주고 작가 자신이 오래도록 기억할 수 있도록 하였다.

이번 연구를 통해 남구만 차운시의 형상화 양상을 대략적으로 파악할 수 있었다. 그러나 당대 문인들의 차운시와 비교 고찰이 구체적으로 이루어지지 않아 아쉬움으로 남는다. 특히 남구만과 친분이 두터웠던 소론계 인사들의 차운시 양상이 함께 분석되면 남구만 차운시의 특징과 그의 차운시가 갖고 있는 의미를 보다 선명하게 부각시킬 수 있으리라 생각된다. 이에 관한 연구는 추후 연구과제로 남긴다.

참고문헌

1. 資料

岡嶋正義,『竹島考』
具致用,『于郊堂遺稿』
權 絿,『灘村遺稿』
金萬基,『瑞石集』
南九萬,『藥泉集』
南克寬,『夢囈集』
南龍翼,『壺谷集』
南夢賚,『伊溪集』
南鶴鳴,『晦隱集』
大西俊輝,『竹嶋記事』
柳尙運,『約齋集』
李 瀷,『星湖僿說』
李景奭,『白軒集
李圭景,『五洲衍文長箋散稿』
李端夏,『畏齋集』
李敏敍,『西河集』
李世華,『雙柏堂集』
李翊相,『梅澗集』
朴世堂,『西溪集』
朴世采,『南溪集』
朴彭年,『朴先生遺稿』
徐榮輔 · 沈象奎,『萬機要覽』
宋時烈,『宋子大全』
宋浚吉,『同春堂集』

申翼相,『醒齋遺稿』
沈魯崇,『孝田散稿』
吳道一,『西坡集』
元重擧,『和國志』
尹　拯,『明齋遺稿』
李家煥,『春官志』
李端夏,『畏齋集』
李敏敍,『西河集』
李翊相,『梅澗集』
正　祖,『弘齋全書』
鄭斗卿,『東溟集』
周敦頤,『通書』.
崔奎瑞,『艮齋集』
崔錫鼎,『明谷集』
崔昌大,『崑崙集』
河弘度,『謙齋集』
『禮記』
『文心雕龍』
『備邊司謄錄』
『疏箚可則(奎 7079)』
『疏箚輯要(古4253.5-5-v.1-14)』
『肅宗實錄補闕正誤』
『肅宗實錄』
『承政院日記』
『藥泉年譜』
『元祿九丙午年朝鮮舟着岸一卷之覺書』
『章疏彙攷(TK4787.17-0411)』
『章疏彙攷(奎1752-v.1-9)』
『增補文獻備考』
『顯宗實錄』
『顯宗改修實錄』

남구만 저 ; 성백효 역, 『국역 약천집』 1-7, 한국고전번역원, 2004~2008.
하문환 · 김규선 역, 『역대시화』 3~6, 소명출판, 2013.
『국역 약천연보』

한국고전번역원, '한국고전종합DB' http://db.itkc.or.kr/

2. 單行本

강신엽, 『조선후기 소론 연구』, 봉명출판사, 1995.
김영주, 『조선후기 문학론 연구』, 이회, 2009.
______, 『조선후기 한문 비평 연구』, 보고사, 2006.
김재욱, 『목은 이색의 영물시』, 도서출판 다운샘, 2009.
성당제, 『약천 남구만 문학 연구』, 한국학술정보(주), 2007.
송혁기, 『조선후기 한문산문의 이론과 비평』, 월인, 2006.

3. 論文

강민호, 「押韻의 미학으로 본 次韻詩의 특성에 대한 연구 - 元白과 蘇軾의 차운시를 중심으로」, 『중국문학』 72, 2012.
강성위, 「和韻詩의 類型과 特性考」, 『중국문학』 30, 한국중국어문학회, 1998.
강신엽, 「南九萬의 國防思想」, 『민족문화』 14, 한국고전번역원, 1991.
권 정. 「안용복의 울릉도 도해의 배후 - 동래부사와 부산첨사 -」, 『日本語文學』 55, 일본어문학회, 2011.
權五曄, 「南九萬의 密使 安龍福」, 『日本語文學』 65, 일본어문학회, 2014.
______, 「通政大夫 安龍福 - 한일 기록이 전하는 안용복의 관직」, 『일본어교육』 50, 한국일본어교육학회, 2009.
권진옥, 「약천(藥泉) 남구만(南九萬)의 기문(記文) 연구」, 『韓民族語文學』 75, 한민족어문학회, 2017.
김동준, 「소론계 학자들의 자국어문 연구활동과 양상」, 『민족문학사연구』 35, 민족문학사학회, 2007.
김묘정, 「姜銑의 『燕行錄』 연구」, 『한국문학연구』 50, 한국문학학회, 2016.
______, 「丙寅燕行日乘 에 나타난 吳道一의 대청의식 표출 양상 검토」, 『한문학논집』 권43, 2016.

______, 「藥泉 南九萬의 連作詠物詩 고찰 - 「詠柚詩」 20수를 중심으로」, 『고전과 해석』 22, 고전문학한문학연구학회, 2017.

김보경, 「詩歌創作에 있어서 次韻의 效果와 意義에 대하여 - 蘇軾의 詩歌를 중심으로」, 『중국어문논총』 45, 중국어문연구회, 2010.

김성언, 「남구만의 시세계」, 『한국한시작가연구』 11, 한국한시학회, 2007

김수진, 「조선시대 자편문집에 대한 탐사 - 규장각 소장 자편문집의 발굴과 분석」, 『서지학연구』 68, 서지학회, 2016.

______, 「조선후기 간본문집의 편집경향 - 규장각 소장 자료를 중심으로」, 『규장각』 42, 서울대학교 규장각 한국학연구원, 2013.

______, 「조선후기 문집간행의 추이와 그 특징」, 『어문연구』41-3, 『한국어문교육연구회』, 2013.

김영주, 「약천 남구만의 문학론 연구」, 『퇴계학과 유교문화』 33, 경북대학교 퇴계학연구소, 2008.

______, 「藥泉 南九萬의 文學論 研究」, 『퇴계학과 한국문화』 33, 경북대학교 퇴계연구소, 2003.

______, 「조선후기 소론계 문인의 문학론 연구」, 경북대학교 박사학위논문, 2005.

______, 「조선후기 소론계 문학이론의 특징 연구 (1)」, 『퇴계학과 유교문화』 35, 경북대학교 퇴계연구소, 2004.

김영진, 「조선조 문집 간행의 제양상」, 『민족문화』 43, 한국고전번역원, 2014.

김원준, 「양촌 권근의 영물시 유형 탐토」, 『한민족어문학』 89집, 2005.

______, 「芝峰 梅花詩 考察」, 『한민족어문학』 39집, 2001.

김윤제, 「조선시대 문집 간행과 성리학」, 『한국사시민강좌』 37, 일조각, 2005.

김의환, 「조선 중기의 流配刑과 流配 生活」, 『역사와 실학』 44, 역사실학회, 2011.

김주수, 「몽예 남극관 시세계 연구 - 음유지미의 슬픈 미감을 중심으로」, 『한국시가연구』 20, 한국시가학회, 2006.

______, 「회은 남학명 시세계 연구 - 역의 시학적 접근으로」, 『한국한시연구』 13, 한국한시학회, 2005.

김지웅, 「藥泉 南九萬 疏箚 研究」, 高麗大學校 大學院 석사학위 논문, 2015.

김효정, 「藥泉 南九萬의 次韻詩 研究」, 『인문논총』 76, 서울대학교 인문과학연구소, 2019.

맹영일, 「藥泉 南九萬의 文學論」, 『國文學論集』 23, 단국대학교 국어국문학과, 2017.

박영민, 「藥泉 南九萬 한시의 연구」, 『한국인물사연구』 3, 한국인물사연구소, 2005

박인호, 「南九萬과 李世龜의 歷史地理 研究 ; 南九萬의 〈東史辨證〉 · 李世龜의 〈東國

三韓四郡古今疆域說〉을 중심으로」, 『역사학보』 권138, 1993.

성당제, 「藥泉 記文의 山水美 形象과 敍述的 특징 - 「咸興十景圖記」와 「北關十景圖記」를 중심으로」, 『어문연구』 33, 한국어문교육연구회, 2005.

_____, 「藥泉 南九萬 文學의 硏究」, 成均館大學校 大學院 博士學位論文, 2004.

_____, 「약천 남구만 시의 품격」, 『한국한문학연구』 35, 한국한문학회, 2005.

_____, 「藥泉 南九萬의 古土 回復意志 - 邊方 吟詠詩를 중심으로」, 『한문학보』 10, 한문학회,2004.

_____, 「藥泉 上疏文의 文藝美와 현실대응」, 『人文科學』 36, 성균관대학교 인문과학연구소, 2005.

손여임, 「풍암 김종필의 차운시 연구 - 황정견 차운시 『굉지에게 14수』를 중심으로」, 『동방한문학』 57, 동방한문학회, 2013

송양섭, 「藥泉 南九萬의 王室財政改革論」, 『한국인물사연구』 3, 한국인물사연구소, 2005.

송혁기, 「老·少 分岐期의 學的 地形과 南九萬 계열 소론계의 문학비평」, 『고전과 해석』 10, 고전문학한문학연구학회, 2011.

송혁기, 「사직상소문의 문학적 연구를 위한 일고」, 『한국한문학연구』 48, 한국한문학회, 2011.

_____, 「疏箚類 산문의 立意와 修辭 양상 일고 - 許積 논척과 관련한 소차들의 비교를 중심으로」, 『민족문학사연구』 36, 민족문학사학회, 2008.

신규수, 「조선시대 유배형벌의 성격」, 『한국문화연구』 23, 이화여자대학교 한국문화연구원, 2012.

신두환, 「藥泉 南九萬의 上疏文에 나타난 선비의식 연구」, 『열상고전연구』 60, 열상고전연구회, 2017.

신은경, 「차운시의 상호텍스트적 성격 - 윤선도의 시를 대상으로」, 『동양학』 67, 단국대학교 동양학연구소, 2017.

신승운, 「유교사회의 출판문화 - 특히 조선시대의 문집 편찬과 간행을 중심으로」, 『대동문화연구』 39, 성균관대학교 대동문화연구원, 2001.

심경호, 「조선시대 문집 편찬의 역사적 특징과 문집 체제」, 『한국문화』 72, 서울대학교 규장각 한국학연구원(한국문화), 2015.

심재우, 「조선전기 유배형과 유배생활」, 『국사관논총』 92, 국사편찬위원회, 2000.

안말숙, 「南龍翼 次韻詩的世界 - 關于南龍翼次與杜甫詩歌關係的硏究」, 『동양한문학연구』 16, 동양한문학회, 2002.

양순필, 「유배문학에 나타난 작가의 사회적 성격고」, 『한남어문학』 13, 한남대학교 한남어문학회, 1987.
양언석, 「남구만의 문학세계 연구」, 『한국문예비평연구』 15, 한국현대문예비평학회, 2004.
유권종, 「약천 남구만의 유학사상」, 『한국인물사연구』 3, 한국인물사연구소, 2005.
윤재민, 「조선시대 문인 학자들의 문학관」, 『조선시대, 삶과 생각』, 고려대 민족문화연구원, 2000.
윤재환, 「상소문을 통해 본 17세기 중반 남인 계열의 의식세계 - 梅山 李夏鎭의 庚申辭大諫疏 -」, 『한국실학연구』 14, 한국실학학회, 2007.
______, 「藥泉 南九萬이 바라본 安龍福의 意味」, 『동방한문학』 69, 동방한문학회, 2016.
______, 「藥泉 南九萬 上疏文의 構成 原理와 展開 樣相」 - 『章疏彙攷』와 『疏箚可則』 所在 辭職上疏文을 中心으로 -」, 『한민족어문학』 74, 한민족어문학회, 2016.
______, 「옥동 이서의 만시를 통해 본 조선조 만시의 일 양상」, 『한민족어문학』 66, 한민족어문학회, 2013.
______, 「玉洞 李漵의 詠物詩 硏究」, 『漢文學論集』 40집, 근역한문학회, 2015.
______, 「조선 후기 유배 경험의 시적 형상화」, 『한문학보』 19, 우리한문학회, 2008.
이규철, 「藥泉 南九萬의 北邊 上疏와 廢四郡 厚州鎭 설치 논의」, 『한국인물사연구』 26, 한국인물사연구회, 2016.
이국진, 「조선시대 『南山詩』 차운시의 양상과 문학적 특징」, 『어문논집』 70, 민족어문학회, 2014.
이동환, 「조선후기 문학사상과 문체의 변이」, 「韓國文學硏究入門』, 지식산업사, 1982.
이승철, 「동해 약천마을과 약천 남구만의 〈시조〉 엿보기」, 『강원민속학』 20, 강원도민속학회, 2006.
이정은, 「백거이 연작영물시 연구」, 성균관대학교 중어중문학과 석사학위 논문, 2007.
이황진, 「남구만의 교유인물과 『약천집』 「시」의 편집성향」, 『우리문학연구』 59, 우리문학회, 2018.
______, 「남구만의 『약천집』 「시」의 편집상의 특징 고찰 (2)」, 『국학연구』 35, 한국국학진흥원, 2018.
______, 「남구만의 『약천집』 「시」의 편집상의 특징 고찰」, 『국학연구』 33, 한국국학진흥원, 2017.
______, 「약천 남구만의 유배시 연구」, 『한민족어문학』 75, 한민족어문학회, 2017.
장세후, 「여헌 장현광 차운시 소고」, 『퇴계학논집』 1, 영남퇴계학연구원, 2008.
______, 「퇴계의 중국문인 차운시」, 『퇴계학논집』 3, 영남퇴계학연구원, 2008.

장원연, 「조선시대 개인문집의 간행과 교정」, 『서지학보』 34, 한국서지학회, 2009.

장정룡, 「東海市 望祥洞 유적과 藥泉 南九萬 시조작품」, 『강원민속학』 11, 강원도민속학회, 1995.

정경훈, 「安分齋 李儁과 『安分齋酬唱錄』 연구」, 『동방한문학』 68, 동방학문학회, 2016.

정진웅, 「조선시대 자편문집에 관한 고찰」, 『서지학연구』 44, 서지학회, 2009.

______, 「조선후기 교서관인서체자본 문집의 간행에 관한 연구」, 『서지학연구』 36, 서지학회, 2007.

최 식, 「奏議類 散文의 特徵과 展開樣相」, 『東方漢文學』 31, 동방한문학회, 2006.

최윤정, 「書簡을 통해 본 박세당과 남구만의 교유 양상」, 『한국고전연구』 24, 한국고전연구학회, 2011

최재남, 「유배체험의 내면화와 시적 변용」, 『韓國漢詩硏究』 13, 한국한시학회, 2005.

하정승, 「약천 남구만의 한시에 나타난 죽음의 형상화와 미적 특질 - 挽詩를 중심으로」, 『동양한문학연구』 47, 동양한문학회, 2017.

허 춘, 「유배문학 연구의 과제」, 『영주어문』 23, 영주어문학회』 2012.

황민선, 「光州 『風詠亭』 次韻詩 고찰」, 『한국시가문화연구』 28, 한국시가문화학회, 2011.

황병기, 「우교당 구치용의 생애와 사상」, 『동양고전연구』 61, 동양고전학회, 2015.

저자 소개

권진옥 한국고전문학텍스트연구소 책임연구원. 동양학연구원 선임연구원을 겸하고 있다. 고려대학교에서 「귤산 이유원의 학문 성향과 유서 · 필기 편찬에 관한 연구」로 박사학위를 취득했으며, 논문으로 「陶菴 李縡 碑誌類 문장의 일고찰」, 「明谷 崔錫鼎의 記文 연구」, 「昆侖 崔昌大의 문장론 연구」 등이 있다. 번역서로 『낙전당집(공역)』, 『어우집(공역)』, 『도암집(공역)』, 『한비자집해(공역)』, 『오천집(단독)』 등이 있다.

김묘정 한국고전문학텍스트연구소 상임연구원. 단국대학교 대학원 국어국문학과 박사과정을 수료했다. 논문으로 「草亭 朴守玄의 삶과 시세계」·「雪峯 姜栢年의 시세계 고찰」 등이 있으며, 17세기 小北八文章의 시문학을 대상으로 박사학위 논문을 준비 중에 있다.

김효정 한국고전문학텍스트연구소 상임연구원. 단국대학교 대학원 국어국문학과 박사과정을 수료했다. 논문으로 「17세기 전반 北人系 南人 文士들의 교유」·「斗峯 李志完의 詩世界 考察」 등이 있으며, 17세기 전반 북인계 남인 문사의 시문학을 대상으로 박사학위 논문을 준비 중에 있다.

맹영일 한국고전문학텍스트연구소 책임연구원. 고려대학교에서 「18세기 전반 백련시단의 형성과 시세계」로 박사학위를 취득했으며, 논문으로 「17세기 전반 백련시단의 형성과 시세계」·「조선후기 지식인집단의 교류양상 연구」 등이 있다.

박난아 한국고전문학텍스트연구소 연구원. 단국대학교 국어국문학과를 졸업하고 같은 대학 석사과정 중에 있다.

유진희 한국고전문학텍스트연구소 상임연구원. 단국대학교 대학원 국어국문학과 박사과정을 수료했으며, 한국고전번역원 부설 고전번역교육원 연수과정을 마쳤다. 논문으로 「訥齋 朴祥의 詩에 나타난 歸去來 意識 研究」·「思菴 朴淳의 卽興詩 研究」 등이 있으며, 16세기 초반 學唐을 중심으로 박사학위 논문을 준비 중에 있다.

윤재환 한국고전문학텍스트연구소장. 단국대학교 국어국문학과 교수로 동양학연구원 번역실장을 겸하고 있다. 星湖와 順菴, 茶山 등을 중심으로 한 조선 중·후기 근기남인들의 문학세계 연구에 주력하고 있으며, 저서로 『매산 이하진의 삶과 문학 그리고 성호학의 형성』·『조선 후기 근기 남인 시맥의 형성과 전개』 등이 있다.

이황진 한국고전문학텍스트연구소 책임연구원으로 단국대학교 국어국문학과 연구전담교수이다. 중국 廣西師範大學에서 박사학위를 취득했으며, 논문으로 「顧雲이 최치원에게 준 송별시 〈고운편〉에 대한 진위 고증」, 「중[僧] 관련 한·중 속담 비교 연구」 등이 있다.

한국고전문학텍스트연구소기획연구총서1

약천 남구만 문학세계에 대한 접근의 일단

2019년 12월 30일 초판 1쇄 발행

기 획 : 한국고전문학텍스트연구소
지은이 : 권진옥·김묘정·김효정·맹영일
박난아·유진희·윤재환·이황진
펴낸이 : 김병환
펴낸곳 : 학자원
주 소 : 서울시 강동구 천호대로 1121
전 화 : 02) 6403-1000
팩 스 : 02) 6338-1001
E-mail : hakjaone@daum.net
등 록 : 2011년 3월 24일 제2011-14호

ISBN 979-11-6247-166-1 94810
979-11-6247-164-4 (세트)

값 28,000원